体育学散步

体育文化丛书

卢元镇　著

·广州·

版权所有　翻印必究

图书在版编目（CIP）数据

体育学散步/卢元镇著. —广州：中山大学出版社，2020.7
（体育文化丛书）
ISBN 978-7-306-06867-5

Ⅰ. ①体… Ⅱ. ①卢… Ⅲ. ①体育运动社会学—研究—中国 Ⅳ. ①G80-05

中国版本图书馆 CIP 数据核字（2020）第 063744 号

Tiyuxue Sanbu

出 版 人：	王天琪
丛书策划：	王延红
责任编辑：	王延红
封面设计：	刘 犇
责任校对：	周明恩
责任技编：	何雅涛
出版发行：	中山大学出版社
电　　话：	编辑部 020-84111946，84113349，84111997，84110779
	发行部 020-84111998，84111981，84111160
地　　址：	广州市新港西路 135 号
邮　　编：	510275　　传　真：020-84036565
网　　址：	http://www.zsup.com.cn　E-mail:zdcbs@mail.sysu.edu.cn
印 刷 者：	广州市友盛彩印有限公司
规　　格：	787mm×1092mm　1/16　23.375 印张　400 千字
版次印次：	2020 年 7 月第 1 版　2020 年 12 月第 2 次印刷
定　　价：	48.00 元

如发现本书因印装质量影响阅读，请与出版社发行部联系调换

总　　序

近日，卢元镇先生文集将结集付梓，嘱为其拟一序。其言殷殷，其情切切。我半推半就，信口而出："我手中拙笔，何能勾画出你魁梧身躯和硕大的脑袋已装不下的灵魂呢？"先生依然不依不饶。虽然这不是崔斯坦①那么惊心动魄的抉择，但还是有点力不从心的后怕，伴有一点点听话总是吃亏的感觉。

卢先生是我们圈内称之为"先生"的极少数学者之一。先生只是一介书生，可见，大家都是出于内心的。先生在行内地位之高、受崇之至，由此可窥一斑！小时候，母亲带我去上学，教我对老师称之为先生，医生也必须称之为先生。医生为我们解痛苦称之先生，理所当然，像庚子年初抗疫的逆行者等，当之无愧！而不断给我"制造痛苦"的老师，为何也要称之为"先生"呢？回答却是斩钉截铁："天地君亲师！"于是，只好对先生顶礼膜拜了。

我与卢先生认识40余年，是上世修来的缘份。从相识、相知、相交，彼此觉得舒服（人与人相处的最高境界是舒服）。不用取悦对方，不怕得罪对方。在来去匆匆、物欲横流、观念撕裂的时代，找一个能说说话的人，谈何容易？值得庆幸的是我们找到一个彼此可以坦诚说话的人。聊得来，始于有趣；聊得深，得于有益；聊得久，终于三观。如果你只见到卢先生站在讲台上，目光如炬、声如洪钟、针砭时弊、慷慨激昂，那你一定会忽略他被演讲激情掩盖了的丰富的情感世界。你可见先生大块吃肉，大碗喝酒，大声高歌？先生这辈子的唯一遗憾是没有醉过，我亲历他喝一斤半酒无事一样；而被人称"酒仙"的，却醉了一天一夜。先生的歌声与朗诵，可是小有名气

---

① 崔斯坦系克莱儿·迈克菲尔小说中的灵魂摆渡人。他思想清晰、经验丰富又勇敢无畏，引领了许多灵魂。

的。你可看过先生诗词唱和、散文杂评、摄影拍照？旁征博引，妙趣横生，精彩纷呈？你可知晓先生栽花养宠、叠被开床、洗菜做饭？每天为宠物洗16只脚，是珍爱生命的人；每天叠被开床，是一个有仪式感的人；而洗菜做饭一定是个好男人。不知诸君信否？反正我信！

卢先生是体育界最有文化的人之一，也是文化界最懂体育的人之一。卢先生读书之多，行路之远，经历之丰，让人叹为观止。尽管行内有几位很著名、很优秀的学者跟我说过：本人是本领域读书最多的人！我每次都加上：还有卢先生。卢先生自侃"家学文史哲，喜欢数理化，落脚跑跳投"。卢先生祖籍江苏苏州，生于云南昆明，长成南人北相。卢先生孩提时代，正是西南联大在昆明办学的时期。他外祖父王伯祥是著名的史学家。他父母在昆明结婚的证婚人是朱自清。他父母在昆明经营书店，正是这批大名鼎鼎的文人、学者，如巴金、华罗庚、金岳霖、陈寅恪等聚会的地方。家庭是人生的第一位老师，卢先生不仅有家庭文史哲的底色，身上还印满这批学者名士的"手印"。即便是跑跳投，也能跑出诗情画意，跳出思想火花，投得五彩缤纷。

卢元镇先生是体育界影响最广的学者。大至参与国家体育方略制定，央视问答神州。先生出书几十本，发表文章几百篇，演讲几千场，受众几万人。时至今日，天天有文字记录，哪怕是每日的微博，也饱含家国情怀。先生的著作、教材占了近30年中国体育学界最有影响的著作1/8强。如此认真，如此执着，使人感到态度决定成败！卢先生最突出的贡献在中国体育社会学，他是中国体育社会学的开山者。中国知识分子从来重名轻利，立言于世是终身追求。一位好的学者，能够在本领域留下一些值得传承记载的东西，已经是永铭历史了。卢先生如此丰硕的成果，给人高山仰止之感。

卢先生最难能可贵的是一身浩然正气，蓬勃朝气，昂扬锐气。人是要有点精神的，有了这种精神，自然会"不待扬鞭自奋蹄"。卢先生主业是体育社会学，而批判主义是社会学的主要理论范式。这不禁使人想起社会学的开山祖孔德：手握真理却四面楚歌，一生坎坷潦倒。事后万千鸣笛，不如当初一哨吹起。社会需要喜鹊，更需要啄木鸟！卢先生一生也有沟沟坎坎，有很多机会为官、从政、经商。在改革开放大潮中，鱼龙混杂，大浪淘沙，看谁能坐得稳、守得住、走得远。先生始终是一身闪闪发光的士人风骨，道统文化主宰着他。他可以在自己的精神世界做自己的主，称自己的王！这样的人

生才有长度、宽度和高度。他的高,别人难以企及;他的远,别人难以抵达。到了最后,也只有真人格、真性情、真才华才能到达彼岸。

我深信:一切成功是做人的成功,一切失败是做人的失败。

2020.4.8

序

1978年，我考上北京体育学院研究生。这是我人生的关键性转折。在以后的40余年中，我无一日不与文字打交道，甚至在机舱里、车厢内还不停写作，成为电脑之奴、手机之仆。我的写作生涯大致可分为三段：第一段是读研时代，是以卖文为生；第二段是任教时期，是业务使然；第三段是退休以后，是性情为之。

"文革"后第一批研究生的求学生活十分清苦，颇像20世纪30年代的中国文人，靠卖文聊补无米之炊。那时，稿费成为我唯一的"灰色收入"。我靠着上百笔稿费支撑起了四口之家的生活。"文革"刚结束时的稿费极低，一篇稿子只有几元钱、十几元钱，但和当时的五十几元工资相比，就算是很令人羡慕的进账了。当时的体育报刊极少，只有《中国体育报》《新体育》《生命在于运动》《健与美》等寥寥几家。我的投稿最初只有巴掌大小的几百字，有的甚至只有豆腐干那么大，后来逐渐加大篇幅，可以达到报纸的半版之多。最近，我从发黄的故纸堆里找出了这些文章，不禁为当年文字的歪歪扭扭哑然失笑，但这毕竟是自己学步时期"在墙壁上的涂鸦"。

在北京体育大学任教期间，除了写讲稿、讲义、教材外，我还要做一些研究工作。当时并无"课题"一说，更无课题经费支持，全凭自觉。那时写出的论文与学术文章发表在《体育论坛》《体育文史》《体育博览》和各种学报上，后来曾汇成《中国体育社会学评说》等四本文集。在华南师范大学任教期间，是我写作的旺盛时期，完成了几个重要的研究课题，也多次修订了《体育社会学》《社会体育导论》《体育人文社会科学概论高级教程》等教材，完成了多篇演讲稿。这段时期，我还把部分注意力转向了文学，写了些杂文、散文、随笔、传记与游记之类的作品。

退休回京后，再无业务压力，一切率性而为，彻底摆脱了枯燥的理性思维，转向了活跃的感性思维。此时又恰逢网络兴起，网络成了最方便的写作阵地和书写工具，我便先后在"体育在线"、微博、公众号、"朋友圈"里拉开战线。部分文字收入我的《微言小议》（自印），部分文字还散在微信里，将来可能拽出两本随笔性文集。

本书是从近二百篇有关体育与体育科学文稿中选出的，大部分创作于我在北京体育大学与华南师范大学工作期间（1981—2010 年）。我确定作品编进本书的原则：①是我多年关注的领域，如体育社会学的学科建设、体育改革等；②是我率先进入的研究领域，如体育社团、休闲、大学竞技体育等；③是我挑起的学术讨论，如查禁兴奋剂、学校体育改革等；④作品中有我的独立见解与独到观点，如篮球文化，民族传统体育国际化，东方体育文化复兴，精英竞技，竞技体育强化、异化与软化等。

编选本书的目的是为中国体育科学理论留下一点痕迹。尽管编入本书的内容，有些已经成为不争的事实，有些才初露端倪，有些看来已经过时，甚至还有些谬误，但我尽量保留了原始的面貌，未做"事后诸葛亮"式的修改，因为只有这样才能让读者更加明白地看清历史过程。

卢元镇
2019 年 8 月 5 日于北京容笑斋

目　录

学科·理论

体育人文社会学的学科集成与研究前沿 / 3
从"体育理论"到"体育人文社会学"
　　——对学科分化与整合的思考 / 11
21世纪对体育社会学的挑战与期望 / 16
给体育社会学一个准确的学科定位 / 31

运动·文化

体育现象的文化描述 / 49
中国体育文化忧思录 / 76
中国民族传统体育国际化的命运 / 81
篮球文化：命门与精髓 / 86
中国文化对篮球运动的选择、认同与变异 / 91
冰雪运动文化浅释 / 98
田径运动：来自极限的挑战与诱惑 / 101
谨慎的迂回：中国发展高尔夫运动之路 / 108
无遮无拦　百发百中
　　——观摩少林寺无遮大会禅弓比赛散记 / 113
武术传承的嬗变与书院文化的勃兴 / 117
中国体育运动的文化特征与人的现代化 / 124

展望东方体育文化复兴
　　——兼论从中国少数民族传统运动会向东方运动会的转型／131
寄希望于黄河流域体育文化的复兴／141

教育·改革

体育在未来教育中的作用／149
对学校体育几组概念的辨析／155
竞技体育要理直气壮地进入学校／164
学校体育和竞技体育的不可分割性研究／168
中国竞技运动的角色缺位——大学生／176
体育明星"走穴"现象透析／181
面向21世纪的中国体育教育思想及其嬗变／183
论中国体育社团／186
纵论中国体育改革的社会化进程／196
以时代精神考量中国竞技体育体制改革／205

竞技·国际

竞技文化与博彩面面观／211
竞技体育的强化、异化与软化／214
精英竞技的泡沫及其终结／220
辉煌背后的阴影
　　——民主德国体育教训之一／235
曼富莱德·艾瓦德沉浮录
　　——民主德国体育教训之二／242
海迪耶，安德烈耶
　　——民主德国体育教训之三／250
难以自拔的体制陷阱
　　——民主德国体育教训之四／258
观念与体制相互依攀的怪圈
　　——民主德国体育教训之五／264

中日体育文化比较交流散论 / 272
中日大众体育"时间差" / 278
采撷东方文明智慧　应答奥林匹克发问
　　——北京奥运会六大视觉符号的文化解析 / 293
奥林匹克：中国对一种强者文化的认可 / 300
雪峰对峙：奥林匹克文化与东方健身文化的比肩而立 / 306
中国传统文化与现代化对接中的奥林匹克介入 / 311

健身·休闲

全民健身文化建设刍议 / 321
体育改革与全民健身的回顾与展望 / 329
全民健身：健康中国的有力支撑 / 341
论消遣和娱乐 / 344
当代中国休闲的特点以及休闲理论的本土化 / 350
球，人类共同的宠物 / 358
棋牌异趣 / 361

学科·理论

한국의 정치

体育人文社会学的学科集成与研究前沿[①]

在体育科学中,体育人文社会学的发展曾经是相当滞后的。这与人们对体育运动的概念与功能的认识有关,也与人们对体育科学的性质与体系的看法有关。在迎接新世纪来临的时候,体育人文社会学的概念终于被提出,并集成起来。这是 20 世纪体育科学发展的必然结果,而体育人文社会学的发展最终将带来体育运动的再度繁荣。

一、体育人文社会学的学科集成

(一) 历史的简单回顾

我国现代体育人文社会学的胚胎期在 20 世纪的二三十年代。当时中国的学者做了两方面的工作:一方面是对汹涌而来的西方体育文化的推介与诠释。以 20 世纪初严复、康有为发端,一批接受了西方近现代文明的学者、留学生从事了这方面的艰巨工作。有的偏重于教育中体育地位的论述,如蔡元培、陶行知;有的热衷于西方竞技文化的宣扬,如郝更生、董守义。学院派的学者们如王学政、方万邦、吴蕴瑞、袁敦礼等,以《体育概论》《体育原理》等为书名,编写了第一批体育社会科学的专著与教材。这些书籍多是以体育教育为主体,包含生物学科、社会学科的综合体。另一方面是追溯中国传统文化中的体育历程,张扬中国传统体育的精粹,以唐豪、张之江等人为代表,开了对中国武术研究和提倡的先河。

应该说明的是,当时这个学科在中国的产生是与中国传统文化与西方文化的冲突与融合有着紧密关系的。著名的就有 20 世纪一二十年代学校体育中的"兵操存废之争"和 30 年代的"土洋体育之争"。"兵操存废之争",

---

[①] 原载《体育学刊》2005 年第 1 期。

最终承认了学校体育、竞技运动并存的客观存在。"土洋体育之争"的实质是我国传统体育界的"国粹派"与西方体育不断较量、抗争的延续，也是"兵操存废之争"的余绪。这次文化碰撞实际是以传统体育和西方体育的互相承认和融合而宣告结束的。

新中国的体育人文社会学是以"体育理论"的面目出现的。而"体育理论"则是苏联的"体育教育理论"的简称。20世纪50年代确立起来的民族文化是苏联战备文化、中国革命战争年代的军事文化、产品经济时代保留的自然经济文化的合成物，并由这种文化派生出了适应当时历史条件的体育教育思想。这个时期的体育理论是以凯洛夫和克鲁普斯卡娅的准备性教育思想，以及由这种思想衍生出来的苏联体育理论为主体的。

不可否认，这种教育思想具有马克思主义关于人的全面发展理论的理想色彩，但受当时哲学背景的限制，这种理论未能得到很好的开发和理解，因此在实践中没有从根本上解决中国长期轻视体育教育的问题。

当中苏关系恶化后，中国教育界和体育界总想孕育出一种新的理论来取代上述理论。20世纪60年代，以钟师统先生为首，创编了全国体育学院《体育理论》教材，这在中国体育人文社会学的发展历史上是一个很大的进步，但终究没有跳出苏联体育教育理论与实践的窠臼，因为我们毕竟与苏联有着十分相近的政治、经济、教育和体育体制。而且从中国体育教育思想演变的历史来看，我们自身形成体育理论的能力是有限的。

1978年和以后诸版的《体育理论》《学校体育学》仍然将体育人文社会学定位在体育教育理论的范畴内。

（二）体育人文社会学科的现状

改革开放时代及其思想解放运动引发了体育人文社会学的巨大变革。这一变革是从两方面入手的。一方面是原"体育理论"的裂解，体育教育理论范畴的"体育理论"已经无法包容体育实践的丰富内涵，于是体育理论分化为"体育概论""学校体育学""群众体育学"和"运动训练学"。同时恢复了"运动心理学""体育史"等学科的学术地位与面貌。这些学科在"左"的思潮中被废止中断了，或被阉割篡改了。另一方面是大量的社会科学被引进体育领域，形成了许多新的学科，如体育哲学、体育法学、体育经济学、体育美学、体育管理学、体育社会学、体育人才学等。这两方面的工作分别是由原体育理论工作者和体育院校中的马列主义教师转行开创的。

出现这样一个巨大变化的原因是人们注意到在20世纪后60年体育运动发展的过程中出现了体育现象扩大化与复杂化的趋势。传统体育教育理论已无法全面回答作为社会现实的体育运动的理论和实践问题。各门社会科学的进步和繁荣，其研究的深广度不断加深和扩大，在社会实践中的广泛运用，为新学科的诞生创造了良好的条件，于是体育人文社会学在这种环境和氛围中应运而生。在此期间，出现了"体育学""体育基本理论"等相近的概念。

人文学科进入体育科学，是体育科学的又一进步。人文学研究的对象主要是人类社会的文化意识形态各个领域的规律，涉及人类本质、人类历史以及人类精神生活的最高层面。体育人类学、体育文化学的崛起，把体育整体置于人类学和文化学的视野，是体育的进步，也是人文体育发展的需要，因而大大提高了体育的文化层次。

1996年中国把体育学列为一级学科，从而使体育学正式从教育学中独立出来，这是当代体育科学体系建设的重要里程碑。1997年国务院学位委员会和国家教委在一级学科体育学下设体育人文社会学、运动人体科学、体育教育训练学、民族传统体育学等四个二级学科，标志着体育人文社会学正式确立了自己在科学中的地位。国家社会科学基金自1997年起设立"体育学"，每年提供一定数额的体育社会科学研究经费，这标志着体育人文社会学得到了社会的公开承认。

费孝通先生认为一种学科的建立与健全需要具备"五脏六腑"。所谓"五脏"，是说一个学科的建立至少要包括五个部分，即：学会组织、专业研究机关、各大学的院系、图书资料中心和出版物。这五个部分建设起来后，这个学科就初具规模了。我们姑且以这五个部分的情况，来检阅一下体育人文社会学学科建设的成绩：

——在中国体育科学学会下若干专业委员会整合了全国的研究力量；

——以体育社会科学命名的研究基地近年在院校或科研所发展起来；

——大学中的体育人文社会学硕士点、博士点、博士后流动站逐年增加；

——体育人文社会学的图书资料中心，正在运用互联网以网站的形式被建立起来；

——体育学术期刊中，人文社会科学的比重在逐年增加，但图书的出版相对滞后。2003年《体育人文社会科学概论高级教程》的出版，标志着体育人文社会学有了一个学科雏形。

所谓"六腑"，是说一个学科至少应当能开出六门以上的基础课程。这些基础课程是：体育人文社会学概论、体育哲学、社会学与社会调查研究方法、体育经济学、体育史学、体育人类学、体育文化学、奥林匹克运动等。

(三) 体育人文社会学的学科任务

体育人文社会学要以探求体育的人文价值观念和体育的社会发展方向为己任,其下属学科的任务是:

——体育史学研究是对过去发生的体育社会现象的追述与解释;

——体育社会学与体育经济学则是对现实发生着的体育社会现象的描述与阐释;

——体育伦理学、体育法学、体育管理学的责任在于规范人们的体育行为;

——而体育哲学与体育美学则是在意识形态领域对体育人文现象做出判断。

二、体育人文社会学的研究前沿

(一) 体育人文社会学的学科评价

体育人文社会学目前尚处在一种松散集成的状态,虽然体育的人文观和社会观有了初步的表述,但体育人文社会学的总体理论框架尚未形成。体育人文社会学的功能、学科基本特点,人文学科与社会学科的关系,以及各分支学科的整合诸多问题还有待进行深入研究。

体育人文社会学的分支学科中,有的在当前适宜的社会经济土壤中得到较快发展,如体育经济学、体育社会学;有的需要迅速提升,以满足体育实践的需要,如体育法学、体育伦理学;有的新学科建立起来并需要扶植,如体育人类学、体育娱乐休闲理论;有的老学科需要突破性进展,如体育史学;有的学科要加快前进的脚步,如体育美学;有的学科则需要摆脱母学科教条的枷锁,求得新生,如体育哲学。

体育人文社会学必须实现自身的现代化。体育人文社会学的职能将由议论和舆论性的转变为说明和解释性的,进而成为预见性的、决策支持性的,从而提高我国体育实践的预见性、科学性和自觉性。

(二) 体育人文社会学的主攻方向

1. 竞技体育领域

(1) 竞技体育管理体制问题。这是竞技体育领域讨论的焦点,也是一道难以逾越的"屏障"。形成于计划经济时代的,称为"举国体制"的竞技体育管理体制究竟是"具有先进性和优越性",需要"进一步加强"呢,还是这个体制已经基本完成了它的历史使命，需要用一种社会化、市场化程度更高的管理体制取代它？2008年以前，这个问题非常敏感。如果说2008年是中国体育改革的分水岭，那么，竞技体育管理体制改革成功与否则是这个分水岭的标志。

（2）竞技体育异化的问题。进入市场经济时代，竞技体育的趋利性变得十分突出，各种越轨行为暴露出来：运动竞赛的暗箱操作、运动成绩的谎言化、运动训练的野蛮化和高成本化。特别是服用兴奋剂问题，必须受到理论的干预。

2. 学校体育领域

当前进行的这场以"课程标准"为核心的教学改革，明显暴露出理论准备不足的种种问题，表现为：

（1）体育与健康的关系含混。它们之间是从属关系，还是并列关系？是手段与目的的关系，还是目的与原则的关系？在理论上一直没有分辨清楚。

（2）运动在体育教学中的地位问题。课程标准实验推行之初，运动受到强烈的排斥，认为学生体质与健康状况下降的祸根在于运动技术的学习，甚至有"将竞技运动彻底赶出学校"的偏激理论出现。而现在则把"运动技能"和"运动参与"列为课程标准的两项目标，可见理论波动之大。

（3）体育兴趣问题。是通过体育教学培养学生对体育的兴趣，还是迁就和满足学生已有的体育兴趣？这个问题不解决，难免要再次陷入"儿童中心论"，而这毕竟是一种有偏颇的理论。

必须为当前这场仓促启动的，以"课程标准"为核心的教学改革寻求理论立足点，否则这场改革仍然难逃"名存实亡"的厄运。

3. 社会体育领域

当构建全民健身服务体系与全面建设小康社会联系在一起的时候，需要讨论的实践与理论问题很多，如为休闲体育正名、体育人口概念的发展等。近年来，相关研究进展迅速，基本上跟上了社会的脉动，一些新的概念不断被引进，如社会转型、生活方式、社区文化、亚健康、现代化、全面建设小康社会等。随着全民健身计划的进一步发展，还有一些问题值得关注。

（1）人群体育。我国的社会结构正在发生急剧的变化，一些新的社会阶层正在形成，如中产阶层、民营企业员工、外出务工人员、城市边缘人群、弱势群体、SOHO族人群，以及丁克家庭人群等，社会体育对象的变化需要理论的支撑。

(2) 城市化过程中的体育。现代体育运动是城市文化的产物，它受到城市发展的制约，又可以推动城市的发展。以城市化的角度来看待体育运动和驾驭体育运动，已经成为中国现代化刻不容缓的重要课题。

4. 体育产业与市场领域

这个领域充满了生机，一个新的概念体系有待建立起来。我们是在宏观理论没有健全的情况下，迫于体育经济实践进入微观层面的。一些基本的问题还没有完全解决，如体育的公益性和经营性、体育场馆的产权问题等。体育产业的形成和发展是现代社会人们对体育需求增长的结果。对体育产业和市场发展前途的论证，体育产业可否成为新世纪国民经济新的增长点或支柱行业的讨论是这个领域的重要课题。

进入市场经济时代后，对体育经济活动的研究开始从卖方转向买方，即对体育市场和消费的研究，于是出现了体育市场学、体育营销学等学科。

5. 体育的制度文明领域

这一领域的理论建设将与《体育法》的修订和体育伦理的完善结合起来。计划经济时代产生的现行体育法，必须寻求新的法理基础。新的《体育法》应该从"体育管理"的体育系统本位上升到"保护体育权利"的社会本位上来。而体育伦理的建设应建立在市场经济的基础之上，充分考虑社会公益与个人利益的一致性。

结　语

体育人文社会学虽然还处在襁褓阶段，但发展前景是十分乐观的，因为未来时代的变革将为体育人文社会学的发展提供广阔的天地。

21世纪初叶是中国全面实现小康社会、走向现代化的关键时期。在新的世纪里，社会化大生产不断向广度和深度高速发展，反映社会化大生产规律的新的经营方式和组织方式层出不穷，深刻地改变着国家的生产方式、劳动结构、阶级结构和社会结构，同时给人们提供越来越多的物质财富和精神财富。

21世纪也是中国居民生活结构发生剧烈变化的时期，我们在20世纪末已经深刻地感觉到了这一震动的前兆。家庭结构、家庭余暇时间的结构、膳食结构、流行病因结构、死亡原因结构都在发生转变。在这个转变过程中，许多涌现出来的新事物需要认识，许多体育的命题需要论证，体育的价值观需要重新构建，体育的发展前景需要重新预测和估计。未来中国经济与社会发展必将对中国体育产生深刻的影响，也促使正在发育成长中的体育人文社会学尽快成熟起来。

中国未来体育的发展应从"以物为中心"的发展向"以人为中心"的方向转变；从追求一时的繁荣向协调发展、可持续发展的方向转变，应以三个文明建设一起抓的思想和科学发展观为指导。这些转变都为体育人文社会学的发展提出了新的任务，也为它的发展指出了理论方向。

21世纪中国的体育将继续遵循繁荣发展的规律，无论是在发展规模，还是在前进速度上，都要保持旺盛的气势。面对这样的发展态势，体育人文社会学的价值应更加引起关注。任何一个社会活动领域失去人文社会科学的关照，必遭累卵之危，体育也同样如此。

在中国体育的历史转折关头，我们无论怎样断言这一学科建设的重要性，怎样估计这一任务的紧迫性都不为过，经验和教训必将证明这一点。

参考文献

[1] 课题组. (1997年度国家社科基金项目) 我国体育社会科学研究状况与发展趋势 [M]. 北京：人民体育出版社，1998.
[2] 秦椿林. 体育管理学 [M]. 北京：北京体育大学出版社，1995.
[3] 方华，等. 走向自为：社会科学的活动与方法 [M]. 重庆：重庆出版社，1992.
[4] 潘靖伍，等. 体育伦理学概论 [M]. 北京：北京体育学院出版社，1989.
[5] 石刚，等. 体育法学概论 [M]. 北京：体育法学研究会，1987.
[6] 杨文轩，等. 现代社会与学校体育 [M]. 北京：人民体育出版社，1999.
[7] 赖天德. 学校体育改革热点研究 [M]. 北京：北京体育大学出版社，2003.
[8] 吴鹏森，等. 人文社会科学基础 [M]. 上海：上海人民出版社，2000.
[9] 李培林. 中国新时期阶级阶层报告 [M]. 大连：辽宁人民出版社，1995.
[10] 中国社会科学院外事局. 美国人文社会科学现状与发展 [M]. 北京：社会科学文献出版社，2001.
[11] 夏中义. 大学人文读本·人与世界 [M]. 桂林：广西师范大学出版社，2002.
[12] 夏中义. 大学人文读本·人与自我 [M]. 桂林：广西师范大学出版社，2002.
[13] 夏中义. 大学人文读本·人与国家 [M]. 桂林：广西师范大学出版社，2002.
[14] 全国八院校《社会心理学教程》编写组. 社会心理学教程 [M]. 兰州：兰州大学出版社，1987.
[15] 谷世权，等. 中国体育史 [M]. 北京：北京体育学院体育理论教研室，1981.
[16] 周登嵩，等. 学校体育教学探索 [M]. 北京：人民体育出版社，2000.
[17] 郑杭生. 社会学概论新修 [M]. 北京：中国人民大学出版社，2001.

[18] 惠蜀. 体育哲学 [M]. 成都：四川教育出版社，1992.
[19] [法] 迪尔凯姆. 社会学研究方法论 [M]. 北京：华夏出版社，1988.
[20] 黄心川. 世界十大宗教 [M]. 北京：东方出版社，1989.
[21] 袁方. 社会学辞典 [M]. 北京：中国广播电视出版社，1990.
[22] [日] 竹之下休藏. 运动与社会学 [M]. 郑焕韬，滕仁贵，编. [出版地不详]：维新书店，1970.
[23] [美] Coakley J J. Sport in Society [M]. New York：Mcgraw–Hill College，1997.
[24] 刘少泉. 人文科学要论 [M]. 成都：四川大学出版社，1986.
[25] 丁柏铨，等. 人文社会科学基础 [M]. 北京：首都师范大学出版社，1998.
[26] 奥林匹克百科全书编辑委员会. 奥林匹克全书 [M]. 北京：奥林匹克出版社，2001.
[27] 任海. 奥林匹克运动百科全书 [M]. 北京：中国大百科全书出版社，2000.
[28] 薛德震. 论邓小平对中国现代化建设的总体设计 [J]. 探求，1997（2）.
[29] 杨耕. 社会科学方法的发生、范式及其历史性转换 [J]. 中国社会科学，1994（1）.
[30] 景天魁. 论社会科学基础 [J]. 中国社会科学，1991（5）.
[31] 景天魁. 社会科学现代化的观念前提和技术基础 [J]. 中国社会科学，1993（3）.
[32] 吴元梁. 当代社会科学发展的方法论特征 [J]. 中国社会科学，1992（3）.
[33] 刘梦溪. 人文与社会科学研究的几个问题 [J]. 新华文摘，2002（10）.
[34] 胡晓风. 现代社会的大体育观 [J]. 体育科学，1986（3）.
[35] 谭华. 我国体育史学研究的回顾与展望 [J]. 文史知识，1993（8）.
[36] 纪宝成. 新世纪要更重视人文社会科学 [J]. 中国人民大学学报，2001（1）.

从"体育理论"到"体育人文社会学"[①]

——对学科分化与整合的思考

早在20世纪五六十年代,北京体育学院本科学生受体育启蒙的第一门课就是"体育理论",而几十年后全国的体育学博士生已有相当一部分划归"体育人文社会学"学科名下。中国的体育科学在这几十年中,经历了从"体育理论"的一门课到"体育人文社会学"的一个学科,这是一场巨大的变革。

这场变革的缘起是什么?推动这场变革的动力是什么?它的学科任务又是什么?本文试图解释这些问题。

一、体育人文社会学形成的历史回顾

(一)孤独的"体育理论"

新中国最初的"体育人文社会学"是以"体育理论"的面目出现的,这是体育院校唯一的一门社会学科方面的课程。而体育理论则是苏联的"体育教育理论"的简称。20世纪50年代确立起来的民族文化是苏联战备文化、中国革命战争年代的军事文化、计划经济时代保留的自然经济文化的合成物,并由这种文化派生出了适应当时历史条件的体育教育思想。

20世纪50年代中期,中苏关系恶化后,中国教育界和体育界总想孕育出一种新的理论来取代上述理论。60年代初期,以北京体育学院钟师统院长为首的编写组创编了全国体育学院《体育理论》教材,这在中国体育人文社会学的发展历史上是一个很大的进步。当时的纸张与印刷条件很差,这本制作质量很差的教材,被师生称为"灰皮本"。

[①] 原载《体育科学》2018年第7期。

《体育理论》有两个文化承接点：一是对新中国成立前体育研究工作的批判性继承，20世纪30年代中国的学者对西方体育文化做了大量的推介与诠释，如蔡元培、陶行知、王学政、方万邦、吴蕴瑞、袁敦礼，以及郝更生、董守义等人，前者偏重于教育中体育地位的论述，后者热衷于西方竞技文化的宣扬。他们是中国体育理论的先驱，功不可没。二是苏联体育教育理论与实践的窠臼，因为我们毕竟保留着与苏联十分相近的政治、经济、教育和体育体制。

20世纪60年代，我们自身形成体育理论的能力还比较差，中国的体育实践，无论广度还是深度，都难以支撑一门可以立足于学科之林的、科研到位、信息充沛的独立学科。直到今天，我们仍然难以判断体育理论究竟是一门综合性学科，还是仅是一门启蒙性课程。

（二）《体育理论》的突发性裂变

体育理论的解体似乎是在改革开放之初的20世纪80年代之初瞬间完成的。最先打破《体育理论》一统天下格局，急不可待分解出去的是运动训练学，继而学校体育学接过了《体育理论》中原有的关于体育教育的部分，恢复了体育教育理论的本原。接着群众体育学被迫退出，后来改称"社会体育学""社会体育导论"，对接的社会实践是后来兴起的全民健身运动。《体育理论》中剩余的最具体育共性的部分则以"体育概论"的面貌保存下来，讲述的是体育理论、体育手段、体育制度、国际体育等概念，作为初入体育大门的学生的启蒙课程。

大量冠以"体育"或"运动"的新兴的社会学科、人文学科被引进体育领域，形成了许多新的学科体系，如体育哲学、体育法学、体育经济学、体育美学、体育管理学、体育社会学、体育人才学等。据笔者不完全统计，冠以学科、理论、问题与课程的多达49门。经过十余年的沉淀，最后选入中国体育科学学会编纂的《体育科学词典》的也有20余门。

（三）体育人文社会学的整合

经过之后十多年的不懈努力，"体育学"被提升为国家一级学科，从而正式从教育学中独立出来。1997年，国务院学位委员会在一级学科体育学下设体育人文社会学、运动人体科学、体育教育训练学、民族传统体育学等四个二级学科，标志着体育人文社会学正式确立了自己在科学中的地位。同年国家社会科学基金设立"体育学"，每年为体育人文社会科学提供一定数额的研究经费，则标志着体育人文社会学得到了社会的公开承认。这一名称的出现，标志着体育人文社会学科的初步整合已经完成。

社会科学是一种以人类社会为研究对象的科学。它通常包括经济学、社会学、政治学、法学、心理学等。人文科学，是指一些以人的内心活动、精神世界以及作为人的精神世界的客观表达的文化传统及其辩证关系为研究内容、研究对象的学科体系。它是以人的生存价值和生存意义为学术研究主题的学科。它所研究的是一个精神与意义的世界，主要包括文学、史学、哲学，并同时包含由这三个学科衍生出来的一些其他学科，如人类学、文化学。

而体育人文社会学，是研究体育运动领域中各种人文现象和社会现象的综合性学科，它是一个庞大的学科群的概念。它经历了两个发展阶段：第一阶段是为扩大学术容量而进行的裂变；第二阶段是完成了否定之否定的螺旋上升的整合后，在体育人文社会学概念下，形成了坚实稳定的学科体系与发展方向，并建构以它为名义的研究生的培养体系。这是中国体育科学发展的必然结果，最终将带来体育运动的高度繁荣。体育人文社会学，既要从各母学科中汲取研究成果、沿用研究方法，用以研究体育现象，实现本学科专业化，也要与国外同学科进行交流，引进国外研究成果，实现学科的本土化。

二、这场学科变革的内在动力阐释

古今中外，体育运动一直沿着两条逻辑线索向前推进。一条是它的实践线索，创造了内容丰富的体育教育、前景灿烂的竞技运动、多姿多彩的娱乐健身，以及以体育运动为事业的社会政治活动和以体育运动为产业的经济活动。另一条则是它的理论线索，追寻人体运动的生命科学、心理科学、人文社会科学的种种规律。这两条线索相互交织、相互影响。

（一）改革，端正了体育人文社会学的问题导向

改革是当代中国的主题曲。40年来，中国大地上发生的每一个事件，无不打上改革的印记。中国体育是20世纪末叶社会改革的最大受益者之一，仅以支持体育发展的资金为例，改革之初全国的年体育经费不足5亿元，40年后的今天，每年有数万亿元的资金在体育领域流动，而且资金的来源已经从政府的单一投入变为涉及千家万户的多元投入。可以说，对中国体育投入的经济总量与产出的文化总量，改革前后具有霄壤之别。

社会改革给体育发展带来空前的机遇，社会改革引发了体育现象扩大化与复杂化的趋势，需要体育社会科学迅速跟进，比如社区对单位的取代，休闲时代的到来，社会综合治理能力的提升，社会公共服务理论的出现，都需

要体育人文社会学科提供前提性的研究。体育改革的成功部分，需要体育人文社会学科做理论支持，体育改革中出现的社会问题，也需要听从它的评述与提出解决问题的方案。

社会主义市场经济体制激发了人的活力，以人为本、主体意识、人文精神、人性解放等概念的确立，正在改变整个社会的精神面貌，在竞技体育领域表现得尤为突出。体育人文社会学科顺应社会的变革，在这方面做出了巨大的努力。人文社会学科关心他人、关心外界，特别是涉及人类的终极目标和终极关怀，是其他学科不能替代的。

（二）开放，扩展了体育人文社会学的视野

在中国被称为"新兴学科"的体育人文社会学，其实在海外已经发展了许多年，如体育社会学在欧美已经有上百年的历史，体育法学早已成为成熟的学科，体育哲学早已进入解决实际问题的阶段，体育经济理论已出现多个学派，休闲理论、游戏理论也已成为皇皇大论。在改革开放之前，在封闭的社会条件下，我们如井底之蛙，对这一切一无所知，甚至连一些基本概念都不清楚。在开放的时代，我们欣喜地引进了这些未知的、不熟悉的学科，开拓了我们的思路，缩短了我们与国际的差距，有了更多与世界对话的可能。

（三）思想解放，打碎了体育人文社会学身上的枷锁

在20世纪80年代之前，中国体育界有很多思想禁区，说到体育的经济活动，被认为是"资本主义体育的特征"；说到国际奥委会，就称它是"西方资产阶级的俱乐部"；提到职业体育更是噤若寒蝉，斥之为"资本主义铜臭"，是"体育的堕落"；谁为"海外兵团"说几句好话，就是"汉奸""忘本"，就是背叛举国体制；谁批评体育中的兴奋剂、假球黑哨等丑恶现象，那就是在"给社会主义抹黑"；等等。

思想解放的大门一打开，体育人文社会学做了大量正本清源的工作。它最早开始骚动，举起批判的武器，以批判精神和担当意识，承受了来自各方的巨大压力，为中国体育改革扫清了道路。

（四）科教兴国，改善了体育人文社会学的发展环境

科教兴国作为国家战略的提出，将体育人文社会学摆在了体育发展的重要位置上，给了它一个良好的学科环境。于是，它一方面提倡体育要科学地面对现实，尊重客观，主张体育必须摆脱经验主义，走上科学实证的道路；另一方面，它又反对科学至上，认为人类进步、国家富强与人民幸福需要科

学的指引，但科学并不能解决一切问题，要实现从科学主义向人文主义转变。

三、体育人文社会学的学科任务

体育人文社会学目前尚处在一种松散集成的状态。在各分支学科中，有的在当前适宜的社会经济土壤中将得到较快发展，如体育产业学、体育社会学；有的需要迅速提升，以满足体育实践的需要，如体育法学、体育伦理学；有的新学科建立了起来需要扶植，如体育人类学、体育娱乐休闲理论；有的老学科需要突破性进展，如体育史、运动心理学；有的学科要加快前进的脚步，如体育美学；有的学科则需要摆脱母学科教条的枷锁，求得新生，如体育哲学。

体育人文社会学必须实现自身的现代化，体育人文社会学的职能将由议论和舆论性的，转变为说明和解释性的，进而成为预见性的、决策支持性的，从而提高我国体育实践的预见性、科学性和自觉性。

21世纪初叶是中国全面实现小康社会、走向现代化的关键时期。未来中国经济与社会发展必将对中国体育产生深刻的影响，也促使正在发育成长中的体育人文社会学尽快成熟起来。在新时代，中国体育将继续遵循繁荣发展的规律，无论是发展规模，还是前进速度，仍要保持旺盛的气势。面对这样的发展态势，体育人文社会学的价值应更加引起关注。没有体育人文社会学作为理论基础掌控的体育，其发展方向可能是摇摆的，其系统结构可能是松散的，其繁荣辉煌也可能是昙花一现的，而付出的代价则一定是沉重的，因此，重视和加强体育人文社会学的建设，已成为当务之急。

21世纪对体育社会学的挑战与期望[①]

20世纪是文明与野蛮、科学与愚昧、正义与邪恶、和平与战争、尊严与亵渎生死较量的100年。当我们回顾20世纪人类杰出成就的时候,不应该也不可能忘却体育运动为文明进步所做出的全球性的贡献:与世纪同龄的奥林匹克运动,与奥林匹克并驾齐驱的大众健身运动,如此深刻地影响、改造着这个蕞尔小球上人们的生活。正如《全民健身计划纲要》所断言的"体育发展水平是社会进步与人类文明程度的一个重要标志"。

未来世纪的世界体育应该是什么形态?中国的经济与社会的发展、科技与教育的进步将给体育展现怎样的背景?而体育运动在未来的世纪将以怎样的作为和风貌参与中国的现代化建设?体育的社会学工作者需要求索的课题很多。面对未来的世纪,重新构筑体育社会科学理论体系的任务相当繁重。

一、经济和社会发展对体育社会学的需求

(一)经济

在过去的十余年,特别是在过去的五年中,经济体制改革的稳健进程和经济发展的宏伟规模向世人证明了中国完全有能力把握自己的经济命运,实现千百年来国家富强繁荣、人民共同富裕的民族愿望(国民生产总值和居民消费增长情况,见表1和表2)。"中国将成为一个全球大国"[②],这是一个不争的事实。"中国将成为一个新的世界强国,这并不是'能否',而是'早晚'的问题。中国的经济复苏,紧接着便是其政治实力上升以及潜力巨大的军事力量的出现,这将是这个世界在21世纪必须面临的事实。"[③]

[①] 1997年在第五届全国体育科学大会上的专题报告。
[②] [美]约翰·奈斯比特:《亚洲大趋势》,蔚文译,外文出版社1996年版。
[③] [美]约翰·奈斯比特:《亚洲大趋势》,蔚文译,外文出版社1996年版。

表1　1978—1995年我国国民生产总值增长情况

年份	1978	1980	1985	1990	1993	1994	1995
国民生产总值（亿元）	3624.1	4517.8	8989.1	18598.4	34560.5	46532.9	57277.3
人均国民生产总值（元）	279	460	855	1638	2933	3904	4754

资料来源：《中国统计年鉴1996》。

表2　1992—1996年我国国家财政收入和居民消费水平增长情况

年份	1992	1993	1994	1995	1996
国家财政收入增长情况（亿元）	3483.37	4348.95	5218.10	6242.20	7366.60
居民消费水平变化情况（元）	1070	1331	1781	2311	2675

资料来源：《中国经济年鉴1996》。

21世纪初叶是中国全面实现小康社会、走向现代化的关键时期。在新的世纪里，社会化大生产不断向广度和深度高速发展，反映社会化大生产规律的新的经营方式和组织方式层出不穷，深刻地改变着国家的生产方式、劳动结构、阶级结构和社会结构，同时给人们提供越来越多的物质财富和精神财富。生活方式的转变，使人民的生活质量得到了很大的提高（见表3）。我们无法预言50年到100年的未来，甚至无法断言未来20年到30年中国经济会对体育产生如何的影响，但是，可以肯定的是，我们必须有足够的思想准备和勇气面对新的生产方式、生活方式，以及在这一背景下发展中国的体育，这是时代摆在我们面前的基本事实。

表3　中国家庭恩格尔系数及其变动

年份	恩格尔系数（平均值）
1957	64.65%
1981	59.07%
1983	59.28%
1984	58.76%
1990	57.60%

续表3

年份	恩格尔系数（平均值）
1991	56.61%
1992	56.29%
1993	55.05%
1996	49.80%
1997	47.70%

资料来源：历年《中国统计年鉴》和国家统计局统计资料。

  迄今为止，人类历史上经历了三次大的技术飞跃。第一次，农耕技术的出现，产生了与农业生产方式相适应的雏形的体育，中国中原文化中以武术和养生为代表的体育文化，在这个漫长的时期走在世界前列。第二次，18世纪的工业技术革命，产生了欧洲旨在谋求身体的培育和发展，增进健康和保持积极的心理、生理状态，维护社会稳定和发展体育理想、体育意识，以群体性的竞技活动和个体性的保健及娱乐活动为主要方式的近现代体育。由于中国农业文明的衰落，在近代东西方文化激烈的冲突和碰撞之中，我们被迫接受了西方的体育，并以我们民族特有的方式融汇它、改造它。当代，现代科学技术成为第一生产力，从20世纪中叶开始的以微电子信息技术为核心的新一代科学技术革命，正对人类社会进行全面的、革命性的改造。与这一技术革命相顺应的，为新的生产方式和生活方式服务的新一代的体育也正在孕育和铸型。这种新的体育将以大文化为灵魂，以高科技为筋骨，以国际性为面貌。在这第三次技术革命面前，我们不甘人后，完全有信心与世界同步，我们将表现出中华民族精神和身体诸方面的创造力。我们惊异地看到这第三次体育文化的变革带有"回归"东方、"回归"体育本原的特色，以螺旋上升发展为轨迹，这一返璞归真给我们中国体育走向世界设置了新的舞台。未来，体育哲学、体育文化学无疑将承担起这一体育文化升华的哲学诠释工作。

  在未来的时代，中国的经济将给体育提供越来越雄厚的物质基础，而我们也必须看到提供的方式正在发生巨大的变化。体育的财源在市场，个人、家庭、社团、企事业既是体育消费者，也是投资者。体育的巨大市场潜力告诉我们：一个不设体育产业的经济结构是有缺陷的经济结构，一个没有体育市场的市场经济是不完备的市场经济，体育产业将成为我国经济发展的一个新的增长点。在我们建立商品市场、劳务市场、金融市场、证券市场、运输市场、通信市场、信息市场、文化市场等各种市场时，切莫遗忘了体育这个可以带来巨大财富的潜在市场。当今，体育市场和体育产业的理论铺垫仍不够充分，理论结构还不够严谨，理论周边也不够清晰。让"经济""体育产业""体育市场"成为全社会惯以使用的概念，让体育经济学真正被它的母学科接纳，成为经济学家们十分关照的分支学科，这大约是摆在体育经济学面前的时代任务。

经济是人们生活方式最好的引导者，急剧变化的新的生活方式需要体育做出相应的变革。求温饱社会的体育与小康社会的体育有"质"的区别。前者只是一种在求生存的过程中满足低层次需要的体育，这是一种受低能源局限的，非文明病泛滥和蔓延时代的单纯生物医学模式的体育；后者则是在顾及享受、谋求发展的过程中满足较高层次需要的体育。这是一种赋予体育更多职责的"生物—心理—社会"医学模式的体育。人们的体育意识、体育需要都在发生转变。体育社会学要敏感地追踪人们生活方式的转变，将消费结构、余暇时间、生活节奏、生活空间、体育群体等概念纳入研究的范畴，将"生活方式中的体育""人的体育需要"列入体育社会学的主题词。

经济给体育的未来发展提供了优势，但是我们也不得不同时分担由于经济发展造成的各种压力和挑战。人口、资源、能源、环境、自然灾害、教育、社会稳定、失业等问题都不是体育可以回避的，体育的各门社会学科在欣喜地向人们展示未来体育光环的同时，也要用这些"忧虑"警示人们，提醒人们把体育放在一个符合中国国情的恰当的位置上。

（二）社会结构变化

进入 21 世纪后中国的社会结构将发生一系列重大的变化，这些变化将不同程度地影响到中国体育的发展。其中人口年龄结构、就业结构、城乡结构的变化对体育的影响最大。

1. 人口的年龄结构

21 世纪初叶，我国将完成向老龄化社会过渡的过程。这一过渡过程大约分三个阶段完成：

(1) 1990—2003 年是缓慢老化期，人口结构由成年型向老年型转变。

(2) 2003—2020 年是迅速老化期，进入典型的老年型社会。

(3) 2020—2050 年是高度老化期。(见表 4)

表4　1991—2050年我国人口发展预测①

年份	各年龄段人口数（亿）					各年龄段人口数占总人口比例（％）			
	总人口	0—14	15—59	60+	65+	0—14	15—59	60+	65+
1991	11.61	3.20	7.40	1.02	0.66	27.55	63.70	8.75	5.69
1995	12.31	3.42	7.47	1.15	0.75	27.78	62.92	9.30	6.11
2000	13.04	3.53	8.22	1.28	0.87	27.08	63.08	9.84	6.71
2005	13.57	3.33	8.83	1.41	0.98	24.51	65.07	10.42	7.21
2010	14.00	3.00	9.39	1.65	1.08	21.40	66.82	11.77	7.71
2015	14.42	2.81	9.57	2.04	1.28	19.51	66.37	14.12	8.84
2020	14.38	2.82	9.70	2.31	1.61	19.04	65.41	15.55	10.85
2025	15.13	2.85	9.49	2.80	1.82	18.83	62.72	18.47	12.02
2030	15.29	2.76	9.01	3.35	2.24	18.04	60.03	21.93	14.64
2035	15.32	2.58	9.18	3.73	2.70	16.84	58.79	24.37	17.63
2040	15.28	2.46	9.99	3.84	2.99	16.07	58.81	25.11	19.57
2045	15.19	2.42	8.84	3.93	3.03	15.94	58.19	25.87	49.97
2050	15.02	2.40	8.49	4.12	3.07	16.01	56.56	27.43	20.43

我国的老龄化具有绝对规模大、老龄化速度快、在社会发展水平尚低的情况下发生、农村老年人比重大，以及与我国的经济改革耦合等特点。②

21世纪，我国人口出现由达到最高峰到迅速减少的转折，老年人口的激增、少年儿童人口的锐减，会给体育结构造成很深远的影响。以青少年儿童为主体的学校体育、竞技体育，将不能得到年轻型人口结构优势的支持，而社会体育将不得不面对数以亿计的老年人。在我国社会保障水平不高的情况下，老年人对体育的依赖将是十分明显的。老年健康问题、农村健身体系问题将成为21世纪体育社会科学必须正视的课题。

2. 就业结构

从1991年到2000年，我国每年新增劳动年龄人口为930万，2001年到

---

① 杜鹏：《中国人口老龄化过程研究》，中国人民大学出版社1993年版。
② 邬沧萍：《改革开放中出现的最新人口问题——老年人口问题》，高等教育出版社1996年版。

2010年每年为910万，我国将拥有一支世界上最大的职工队伍。这一现象给体育提出的问题有两个：其一是如何更好地开展职工体育，特别是如何提高这数以千万计的新上岗年轻职工的身体素质问题；其二是体育娱乐市场将如何吸纳待业人口问题。许多发达国家在一定历史时期内，由体育娱乐行业分流了部分失业人口，成为缓解社会矛盾的举措。在我国目前安置下岗职工的过程中，也出现了类似的情况。事实上，作为第三产业的体育产业在我国未来产业结构的变化过程中（见表5），也必定要占据一定的份额。这两个问题是体育直接与经济发生联系并服务于经济发展的表现，应该引起我们足够的重视。

表5　1993—2010年我国三大产业在国内生产总值中所占比重及其变动预测

产业占国内生产总值的百分比（%）	年份		
	1993	2000	2010
第一产业	21.2	17.7	17.2
第二产业	51.8	52.3	50.8
第三产业	27.0	30.0	32.0

3. 城乡结构

我国正处在社会转型时期，在农业社会向工业社会转型、乡村社会向城镇社会转化的过程中，城镇的迅速发展是当今社会的一个重要特征。到2000年，我国城镇人口将超过5亿，城镇化率将达到40%，到2010年，城镇人口将超过6.9亿，城镇化率将达到50%，我国的城镇化将以发展小城镇为主。这一变化对发端于城市的现代体育是十分有利的，城市的教育程度较高、组织化程度较高、物质条件较好，做好城市居民的体育工作，包括社区体育、小城镇体育、各种开发区的体育、外来人口的体育，不仅是落实全民健身计划的任务，也具有服务经济发展和社会稳定的价值。体育社会学必须尽快开发有关城市体育的新概念，并适应这种变化。

4. 区域结构

21世纪初，在国家综合实力增强后，党和政府把经济发展战略的重点西移，使中、西部也发展起来，在区域结构逐渐趋于平衡的情况下，体育如何适应这一巨大的变化？是将现在尚落后的中、西部体育发展起来，或是将

现在的竞技体育发展模式西渐,还是在民族体育的基础上建立一种新的模式?这是体育社会学应该解决的问题。

5. 社会生活结构

21世纪是中国居民生活结构发生剧烈变化的时期,我们在20世纪末已经深刻地感觉到了这一震动的前兆。家庭结构、家庭余暇时间的结构,膳食结构、流行病因结构、死亡原因结构都会发生转变,在这个转变过程中,许多涌现出来的新事物需要认识,许多体育的命题需要论证,体育的发展前景需要重新预测和估计。

与此同时,各种体育社会问题也会突显出来,大社会中的各种问题会以不同的方式折射到体育这个小社会中来,参与体育运动的各利益群体会因利益的分配产生种种矛盾,与市场经济体制相适应的行为方式和情感方式正在缓慢地发育,而一些不健康的文化在法律、道德体系不完整的情况下滋长出来。历史上遗留下来的文化渣滓在趁机泛起,可能在体育娱乐业中寻找滋生的土壤。在这样一个如同万花筒一样瞬息万变的社会环境里,体育运动当然不可能将种种社会问题隔绝于外。体育社会学将责无旁贷地承担起探究、解释和解决这些社会问题的学术责任。

二、社会科学和自然科学对体育社会学的影响

(一) 我国社会科学进展对体育社会学的哺育

党的十一届三中全会以来,我们经历了一次又一次思想解放运动,在邓小平同志建设有中国特色的社会主义的理论指导下,我国各门社会学科和理论得到了迅速的发展。在经济理论方面很好地解决了改革、发展、稳定的关系,速度和效益的关系,市场机制与宏观调控的关系,公有制与其他经济成分的关系,扩大开放与自力更生的关系,产业结构的关系等理论问题,提出了共同富裕的理论、社会主义市场经济体制的理论以及可持续发展、实现"两个转变"、公有制有多种实现形式等一系列重要的理论。这一系列理论和思想是体育社会科学在未来得以发展的坚实的思想基础。我们在体育经济、体育产业、体育市场等方面的许多实际问题和理论问题,都可以在这些理论中得到解决。

在社会发展理论方面,社会科学开始注重从单一的经济发展向综合的社会发展转变,从以物为中心的发展向以人为中心的方向转变,从追求一时的繁荣向可持续发展的方向转变,提出了两个文明建设一起抓的战略思想。这

些思想都为体育的发展提供了良好的社会环境,为体育社会科学的发展指出了理论方向。

我国在20世纪50年代建立起来的体育社会学科一直是以教育学为基础的,"体育"基本上是"体育教育"的同义词,"体育理论"是以凯洛夫教育学为理论基础的教育理论。80年代后期,我国的体育在学校以外的更大空间内蓬勃展开,其理论触角几乎延伸到每一门社会科学关心的研究领域,其理论基础在质和量方面都发生了重大的变化。当前,我国经济和社会发展理论的进步和发展给了跨世纪的体育社会学工作者更大的活动空间,同时要求他们具有更大的理论勇气和更高的社会责任感。

江泽民同志曾指出:"一定要以当代中国社会主义改革开放和现代化建设实际问题为中心,以我们正在做的事情为中心,着眼于马克思主义理论的运用,着眼于提高对实际问题的理论思考,着眼于新的实践和新的发展。离开本国实际和时代发展来谈马克思主义,没有意义。"21世纪体育社会学也必须强调它的理论性和预见性、时代性和实践性。

(二) 自然科学和工程技术对体育社会学的挑战

数百年来,"自然科学由于自己的迅速发展以及它在经济、社会、文化等方面所发挥的普遍作用,已经赢得了相对独立于其他社会体制的地位。自然科学活动及其成果在总体上已被当代人类看作普遍的、有一定程序可循的、可以为全人类共同接受的东西"[①]。社会科学虽说也是科学的组成部分,并且在科学产生的同时就问世了,然而,社会科学发展的道路坎坷不平,它所遇到的阻力和障碍大大超过自然科学。由于社会科学的研究对象是有主观意志的人及其所组成的社会,人们对社会的发展有无客观的规律性、对社会的研究是否是真正的科学一直有所怀疑。由于社会科学研究者既是研究者,又是社会现象的参与者,他在研究时必然将他所属的社会集团的目的、理想和价值评价标准带入其中,使社会科学的研究成果带有意识形态性,使社会科学研究很难建立起一个普遍的、同一的参照系。由于在社会科学的研究中,实验方法受到较大局限,使定量的、有实验对照的各种有明显研究特征的方法难以采用,使社会科学的研究难以精确,难以验证和重复。这些因素都阻碍了社会科学的顺利发展,并得不到承认,体育社会学也遇到了同样的问题。然而,社会科学毕竟在阶级性和科学性之间、在不确定性和统计性之

---

① 方华、刘大椿主编:《走向自为——社会科学的活动与方法》,重庆出版社1992年版。

间、在政治性和历史性之间寻求到了一条自己的发展道路。今天，自然科学与社会科学之间的相互交叉和渗透，社会科学向工程技术、农艺学和医学等学科的渗入，管理科学的技术化和数学化，以及一批横断学科的出现，使得自然科学和社会科学浑然一体，难解难分。体育社会学也同样处在这种环境之中。因此，今天在讨论体育社会学在21世纪的发展时，我们一只眼睛注视着社会科学各门母学科的发展，而另一只眼睛必须同时观照着自然科学和工程技术的动态。

21世纪是信息占统治地位的世纪。以微电子技术、计算机技术与卫星和光缆为载体的综合数字网络为核心的信息技术将给生产过程、流通过程、生活方式和国家安全带来重要的革命性的变化。信息产业成为国际经济中最宏大、最具有挑战性的产业。信息成为人类社会最重要的资源和竞争要素。这一发展前景对体育产生的影响是难以估量的，今后的竞技体育金牌大战将是信息大战，以及信息背后的科学技术和教育的较量。信息技术的介入，电脑智能化的发展，机器人的广泛运用，将会以各种形式出现类似卡斯帕罗夫与"深蓝"之间人机大战的活动，使人们必须重新审视体育的意义和价值。

在工业社会和后工业社会，信息技术的发展对大众体育的深刻影响已经成为事实。信息技术又使许多民族成了"坐在椅子上的民族"，"思想和机器在代替我们进化"，[①] 使人们对参加体育运动的身体需要更加强烈。信息技术使人们在技术上距离缩短，但在感情上距离拉大，使人们对体育的娱乐性和社交性十分倚重。因此，体育社会科学的指针偏向娱乐理论、消遣理论发展的倾向已经十分明显。

21世纪是生命科技率先发展的世纪。分子和细胞发育生物学的进展，神经生物学和脑科学的突破、人类基因计划的成功，使许多疾病如癌症、艾滋病、糖尿病等从根本上得以控制和防治，人的衰老过程可能得到延缓。我们可以预料的是，这些分子遗传理论、生物工程技术将在下一个世纪以较快的步伐进入体育运动。就像今天面对"克隆技术"，我们必须做出伦理学和社会学的解释一样，若干年后我们的体育社会科学也可能面临同样的社会伦理问题，我们必须言之成理，否则就会阻碍这一人体科学发展的进程。已故著名核物理学家钱三强教授曾提出过一个卓越的见解——"要想把自然科学搞上去，先要把社会科学搞上去"，说的也许就是这样一个关系。

21世纪是人、环境、社会协调的世纪。人们更加重视我们生存的环境，

---

① 英国伦敦大学著名遗传学教授斯蒂夫·琼斯语。

注意保护自然界动植物的多样性和生态恢复，重视有限资源的合理利用和可再生性。人们均衡物质财富的分配，追求艺术文化、体育娱乐等精神上更高层次的享受，理性地节制生育与自身的消费，创造文明健康的生活方式，追求可持续发展之路。体育将是社会可持续发展的重要组成部分，体育也要注意自身的可持续发展。体育的环境意识和资源意识将逐渐深入人心，这时体育社会科学将要站出来承担"社会教员"的角色。

21世纪也是人类继续向空间、海洋和地球深部拓展的世纪，人类获取新的知识，以寻求和利用新的资源和新的生存空间。各个特殊领域的开发，向体育提出各种人才的特殊体质要求，一些新的"职业体育"门类兴起，如飞行员、宇航员、南极探险人员的体育训练大纲，以及适应深海、高原、沙漠等作业的身体训练理论等。

三、21世纪中国体育对体育社会学的影响和需要

中国体育的改革和发展是体育社会科学的基本的、直接的源泉。未来世纪的中国体育是在两股时代潮流的汇合点上求生存、求发展的。这第一股潮流是中国市场经济的发展，以及与之相应的各种体制的变革。今后的各种社会现象，包括体育，最终都可以也必须从这场社会经济关系、经济结构和经济利益的伟大变革中寻找根源。这第二股潮流是世界体育运动的发展和它自身躁动着的变革的倾向。中国体育运动的国际开放，特别是对奥林匹克运动的热情参与，以及对国际大众体育热潮的主动投入，注定了中国体育的改革和发展也必须顺应这一世界潮流。其实，这两股潮流的本质都是经济性质的，因此，中国未来的体育首要的和必需的任务是在国家的经济结构中认定自己的地位。在这种前提下，体育可能出现如下变化：

——我国传统的将大体育划分为学校体育、群众体育和竞技体育的格局和分类原则将要修正。不能进入市场的学校体育和群众健身体育，与必须在市场中发展的竞技体育、娱乐体育、休闲体育、康复体育等将各自遵循自己的规律发展，只能对它们实施不同的管理。

——竞技体育一方面要契合国际竞赛活动的需要，另一方面更要着眼于本国的市场，那些在本国没有市场，即没有国内票房价值、没有广告效应、没有群众基础的运动项目和竞赛活动将难以生存。运动项目的设置、体育资源的配置最终必须接受市场的考验。如何正确区分竞技体育的商业支持与竞技体育商业化，既能得到商业活动的支持，又能保留体育的教育文化本原，不受商业的控制和侵蚀，这个鱼和熊掌必须兼得的问题，的确是值得国内外

理论界关注的棘手问题。

——运动训练科学将会走出单纯生物科学的狭小领域，扩展到社会科学中来，运动员的社会属性和心理品质越来越受到关注，正如俄罗斯体育理论专家马特维耶夫所说："未来运动成绩的增长，主要靠挖掘运动员的社会潜能。"

——学校体育必须顺应从"应试教育"向"素质教育"的转变，素质教育给学校体育创造了较为宽松的环境，也提出了严峻的任务。过去试图挤入应试教育以求学校体育生存的理论和做法，将被一种全新的体育教育理论和实践所取代。新的健康教育理论和竞技文化理论应植根于学校体育，成为现代教育的组成部分。

——社会体育是实现体育工作重点真正转移到增强人民体质上来的主战场。长久以来，我国在社会体育方面的实践和理论都相当薄弱。在《全民健身计划纲要》颁布以后，在社会体育领域出现了一系列的新生事物需要理论扶植，如社区体育、休闲体育、妇女体育、老年人体育等。在从温饱社会向小康社会转化的过程中，人们的价值观念正在发生变化，有关"健康"的价值观念正在上升，在一些发展较快的城市，"健康"已超过"成功""金钱""社会地位"等，成为名列前矛的价值观念之一。在这种情况下，体育健身越来越成为社会成员的自觉行动，《全民健身计划纲要》发表两年来的事实，已经充分证明了这一点。因此，展开对体育价值观念、体育需要的研究，并引导社会建立正确的体育价值观念是十分必要的。在下一个世纪，体育社会科学解释清楚体育的社会需要和人的需要之间的辩证关系，是十分必要的。

——未来的文化、娱乐、体育市场的前景是十分广阔的，但形势也是十分严峻的。约翰·奈斯比特在《2000年大趋势》中用"从棒球转向芭蕾舞"[①]来形象地表述艺术将取代体育成为社会的主要娱乐活动的发展趋势，并说明这一趋势在发达国家已经初露端倪。在我国，文化与体育争夺市场的问题已在各个层次展开，介于文化与体育之间的模糊地带——娱乐——将成为一片激烈争夺的市场。因此，要迅速开发"娱乐""身体娱乐""消遣""休闲体育"和"游戏"等一系列概念，并将它们转入市场理论加以应用。体育社会科学还应承担有关体育娱乐的立法理论准备工作。

---

① [美] 约翰·奈斯比特、帕特里夏·阿伯迪妮著，军事科学院外国军事研究部译：《2000年大趋势》，中共中央党校出版社1990年版。

——《全民健身计划纲要》和《奥运争光计划纲要》需要深化和滚动发展，有些地方还要随着时代的变化做一些必要的修正，为此理论研究必须先行。

——对体育概念的进一步开发，对其文化内涵的深究；对体育功能的演绎，特别是对其经济功能（不仅是为体育寻找资金来源，而且是让体育成为社会的一个经济部门）的阐释；对体育在未来社会大系统中的地位和体育内部结构变化的洞察；对体育社会控制系统的全面理论构筑（包括政治、经济、法制、伦理、民俗、舆论、信念等）；对中国体育走向世界的文化理论背景的勾勒等深层的基础理论问题，都需要静心研究。

——对体育本身的异化（如违禁药物、商业化、职业化、赌博等）问题和体育对人的异化问题，也将提到理论研究的日程上来。

此外，对我国体育改革近20年道路的回顾，其经验教训的总结，都需要在理论上给予观照。

四、21世纪中国体育社会学展望

（一）中国体育社会学的现代化

体育社会科学要承担起上述研究任务，必须实现自身的现代化，而体育社会科学的现代化，至少应有以下含义：

——体育社会科学由定性描述的科学转变为定性和定量相结合的规范化的科学。

——体育社会科学的职能由议论和舆论性的，转变为说明和解释性的（即可证明和可检验的），进而成为预见性的、决策支持性的职能，从而提高我国体育实践的预见性、科学性和自觉性。

——体育社会科学的体系由单纯划分为不同领域的平面性结构，转变为既有不同方面，又有若干层次的立体的系统结构。

——体育社会科学的研究方式由个体经验式的和偏重思辨的研究，转变为遵循逻辑程序的交叉综合研究。

——体育社会科学将由与自然科学相分离的一个知识部门，转变为现代体育科学技术体系的一个组成部分。

——体育社会科学的研究必须与国际接轨和对话，要努力争取与国际同类研究有共同语言，在国际讲坛有中国的声音。

（二）研究方法的完善和进步

体育社会科学的研究方法必须适应现代化的发展，进一步完善。因此，我们应该将体育社会科学研究发展成为一种综合集成技术，就是三个"板块"的高度综合：

——专家群体（主要是各种有关的专家和管理人员）。

——社会调查与社会实验的数据和各种信息与计算机技术有机结合起来。

——把各种基础学科的科学理论与个人的经验知识结合起来。

必须将这三者构成一个系统，充分发挥这个系统的整体优势和综合优势。既重视实证研究，也不忽视经验的价值；既重视专家的个人意见，也不忽视社会普遍的观点；既重视对体育社会现象的定量分析，也不忽视对总体把握的定性研究；既重视旨在解决体育实际问题的应用研究和软科学研究，也不忽视有关体育长远发展的基础研究；既重视与国家体育决策有关的宏观研究，也不忽视小地区、小群体、小问题的微观研究。这应该是体育社会科学在研究方法、研究领域上把握的基本要点。

（三）发展优势和存在问题

21世纪中国体育社会科学研究的优势在于：

——体育社会科学理论指导的大前提已经得到了很好的解决。中国特色社会主义理论必将涵盖体育社会科学的各种研究，使得一些体育基本理论问题的研究方向十分明确。社会主义制度给社会科学研究提供了其他国家难得的良好条件，如社会调查所能得到的广泛社会支持和行政介入。当前，理论研究的环境宽松、气氛炽烈，是新中国成立以来体育社会科学发展的一个最好的时期，可以预期，一些重要的理论问题会得到突破性的进展。

——一支体育社会科学研究的队伍已基本形成。各高等学校、科研所和政策法规部门的研究人员形成了一股较强的力量。中国体育科学学会和中国体育发展战略研究会等社团，起到了很好的组织、纽带和桥梁作用。

——体育社会科学的基金制度和奖励制度已初步确立。国家社会科学基金，国家体委社会科学、软科学项目，以及各种研究资金，都为体育社会科学的发展提供了一定的物质基础，基本改变了过去"巧妇难为无米之炊"的局面。

——社会调查的方法已经得到广泛的运用，成为收集体育社会信息的重要方法，建立社会调查网络的意识已经形成，最近所完成的"中国群众体育现状调查"和"中国体育场馆现状调查"等调查课题规模庞大，严格按照社会调查程序进行，如能在这个基础上将社会调查网络建立、完善起来，将会大大提高体育社会调查的效益和质量。

社会科学的各门学科的建立和发展大多要经历萌芽、集聚、网络和专门化等四个阶段。体育社会学也大致如此。成熟的体育社会学必须做到"五脏六腑"俱全,"五脏"指的是学会组织、专业研究机构、各体育院校的体育人文社会科学专业、社会科学研究基金和出版阵地等学科发展的五个基本要素;"六腑"指的是体育经济学、体育管理学、体育社会学、体育史学、体育法律伦理问题、体育哲学美学问题等六种基础学科的建设。

依照这样的阶段划分,我国的体育社会学大约仅处在"集聚"与"网络"的交替阶段,其"五脏六腑"还需要健全。当前的主要问题是:

——体育社会学工作者的素质亟待提高。面对日新月异的科学技术的发展,面对社会的剧烈变革,面对大量活生生的体育事实,我们体育社会学工作者必须迅速转变观念,提高理论素质和科学文化素质。

——体育社会学研究的整合程度不高。单兵作战多、重复研究多、重大课题少、联合攻关少等问题十分严重,削弱了体育社会科学的总体实力。

——理论阵地缺乏。理论性体育刊物在市场经济条件下应受到政府的保护,体育报刊重新闻、轻评论的风格应该扭转,体育理论的研讨应该加强,体育院校社会科学的教学和科研应该加强。

总之,体育社会学的意识,无论是在体育内部,还是在全社会都应该加强。

如果说体育社会学是一面镜子,可以折射出经济社会的发展以及科技、教育、文化、体育的进步,用以推动体育更好地发展,那么,我们只说对了一半。体育社会学有责任把自己对体育的领悟迁延到整个社会,把体育的种种概念衍射到社会生活中去,把体育特殊的价值观念和行为方式推向经济领域。通过体育这个中介,人们可以丰富对社会的认识,以推动社会的良性运行和人类自身的进步,则是它的另一半。

当体育社会科学不仅属于体育,而且属于全社会时,才是它的全部价值所在,于是,就进入它的黄金时代,我们将在21世纪迎接这样一个时代。

参考文献

[1] 江泽民. 正确处理社会主义现代化建设中的若干重大关系[N]. 人民日报, 1995 - 10 - 09.
[2] 薛德震. 论邓小平对中国现代化建设的总体设计[J]. 探求, 1997 (2).
[3] 廖盖隆. 全球走势、社会主义和中国传统文化[J]. 学术月刊, 1995 (8).
[4] 厉以宁. 中国经济改革与市场前景[J]. 现代企业导刊, 1994, 9.

[5] 陆学艺. 21世纪中国的社会结构 [J]. 社会学研究, 1995 (2).
[6] 景天魁. 论社会科学基础 [J]. 中国社会科学, 1991 (5).
[7] 景天魁. 社会科学现代化的观念前提和技术基础 [J]. 中国社会科学, 1993 (3).
[8] 吴元梁. 当代社会科学发展的方法论特征 [J]. 中国社会科学, 1992 (3).
[9] 熊斗寅. 熊斗寅体育文选 [M]. 贵阳：贵州人民出版社, 1996.
[10] 江流, 等. 1996—1997中国社会形势分析与预测 [M]. 北京：中国社会科学出版社, 1997.
[11] 马洪主. 1996—1997中国经济形势与展望 [M]. 北京：中国发展出版社, 1997.
[12] 方华, 刘大椿. 走向自为：社会科学的活动与方法 [M]. 重庆：重庆出版社, 1992.
[13] 邬沧萍. 改革开放中的最新人口问题 [M]. 北京：高等教育出版社, 1996.
[14] 邬沧萍. 转变中的中国人口与发展总报告 [M]. 北京：高等教育出版社, 1996.
[15] 李卫武. 中国：跋涉世纪的大峡谷 [M]. 武汉：湖北人民出版社, 1997.
[16] 冯立天, 等. 中国人口生活质量再研究 [M]. 北京：高等教育出版社, 1996.
[17] 魏津生, 等. 中国人口控制评估与对策 [M]. 北京：高等教育出版社, 1996.
[18] 周晓英. 社会科学信息学引论 [M]. 北京：中国人民大学出版社, 1997.
[19] [英] 汤因比, [日] 池田大作, 展望二十一世纪：汤因比与池田大作对话录 [M]. 北京：国际文化出版公司, 1987.
[20] 单天伦. 当代美国社会科学 [M]. 北京：社会科学文献出版社, 1993.
[21] 梁守德, 等. 1996国际社会与文化 [M]. 北京：北京大学出版社, 1997.
[22] 李培林. 中国新时期阶级阶层报告 [M]. 沈阳：辽宁人民出版社, 1995.
[23] [美] 约翰·奈斯比特. 亚洲大趋势 [M]. 蔚文, 译. 北京：外文出版社, 1996.
[24] [美] 约翰·奈斯比特, 帕特里夏·阿伯迪妮. 2000年大趋势 [M]. 军事科学院外国军事研究部, 译. 北京：中共中央党校出版社, 1990.
[25] [美] 卡尔霍恩 D W. 变革时代的社会科学 [M]. 北京：社会科学文献出版社, 1989.

给体育社会学一个准确的学科定位[①]

一门学科逐步走向成熟，学科定义是首先需要解决的问题，因为它能给人一个清晰的研究对象、研究方法、研究领域以及具体的研究内容和概念体系。在我国，体育社会学是在20世纪80年代后发展起来的一门新兴学科，在过去20多年的时间里，它发展很快，不仅多数体育院系开设了这门课程，也涌现出大量体育社会学的课题和论文。在已发表的有关体育人文社会学的论文中，体育社会学占有极大的比重。然而，我们也看到，由于学科定义不清，学科研究范围不明，在一些专业刊物和学术报告会上，有相当一部分论文并不属于体育社会学。有人认为，体育社会学可以涵盖一切，可以包括经济、管理、心理等学科；也有人认为体育社会学是不必经过专业训练的，谁都可以在这个领域任意发表意见。这就大大降低了这门学科的质量和价值。在近期举行的一次体育社会学研讨会上至少有1/4以上的论文是与体育社会学无关的。体育社会学与其他学科的交叉和综合是必需的，然而体育社会学的研究必须紧紧把握住自身的研究对象和研究领域，否则就会失却存在的意义。因此，给体育社会学一个较为准确的学科定义，绝不是咬文嚼字，而是给它以恰当的学科定位，以充分发挥它的学科作用。

"体育社会学"的学科定义，如同"社会学"一样，是五花八门的。国外的定义有几十种，国内的多本教材和专著也有不同的说法，由于立论的角度不同，依据的社会学学派有异，更因为我国建立和发展体育社会学历史的特殊性，这些都是可以理解的。本文旨在对"体育社会学"的学科定义给予一个综合的评述，与各位专家或学者的不同观点展开讨论，澄清一些有争议的论题，以期在体育社会学的学科定义上达到初步的共识。

[①] 原载《体育科学》2006年第4期，与于永慧合作。

一、体育社会学的研究对象——体育社会现象

社会学的鼻祖孔德在使用"社会学"一词时,主要强调它是一种用实证的方法来研究社会现象的一门学科。我国学者郑杭生先生关于社会学的定义是:"社会学是现代社会科学中从某种特有的角度,或侧重对社会,或侧重对作为主体的人,或侧重对社会与人的关系,进行综合性的研究,因而具有自己独特的对象和方法的学科"①。其实其中的"社会""作为主体的人"和"社会与人的关系"都可以归纳为"社会现象",也可以说是对"社会现象"说法的展开,以区别于"教育现象""经济现象""文化现象""军事现象",更区别于"自然现象""生命现象"。

体育社会现象,是体育社会学研究的基本对象。社会现象是存在于人们身体以外的行为方式、思维方式和感觉方式,同时通过一种强制力,施以每个个人。任何能够构成社会现象的事物,都具有客观性、普遍性和强制性。体育社会现象也是这样一种社会现象,体育社会学要研究的体育社会现象必须具备以下的性质才有研究价值:

(1) 体育社会现象是人的社会属性的产物。它不同于人的生物现象和个人的心理现象,如人的遗传变异、能量物质的新陈代谢、个人的性格兴趣都构不成社会现象。

(2) 体育社会现象独立于个人而存在。它是一种集体的、普遍的现象,仅是个人的现象不能算是社会现象。比如有的运动员在参加重大比赛时必须穿一身固定颜色的衣服,这就不是社会现象。

(3) 体育社会现象具有强制性。体育社会现象是大多数人的意念和倾向,它可以形成一种强制力,引导、影响、强迫人们自觉或不自觉地接受。如同一体育群体中形成的某些制度、规定、习惯都具有一定的强制性。即使是非组织的球场比赛,一些骚乱活动以它特有的氛围"强制"一些原本并不想参加骚乱的人卷进骚乱之中。

(4) 体育社会现象必须与体育有关,或因体育而发生。因此,我们称它为体育社会现象。体育社会学的研究对象就是这种特殊的社会现象。体育社会现象作为一种广泛的社会现象发生,是19世纪末以后的事情,是近代欧美体育在全世界范围泛化的结果,体育社会学也就在那个时代应运而生了。

---

① 郑杭生:《中国大百科全书·社会学》,中国大百科全书出版社1991年版,第1页。

（5）体育社会现象是社会现象的一种特殊形式。它起初主要是母学科社会学的研究对象和内容之一，侧重具有社会性意义的体育。随着体育普及化程度的深入、国际化速度的加快、社会化水平的提高，围绕体育所形成的各种社会关系以及产生的社会后果已经不容忽视，同时引起学界的广泛关注，形成了诸多理论性和应用性的研究成果，体育社会学作为一门专门研究体育社会现象的分支学科逐步确立并得到了快速发展。

第二次世界大战以后，特别是 20 世纪 80 年代后，体育社会现象出现了集注化、扩大化和复杂化的趋势。体育社会现象的集注化表现为以下几个方面。

首先，这种现象开始不再依附于其他社会现象（如教育、文化等），成为一种专门的社会现象。全球的"体育人"以及与体育有关的人在增加，体育的社会组织的扩张，各国政府对体育的关注度在提升，体育占用社会的总时间在不断增加，因此，体育中形成了一些有别于传统的社会关系，如球迷与俱乐部、球员与业主、社区居民与社会体育指导员，等等。这些新社会关系的出现吸引了社会的注意力，同时也以各种方式影响社会经济、政治、人口、军事、宗教、民族等的变迁与发展。要想解释、理解和管理这些社会现象以进一步求得体育和社会的协调发展，人们诉诸体育社会学这门学科。

体育社会现象的扩大化，是伴随体育的繁荣发展而出现的。在人类社会中，体育只遵循繁荣发展的规律，特别是在高度技术化的时代，人类对体育的需求既有来自正面的科学认识，也有来自负面的因缺乏运动而导致的自身退化，经济的全球化推动了体育的国际化与全球化（如奥林匹克运动的全球化、发展中国家对国际竞技活动的参与等）；终身教育和学习化社会的出现加速了体育文化、体育教育的普及，而人的主体意识与人文精神的觉醒，使越来越多的人参与到体育当中来；体育权利意识的提出和普遍接受，推动了体育的大众化与平民化发展，使体育人口迅速增加，体育场地设施实现了社区化，体育管理实现了社团化，与此同时，体育生活化观念被确立起来。上述所有环节中的因果关系和这些关系的发展趋势，都向体育社会学提出了研究课题，因此注定了体育社会学一定不是一门静态的学科，而是一门随着社会和体育的发展动态推进的学科。

体育社会现象的复杂化也是体育社会学发展的一个重要条件。如果说体育社会现象的扩大化说明的是体育社会现象"量"的增大和膨胀，那么，体育社会现象的复杂化则是它"质"的变化。如果说 20 世纪 80 年代前的体育还比较"干净""纯洁"，那么，自 1984 年洛杉矶奥运会后，其"功利"色彩愈演愈烈。大量经济活动开始明火执仗地介入体育之中；体育的业余原则形同虚设，运动员职业化快速蔓延；体育商业化导致体育结构的本质发生变化，投资者正在走向前台，反客为主，成为体育的主宰者；体育市场活跃，经销的商品应有尽有。体育产业正在创造巨额的产值，在发达国家已成为国民经济的支柱产业，在发展中国家成为国民经济的新的增长点。

体育社会现象的复杂化还表现在它的社会政治化倾向方面：一方面体育成为当代和平与民主潮流的一部分，另一方面它也沦为政治角逐、政治统治、外交政治的工具。特别值得重视的是，冷战结束后，国际体育又在民族主义中重新找到了支点，成为展示民族主义和国家主义的一个擂台。民族主义是一把双刃剑，体育可以因它而辉煌，也可以因它而误入歧途。这就对体育社会学提出了更高的理论要求。

体育与大众传播媒介的紧密结合，是因卫星电视和互联网对体育信息的传播而促成的，20世纪中期以后，体育信息的数量、传播速度和覆盖面与日俱增，几乎可以与经济信息相媲美。今天，大众传播媒介已经不仅是体育的一个忠实反映者，它已经成为现代体育不可缺少的组成部分，它对体育的冲击力是无法忽视的。中国足球，成也媒体，败也媒体，足球与媒体共存亡，就是一例。可以说，研究现代体育社会现象几乎不可回避地要对传媒的地位和价值进行探讨。

体育运动发展过程中滋生各种体育社会问题是一种必然现象。体育社会学在创建自身理论体系的过程中必须正视体育社会问题，自身理论也只有在研究体育社会问题的过程中才能真正建立起来。在国际体育和中国体育中不同程度存在的球场暴力、球迷骚乱、妇女歧视、种族歧视、滥用违禁药物、体育中的腐败现象、运动成绩谎言化、宗教邪教对体育的渗透和利用等问题困扰着体育的发展。我国在进入市场经济时代后，由于体制上的缺陷，法治道德约束的不力，体育社会问题正在引起社会的关注，体育社会学家必须对这些社会问题提出干预，防微杜渐，进行疏导。一个人健康与否，不在于他是否有病，而在于他是否吃药有效，一个社会也同样如此。英国球迷骚乱一度成为该国无可救药的社会问题，但是英国有关部门根据体育社会学家的提示，采用多种手段解决了这一问题。从某种意义上讲，一个国家的体育社会学是否成熟，可以从它研究、解决体育社会问题能力的大小做出判断；同样，一个"体育社会学家"是否真正合格，也可以从他对体育社会问题的理论勇气大小做出判断。

由于体育活动具有较高的社会参与程度（包括直接参与和间接参与），

又由于大众传播媒介的广泛介入，体育社会现象具有较高的公开性和透明度，因此，体育社会现象能引起社会的高度重视，甚至可以最大限度地集中社会注意力，影响社会舆论。在现代社会，体育是社会的缩影和折射，体育社会现象又往往是社会发展和社会问题的一种形象化的演示，因此，对体育社会现象的解释就十分重要，因为这不仅关系到体育的正常运行，而且关系到全社会的健康发展。它不仅可以转变为一种社会力量、民族精神，对社会起到积极作用，也可以成为一根"导火索"引发社会的动荡。体育社会学的重要存在价值就在于对体育社会现象的理论研究，并向社会做出评论和解释，因此，体育社会学的学科价值不仅是理论的，而且是应用的。

体育社会学不仅关注宏观的体育社会现象，还要研究中观和微观的体育社会现象，比如社区体育、小群体体育等。面对上述事实，传统体育教育理论已无法全面回答作为社会现实的体育运动的理论和实践问题。各门人文社会科学的进步和繁荣，表现在其研究的深广度不断加深和扩大，在体育社会实践中得到广泛运用。这时，"体育社会现象"独立出来，成为体育社会学集中关注的研究对象。从这个意义上讲，体育社会学作为社会学的一个分支学科是合理的。社会学在它的发展过程中逐渐出现了分化现象，即专门研究某个领域的许多分支社会学，如家庭社会学、组织社会学、老年社会学、经济社会学、文化社会学等近百种分支学科，体育社会学是其中的一门。应该说，体育社会学对体育社会现象的研究具有综合性、整体性和多层次性。

以体育社会现象作为研究对象的学科很多，于是形成了一个学科群。目前体育社会科学学科群主要包括体育社会学、体育人类学、体育传播学、体育法学、体育经济学、体育史学等。各自的学科任务截然不同，这里可以用几个不同学科作为例子加以说明：如研究体育经济现象时，体育经济学使用的是经济学效率逻辑的视角，采用数学运算和模型分析来研究怎么做才能达到投入和产出利益最大化的问题；体育史学关注的是不同历史时期体育经济现象是一个什么样的状况的问题；体育法学研究的是在体育经济现象中如何实现社会公平的问题；体育传播学关注的是体育经济信息的传播和扩展问题；而体育社会学则关注体育经济现象为什么会发生，发生这种变化的行动主体采取这种决策的动因机制是什么，社会客体变数为什么会影响体育走向市场化的道路等问题。作为社会学的一门分支学科，它更关心的大多是"为什么"的问题。当然，这不是一成不变的，有时候体育社会学也要解释"是什么"和"如何办"的问题，如市场经济体制下，体育场地设施建设这一现象是经济行动，还是公共行动？行动主体是政府还是企业家？等等。这些问题也是体育社会学应该关注的内容。

二、体育社会学具有独自成熟的研究方法

研究对象还不足以成为判断学科之间差别的唯一标准，我们还要从研究方法和研究视角上来区分。

（一）方法论层次：强调实证研究与思辨研究的结合

将体育社会学视为社会学的一门分支学科，很重要的依据之一是研究方法上的相通之处，也就是强调实证研究方法的重要性，这承袭了社会学的实证研究传统。在实证研究中，已经不只是满足定量研究的需要，而且越来越多地强调定性分析的必要性。主要分析体育现象以及与体育现象有关的其他社会现象的原因机制，与体育哲学的思辨传统、体育文化学的现象学分析有明显的不同之处。

目前，中国的体育社会学研究出现了一种不良倾向，以为运用一份调查问卷，选择适当对象，发放回收，梳理统计一番，列出数据表格，一篇篇论文就这样成批地生产出来，许多硕士论文就是用这样"程式化"的方式写就的。有些作者从未到所调查的地点访问过、生活过，从未与调查对象当面交流过，更未对典型的、特殊的对象进行过案例研究，因此这些从概念出发，又回到概念上来的论文，不过是用了一份"调查问卷"对已有的概念进行了一次包装而已，这是对已有经验的定量化的重复。有一位研究高校体育社团的作者，以60多所大学为样本，但在研究过程中，没有到任何一所学校去实地考察，没有会见过一个社团领导人，就凭一份问卷，闭门造车，做了一场数学游戏。这与我们所提倡的创新性研究大相径庭。

（二）具体的研究方法：注重社会调查的实践活动

体育社会学在研究中，收集资料主要应用访谈法和调查法（问卷调查、电话调查、网上调查）等日臻成熟的社会学方法，尤其是以统计推断为主和逻辑分析为辅的资料分析方法越来越普遍，而且案例分析和观察法也越来越多地被研究者所重视。美国著名体育社会学家 Wilbert Marcellus Leonard II 在 *A Sociological Perspective of Sport* 一书中，论述体育社会学的特殊研究方法时也提到"案例研究、调查法和观察法来研究体育现象"，但是在研究方法上仍然保留着足够的空间用于吸纳众多其他学科的特长，以求本学科不会走向边缘化。在如今实行跨学科研究的形势下，体育社会学作为一门学科应该注重吸收母学科以及其他分支学科的研究方法，弥补和完善自身学科的方法

论体系和具体的研究方法。

（三）研究视角：更倚重社会学的理论成果

体育社会学运用社会学的研究视角分析体育的社会现象。社会学的概念工具，如社会分层、社会流动、社会控制、社会地位、社会角色、人口、社会现代化等概念在体育领域的专门化的应用，不仅构成了体育社会学基本概念体系，如体育人口、体育现代化等，也可用来对体育社会现象做具体的分析和论证。

无论是宏观层面的体育社会结构、中观层面的体育制度，还是微观层面的体育参与者之间的互动研究，都可以运用社会学的基本观点进行分析。如用结构功能主义视角来分析不同时代体育应完成的历史任务和承担的历史责任，分析宏观的社会结构设置与体育之间的关系，如体育与家庭、体育与教育、体育与政治、体育与经济、体育与宗教等是如何协调发挥其正功能或者不融合而发生的秩序紊乱等；用符号互动论分析体育群体当中人与人之间的互动、人与组织之间的互动以及组织与组织之间的互动等；用社会网络分析的理论与方法则可以通过体育现象折射出相应的社会现象，如著名社会学家罗伯特·D. 普特南在《独自打保龄球：美国下降的社会资本》一文中，通过打保龄球这项体育运动判断出美国社会资本可能会出现下降的情况。他认为当前美国的社会资本正在不断下降，人们参与社团活动的积极性正在不断下降，从而威胁到了社会的自由与繁荣；① 而冲突理论越来越多地被应用于体育现象中引发的社会问题，如球场暴力、球迷骚乱、滥用兴奋剂、假球黑哨、种族歧视等。在实际研究中也有综合运用上述几种理论来分别解释一种体育社会现象的。

基于上述有关体育社会学的研究对象、研究方法和研究视角，我们认为体育社会学只能是社会学的一门分支学科，因为它有着区别于其他体育社会科学或自然科学的独特的研究方法和研究视角。研究方法上就是以实证的方法论为基础，综合运用访谈法、调查法、观察法等收集资料，同时运用统计运算进行演绎的定量研究和实际观察进行归纳的定性研究相结合来分析资料。在研究视角上主要运用了社会学的中层理论（结构功能主义、符号互动论、冲突论等）和概念工具（社会分层、社会地位、社会流动、社会网络、角色设置等）。

---

① 李惠斌、杨雪冬：《社会资本与社会发展》，社会科学文献出版社 2000 年版，第167～168页。

体育社会学所采用的社会调查的研究方法常常受到政策研究工作者的重视，因为这种科研方法可以迅速获得大量社会信息，便于形成政府的政策性建议，因此容易被政府部门的研究计划采纳，以获得研究经费和行政力量支持。体育社会学家的研究与政府、体育组织的课题结合已经成为世界各国的一个共同趋势。

三、体育社会学研究的基本内容

体育社会学不但从理论、思想、观念层面对体育展开研究，而且从体育体制、制度，甚至从体育方法手段方面加以阐释；不但从社会学的角度，而且要结合政治学、经济学、文化学、人类学、心理学等学科的观点，广泛地解释体育社会现象；不但要说明体育活动中的经济现象，而且要揭示体育经济活动中的社会现象。因此，体育社会学的研究内容十分丰富。因此，在中国体育运动的改革与发展的过程中，很多人对体育社会学的地位和价值寄予很高的期望，这是体育社会学得以迅速发展的重要原因。体育社会学的基本内容包括以下方面。

（一）研究体育的社会制度和社会结构

这类研究不仅要对体育制度的产生、发展、变迁进行解释，还要对其性质和功能进行分析，对社会生产方式与生活方式中体育价值进行阐述，对体育与物质文明、政治文明和精神文明建设的关系以及体育内部的社会组织结构和组织形态进行分析。在社会转型时期，这类研究十分必要。体育改革要做到与社会改革同步，必须以这类研究作为理论基础。

（二）研究不同地区和时代的体育特点及发展现状

体育在不同国度差异较大，因此要对体育进行跨文化研究。体育在不同时代变化快慢不一，因此，把握不同时代体育的特点和层出不穷的、新的体育社会现象是十分必要的。体育社会学的这类研究是各国政府、体育组织进行决策的重要根据。体育的发展战略研究、体育发展规划、计划的制订、体育重大决策的论证，大多要有体育社会学工作者参加，因为体育社会学对体育现状、社会背景的分析，对体育发展前景的预测常常具有全面整体性的社会价值，可以成为决策的重要依据。

（三）研究体育与其他社会系统的相互关系

这类研究包括体育与其他社会系统（人口、经济、政治、宗教、教育、文化、科技等）之间关系的说明。厘清这些基本关系，可以明确体育发展的社会背景，这对体育与经济、社会之间的协调发展，体育自身的可持续发展，并建立体育的科学发展观是十分有利的。

（四）研究体育领域各种社会关系

（1）在大众体育领域，着重研究影响和制约人们参加体育活动的各种社会因素，如人们的生活方式、余暇、生活消费、设施用具、体育观念、流行病和死亡原因等；还要研究大众体育的参加群体，如社会团体、家庭、车间班组、社区等，以及体育群体形成、发展和解体的过程；研究人与人之间的体育关系，体育群体与其他集团的关系等。

（2）在学校体育领域，要研究学校体育的社会文化背景，学校体育与社区体育、家庭体育之间的关系，学校体育与大众传播媒体的关系；研究业余训练与学校体育的融合问题，以及家庭对学生参加体育训练的支持或反对的程度；研究学校体育中的人员社会互动和各种体育群体发生、发展、解体的规律等。

（3）在竞技体育领域，体育社会学有着较大的施展空间。这些研究包括对竞技体育社会背景的阐述（如它在国际关系中的地位和作用，竞技体育与民族意识、政治意图的关系等），对竞技体育的社会文化价值和社会体制，特别是对运动员、运动队活动特点及其影响的探讨，对竞技体育与大众传播媒介的关系的说明等。对国际竞技体育，尤其是奥林匹克运动的研究越来越引起人们的重视。对竞技体育异化所造成的各种社会问题，体育社会学给予了特别的关注。

（4）在职业体育领域，对职业运动员的资格、职业体育的社会作用和前途的研究是较为集中的。对竞技体育的职业化和商业化的利弊的研究也是一个重要的课题。

四、对现存体育社会学学科定义的评价

给一个事物下定义，就是探求该事物本质的过程，这是一个科学研究的过程，也是人们认识不断加深的过程。我们的认识来源于实践，而不是臆断。我们判断的根据是实践和理论的现状和需求，而不是做术语的文字游戏。定义就是以简短的形式揭示语词、概念、命题的内涵和外延，使人们明确它们的意义及其使用范围的逻辑方法。定义的方法有内涵定义、外延定义和语词定义三种。我们以为运用内涵定义的形式来对体育社会学的学科做定义是恰当的方法，而内涵定义最常见的就是属加种差定义法。要想给体育社会学学科下定义，就需要找出它的临近"属概念"，然后再从体育社会学的

具体研究对象和研究内容出发，找出其"种差"。

长期以来，许多研究者对"体育社会学"的定义都不同程度地出现了一些逻辑上的问题，我们选取他们的一些观点来引出我们的讨论。

（一）定义过宽——"知识体系""科学"和"社会科学"不够邻近

有一种观点是这样定义的："体育社会学，是从人际关系的角度去看待一切强化体能之活动的知识体系。"①"知识体系"是"科学"的属概念，"科学，是运用范畴、定理、定律等思维形式反映现实世界各种现象的本质和规律的知识体系"。② 显然，"知识体系"不是体育社会学最邻近的属概念。

还有一种观点认为，"体育社会学是研究体育运动中的社会问题的科学。把体育运动作为一种社会现象进行调查研究，揭示出体育运动发展的客观规律，探讨体育运动的社会作用及体育运动与其他社会现象之间的关系"。③ 把体育社会学的属概念定义为"科学"，显然也不够精当，因为科学下面有许多分类，如自然科学、社会科学、数学科学、思维科学等。所以，用科学来做定义，也是不妥的。

第三种观点认为，"体育社会学是一门把体育这种社会文化现象作为一个不断变化发展的整体，在外部研究体育与其他社会现象之间的相互关系，在内部研究体育与人的社会行为、社会观念的关系，以及体育运动的结构、功能、发展动力和制约因素，用以推动体育和社会合理发展的综合性的社会科学"。④ 将体育社会学定义为社会科学，仍然是不负责任的，因为还必须对社会科学下的众多学科做出选择，而选择"社会学"是唯一正确的。可以看出，用社会科学来做定义，仍不准确。

第四种表述接近了事物的真实："体育社会学是用社会学的方法来研究体育现象的一门学科。研究内容应包括：集体与体育；体育与社会关系；体育与社会史；体育与文化；社会问题与体育；其他如运动、娱乐的社会学研

---

① 张洪潭：《体育基本理论研究》，广西师范大学出版社2004年版，第248页。
② 李行健主编：《现代汉语规范词典》，外语教学与研究出版社2004年版，第741页。
③ 袁方主编，张德福等撰写：《社会学百科辞典》，中国广播电视出版社1990年版，第567页。
④ 卢元镇：《体育社会学》，高等教育出版社2003年版，第3页。

究等。"① 但这种表述,仍有定义过宽的嫌疑。

(二)定义过窄——"社会问题""社会制度"不够全面

有一种"体育社会问题"说:"体育社会学只从社会着眼,从体育运动这一社会现象所造成的事实入手,研究体育问题。凡是与体育有关的社会问题,或与社会有关的体育问题都是体育社会学应予以研究的。"②体育社会问题是一种重要的体育社会现象,但不是全部体育社会现象。体育社会学不仅要关注负面的体育社会问题和体育的恶性运行,也要研究正面的体育社会现象和体育的良性运行;不仅要研究问题,也要建立体育的社会学理论体系。因此,只研究体育问题,显然不能涵盖体育社会学的全部学科任务。应该指出的是,出现这样的论断可能与作者当时所处的时代背景有关。20 世纪 80 年代初,我国的体育社会学还处于起步阶段,因此,研究内容还不够丰富。而作者在当时能强调认识和解决体育社会问题是很有理论勇气的。从作者对定义的补充说明中也可以看出他不仅仅将解决体育中出现的社会问题作为学科基础,而且更多地关注体育与其他社会现象之间的关系。

20 年来,体育社会学的研究已经不再局限于研究体育的社会问题了,因为现代社会的体育形态远远超过以前。大众体育和职业体育的出现改变着人们对体育的价值观念和人们的生活方式;体育社会学开始更多地关注体育的内部结构关系、体育与其他社会要素之间的关系、体育与人的关系等。因此,体育社会学的定义也必然要随之发生变化。由此,我们也可以意识到研究任何学术问题都不要抛开历史背景而苛责前人。

还有一种"体育社会制度"说。如美国的《社会学百科》认为:"体育社会学以体育作为一种社会制度,研究它的结构、内容变革和发展;研究以体育为特点的社会行为、关系和作用,包括系统内的与其他社会系统的互相关系和作用。"这是从社会结构的角度来论述体育社会学的定义和研究内容。把体育看作一种社会制度,也是社会学制度学派的主要观点,有一定的开创意义。"当一个组织成功地吸纳了成员,并且得到了他们的信赖,能富有效率地实现其目标,能被更大的社区所接受,它就通常能在相对稳定的结构中、在一整套目标和价值观的指导下,形成有序的运作模式。简言之,它

---

① 赵桂银:《采取对策 做好工作 促进体育社会学的学科建设与发展》,《福建体育科技》1994 年第 C1 期。
② 牛兴华等:《关于体育社会学发展情况综述》,《体育科学》1983 年第 4 期,转引自《福建体育科技》1996 年第 1 期。

就制度化了。"① 一些体育组织能满足制度化的一些特征,如竞技体育群体有自己的目标和成员,并赢得了成员的信赖,也是在一定的目标和价值观的指导下形成一套自己的运作模式。其他体育领域也是如此。因此,可以把体育看作一种制度,这是体育社会学所依据的一个理论基础,是结构主义的研究传统。

Harahousou Ivoni 指出,"体育社会学是研究组织化的体育和多种社会结构(如教育、经济、家庭、政治和宗教社会现象)之间的关系,具体领域如:性别不平等、暴力、少数群体和体育权力以及这些如何与组织或非组织化的体育联系在一起的"②。这里所说的组织化的体育也是把体育作为一种社会制度。作为一个社会组织,它的组织化程度达到一个高级阶段就形成了制度,因此,这种定义方法也可以称为"制度说"。其中持"制度说"的学者主要倾向于研究竞技体育现象,尤其是在美国的体育社会学家当中,一部分关注的是作为一种制度的竞技体育的社会学现象。而中国相对来说理论基础和研究成果相对薄弱,较少运用社会学的理论,从社会制度的角度剖析我国的竞技体育现象。但是,仅仅把体育作为一种社会制度,将体育社会学定义在研究社会制度范畴内,那么,许多体育的非制度性领域,以及体育的运行机制等问题,就被排斥在学科之外了。因此,仅仅把体育作为一种社会制度的边界还不够清晰,这种体育社会学的定义也值得商榷。

(三) 定义含混——回避了对本质问题的回答

在一些对体育社会学的定义中,有些定义是相当含混的,说明这些研究者未能对学科的性质做深入的研究,现列举两例。

其一是"人际关系说"。"体育社会学,是从人际关系的角度去看待一切强化体能之活动的知识体系。"这种观点不仅在"属概念"上出了毛病,而且在"种差"上缺乏基本准确的把握。"从人际关系的角度"是一个十分含糊的出发点,教练员和运动员在运动场上强化体能、体育教师和学生在体育馆里锻炼身体、夫妻在社区里跑步、孩童在游乐场上玩游戏,这难道可以成为体育社会学研究的主旨?而"一切强化体能的活动"就更不知所云了。如果指的就是"体育",那么就犯了"循环定义"的逻辑错误;如果"一切强化体能的活动",只包含体育中有关"体能"的一部分,那么就陷入体育

---

① [美] 戴维·波普诺著,李强等译:《社会学》(第十版),中国人民大学出版社 1999 年版,第 194 页。

② http://www.phyed.duth.gr/english/under/program2.htm.(按:今已打不开)

的单纯生物观点，使体育社会学的定义更加窄化；如果全面理解"一切强化体能的活动"，那么至少还应该包括营养、药物、医疗康复、养生保健、生活方式等许多方面，恐怕体育社会学没有这么大的胃口。

　　该研究者所犯的逻辑错误是从他给"社会学"的定义开始的。他提出的"社会学，应当是关于人在生活中所能接触到的一切事物与人自身的关系的系统知识"① 这个定义中，无论是属概念还是种差都是含混不清的，推演到体育社会学，就绝难厘清了。无论这里的"知识体系"，还是那里的"系统知识"，无论这里的"人在生活中所能接触到的一切事物与人自身的关系"，还是那里的"从人际关系的角度去看待一切强化体能之活动"，都没有抓到事物的本质。

　　其二是"新兴学科说"。一些学者认为，"体育社会学是一门应社会需求和体育事业发展的需要而不断完善和发展的新兴体育学科。它是社会学和体育理论科学高度发展的产物，是研究体育运动的社会属性，体育运动和社会之间关系的一门新兴学科"。② 这个定义回避了对属概念的回答，新兴学科是相对传统学科和古典学科而言的，并没有真正回答学科的性质。

五、体育社会学概念的表述

　　每门学科都必须有它具体的研究内容、研究领域、概念体系和研究方法，只有具备了这些条件才能成为一门独立的学科。一般来说，我们只要对具体的研究内容和功能做出规定，就能找到种差的范畴。这里需要说明的是，我们在定义体育社会学时，其体育指的是大概念的体育，既包括学校教育中的体育、各行各业的人们从事的社会体育，也包括高水平的竞技体育。为了明确它的使用范围，还需要做进一步的说明，体育是大社会的一个子系统，因此，体育社会学的研究内容主要研究体育与其他社会现象、体育与人之间的关系，以及作为一种社会制度的体育的内部结构和发展规律。这就是体育社会学学科定义的种差，我们试图依照这些研究内容来区分研究体育社会现象的其他学科。

　　20世纪90年代后，一些研究者的表述正在逐步趋同，如陈天仁先生认为，"体育社会学是社会学的一门分支学科，属于应用社会学的学科体系。

---

　　① 张洪潭：《体育基本理论研究》，广西师范大学出版社2004年版，第248页。
　　② 厉鼎禹：《体育社会学略谈》，《社会》1982年第4期，转引自《福建体育科技》1996年第1期。

它运用社会学的理论和方法,研究体育与社会之间的相互关系和互动作用,研究作为一种社会现象的体育运动的内部结构、功能及其运行规律,以及体育与人的社会行为、社会观念的关系。学科目的是促进体育运动和社会的健康发展"。① 何方生先生在《中国大百科全书·社会学》中提出:"研究体育运动的社会功能、发展规律及其与社会的相互关系的社会学分支学科。又称体育运动社会学"(sociology of sports)。② 他们都认为体育社会学属于社会学,是社会学的分支学科。而他们对种差的表述虽有差异,但基本上都是从体育的结构功能、体育发展规律,以及体育与社会的相互关系来定义体育社会学的。

综上所述,体育社会学是运用社会学的社会视角和研究方法研究体育与其他社会现象、体育与人之间的关系,以及作为一种社会制度的体育内部结构和作为一种社会文化活动的体育的发展规律的社会学分支学科。这门社会学的应用学科将促进体育的健康发展和社会的良性运行。

六、体育社会学与其他学科之间的关系

体育科学是20世纪60年代后在国际上兴起的新兴学科。80年代后我国开始对体育科学的性质和体系展开研究。体育科学作为一个学科群的概念是成立的,其中的技术学科和应用学科,如体育方法学、运动训练学、体育教材教法、身体锻炼原理与方法等都可以纳入其中。而不少基础学科,就其学科性质而言,仍然属于其母学科,如运动生理学仍属于生理学,体育人类学仍属于人类学,体育管理学仍属于管理学,运动心理学仍属于心理学,同样,体育社会学仍属于社会学;但就其学科管理和运用而言,这些学科都可以归在体育科学名下。

在学界,"体育社会学""社会体育学"与"体育社会科学"这三个概念常常被混淆。需要特别说明的是,它们之间是有严格区别的,"体育社会科学"是有关体育的社会科学群的总称,是体育科学的一个重要分支,20世纪90年代后又称为体育人文社会学。人们习惯把众多学科纳入其中,如体育史学、体育经济学、体育法学、体育伦理学、体育美学等,体育社会学也被归于其中。而"社会体育学",亦称"群众体育学""社会体育",是关于职工、农民、居民体育活动原理与方法的一门学科,与体育社会学在研

---

① 陈天仁:《上海市体育社会学专业委员会成立》,《社会》1996年第12期,第401页。
② 参见《中国大百科全书·社会学》"体育社会学"词条,中国大百科全书出版社1991年版。

究对象和领域上明显不同。

以体育信息处理的先后关系而言，体育社会学介于新闻学与史学之间，一方面，它将鲜活的体育新闻素材概括化、理论化，将多次发生的、个性化的新闻事实演化成体育社会现象，并对这些现象做出社会学的分析；另一方面，它又将社会现象的理论分析积淀成有价值的史料，成为历史学的研究素材。于是，这三门学科之间就形成了一条长链，最终结成一种特殊的文化——体育文化，成为体育文化学的研究对象。

还必须说明的是，由于体育社会学的综合性，它与普通社会学、心理学、社会心理学、管理学、文化学、美学、伦理学都有广泛的学术联系，因此，体育社会学往往会成为体育科学与外界接触、交流的一座桥梁。

七、关于体育社会学的本土化问题

社会学传入中国已有100多年的历史，正在逐步实现本土化改造。体育社会学真正在中国立住脚跟还不到30年的光景，也有一个本土化的问题。"建构本土特色"，最终"超越本土特色"是中国体育社会学的必由之路。不同国家或地区的体育既有共同点，又有巨大的差异性，体育社会学不仅要研究共同点，也必须研究不同体育的差异性和特殊性，体育社会学要在本土社会得以成长和发展，就必须以本土体育为基本研究对象，并在此基础上进行理论概括。从这个角度看，体育社会学本土化在一定程度上就是对不同社会的体育存在的差异性和特殊性的认可和重视。今天，我们面对中国体育的事实有两点。

第一，作为强势文化的西方体育文化源源不断地进入，在体育文化全盘西化的同时，中国传统体育文化也在复兴和崛起。这是世界各国，尤其是欧美各国所没有的。

第二，体育在计划经济体制时代遗留下来的许多因素没有退出历史舞台，而市场经济体制的运行机制已经开始发生作用。因此，体育的结构与功能之间的矛盾、新旧价值观念之间的冲突、改革与保守之间的利益抗衡日益显现出来。

在这样的时代建立与发展起来的体育社会学必然会带有强烈的本土化性质。

在21世纪，体育社会学将和体育经济学、体育管理学、体育新闻学、体育法学、体育伦理学一起支撑起体育改革与发展的理论基础；面对全面建设小康社会、和谐社会、节约型社会等社会学概念，体育社会学必须做出应答；当中国体育进一步国际化、全球化后，体育社会学还要寻求社会学的国际通用语言。因此，体育社会学的学科任务更加繁重，更加任重而道远。由本土化走向国际化，实现全球化是中国体育社会学发展的必然趋势。中国特色的体育社会学要发展，最终还要走出本土，迈进国际学术空间，要着眼于国际社会发展的实践与趋势，锤炼自身的理论与方法的品质，以加快走向国际化、全球化的步伐。

参考文献

[1] 袁方. 社会学百科词典［M］. 北京：中国广播电视出版社，1990.
[2] 王宗吉. 体育运动社会学［M］. 台北：银河文化事业公司，1996.
[3] 郑杭生. 社会学概论新修［M］. 北京：中国人民大学出版社，1998.
[4] 卢元镇. 体育社会学［M］. 北京：高等教育出版社，2001.
[5] 张洪潭. 体育基本理论研究［M］. 桂林：广西师范大学出版社，2004.
[6] ［美］戴维·波普诺. 社会学［M］. 10版. 李强，等，译，北京：中国人民大学出版社，1999.
[7] 李强. 应用社会学［M］. 北京：中国人民大学出版社，1995.
[8] 袁方. 社会研究方法教程［M］. 北京：北京大学出版社，2004.
[9] ［美］艾尔·巴比. 社会研究方法基础［M］. 8版. 邱泽奇，译，北京：华夏出版社，2002.

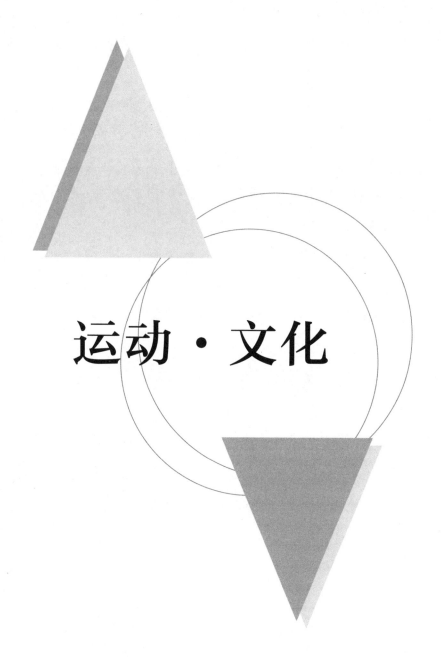

运动·文化

外国文化

体育现象的文化描述

在人类色彩斑斓的文化世界里,有一种奇异的文化,就是体育文化。在这种文化中充满了各种神奇的矛盾:运动与静止、抗衡与友谊、竞争与协作、严肃与幽默、高雅与粗俗、爱与恨、善与恶,乃至生与死。它给人间社会带来欢乐、健康与笑声,也带来激情、热望与振奋。当然,有时也给人们带来痛苦、烦恼和灾祸。体育文化如同一股洪流,把社会的每一个成员都裹挟进去,让他们尽情地宣泄、享受、排遣,并从中得到教育和发展。同时,它又把社会调遣和鼓动起来,给社会涂上一层光焰夺目的色彩,使我们所生活的这个星球更充满生机、充满活力,也更充满人情味、充满使命感。

这就是体育文化,一种非常值得研究的社会文化类型。

一、绚丽灿烂的体育文化

(一) 人体文化的多姿多彩

人类的文化总是依靠一定的物质媒介而存在的。有的刻在岩石上,有的写在纸页上,有的纹在陶器上,有的画在布帛上。有的是静止不动的,如万里长城、金字塔、斯芬克斯狮身人面像;有的是不断运动的,如卓别林的喜剧表演、梅兰芳的舞台艺术。

而有一种文化,则是以人的身体为媒介而存在的,人们称它为人体文化。在人体文化中也分静止和运动两部分,前者如人的发式、服饰、耳坠、项链、胸徽、手镯、领带等,还有一种就是被人们视为"另类"的"文化"——文身。而后者则是一个博大的世界,包容其中的有杂技、舞蹈、演奏,还包括各种宗教活动中的祭祀,乃至巫术。在人体文化中还有一个内涵深刻、外延广阔的部分,就是体育文化。从时间的广延性来讲,它贯穿人类社会的全部历史,而且有越来越膨胀的发展趋势;从空间的广泛性来讲,从互不沟通的民族部落到蕞尔小球上的世界各国,都产生发展着不同形态的体育文化，而这些千差万别的体育文化从本质上来说又何其相似，有着共同的本质特征。

体育运动是一种以人的完善为最终目的的人体文化。体育运动是以增进人的健康、增强人口体质为本质功能的。人的各个大肌肉群在中枢神经系统有意识、有目的的控制指挥协调下做各种生物力学的运动，使人体和人的肢体产生各种物理运动；与此同时，内脏器官也产生相应的生物运动，从而使人体得到健全完善的发育发达。不唯如此，在这些生理生化运动的同时，并行着人的心理运动：人的感觉、知觉、记忆、思维等认识过程，同时，个体的性格、意志、兴趣、爱好也随之发生变化，为塑造良好的个性创造了条件。更进一步则是，人在体育运动中不断加深社会化过程，并和周围的人们发生更多的人际关系，使人能够更好地在社会上生存和发展。

如果我们做一下归纳的话，我们可以看到在生物学的层次上，它对人类的进化、个体的遗传变异、人体的生长发育、身体的生理生化等过程都起着积极的作用。到了生物—心理的层次上，它就不仅关心人的物质构成，还要关心人的精神世界。而到了生物—心理—社会的层次上，它就不仅注重单个的人，还注重社会的全体成员。于是，有人将体育文化的功能归纳为"身—心—群"三个字。

体育文化是一种以动作技能、运动技术为文化符号的人体文化。和戏剧、舞蹈、杂技等艺术形式相比，虽然体育文化也是由人体完成某种动作来表现的，但体育这种人体文化和艺术相比毕竟有着本质区别。所有的艺术动作都是某种理性东西的感性反映。比如芭蕾舞剧《天鹅湖》里演员的每一个旋转、每一下点打都体现某一情节、蕴含某一感情、表达某种思想。话剧《茶馆》中，最后一幕三位主人公在台上转圈走着，抛撒着纸钱。他们的动作不是简单意义的走路和掷物，而是表达一种悲愤的情绪。体育文化中的人体动作，并不包含某种特定的情感或思想上的含义。相对来说，体育文化的动作要粗犷些、夸张些。体育动作由人类走、跑、跳、投、攀登、支撑、悬垂、爬越、搬运等基本活动技能组成。经过程式化的组合，生化为各种体育运动技术。千百年来运动技术在不断演化，但基本上变化不大。如跳高虽然走过了从跨越式到背越式的过程，其中有剪式、滚式和俯卧式等，但从运动技术的基本环节来看，它还是保持了相对的稳定性，始终由助跑、踏跳、过杆、落地等环节组成。

体育文化有着一种趋向竞赛活动的"本能"。任何体育文化在发展过程中，无论是民间活动，还是国际活动，无论是青少年的活动，还是中老年的活动，都有一种相互比试、较量、角逐的趋势，最终形成竞赛。这一点是任何艺术活动所不具备的。这种"本能"，可能是由人类所具有的那种竞争、挑战的天性所决定的。今天，我们看到许多老年人本来完全是为了健康长寿而开展的活动，如长跑、老年迪斯科、健身操，甚至太极拳，都要开展比赛，百般劝阻也无效。其实这恰恰是体育文化的特点，也是体育文化发展的一种内在动力。

竞技体育是人体文化的最高表现形式。竞技体育使人体文化向一种表演性、职业化的方向发展。在当今世界，竞技体育已经从绝大多数体育活动中分离出来，成为少数精英、天才的专利。他们把竞技体育作为一种特殊的表演提供给社会，走上了类似杂技的道路。然而，竞技体育毕竟有着更深远的文化背景和更宽阔的群众基础。因此，它最终成了一种受到人类共同宠爱的世界文化。

体育文化的这种竞技化的趋势，引来了种种议论。有人主张体育要继续强化竞技，因为竞技带来了体育的繁荣；有人则认为竞技体育应该回归大众，要把亿万观众从电视机前解放出来，他们认为竞技的繁荣是体育凋敝的先兆。这场争论还将持续很长一段时间。人们深信，最终人类总会用一个最好的办法使体育文化这枝奇花异葩更加大放光彩。

（二）先于教育且源远流长的体育文化

在当今社会，有很多人看不起体育，认为体、音、美是小三门，体育在德、智、体三育中可有可无。于是在文化研究中，可以看到这样一种奇怪的文化现象：文化中的低体育与体育中的乏文化并存。

其实，体育是一种最古老的文化，几乎可以说它与人类共存亡。当人类需要凭借劳动而生存，而又需要将劳动的技术传授给下一代，训练他们的技能和体力以应付恶劣环境的时候，就已经有了体育。甚至可以说，那时的体育就是全部的教育。人类用语言、文字、书本、教具在学校课堂里进行教育的年头屈指可数，而人们进行身体教育的时代却源远流长。

原始社会的人，在极其险恶的环境里生活，唯一能支持他们生存的就是劳动，集体的劳动。这就向他们的体力提出了很高的要求。当时他们以野兽为主要食物（在原始社会的遗址里，我们常常可以看到剑齿虎、猎豹、浣熊、野牛、鱼、贝类动物的遗骨、遗壳），因此，他们要具有长途跋涉的能力；为了追捕善于跑跳的羚羊、野鹿，他们要有快速奔跑、跳跃的能力；而当他们遇到凶猛巨大的野兽时，就要有灵巧的躲避、有力的刺杀、准确的投掷，以及攀登、爬越的能力；当他们到江、河、湖、海去捕鱼捉蟹时，又学会了游泳、划船这些本领。总之，随着劳动的需要，人类的祖先已经发展了走、跑、跳跃、投掷、攀登、爬越、游泳等各种基本的活动能力。

于是，最初形成的教育是传授劳动技术，也就是体力劳动的技术训练，主要内容就是体育。从有关的文字记载、考古发现以及民族学的研究中，我们可以看到体育先于教育的许多事例。

我国东北的少数民族鄂温克人，在新中国成立前处于原始社会末期，他们有一种传统习惯：男子长到十几岁时，即开始跟随父母学习狩猎技术，父亲有义务给猎手准备一些猎枪，负责教育。而这种教育是通过游戏和体育来完成的。

北美印第安人也有同样的传统：儿童大约从五岁起，直到懂事时就开始学习，男童学习对靶射箭，女童学习军事。在漫长的冬夜里，成人给儿童讲解各种动物的名称和狩猎的方法，讲解怎样造独木船、造雪橇等。

体育主要产生于劳动，但劳动不是体育的唯一源泉。古代宗教祭祀活动的舞蹈、部落纷争的格斗、娱乐休闲的游戏、健身祛病的医疗活动派生了体育活动的雏形。这些我们将在以后的章节中加以叙述。

体育自一产生就深入人们的社会生活之中，在人类的各个社会时期得到长足的进步，终于在数千年的时间内形成了这样一个色彩斑斓的大千世界。

（三）在历史长河中结晶而出的体育文化

体育是一个历时性的概念。在人类社会文化生活的长河中，它在不断地变化、充实、附丽，体育文化和人类的其他文化一样是逐渐淀积而成的。在人们的社会实践中，它不断新陈代谢、不断丰富，人们也在改变着对它的价值功能的认识，不断吸收新的手段方法。

我们不妨先按人们与劳动工具之间关系的演变来看一看体育的变化过程。

当人类还处在原始生产阶段，人的四肢和手工工具直接结合，工具只是手臂的延长。这时的"体育"只是作为传授劳动技术的手段，是一种身体方面的教育。

第一次工业革命发生，人们发明了各种工作机，如手摇纺车、石磨等，这些机器是人体体质的放大，于是，这时的体育开始注重人的体质、健康、保健等问题，西方的"体操"，东方的"导引""养生""瑜珈"，就是这样产生的。

第二次工业革命，给工作机配上了动力，这些动力机使人的体力放大。人们在重视能源如风能、太阳能、水能、电能、核能等，开发的同时，也开始重视人体机能潜力的发掘，于是应运而生的就是"竞技体育"。

第三次工业革命，出现了对动力机进行控制的自动控制机。这类机器，是人的神经系统机能的放大，人的身体和精神开始高度结合，这时的体育开始针对人的精神紧张和肌肉饥饿，由于人体肌肉能量消耗越来越少，体育运动成了消耗体能的方式。在这一时期，体育就出现了"有氧锻炼""身体娱乐"这些概念。

下一代的工业革命将是电子计算机的发展，这是人脑的智力放大形式。到那时，体育将会围绕人的完善，为自己提出更深刻的任务，体育也就进入全面发展的阶段。

我们再从人体疾病和死因发展的过程来看一看体育的变化。最早的人类寿命很短，北京猿人平均寿命只有14岁左右，到青铜时代也只有18岁。到两千年前的古罗马才增长到22岁。在此之前，人们的主要疾病和死因来自外伤和消化系统传染病。这时的体育大多是为了预防来自凶猛动物、自然灾害和特殊作业造成的外伤而从事医疗保健体育。中世纪以后，随着医疗卫生条件的改善，人的平均寿命增长到33岁以上，这时人们高发的疾病就转变为呼吸系统的传染病，很多人死于肺结核和流行性感冒，这时体育活动的目的和手段也发生了改变，出现了大量户外的竞技、娱乐活动。到了20世纪六七十年代，发达国家的人口平均预期寿命增长到73岁以上，呼吸系统疾病让位给脑血管、心血管系统疾病和恶性肿瘤等"文明病"，因此，终于形成了一个大众体育的热潮，各国的体育节建立起来，亿万居民参加进来。可以看到，医学上的每一个进步都给体育引来巨大的变化。

我们从社会余暇时间的变化也可以看出体育的动向。在第一产业时代的农业社会，工作时间和余暇时间融为一体，人们日出而作，日落而息，没有固定的余暇时间，体育的形态就和生产劳动密不可分。到了第二产业时代的工业社会，工作时间和余暇时间部分脱离，体育运动形成自己的独立文化形态。而到了第三产业时代的信息社会，人们的余暇时间完全从工作时间剥离出来，体育已不再仅仅是一种手段，而成了越来越多人们的生活方式。

我们还可以从军事文化史中看到体育变迁的过程。从远古的肉搏角力，发展到掷石弓箭，以后的刀、枪、剑、戟等冷兵器，再到出现了武艺、驾马、射箭和十八般兵器的演练。火器出现后，军事体育发生了彻底的改变。今天，训练飞行员、航天员所采用的方法和旧时训练将士的体育活动当然不可同日而语。

从社会制度的更迭我们更可以看出体育发展的一条逻辑线索，从人类野蛮洪荒时代到原始社会后期的体育萌芽阶段，经历奴隶社会的体育感知阶段，进入封建社会的体育感性阶段，踏入资本主义社会的体育理性阶段，以至当今世界体育的科学化时代，人类的体育文化走过了一个漫长的由低级向高级发展的路程。

正是由于各种社会文化因素的作用，我们面前的体育文化不再单纯地归于哪一个时代，或单纯地属于哪一个民族。它是人类文化的结晶，而且是一个不断增殖裂变、灿烂夺目的结晶体。

（四）体育文化中的宗教影子

人类的文化中，有几种极为特殊的现象。堪与达尔文齐名的美国斯坦福大学教授、当代生物社会学创始人威尔逊认为，攻击性、宗教性和利他主义是人类最为特殊的文化现象。另一位极负盛名的奥地利学者、动物行为学的主要奠基人洛伦兹则把与战争、竞技体育有极为密切关系的人类攻击行为视作人类与生俱来的永恒特征，并认为在当今文明社会中，这种与生俱来的攻击性必须通过竞技体育的方式才能得以发泄出去，从而使社会增加稳定性、安全性，减少骚乱和冲突。由此可见，竞技体育在文明社会中确实有着重要地位。联想到体育运动中所出现的各种狂热、崇拜现象，不妨就威尔逊的上述观点做一点讨论。

这里我们先说体育与宗教这两种现象。

体育的起源与发展受到许多方面力量的作用，其中宗教成分不可忽略。至今，体育运动中还回闪着宗教的影子。

在各种社会文化活动中，竞技体育总是和国家、民族的礼仪庆典活动同时出现。除了要升国旗、奏国歌外，还要点圣火、发誓言、鸣礼炮、敲洪钟、放鸽群、撒鲜花、授勋章。在户外竞技时，有的还要行分列式检阅，飞机低空编队飞行。有时国家元首、宗教人士、社会名流还要亲临讲话，主持授奖。大型运动会还要组织数以万计的青少年做团体操、音乐舞蹈表演。各种礼仪活动的规模大大超过了其他社会文化活动。这一点，与古代竞技体育曾和宗教祭祀活动十分相近有渊源关系，甚至有些直接是从宗教活动转化过来的。

比如，远古时期，由于生产力极度低下，人们的一举一动尚感觉不出自己的力量，感到的只是可怕的自然异己力量的威胁。这种情况下，每当外出捕猎、征战、采集之前，都要举行一番宗教仪式，期望神灵的保佑，少付代价，多有收获，免遭困难，取得胜利。这种宗教仪式可以说是人类用一种虚幻的方式与神进行对话，其实质当然是"指望获得某种成功而企图使神灵

对自己发生好感的献媚"。现在,大型运动会之前举行盛大的开幕仪式,就是直接从这里演化而来的,它一开始的意思就是期望能与法力无边的神祇发生对话,用自己的各种美妙虔诚的活动仪式,博得神灵的愉悦,从而保证比赛获得成功与胜利。比如,古代奥运会都在希腊北部的奥林匹斯山上举行,因为那里有希腊人信奉的12个巨神在维持着天地间的秩序,人们只有同这些神灵建立和善的关系才能得以顺利生存。这就足以表明,人们参加奥运会都希望在众神的视野中进行,并在他们的支持下获得好成绩。也正是为了能得到神灵们的支持,古奥运时期便产生了以歌舞、音乐、诗歌等方式开幕的仪式。大概希腊人认为用这些美妙的活动就可以打动神灵之心吧。因此,古代竞技体育宗教氛围极其浓重。以后,随着生产力的发展,神灵的力量便不是那样无边无际了,人的力量则开始逐步增长,人开始在大自然面前感到自身的价值。这时,体育中的宗教味道便开始淡化以至逐步消失。特别是大型运动会的开幕式已经不是宗教仪式了,内容已与过去有了质的差别,但是古代开幕式的形式还是继承下来了。我们今天所看到的便是这种承袭下来的形式,只不过我们很难再品尝到十足的宗教内容,看到的倒是完美的艺术表现。

现代体育中依然回闪的宗教影子,例如,宗教中有典型的崇拜、狂热,而体育中,也有这种情况,甚至有过之而无不及。毫无疑问,它们之间必定有某种内在的联系。

(五)折射出艺术光辉的体育文化

艺术与体育相比,前者温文尔雅,后者蛮拙孔武。但如果我们把艺术和体育加以认真分辨,就会发现这两者之间存在着非常紧密的文化联系。艺术蕴涵体育,体育深藏艺术。只要我们将二者置于文化的视野,我们顿时会看到在体育中折射出的艺术的光辉。我们回顾东、西方体育的历史进程,可以看出体育的艺术光芒烙刻着不同的民族痕迹,这种痕迹可以从雕塑、建筑、舞蹈、绘画等多方面反映出来。

在古代奥运会得以高度发展的时代,即公元前5到前4世纪,希腊艺术达到了高峰,人们把这个时代称为"古典艺术的盛期"。在这个盛期,古代希腊体育给了希腊艺术登峰造极的成就,就是人类对人体美的发现。米隆的雕塑杰作《掷铁饼者》,直到今天还被称作"体育运动的最好的标志"。这一作品选取的是铁饼摆回到最高点,即将用力抛出前的一刹那,就是所谓"引而不发"的状态,使处于矛盾高潮中的运动员更显得具有吸引力。雕塑家米隆把握住了从一种状态转换到另一种状态的关键环节,使人们在心理上获得"运动感"的审美效果，那张开的双臂的姿势就像拉满的弓月，从而使人产生"发射"的联想。希腊之所以能出现这种空前的人体雕塑，与这些艺术巨匠对运动员的细心观察、测量分不开，也与当时人们把数学和解剖学知识应用到对人体的解释分不开。如米隆与同时代的雕塑家寻找到了男性"力之美"的最佳数量比例关系。当时人们一定把艺术与运动着的躯体联系在一起。正如我国著名美学家宗白华先生所说："……希腊艺术除建筑外，尤重雕刻，雕刻则系模范人体，取象'自然'……雕刻的对象'人体'是宇宙间具体而微，近而静的对象。进一步研究透视术与解剖学自是当然之事。"希腊人的"思想亦游于清明的逻辑与几何学中。神秘奇诡的幻感渐失，神们也失去深沉神秘性，只是一种在高明愉快境域里的人生。人体的美，成了他们的渴念。在人体美中发现宇宙的秩序、和谐、比例、平衡，即是发现'神'，因为这些即是宇宙结构的原理，神的象征"。

的确，我们目睹在希腊时期创造的人体雕塑，仿佛我们的双手也在抚摸着当时活跃在竞技场上的运动健儿那发达的肌肉。这种感觉确使我们能从体育中发现艺术的光辉，从艺术中又能联想到体育中的人、人体以及人生的意义。正是受到希腊纪念运动员获胜者这一习惯的影响，在西方，自古以来就有在公共场所为领导人、英雄建立纪念像的传统。在希腊的艺术中，到处可以见到运动员的身影。

在西方的建筑艺术中，也可以间接地找到体育的精神，或者讲，在建筑中也能发现民族的文化特征。我国艺术史学家迟柯认为"希腊的建筑庄重平稳，在谐和的比例中显出一种自然的生命之美"。比如，后人把希腊建筑离不开的主要组成部分——廊柱，按样式分为三种风格，即"多里克式""爱奥尼亚式"和"科林斯式"，其中"多里克"以浑厚、单纯、刚健为特征，倾向于"男性美"。其柱身中间微凸，象征为了承受压力而鼓足了力量，周围垂直的凹沟立刻使人联想到古希腊运动员的肌肉垒块以及崇尚体育的全体人民笔直的身躯，柱头是一个大出一圈的圆顶，象征着对压力的承受，这样一根坚硬的石柱，仿佛有了人的生命。我们知道，西方体育主要以远度、高度、力度为特征，特别是像跳高这样的项目的确象征着人们在与地心引力进行斗争，也表达出人心向往着更高境界的宇宙世界。然而，这种景象在西方的建筑中必能找到一脉相承的文化根源。比如，西方独特的"哥特式"教堂建筑，成千上万的柱子直插云霄，人仰望之，不免连同我们的心灵和肉体一并飞入神秘莫测的天国想象之中，这种强烈的超脱人世的宗教建筑，一方面象征着人们的天堂意识，另一方面则显示出信仰这种宗教的人们的那种蓬勃向上的情绪，就像一个运动员面对比自身高出许多的横杆所产生的那种超越情绪一样。这难道不正是一个民族共同的文化特征吗？

奇怪的是，无论是西方的雕塑、建筑，还是西方的体育，它们共同的文化特征在这个地球上的其他文化圈中很难找到同样的基质。而在东方，尤其是印度和中国，则自成一种格局。我们仅以中国艺术和体育的关系来加以考察，则可看出，中国的艺术与体育一样，承袭着共通的、固有的文化内容，交相辉映，若比孪生。

中国绘画不重视具体物象的刻画，而倾向于以抽象的笔墨表达人物的心情与意境。与此类似，中国的体育（如各种养生术以及武术，特别是明清之际的太极拳之类）也不重视每一个具体动作是否真正符合人体运动规律，是否符合人体解剖学和力学原理，而强调的仍是形神、内外、动静、阴阳的统一和意境的表现，要求全身运动浑然一体。

中国武术作为一种体育内容与中国舞蹈密不可分。舞蹈和体育虽都属于"人体文化"范畴，中国的舞蹈却大大有别于西方那种以芭蕾为代表的"开、绷、立、直"的开放式，而呈现的是一种"拧、倾、曲、圆"的内紧式，与中国的传统体育恰恰一脉相承。中国体育中的武术首先是服务于搏击、健身等实用目的，同时也有鲜明的精神表现的性质。研究舞蹈的人还认为中国武术是"基于实用而通于表现的文化形式"。

中国戏曲讲究"唱念做打"，其中，"做"和"打"与武术极为类似，只是将动作的实用性转变成了纯粹的表演性。中国舞蹈中的小五花、大五花与武术中舞刀的动作相通；舞蹈中的弓步、盖蹁腿、金鸡独立与武术的动作如出一辙。就动作要求而言，陈氏太极拳所谓"缠丝劲""划圈圈"和舞蹈中追求的"拧""圆"异曲同工；在动作理念上，"动作从相反方向做起"的原则，古舞蹈与太极拳不谋而合。

我们从中确实不难理解"艺术中有体育，体育中有艺术"这句话的含义。尤其应该注意的是，在人类不断追求"美"的艺术发展道路上，体育作为文化因素对它的作用是多么强健有力。

二、东西半球的不同脉络

（一）中西体育的地理背景

地理环境是一个民族的文化形成某种类型的前提因素。古代希腊政治和文化因素支持着自身的体育发展，并导致广泛的体育聚会（最终发展成为悲壮的奥运会）。在古代希腊，如果说民族政治因素对奥运会的诞生、体育的普及起了内因作用，其宗教文化因素起了外因作用的话，那么，形成这种"里应外合"效应的是它特殊的地理背景。

希腊是一个面积非常狭小的半岛国，资源贫乏，人口不多，土地贫瘠。生活在这种地理生态环境中的希腊民族，形成了特殊的民族性格。这种性格主要来源于民族生活方式的多样性：近海居民主要依靠捕鱼、制盐和经商谋生，山地居民从事游牧业，平川居民从事农业。这种多样化的适应方式和狭小的地理空间，加上东面与东南面有着物产十分丰富的两河流域文化和尼罗河流域文化的吸引，从远古起，希腊人的商业航海贸易发达起来。商业贸易的发达使其民族的生产关系向契约形式转化。希腊半岛所处的特殊地理位置（伸向地中海），使其成了联通欧、亚、非三大洲海上贸易的枢纽。于是，从根本上摧毁了早期希腊的血缘社会组织，致使森严的等级制度失去了繁殖的依托，从而为民主、宽松的政治奠定了基础，也为大量自由民的产生埋伏了条件。由此，我们可以看到这样一个与其体育有关联的逻辑程序：特殊的地理环境带来发达的商业贸易，进而形成频繁的人际交往，平等人际交往是自由民广泛存在的前提，自由民之间形成契约式的政治关系，这种关系萌发了相对自由的信仰和行为，最终导致科学、艺术与体育的繁荣。

这一点截然有别于东方大河流域平原地区的政治文化，在埃及、巴比伦、中国，甚至古代美洲都曾出现过与希腊不同的专制主义的中央集权制。可见特殊的地理环境是保障希腊民主政治的终极要素。

在商业航海与贸易中，希腊人生活中打交道最多的总是这样一些东西：外出、交往、得失和胜负。这些生活范畴久而久之不可避免地会积淀在希腊人的文化心理中。这可能就是为什么希腊神话中充满了力量与冲突，希腊体育中充满了竞技的原因所在。这也可能就是希腊体育一开始就在内容和形式上有别于东方各文明古国体育格局的原因所在。

与希腊不同，中国文明依托的不是狭长的半岛，而是相当宽阔的平原；不是海洋，而是河流。中国的四周是高地、沙漠和无法跨越的大海，自成一个封闭系统。适宜的温度、平坦的地势和肥沃的土地，是中国发展农业文明的理想条件。农业社会的特点之一就是人对土地的绝对依附，而且越在古代，生产力越不发达，这种依附就越显著。中国农业生产中的生产单位是"家"，发展到后期便成了氏族单位的一种有内在血缘联系的广义大家庭。这样，中国社会的血缘机制的退化便十分缓慢而不彻底。血缘社会中各种民俗规矩不是被逐一消除的，而是不断被修改和完善的，中国的"周礼"与孔子的"礼"与"仁"都是这种修善与发展的标志。这为宗法等级的滋生

提供了温床。等级制度的延续和发展致使任何不遵循等级制度的文化因素都不能发展，否则都可能对森严的等级制度形成冲击，也是专制统治的不稳定因素。体育，尤其是竞技运动的根本特征就是对抗双方在法律意义上的形式平等。显然，这在农业文明的中国社会是行不通的。相反，"八佾舞于庭，是可忍，孰不可忍"倒在中国几千年被奉作圭臬。由此，我们就可以理解为什么中国尽管也有体育内容，但绝难见到希腊那样的体育竞技史实。其间有重要的人文地理原因。

在古代中国，人与人之间、君臣、父子的政治人伦关系以及民族对土地的绝对依附，使民族的意识形态中不可避免地重视渗透、协和与中庸，而反对斗争、冲突与对抗。中西体育也表现了这种差别。中国体育更多呈现重调节、轻冲突，重关系、轻实体的特征，而很少有"更高、更快、更强"的色彩。中国体育中找不到赤裸裸的你争我夺，以及激越的跑、跳、投。在中国，由于特殊的地理因素和复杂的文化机制，难能成长出以普遍的争斗和征服为特征的体育竞技。

（二）中西体育的政治背景

中国体育与西方体育之所以产生如此迥然不同的风格和命运，与其各自不同的政治背景密切相关。

我们知道，西方文化尤其是希腊文化的发展，是借助东方（特别是埃及和巴比伦两国）的文明而发展繁荣起来的。但由于自身特殊的原因，形成了一种以城邦为主体的经济活动的方式，进而产生了区别于其他国度政治的"奴隶民主政治"，这为当时希腊的商业、文学艺术、哲学和科学的发展提供了先决条件，也为希腊体育的发展壮大提供了重要的社会条件。

一般认为，古代奥运会诞生时期，正好是希腊原始氏族社会瓦解、奴隶制社会逐步形成的历史时期。在只有13万平方公里（千米）的国土上，就建立了200多个城邦国家。尽管有的城邦民不盈万，国家政权也掌握在奴隶主贵族手里，但这些城邦都是各自独立的自治体。与此相应，在希腊自由民的核心概念中，有着一种不可动摇的信念，那就是极其重视个人价值。当地球上大部分地区尚在东方（如埃及、巴比伦、波斯、印度和中国等）专制政体统治之下的时候，希腊人就已发展了他们独特的信念，认为人之可贵绝不在于作为一个万能统治的工具，而在于人本身的潜力。因此，他们不惜以任何代价完善自己，而他们所建立的城邦国家的性质对他们此种努力也恰有神助的作用。这种政治上的民主，人民的相对独立与自由，再加上与此有直接关系的观念信仰，为希腊体育尤其是古代奥运会的产生奠定了坚实的基础，也为近代西方体育的再度崛起和壮大繁荣埋伏了历史条件。从历史演化的角度讲，古代希腊体育发展过程中始终没有遇到东方国家，特别是中国那种君临一切的专制制度，这是希腊体育的幸运。

与古代奥运会诞生发展的历史时期相对应的是我国的春秋时代（前770—前476年）。这时的中国已处于奴隶制开始解体并逐步向封建社会过渡的时期。在社会形态的演进上中国远远领先于古代希腊。由于当时中国社会的强烈变革，教育也一样高度重视体育，如"六艺"中的"礼、乐、射、御、书、数"，前四项都是重要的体育活动内容。由此可见，中国古代颇有希腊斯巴达的军事教育色彩。这些活动内容理应在中国产生高度发达的体育运动。但是，这一极为重要的条件却被强大的封建"专制政治"抑制了。中国在春秋以前的商周时期便产生了"集权专制"的政治体系。在这种集权专制的背后又必然伴生着宗法等级制度。宗法等级不能做到人人平等，而只能是上下尊卑。后来，孔子（前551—前479年）极为倡导的"礼"与"仁"便是上述宗法等级的翻版和进一步发展。可见，尽管中国古代也存在着产生诸如奥运会的"武士"基础，但由于没有民主和平等的社会条件做保障，而被过分强大的宗法等级制度和集权专制所扼杀。因为等级就是要人们从心理上服从上尊下卑的秩序，不服从便无法生存，然而，有宗法等级就不可能有体育的平等竞争。因为既要竞争必须平等，而平等就会冲击中国的等级专制制度。因此，中国一直缺乏支撑自身体育发展的民主政治，即使到明清时期也仍然如此，因此，到近代欧洲体育重新勃兴的时候，中国体育一片萧条，特别是竞技体育几近于零。

（三）中西体育的文化背景

造成中西体育如此巨大的差别，除了上述政治背景因素外，还有独特的文化及运行机制在起作用。

生产力水平低下时期，人的观念不可避免地要与宗教发生联系，在各种活动之前都要祈求神助。这在人类的早期是非常普遍的。然而，这种宗教意识及这种意识下的观念形态的差别，使中西体育也受到影响，各自沿着自己的道路发展，最终形成了两种不同脉络的体育文化。

在古希腊人的心目中，众神居住在希腊北部巍峨的奥林匹亚山上，那里有十二个主要的巨神在维持着天地之间的秩序。希腊人认为，诸神平时在山巅欢宴作乐，有时则离开他们的宝座下降尘世，参与人事。有时还因人事之故，各主一方，日相争斗。于是，人们只有同这些神灵建立恰当而和善的关系才有利于生存，因此，祭祀神灵便成了一项有意义的活动。希腊人以各种活动（尤其是形体动作）表示对神的崇敬和感激。希腊人还认为，最美的生活莫过于与神接近，而这种活动的生活方式又莫过于祭祀，而最隆重的祭祀盛会又莫过于歌舞、竞技和戏剧表演。因此，体育竞技便以祷告神灵、祈求福祉、寄托意愿的方式纳入了整个希腊民族的精神表述之中。古希腊的奥运会就是这种精神表述的集中表现，是希腊人内在精神（对神的崇敬）的外在表现（用形体动作）。由此可见，从宗教文化意义上讲，西方古希腊体育，特别是古代奥运会的诞生，是希腊民族普遍的"一种乐天的戏剧化气氛"的高度表现。在其他国度的宗教文化里，这种乐天的戏剧化气氛几乎是见不到的，在其体育中也见不到希腊体育那种以力量、优美、强大、健壮、胜利为特征的审美情结，看到的往往是神话世界的压抑、沉重与灾难。

而在中国，远在史前的上古时期，各部落氏族在战争、狩猎、采集活动之前也有专门的宗教仪式，这些活动也一样是指望获得某种成功而企图使神灵对自己发生好感的献媚。奇特的是，中国原始宗教的这些活动内容与上述希腊的宗教活动存在着巨大的差别：一是宗教活动不是由于欢乐的心情所导致的快乐行为，而是由于恐惧祈求上苍显灵，从而具有巫术性质；二是东方中国原始宗教活动仪式中只有歌舞内容而根本没有西方希腊那种普遍的体育竞技内容。

我们可以看到中国体育不同于西方体育的两大文化原因。

其一，春秋战国以来，对上古巫术礼仪的宗教情感的限制，从根本上也限制了驱发人们展现自我力量活动的可能。因为体育朝着竞争的方向发展，需要有竞争观念的支配，在中国这种观念长期没有市场。

其二，即使中国上古宗教情感不受限制，古代中国也不可能出现类似古代西方（以希腊为标志）那种体育规范。因为中国宗教观念在性质上是巫术的，内容则是歌舞（和悦）而无竞技（冲突）。其文化实质是一种在现实压迫下流露出的压抑与沉重，而不是快乐的喜剧意识。

三、中国体育的历史透视

文化是人类认识世界、改造世界、适应环境的产物，由于每一个民族所处的环境不同，其基本生产方式也不同，各种社会文化（包括体育文化）的特质也就千差万别。如前所述，在欧洲，以畜牧业经济为基础，以古代希腊文化为起源，发展成以个人自由、竞争为背景，以科学思想为核心的文化个性，这是一种海洋性的民族文化。与此同时，在亚洲的黄河流域，在几千年的封建社会里发展了以个体农业经济为基础，以宗法家庭为背景，以儒家思想为核心的中国古代文化个性。这是一种大陆性的民族文化。这种文化形成了中华民族自然质朴、绵延世泽、热爱土地、理解感情、尚人伦、尊祖宗、重道德、兴礼教的民族品格和精神。这些文化特质也是渗透到中国体育运动特殊的品格和气质。

任何民族的文化都有进步的、民主的和没落的、腐朽的两部分。在我们发展体育运动的同时，它就要求我们仔细地分辨和鉴别文化传统中的这两个组成部分，取其有个性、有生命力的部分，规避其腐朽没落的部分，进行历史的扬弃。同时，我们今天也有必要用体育运动这条纽带，将传统与现实，以至未来联结起来，从这样一个文化侧面来探讨人类和社会前进的方式。

(一) 导引、太极、八卦：土地文明的产物

中国是世界上最早产生健身、养生活动的国家之一。早在 3000 多年前就有这类"体育"活动的文字记载，并在这源远流长的文化传统中发展了它的价值观念、功能结构和方法手段，成为中华民族文化中的一块引人注目的瑰宝，与中医、中草药、经络、针灸、按摩、食疗、药浴、药膳等一起成为世界文化中最具中国特色的一部分。正是这些文化的功力，使中华民族终于发展成地球上人口最多的群体。必须看到的是，中国健身养生的民族传统自始至终都蒙着一层农业社会文化的浓烈色彩。

让我们先来看一看中国古代的生命观。人类对自身的一个最大的谜就是生命的起源和延续。为了追求长寿而避免夭亡，先哲们对生命的本质进行了探索。庄子认为，人是由"气"凝聚而成的，"气"是人体的生命物质。于是他提出"人之生，气之聚也，聚则为生，散则为死"。虽然古人对"气"的理解是模糊的，和现代科学提出的生命是一种能量、物质、信息的复合体，是一种耗散结构，相去甚远。但是，他们认为生命运动是"气"的运行和代谢的思想，却是十分可贵的。这是现代生理学关于物质、能量新陈代谢理论的最远古且最朴素的见解。

传统的生命观念是中国农业社会文化传统哲学天人观的延伸和扩展。周秦以来，人们习惯于按照天人一体、天人感应的观念看待与人体有关的现象。于是，便把人体视为天地大宇宙中的一个小宇宙，而大宇宙中的一切运动变化都会投射到人体这个小宇宙中来，影响到人体这个小宇宙的运动状态。如先秦哲学家宋钘和尹文就这样写道："人之生也，天之为精，地之为形，人之合也。"这些观念都带有朴素唯物主义色彩。中国古代医学、道家、儒家等在论及人体生理、心理、病理、健康、夭寿等问题时，都或多或少地受到这些哲学观念的影响。在讨论天与人、文与武、动与静、形与神、

内与外、身与心这些体育现象时，也基本上把握住了躯体、精神、健康、寿命之间的相互关系，这一点与西方深受神学思想摆布的哲学观念有较大的差别。

然而，中国传统哲学的封闭式和循环式的思想方式，也在一定程度上影响了传统的体育思想和活动方式，形成了极强的历史稳定性。比如中国的武术、气功就有着强烈的寻祖、寻根的意识倾向，如对周易古理的顽强恪守等。

古代生命观的推演，必然产生有关身体运动的理论，特别是由于活跃气血理论的发展，形成了中国古代特有的一种养生保健活动方式，这就是养生导引术。中国的养生导引术产生于中原文化的启蒙时代，发端于气候温湿的黄河流域。那时，人口的平均寿命极短，主要夭亡于消化系统和呼吸系统的各种传染病和急性炎症，因此很自然地形成了一种同呼吸动作相结合，讲求腹部丹田运气，讲究吐纳、调息的健身法，叫导引术，也叫吐纳术。这类运动主张动静结合、神形兼备、内外俱练、刚柔相济，强调意、气、体一致，注重"气"在经络系统中的运动，以达到防治疾病的作用。

东方的导引养生术受到中国农业社会文化的影响，形成了以下的特点。

第一，多模仿动物动作和行为。最早的导引术是东汉名医华佗编创的五禽戏，与庄子哲学自有联系。这套功法模仿虎、鹿、熊、猿、鸟的动作，以后的许多功法套路和单个动作也都有效法动物的。这可以说是最早的仿生学了。猴拳、鹰拳、螳螂拳、大雁功、鹤翔庄、百鸟图自发功等都是这类导引术中比较典型和成熟的。这个特点在西方是不多见的。西方只是在游泳中有蛙泳、蝶泳、海豚泳等，而陆地上的活动很少见模仿动物动作的游戏和竞技活动。这一点也许与中国传统文化来自土地，又善于进行直观表达的思维方式有关。

第二，多圆形、环形、球形等向心式的运动，如太极拳、八卦拳，不是所有的活动关节都做弯曲状。抱球状，就是运行路线始终在一个圆环上，不得越雷池一步。这里可以看到中国传统文化封闭式思维影响的结果。

第三，多非自然性动作。这类动作发生于人体经常不活动或少活动的机体部位，向关节很少活动的方向和平时难以达到的活动幅度进行运动，或是取一些与人体的正常姿势相悖的姿势动作。在中国体育文化中，有大量的关节内收、内旋的动作，这在西方体育文化中是少见的。这个特点可以看出人们对长期从事农业劳动单调动作的厌倦，这是一种行为动作上的逆反和补偿。

第四，动作徐缓，运动负荷强度不大。在东方健身养生导引术发展的过程中，受到各家思想的影响，一派主动，认为"动则阳生"，阳气丰盛，则身体健康。主动派有道家、兵家和拳家。而另一派主静，认为静则阴长，阴液增长则疲劳消除。主静派是禅家、儒家和医家，主张修身养性、胎息、禁欲之类的静养。到了明清之后，主动派和主静派趋于融和，中庸成了似动非动、似静非静，如行云流水的太极运动，包括太极拳、太极刀、太极剑和太极推手等。农业社会那种节奏缓慢、具有广延性的时间观念，加上儒道的"体验""反省"，佛禅的"面壁""顿悟""贵在虚静""有动则心垢，有静则心济"的静态时间观念，导致了中国导引术的这种亚节奏型的活动方式。

（二）宗法等级制度：扼杀个性，剪除竞争

中国是世界上最早产生竞技体育的国家之一。在古代奥林匹克运动会兴起的同时代，我国的西周就出现了称为"礼射"的竞技活动。在汉唐盛世，中国的竞技体育达到世界的巅峰，一度成为人类的骄傲。

汉代通过丝绸之路沟通西域，社会风气相当开放，中外文化得到很好的交流。随着政治经济的发展，文化娱乐的生活需要促进竞技体育的发展。当时的孔孟思想还没有发展到足以束缚竞技体育的流行和普及的程度，因此，以蹴鞠为代表的古代球类运动在汉朝盛行起来。东汉时代一个叫李尤的人写了一篇《鞠城铭》，表明当时足球运动不仅有专门的活动场地、设备，有一定的竞赛规则，有组织竞赛的各种人员，而且特别强调竞赛中的公正平等原则等。难怪国际足联前主席阿维兰热要说，"足球运动的发源地是中国"，这绝不是一句恭维话。

大约1300年前的盛唐时代，中国古代竞技活动又一次出现高峰（可惜至今还没有人像研究古代奥林匹克运动一样来研究盛唐体育，如果研究开发出来必定也是体育史上华光四射的一页），在唐代出现了与汉代相近似的政治经济条件，更由于唐朝的君王实行对外开放政策，出现了民族大融合所带来的开明政治和思想解放，同时来到中原大地的还有北方民族和西域民族的武勇蛮健之风。当时还有一个外来的因素，就是佛教文化大面积传入中国，流行于华夏大地。由于佛教文化中含有古希腊健美气息的犍陀罗艺术成分，唐代终于成为整个封建社会中少有的思想活跃、充满活力、生机蓬勃的时代。当时的帝王贵族酷爱马球、蹴鞠、捶丸等雄健豪放、竞争激烈的运动，大大促进了竞技体育的繁荣。唐代的京城长安经常举行国际比赛，有上百个足球场，有些场地还配有灯光，可见竞技活动举行得多么频繁。

然而，在中国文化史上，竞技体育好景不长。两千多年里仅是几度昙花一现，就从人们的文化生活中隐去。总体来说，在中国的体育文化发展过程中，竞技体育实在算不得上品。这是因为中国竞技体育的发展过程中受到宗法文化和儒家文化的影响和制约，最终被湮没，这可能与以下的原因有关。

第一，重视竞技体育的政治价值。我国传统文化十分看重竞技体育的政治功能，基本上是把体育作为一种治理国家、维护政权、加强民族团结的工具，这与中国宗法文化中强调家国统一安定的思想十分有关。中国竞技体育的这种特征直到今天仍强烈地反映出来。

第二，强调竞技体育的伦理观。与西方科学文化对立的是中国宗法制度下形成的伦理文化。这种文化把竞技体育纳入道德培养和教化民心的轨道，使它在礼的节制下，小心翼翼地发展。古代中国传统文化重感情、重人伦、重血缘、尊崇道德的观念，渗入竞技体育领域，并得到了充分体现。在中国古代的各项运动中属于伦理范围的东西大大超过了运动的本身。2000年前的东汉时代就出现了关于蹴鞠运动"不以亲疏，不有阿私"的铭文。元朝初年的《丸经》一书中，也提出了"君子之争，艺高而众服；小人之争，奇诈而谋私"的警语，鲜明地把参与竞技体育的人分为君子和小人。明代的民间体育组织则制定了"不可轻率，不可欠礼，不可失信，不可是非，不可傲慢，不可逞斗，不可赌博，不可盗学，不可淡朋，不可戏色"的社规。这些传统的伦理观念来自中华民族的文化价值观念，如孔子的"尚仁"，墨子的"兼爱"。它的积极意义在于规范了人们的社会生活行为，和谐了社会气氛；其消极意义在于强化了具有封建礼教色彩的思维方式和情感方式，起到了稳定和延长封建社会统治历程的作用。因此可以说，在竞技体育内部，这种观念的利弊是兼而有之的。

第三，谨慎的嬉戏娱乐观。中国古代的嬉戏观是十分谨慎而有保留的。在农业社会，人们的娱乐消遣常常被视为"反天地两仪""玩物丧志""声色犬马""不登大雅之堂"，因此，它只是被规范在人们的宴享之余、闲暇之时的自娱活动。这种现象是中国儒家文化的派生物，它必然压抑竞技体育的竞争性。在汉唐时代，一些帝王还亲自参加蹴鞠活动，而唐以后的帝王贵族喜爱竞技活动则会遭到"新儒家"们愈益激烈的反对。唐代因民族大融合而带来的开放自由的社会风气，逐渐被固有的儒家文化、宗教文化吞没，北方草原民族带进中原农业地区的所谓"胡气"，亦终于被儒道精神所同化。唐代足球运动的兴旺终于走上了畸形发展的道路，开始由两队争一球踢两门转化为踢多门踢多球，到了宋代演变成了一人踢一球的纯技艺表演，到了明清，就连足球的影子也不多见了。

第四，在活动方式上，中国古代竞技体育多以个体的、娱乐性的、技艺性的、表演性的项目为主，如投壶、戏球、礼射等，而对抗性强的、竞争性强的、身体接触较多的运动项目，开展很少，也难以流行。这不能不说与传统文化所主张的"心欲宁，志欲逸，气欲平，体欲安，貌欲恭，言欲讷"有关。这种形态的竞技体育与现代国际竞技体育相比，主要差别在于缺乏竞争性和开放性，它反映出了中国封建社会的超稳定结构，符合中国古代哲学意识的内倾性，同步于东方农业生产的亚节奏生活方式和思维方式。

总之，中国传统文化从礼出发，以上下尊卑的等级观念反对竞技体育的公正平等；从仁出发，以中庸和平之道反对竞技体育的竞争拼搏意识；从孝出发，以"身体发肤，受之父母，不敢毁伤，孝之始也"为理由反对竞技体育的对抗。在近代资本主义体育蓬勃发展起来的同时，中国古代竞技体育处于奄奄一息的状态。最终只能对西方近代竞技体育实行"全盘西化"，尽管这是一件很不情愿的事情。

（三）被儒家文化吞噬了的学校体育

在长达两千年的封建社会里，由于罢黜百家，独尊儒术，重文轻武，文弱之风很盛，学校体育几乎是一片空白。这种状况从战国以后就开始了，一直持续到清末，给中国的教育和体育的发展带来不良的后果。

在奴隶社会的西周，学校进行文武合一的教育。在学校里习射、教戎，做军操和武舞。当时的"小学"教育内容主要是"六艺"——五礼、六乐、五射、五御、六书、九数。大学则是"春秋教以礼乐，冬夏教以诗书，春夏学干戈，秋冬学羽龠。"其中的射，是射箭；御，是驾车；乐舞，主要指舞勺、舞象、干戚、羽龠等，虽属礼乐，但也包含武的成分。

春秋战国间，奴隶制逐渐崩溃，典册礼器失散，"学在四夷，百家争鸣，私学兴起"。大教育家孔子虽然也提倡一些"钓而不纲，弋不射宿"之类的体力活动，但在教育中，体育的比重已越来越少。

战国以后文武分途，逐渐形成重文轻武的社会风气，特别是汉代以后长期处于"儒学独尊"的局面，在学校只学儒经，体育内容被彻底从学校体育中排除出去。

在以后的两千年中，虽也有人主张在学校中搞些体育活动，个别君王还提倡过选拔武举，但终敌不过封建的官学制度，而这种官学教育以儒家五经为主要教材，排斥体育教育。体育教育在封建社会里终于没有形成自己的社会文化形态，也没有进入权威的教育思想，这一点与欧洲的中世纪文化有些类似。由此可以证明封建文化是不重视体育教育的。这和封建社会的人才观念有着密切的关系。例如宋代的大理学家朱熹提倡的"存天理，灭人欲"，"读书穷理"；读书人"皓首穷经"，"羞于武夫齿"，都是与学校体育教育格格不入的。当然同是封建社会，中国与欧洲还有不同。这就是东方专制主义型中国封建社会特点之一，是封建统治者通过一切手段对人的行为和思想进行干涉和强行控制。这种干涉和控制远远超出欧洲。而扼杀体育教育就是这种干涉和控制的形式之一。

按照中国传统文化的逻辑，学校体育是很难发展起来的。只有到了近代，随着欧洲教育、学堂、体操的输入，体育才在中国教育中重新苏醒并发展起来。近代学校体育是伴随欧洲资本主义的出现和资产阶级教育思想与实践的发展而振兴的。学校体育是受到资产阶级人文主义、民主主义思潮的冲击，接受了近代科学技术的直接影响，为适应培养全面发展的资产阶级新兴人才的需要而确立起来的。到鸦片战争后，这种独立的科学体系和教育的组成部分，开始向中国渗透。经过几十年的历史演变，在中国的教育文件和理论研究中，终于出现了"体育"二字，这大约是1906年的事情。到1922年，北洋政府颁布的"壬戌学制"及次年公布的《新学制课程标准》中才正式宣布将兵操体育剔除出去，并把"体操"这个名称正式改名为"体育"。这才彻底确立了体育在学校教育中的地位。而日本则在明治维新后就将体育纳入教育，大约是在19世纪70年代，我们比日本大约晚了近50年的时间。这50年的迟延，让我们今天还不得不付出代价。

今天，在中国现代化的过程中，教育还没得到充分的重视，而教育中的体育尤其地位低下，从文化发展的历史来看，体育是外来文化，是硬贴在教育上的，在今天的教育观念和教育实践中，这个问题始终没有得到妥善的、根本的解决。体育教育工作者常常不得不为自己的存在价值奔走呼号，求得别人的尊重和理解，这不能不说是一种反文化的现象。这种现象的历史根源就在于此。

四、西方体育的来龙去脉

体育运动伴随着近代大工业的崛起和大众传播媒介的迅速发达，也伴随着自身的繁荣，越来越受到大众的关注。在不少工业发达国家，体育已构成人们必需的生活内容，而在一些较为落后的国家，体育尤其是竞技运动则被视为振兴民族、为国争光的重要方式。然而，如果让我们以稍为从容的态度，对当代乃至整个人类历史上的体育现象略加回顾的话，我们便会发现一个非常有趣又十分令人深思的状况。那就是，真正构成世界性文化的体育，几乎全部都是西方体育内容。也许是西方体育正好能够迎合全世界文明的发展需求而不断壮大，也许是西方文明也只有西方文明才能孕育出这种世界性文化的现代体育，无论如何，西方体育以其奇异的魅力正在席卷全球，到处都在散发着它的气质和力度。

（一）"更快、更高、更强"：西方文明的结晶

现代奥运会的口号是"更快、更高、更强"。这个口号既是奥运会文化的重要产物，又是当今奥运会追求的某种精神体验，因此成为促进世界竞技运动的发展动力。

古代奥运会和近代奥运会全是西方文明的产物。那么，为什么像奥运会这样的以竞争为特点的体育活动只能完整地诞生在西方文明中，而不是也不可能出自其他任何文明中？这要从那更为广阔的西方文明中寻秘探踪了。

西方文明源于希腊文明，而希腊文明又直接源于地中海小岛上的克里特文明，而克里特岛的文明又是两河流域与尼罗河文明的混合产物。可见，地中海作为一种文明传播的重要途径，对于造就西方文明起到重要作用。两河流域和埃及的尼罗河下游，以其古代文明，富饶的物产，发达的文化，早已吸引着希腊人的心灵。正因如此，希腊人为了获取物产、知识和资源，不得不从事巨大而危险的航海事业。航海，作为一种与大自然直接搏斗的事情，使希腊人由此而染上了向外扩张、无处不及的色调。据考证，公元前1500年时的希腊迈锡尼时代，希腊人早已成了娴熟的水手、海盗和海上商人了。通过海外活动，他们广泛殖民到现今的克里米亚、小亚细亚、巴勒斯坦、埃及等地的沿岸，并深入意大利和西班牙的腹地。

因此，就是在这样一个地中海式的文明背景下，希腊人终于奠定了那种外向的民族精神，也使其体育中出现了诚如我们所描述的"更快、更高、更强"的色彩。我们从这种强烈力度的色彩中，直接感觉到了西方体育的外向型性格的水手气息。我们从古奥运会刚开始盛行的比赛项目如单程赛跑、角力、拳击、赛车、赛马等24种活动中，即会发现一个共同特征，那就是清一色的竞争活动，我们体验到的总是一个运动员正在征服他自己的对手，使我们联想到一批海上冒险家正在同大风大浪搏斗。因此，西方体育，无论是从古奥运会还是从近代西方体育来讲，都与其西方民族（古希腊时期的地中海一直到近代西班牙、英国在大西洋、太平洋的征服）的拓展性格一拍而合。如果说西方体育强调的是"更快、更高、更强"的话，那么，西方民族从希腊罗马的海上贸易、中世纪的十字军东征到近代大陆新发现中

的征服领地、殖民运动和追逐利润，所强调的则是更多、更大、更全。尽管西方民族中有许多诸如血淋淋的压榨、征服、掠夺、奴役等非人道的东西，但其民族性格中的开拓、冒险、外向，则是其他任何文明圈中所缺少的。

可以说，西方体育及其精神是西方文明的结晶，其原因就在这里。

（二）"最有价值的历史年表"：奥林匹克大会

阐发西方体育，不得不涉及奥林匹克运动会。奥林匹克运动简直就是西方文明中的一枝独秀，它的艳丽和壮观，使西方文明罩上了一圈金色的光环。在西方文明中，我们从历史、文学、神话、艺术建筑中可以找到体育的影子，而以奥林匹克为核心的体育运动对这些文化现象又施加了重大影响，就连哲学家的思考也不得不涉及体育。

由于希腊城邦社会的特殊要求，战争成了人们不可缺少的生活内容，由此人们的身体素质也受到十分的关注。希腊各城邦都十分重视体育活动，以期培养公民强悍的体魄、敏捷的行动和残酷的天性，其中以斯巴达最为突出。在斯巴达人的心目中，弱者是没有地位的。

在斯巴达，每逢一年一次的祭日活动，孩子们还要自愿地站在祭坛前去接受女祭司鞭子的考验，不少孩子被活活打死，而活着的孩子便获得了"祭坛征服者"的头衔，其家长则以此感到无上光荣和自豪。在这里，我们可以看到希腊人在塑造公民性格中的巨大努力。这在奥运会诞生前后便十分普遍。

希腊人在体育锻炼中，十分强调拳击、角力、掷标枪、奔跑、骑马、射箭、打猎和游泳等实用项目的活动。当时（奥运会诞生以后）第一流的公民，包括统治者在内，都非要成为出色的运动家不可，就好比人们戏言，今天的巴西，竞选总统的一个条件就是要会踢足球一样。哲学家苏格拉底（前469—前399年）就曾认为："每一个市民绝不能成为体育的门外汉，应该具有最坚实的身体条件，一旦国家危急便能随时出征，尽自己保卫国家的义务。肉体的美和力通过锻炼才能获得，如果不看到这一点而衰老下去，那是最大的耻辱。锻炼身体能提高效益，倘若对此不加以思索并认为没有必要，那就会产生重大的错误。这是众所周知的。"

正是在奥运会的推动下，当时在泛希腊的国土上几乎没有一个城邦不设有练身场，有的城邦甚至设立许多个。练身场成了古希腊城镇与建筑中的重要标志。在雅典，许多市民一般下午便集中到练身场，在那里度过他们的闲暇时间；在斯巴达，任何懒散的人都不允许停留在练身场及体育馆内，依照场馆规矩，不脱掉衣服参加练习的人必须即刻离去，因为这样不会有助于充分的全身运动。

在整个希腊的"崇武卫邦"历史时期，几乎没有一个自由公民未接受练身场的训练，他们大多是古代的贵族。上层阶级坚信，唯有这样才算有教养，否则就被划入工匠类出身低微者之列。正是在这样一种精神的倡导下，希腊的哲学家和科学家几乎没有一个不是出色的运动家。据史载，古希腊著名的哲学家柏拉图、诗人提谟克勒翁以及社会名流索福克勒斯、欧里庇得斯等，早先都是出色的运动家；数学家毕达哥拉斯发现几何学上著名的勾股定理之前，也曾经是一名出色的拳击家，他在自己创办的数学学校里，不仅教代数、哲学，还教拳击和击剑原理。后来，毕达哥拉斯还曾荣获奥运会上的拳击冠军。

在希腊人的心目中，最美的生活就是与神最接近的生活，那就是宗教祭祀节日中的活动，而最隆重的祭典盛会，莫过于举行祭神歌舞、体育竞技和戏剧表演。据统计，在希腊本土最繁荣的伯里克利时代，每年在雅典举行的此类节日活动竟有60次之多，在泛希腊的国土上，每年都有成百上千个祭祀节日。

在公元前6世纪中叶，古希腊的竞技体育早就具有了全体民众的性质。这对希腊人的生活方式带来了无可估量的益处。雅典著名的政治家伯里克利在一次演讲中说道："年复一年地举办竞技和祭献，我们便使心灵有息老休瘁的种种可能，正如在家庭环境的常规中，我们有日常娱乐以驱除忧闷和怠倦"，"我们没有忘记使疲惫了的精神获得休息，我们的生活方式是优雅的"。这一时期，希腊人一年中大约用1/5的时间，来参加各种类型的祭祀竞技活动以及社交娱乐活动。

正是希腊的体育运动对希腊民族的心理、性格、体格、思维和生活方式产生了如此巨大的影响，古代奥运会在当时社会才占了十分重要的地位，这是非西方文明的其他地域所没有的。

极其重要的是，古代奥运会对于希腊人的艺术与文学、哲学与科学产生的影响，导致了古希腊历史学家提麦欧斯把每四年举行一次的奥运会的周期称为"奥林匹亚德"，并把它作为历史编纂中的一个纪年单位。在以后希腊的历史编纂中，主要的纪年方法便是依照四年一次的奥林匹克运动会，以竞技场上短跑优胜者的姓名命名。希腊从此进入"奥林匹亚纪元"时期。

这在世界文明史中确是独此一份。

马克思在对古代各文明古国进行分析时，用形象的语言讲道："有营养不良的小孩，有早熟的小孩，也有发育不健全的小孩，在古代氏族中属于此类范畴者甚多；唯有希腊人为发育正常的小孩。"① 希腊人那种天真烂漫、赤身裸体、酷爱体育的做派，与尚武卫邦、崇尚力量等奥林匹克精神不无关系。

（三）力的崇拜：西方体育文化的追求

从西方体育，尤其是希腊体育身上往往可以看到一种对力量的崇拜，这恰恰是古代希腊民族的内在精神。我们从对西方体育的分析中，便能找到希腊人对力量的崇拜，也能摸索出西方文明演化的脉络。

在希腊，尼米亚竞技会，便是公元前573年为纪念大力神赫拉克勒斯而举行的祭祀活动。赫拉克勒斯是古希腊神话中的一位力大无比的英雄，他以非凡的气力和英勇的功绩赢得希腊人的普遍尊敬。相传，赫拉克勒斯自幼力大无比，两岁时就把试图伤害他的两条毒蛇攥死在摇篮中，故起名大力神。长大后，便更加勇敢、强壮，经常出没运动场，并精通骑马、射箭、角力、投掷等运动，以后在母亲的教导下，决心以他拔山之力为人类效劳。他历尽艰难险阻，同严重威胁人类的天狮进行殊死搏斗并最终赤手扼死了天狮。从此，人们出于对大力神的无限崇拜，规定只有竞技赛会上的冠军才有资格身披狮皮，以显示优胜者的无比威武和雄壮。

从这则神话及尼米亚竞技会的诞生中完全可以看出，这是希腊人对力量的一种强烈崇拜。我们从其他希腊神话中，也到处可以见到人们对力量的崇敬。如宙斯在战胜了自然中的险恶势力之后，又投入与蛇魔的战斗，最后又胜利地占领了天空。希腊神话中的天神都具有超人的神力，而伦理道德水准极低，甚至不如凡人。这表示，支配希腊神话的根本意识是对"力量"的崇拜，而不顾及力量的含义与性质如何。

显然，从上述体育竞技会的神话背景中可以透视出，希腊人在其童年时代，就懂得了力量的价值，促使他们萌生一种注重力量的原始世界观。从而我们联想到，在茫茫大海上的激烈角逐中，不论是海战，还是贸易竞争或渔业抢占，决定胜负优劣的不是人数的多寡，而是人的素质，这就是希腊人的力量观念和价值尺度。

而这种崇拜力量的风气，在东方古老的文明记录中则很难找到。尤其是像中国这样的土地文明中，强调的是和谐、中庸、非攻，这与西方文明中的强调力度是格格不入的。

---

① 参见马克思《政治经济学批判》。

近代西方体育中球类的胜负竞争、田径的力量比较、体操的新难美险、当代足球的粗野刺激、橄榄球的强烈竞争、棒球的个人技能，还有"铁人三项"的坚强意志与无比力量等等，所有这些都使我们体验到欧洲民族对力量的无限崇拜。从当今各类体育明星的身上似乎都能感到哥伦布、麦哲伦等著名探险家的气魄。正是西方人历来强调对各种力量的崇尚和发展（尤其是文艺复兴以来对物质力量的高度重视，对大自然的开发与利用），才致使欧洲在世界上崛起了人类第三次文明高潮。

然而，在中国大地上，尽管也有民族冒险的记录，但始终不能形成一种普遍的民族性格，从而激发对大自然的开发和利用。相反，中国哲学所高度重视的是"道不争而善胜""夫唯不争，故无尤；夫唯不争，故天下莫能与之争"，等等。在中国的体育中也仍然见到的是"太极拳"式的田园风光。这实在与人类历史的脉络大相径庭，即西方16世纪开始了世界规模的探险与发财的同时，而中国开始了太极、八卦的亚节奏。

（四）第二文明高峰期中西体育大厦的倾圮

如果把古代体育分成东西两大潮流的话，那么东方古代体育又由中国、印度和中东三个支系组成，西方古代体育又由希腊和罗马两个支系组成。由于地理交通的阻隔，这两大潮流没有汇合，即使是各支系之间也没有得到足够的交流。因此，这两大潮流五条支系按照各自的文化逻辑发展本民族的体育。无论是受道教、儒教和佛教影响，产生的以刻苦、娴静和冥想为特色的中国导引养生术，还是充满神秘色彩的印度瑜伽术，无论是服从于帝国目的的波斯军事体育，还是听命于宗教意志的埃及体力训练，无论是勃兴于城邦政治的希腊体操和竞技，还是服务于罗马穷兵黩武的军队体育，统统迎来过自己繁荣发展的黄金时代。

然而，时过境迁，当人类进入第二文明高峰时期，即封建时期时，这分布在几大文明发源地的体育文化，纷纷衰落，如同一座座大厦纷纷倾圮。

古希腊被罗马人征服，古希腊文明被罗马人摧残，奥林匹克运动会在公元394年被罗马人废止。古奥林匹克运动会会址也在自然灾害中被长埋地下。欧洲进入漫长的中世纪，即"黑暗时期"，这一时期的形成和西罗马帝国的灭亡有着密切关系。当人们讨论西罗马帝国灭亡的原因时，史学家归结的根本原因是罗马人身体上和道德上的腐败。罗马人的生活方式——随便离婚、耽于游乐和轻生自杀——导致人口锐减、奢侈、挥霍、奴役及其滥用公款导致道德的沦丧和经济的崩溃；豪华的生活、暴饮暴食、极度纵欲导致罗马人身体每况愈下，终于失去了起码的民族自卫能力，最后败在条顿人的铁蹄和利剑下。这一教训发生于罗马，但给后人留下了一个教训：一个民族要想强大、持久，就必须具备身体上和道德上双重的健康。否则，等待他们的就是覆灭。

由于道德的沦丧和身体的孱弱，西罗马帝国瓦解了。野蛮条顿人的入侵和奴役带来了文明的衰落，导致历史上"黑暗时期"的形成。虽然全世界仍在收获体育的果实，但从总体上来说，欧洲的体育文化停滞了。中世纪的欧洲，宗教神学占了统治地位，基督教提倡禁欲主义，他们认为一切发展变化都受"命运"的支配，肉体之外存在着灵魂，主张盲目服从命运，不抗恶，要自我舍弃。他们还宣扬人的最高道德就是恬淡寡欲，要完全摆脱人生的欲望、欢乐、痛苦、忧伤和恐惧。他们以为人的身体是"灵魂的监狱"，应该予以虐待。在这种思想支配下，哪有体育的地位可言？

就在欧洲的体育文化在封建专制的桎梏下沉重喘息的时候，在东方的中国，皇权专制主义的软刀子也在宰割着体育文化。两千年里，皇权专制王朝不断更迭，体育虽也因统治者的好恶有所兴衰，但从总体上来讲，是一种下降的趋势。学校体育教育始终没有一席之地，竞技体育奄奄一息，除了在民间节日里还能见到一点划龙舟、跑旱船之类的东西（这些还不是严格意义的体育），其他的均已丧失殆尽。

皇权专制文化为体育的发展留下了悲凉的一页，只有工业文明的诞生才能拯救体育文化，这就是打着"文艺复兴"旗号大踏步走上舞台的第三文明时期。

（五）第三文明崛起的中西体育的强烈对比

欧洲的文艺复兴时代是一个伟大的革命时代。正如恩格斯所说，对于"这个时代，我们德国由于当时所遭受的民族不幸而称之为宗教改革，法国人称之为文艺复兴，而意大利则称之为五百年代，但这些名称没有一个能把这个时代充分地表达出来"。文艺复兴是欧洲新兴的资产阶级披着复兴古希腊罗马文明的外衣来创造资产阶级文明的一个革命运动。

就在这个革命运动中，欧洲的体育运动复苏了，振兴了。也可以说体育运动的勃兴成了文艺复兴运动的一个重要组成部分。这一时期的体育运动以它强烈的反抗精神和批判精神，把矛头指向宗教神学和陈腐的教育思想。先是体操在欧洲各主要国家遍地开花，接着体育教育大踏步地进入学校，成为教育的重要组成部分。高举古希腊人本主义旗号，宣扬竞争文化、商业文化，其必然结果是奥林匹克运动重降大地。近代奥林匹克运动与古代奥林匹克运动在本质上有很大差别，这是一种"旧瓶装新酒"式的新的文化形态。

在这二三百年中，特别是在这近一百年的历史中，西方体育运动终于发展成了一个世界性的文化形态，有它的历史记载，有它的科学理论，有它的组织管理，更有围绕着它的几十亿人的向往和追求。

就在西方对资本主义的工业文明进行狂热追求的时候，我们中国人在做些什么？就在西方体育文化日新月异的时候，我们的民族体育文化处于什么状态？这会出现一个强烈的反差。令人目眩，也令人心酸。

让我们回到那最不堪回首的时代去。晚清，中国皇权专制主义文化的香火行将熄灭，鸦片战争前，清王朝闭关自守，妄自尊大。皇帝以天朝物产丰盈，无所不有的神态睥睨世界，蔑视西洋各国。然而，晚清的中国遇到了来自西方的多方面的挑战，西方凭借军事力量和经济优势打开了闭关锁国的中国的门户，他们的外交官、商人、传教士、冒险家蜂拥而至。中国自然经济下的民族手工业首先受到打击，政治独立受到了莫大威胁，一向无求于他人的"天朝上国"在心理状态还没有得到相应调整的情况下，它的传统文化就遭到了西方资本主义文化的袭击。这里当然包括体育文化的冲击。

鸦片的输入使国民体质孱弱。各种恶习变本加厉，女子缠足等陋习阻挠了一半人口的人身自由和身体的正常发展。兵荒马乱，连年自然灾害，饿殍遍地，大多数百姓在死亡线上挣扎，哪有体育运动的社会要求。

古代文化中的蹴鞠、捶丸、马球、摔跤、柔道之类只剩下了一点踢毽子和放风筝之类的纤细的游戏。再有就是明末清初兴起的太极运动，以其慢，以其软，以其缺乏竞争性，与西方竞技体育形成鲜明对比。

当历史翻过惨痛的 19 世纪和 20 世纪上半叶，中国人不仅在政治、经济领域中站了起来，而且在体育领域迈入世界优秀行列，融进世界先进体育文化之中。在总结刚刚逝去的 20 世纪体育的时候，我们必须确认以下三点基本事实：

其一，20 世纪是一个对人类发展进程做出巨大贡献的伟大的世纪。这是文明与野蛮、科学与愚昧、正义与邪恶、和平与战争、尊严与亵渎拼死较量的 100 年。在过去的 100 年中，人类的成就与灾祸，事件与问题，超过了人类过去 300 万年历史的总和。

其二，当我们回顾 20 世纪人类的杰出成就的时候，不应该也不可能忘却体育运动全球性的贡献：几乎与世纪同龄的奥林匹克运动，几乎与奥林匹克并驾齐驱的大众健身运动，如此深刻地影响着过去的岁月，如此具有震撼力地改造着这个蕞尔小球上的人们的生活。值得欣慰的是，体育运动始终站在文明的一方，代表了人类社会进步、文化繁荣的趋向。

其三，在20世纪的前50年，中国是世界体育的一个落伍者，而后50年中国体育运动所发生的惊天动地的变化，是任何人都会为之振奋和鼓舞的。可以说，新中国的体育成就，体育文化的重放光芒，宣告中华民族备受屈辱的时代已经结束，中华民族在先进体育文化行列中找到了自己的地位。

中国体育文化忧思录

在中国"金牌至上"的体育价值观的左右下,中国传统体育文化正在失去昔日的光环;在"奥运争光计划"的一统天下里,中国传统体育文化正在被逐渐边缘化;在市场取向的利益诱惑下,中国传统体育文化甚至被误读、被扭曲,让人十分忧虑。这里主要谈两个问题。

一、警惕中国武术文化的民族虚无主义

1964年日本将柔道打入东京奥运会,1988年韩国将跆拳道塞进汉城(后改称"首尔")奥运会,于是2008年中国能否让武术进入北京奥运会,就不仅是一个关系到中国奥运军团金牌多少的竞技问题,还成了一个有关民族感情的文化问题,更成了一个关系国家声誉的政治问题。然而,四年的努力付之东流,未能天遂人愿,武术被紧锁在奥运大门之外。日本的柔道不过是中国古代武术的一个支脉,韩国的跆拳道更不过是中国某个拳种中的局部动作。这两个国家"小题大做",居然做成,而我们轰轰烈烈一番,却落败了。

究其原因,不能怪国际奥委会多了些清规戒律,更不能嫌奥委会委员们不懂武术,不给面子。只能怨我们自己临时抱佛脚,仓促地将一道半生不熟的"满汉全席"做成"快餐"端到了桌上。由于长期以来我们对包括武术文化在内的中国体育文化采取了虚无主义的态度,或闭目塞听,不承认其存在;或按照同一模式,规范出若干套路,然多为花拳绣腿,做成介于体操和舞蹈之间的"夹生饭"。改革开放后,武术虽得以重生,忽然间门派林立,拳种丛生,然而精华与糟粕同在,这种良莠不分的状态急需理性的思考。但是长久以来对如何发展中国武术,一直缺乏从哲学、医学等层面对中国武术文化的解释,缺乏整体的战略思想和文化对策,难以找到符合时代特征的武术发展道路,同时也缺乏对世界体育文化的基本认识,难以找到与之融合的

契合点。

  中国体育文化与世界主流体育文化之间的距离很大，这不仅表现在技术动作上，而且在审美意识上，更在哲学背景、价值取向上有很大的差异。在当今世界政治、经济环境下，以欧美为中心的体育占据了主流地位，中国体育文化只不过是一种亚文化，尽管武术博大精深，文化意蕴厚重，终也难以被扶上正座。中国体育文化要融进世界体育文化之中，只能屈尊枉驾，削足适履。因为中国武术文化个性很强，花样繁多，要穿进奥运会的"三寸金莲"，恐怕不仅要削掉脚趾、脚跟，还要伤筋动骨，甚至面目全非。如果全中国乃至全世界都按照"四块金牌"的模式理解武术、开练武术，真让人啼笑皆非，那可能就是葬送这块中华文化瑰宝的末日。因此，中国武术未能进入奥运会未必不是一件好事，关键在于不要就此因噎废食，让它重新回到民族虚无主义的状态。

  对武术的民族虚无主义必定招致无政府主义的惩罚。事例一：在商业利益驱动下，突然杀出一匹黑马——散打，虽自称在世界上"打遍天下无敌手"，但一些商业比赛在媚俗、恶俗方面也表演得淋漓尽致，堪与当今演艺界的某些低俗流行音乐比肩，合称"难兄难弟"。事例二：同样受巨大商业利益驱使，披上宗教的外衣，各种武术学校、武馆蜂起，习武者前赴后继。表面上对发展武术运动是一件好事，但背后的商业运作已阉割了体育与教育的本质，如不加以梳理整顿，任其扩张蔓延，其发展前景堪忧。武术本是冷兵器时代的产物，对现代战争已无更多的实用价值。然而，当值中国社会转型期，"群体性事件"数量不少，如武术的实用价值被重新激发出来，其破坏力显而易见，当这种准武装力量扭结在一起的时候将是一件很可怕的事情，它必定对立于"和谐社会"，给黑社会培养鹰爪，给恶势力平添羽翼。如何将这股危害性极大的社会潜流化解开来已经成为一个重要的社会课题。

二、中国体育文化要担负起东方体育文化复兴的重责

  在近现代中外文化交流史上，中国与奥林匹克文化的冲突与融合，是极具代表性的。在100余年的历史中，中国与奥林匹克结下不解之缘：在近代，中国曾因奥林匹克而蒙羞，有过疑虑、对峙、隔阂；而到20世纪末，中国与奥林匹克重修于好，实现了相互选择和理解，中国又因奥林匹克而重获殊荣和辉煌。

  在过去的一百多年时间里，我们开始承认、接受、消化、吸收西方体育文化的技术方法，在短短的五十多年里，我们基本完成了西方体育的体系化

建设，在更短的二十年时间里我们完全按照奥林匹克的面貌改造了中国的体育。一度以"中学为体，西学为用"而著称的近代中国，在一个"全盘西化"的领域，遵照西方的游戏规则，沿用西方的技术方法，实现了"升国旗、奏国歌"的愿望，而表达的是一个东方民族的民族精神和爱国主义，这在文化交流史上也是十分罕见的。在主张体育全球化的今天，这一现象的是非曲直，我们暂不做评论。但有一个疑问：在这一文化替代的过程中，中国固有的体育文化应该做些什么？是坐以待毙，成为博物馆里的"活化石"，还是与时俱进，为世界体育文化的发展做出自己的贡献？

当今，奥林匹克作为一种强者文化、强权文化、强势文化，对各种民族体育文化产生强大的感召、同化、融合、兼容和统摄的作用，正在向世界的每一个角落扩张、渗透、弥散，成为世界体育发展的坐标系。而其他国家、民族的体育文化，无论是传统的，还是现代的，无论是成熟的，还是萌芽的，无论是单一民族的，还是跨国的、多民族的，都只能归于"亚体育文化"，或"准体育文化"。

在历史上，西方体育文化曾搭乘殖民化的轧道机，把东方各国的原体育文化推挤到边缘，几于湮没。在当今经济全球化过程中，西方体育文化又如同割草机一样把世界各民族文化的多样性修剪得整整齐齐。各种民族体育文化作为弱势文化，在"弱肉强食"的规律面前，变得如此苍白。各种民族文化与奥林匹克之间形成了一种绝对不对称的文化关系。

由于体育文化所特有的传播范围的广泛性，扩散倾向的世俗性，变异改造的保守性，以及流行普及的易接受性，这一主体体育文化一旦占有了文化的统治地位，就具备了专制主义文化的特征，而这种文化是以欧美价值观念为基调的，以发达国家利益为价值取向的，从而使体育文化的多元性受到极大的伤害。今天奥林匹克与各种流行文化、时尚文化纠合在一起，在全世界涌动着、呼啸着，成批成批地倾销着，进入人们的生活方式，闯入各国的精神世界，使许多弱小民族几乎忘记了自己民族体育文化的过去，使多数青少年不知民族传统体育为何物。

经济的全球化带动了文化的全球化，文化全球化的结果是文化的单一化，文化单一化的灾难性后果是扼杀文化的多样性和多元化，使文化走向枯萎和灭绝。谁也不愿意看到体育文化走上这样一条道路，逼近这样一个黯淡的前景。

人类要如何解脱这一文化困境？

纵览世界体育发展的历史，审视各国体育文化的现实，只有中国体育文化可以站出来为保留世界体育文化的多样化做出尝试和努力。这是因为：第一，中国几千年没有缺环的悠久历史，造就了源远流长且不断演化的体育文化，在中国体育文化的历史长卷里，每一个时代都有自己鲜明的特色，积淀了体育文化的厚度；第二，中国辽阔的版图和多民族的文化结构，生成了中国丰富多彩的体育文化世界，中国的体育文化不仅有汉民族的，还有少数民族的，不仅有宫廷的，还有民间的，不仅有军事的，还有娱乐的，不仅有养生健身的，还有竞技休闲的，这一体育文化的大千世界是其他任何国家都无法比拟的；第三，中国众多的人口负载了巨大的体育文化力度，因为体育传统文化积淀的力度是与该文化活的载体的人口数量成正比的，人口越多，体育文化的创造性和传承性就越好；第四，中国又是一个实现中外文化交流具有自觉性和较少功利性的国家，虽然在近代历史上曾实行过短时间的"闭关锁国"政策，但从整体上讲，我国从汉唐以来，一直在吸收着外来的体育文化，也将中国的体育文化通过各种途径传播到世界各地去，中国既有吸收外来文化的经验，也有输出中国文化的勇气，中国文化对异质文化的吸纳、涵养、改造具有顽强的毅力、海纳百川的宽容和天衣无缝的技巧；第五，更为重要的是，中国文化不仅在人与人的关系上，而且在国与国的关系上，都表现出那种雍容、和平、温良、宽柔的品格，这种亲和力是其他类型文化所欢迎的，这对中国体育文化走向世界无疑是十分有利的条件。

世界众多学者都对中国文化寄予希望，英国哲学家罗素先生在《中国问题》一书中曾说："中国人已经发现了一种生活方式，并且已经实践了不少世纪，如果能够被全世界采用，将会造福于全世界。"中国最后一位大儒梁漱溟先生在比较了西方文化、中国文化及印度文化之后，也曾得出过这样的结论："世界未来文化就是中国文化的复兴。"

中国体育文化对平衡西方体育文化的偏颇，可以起到一种难能可贵的互补作用。从哲学意义上讲，以奥林匹克为核心的西方体育文化努力追求的是人类的可能性，即人类可以做到什么；而东方体育文化则要说明人类的必要性，即人类应该做到什么，因此，西方体育主张"永无止境""超越极限""全力以赴"，而东方体育强调"适可而止""点到为止"。而这两方面对于人类都是不可或缺的。

西方体育以追求功利作为发展动力，在形成巨大的社会文化运动的同时，要动用、消耗越来越多的社会资源，因此走向商业化、职业化（其实各种职业俱乐部就是古罗马角斗士学校的现代版）和滥用违禁药物是必然的。而中国体育文化强调天人合一，目标是修身、养性，典型项目是导引、气功、武术、太极拳等。其运动主张是内外俱练、神形兼顾、动静结合、刚柔并济等平衡统一的原则。在练身方法上以模仿动物动作的功操为主。应该说，中国体育文化更具有业余的性质，对不同性别、年龄、职业的人具有更强的适应性，当世界走向老龄化的时代，它理应受到老年体育的青睐，在讲究健康和休闲的今天，它的体育价值更是不言而喻的。文化交流是推动历史发展的动力之一，而需要是文化交流的动力来源，对中国体育文化的需要是21世纪世界体育文化发展的趋势之一。国际奥委会评估委员会主席海因·维尔布鲁根的一句话说明了世界体育对中国体育的期望，他说"在北京举行的奥运会将给中国和世界体育留下独一无二的宝贵遗产"。

中国正在实现"和平崛起"，崛起的含义绝不仅仅是自身实力的强大，而在于一种有影响力的文化被普遍接受。古代希腊之所以永恒，就在于它的文化直到今天还在影响着全世界，其中包括奥林匹克文化。近二十年来，中国的民族音乐、民族舞蹈、中国画、中医、中草药已经大踏步走出国门，逐渐被西方接受，即便是100年前从西方引进的电影艺术也开始反哺世界。那么，中国体育文化何以不能融入世界体育的潮流，丰富世界文化宝库呢？

进入奥运会，举办奥运会，在奥运会上称雄，这三者固然重要，但这毕竟只是体育善假于物表现出的一个侧面。我们要调整体育的价值观和体育政策，开展多角度的研究，将中国体育文化推介到世界各地，让全球了解中国的体育文化，无论哪一代人做到了这一点，他们对世界体育文化的贡献将载入史册。

以全球体育文化发展的眼光来看，这不仅是中国未来体育的荣耀，也是她的责任所在。

中国民族传统体育国际化的命运[①]

中国民族传统体育是一个说不尽的话题，因其公认的源远流长，也因其自认的博大精深，还因其体量巨大，门派丛生，追随者众多。

民族传统体育，是一个我们耳熟能详的概念。在这一概念中涉及两个事物，一是"传统"，这是相对于近代、现代、当代而言的时间性概念，是历时性的；另一是"民族"，这是相对于世界而言的空间概念，是共时性的。

由此可以得知，中国的民族传统体育就是相对于近现代西方体育而成立的概念。

当以奥林匹克为核心的近现代西方体育占据统治地位时，中国民族传统体育的国际化就极富挑战性，它的前途和命运就备受关注。

传统体育的现代化问题，是继承与发扬的问题，似乎是一个关起门来自家可以解决的问题。在改革开放前的30年，我们已经做了大量这方面的挖掘、整理工作。而解决民族体育国际化的问题则不然，因为面临的是两种异质文化融合的文化交流问题。因此，不仅要知道自己有什么，还要知道对方需要什么。既不能自卖自夸，也不能强买强卖，既不能原封不动，让人家照单全收，也不能削足适履，搞得面目全非。北京奥运会前，中国武术试图进入奥运会就遭遇了这样的问题。

今天，作为负责任的文化大国，对待世界体育文化已经不能再停留在学习与借鉴的水平上了。不仅要宽宏大量地"放进来"，还要信心满满地"走出去"。

一、民族传统体育国际化需要民族自信

中国大约用了200年的时间，实现了近现代西方体育在中国的本土化。

[①] 乙未年端午节写于北京宣颐家园容笑斋。

作为强势文化、强者文化的西方体育文化进入中国并非一帆风顺，在这一不对等的文化交流过程中，先后出现了兵操存废、"土洋体育之争"、"体质派"抵制竞技运动、"健康派"禁止竞技活动进入教育，以及中国与奥林匹克关系时冷时热等文化冲突。这一过程虽然漫长，但还是可以看出中国传统文化对外来文化具有很强的消化、吸收和融合的能力，也可以看出中国民族传统体育文化留下了相当深厚的家底，足以对外来文化抵挡一阵。

今天，一个新的文化双向交流的时代已经到来，其标志是从"向中国人讲外国文化，转化为向外国人讲中国文化"。世界性的汉语热就是一个佐证，现在全球有一亿多人在学习汉语，他们之中肯定将有相当一批人毕生将与中国体育有关；而且必定有一批外国青少年会因中国民族传统体育中的搏击性所吸引，也会有一批中老年人会因它的养生健身功能而追捧，还会有一批人在与中国其他交流中不经意地迷上了神秘的中国民族传统体育。

纵览世界体育文化发展的历史，审视各国体育文化的现实，中国体育文化具有多重有利因素，可以用来丰富世界体育宝库，也可以为保留世界体育文化的多样化做出努力和贡献。原因有以下几点。

第一，中国是世界唯一没有中断过文明的国家，几千年来造就了百花齐放的体育文化形态。在中国体育文化的历史长卷里，每一个时代都有自己鲜明的特色，这积淀了体育文化的厚度。

第二，中国以汉民族为中心，与众多少数民族共享文化成果的文化结构，生成了丰富多彩的体育文化格局。中国的体育文化不仅有汉民族的，还有少数民族的，不仅有宫廷的，还有民间的，不仅有军事的，还有娱乐的，不仅有养生健身的，还有竞技休闲的，这一体育文化的结构是当今世界任何一个国家都无法比拟的。

第三，中国又是在中外文化交流中具有自觉性和较少功利性的国家。汉唐以来，一直在吸收外来的体育文化，也将自己的体育文化通过各种途径传播到世界各地去，中国既有吸收外来文化的经验，也有输出中国文化的信心，中国文化对异质文化的吸纳、涵养、改造具有顽强的毅力、海纳百川的宽容和天衣无缝的技巧。

第四，当今中国经济实力的发展，为中国文化走向世界提供了基础，不仅提升了全球的注意力，也增强了自身的影响力。尤其是"一带一路"经济带的建设，不仅推动了包括40多亿人口地区的经济繁荣，也必然让人们重温当年"丝绸之路"中外体育文化交流的盛况。

第五，更为重要的是，中国文化不仅在人与人的关系上，而且在国与国的关系上，都表现出那种雍容、平和、宽柔的品格，这种亲和力是其他类型文化所欢迎的。这对中国体育文化走向世界无疑是十分有利的条件。

第六，与西方体育相比，中国民族传统体育具有强烈的个性，对于平衡西方体育文化的偏颇，可以起到一种难能可贵的互补作用。

从哲学意义上讲，以奥林匹克为核心的西方体育文化努力追求的是人类的可能性，即可以做到什么；而中国民族传统体育则要说明人类的必要性，即应该做到什么，因此，西方体育主张"永无止境""超越极限""全力以赴"，而我们强调"适可而止""点到为止""不战而屈人之兵"，这两方面应该是相互制约的，对于人类文化都是不可或缺的。

从目的与方法而言，产生于市场经济的西方体育以追求功利作为发展动力，要动用、消耗越来越多的社会资源，因此走上商业化、职业化和滥用违禁药物是必然的。而中国体育文化强调天人合一，目标是修身、养性，主张是平衡统一的原则。

20世纪的最后20年，我们开始与奥林匹克交手，大举进入奥运会，高调举办奥运会，在奥运会上称雄，这些固然重要，但这毕竟只是我们善假于物表现出的一个侧面，不是我们与世界体育文化关系的全部。我们要调整体育的价值观，展开更广阔的视角，将中国体育文化推介到世界各地，让全球了解中国的体育文化，让中国体育文化成为全世界人民共享的利器。

二、民族传统体育国际化的基本条件

任何一个勇于克服愚昧、发展自身的民族，必会学习和接纳先进的外来文化，并将自己的优秀文化传播出去。然而，即使是优秀的文化，得以在全世界传播，为大家认可，被各肤色人群广泛认同，也不是轻而易举之事。对于推行民族传统体育国际化的主体而言，需要具备一定的条件。

（1）价值观念的认同。这是文化交流、传播的首要条件。"道不同不相为谋"，中国民族传统体育的种种特征与《奥林匹克宪章》所提倡的"奥林匹克的宗旨是使体育运动为人的和谐发展服务，以促进建立一个维护人的尊严的和平的社会"，"通过没有任何歧视，具有奥林匹克精神——以友谊、团结和公平精神互相了解"的宗旨是完全契合的。因此，要建立起文化共享的观念，而反对文化功利主义，在普世价值、共同价值基础上实现的国际化应该是双赢的，而不是零和的、排他的、唯我独尊的，应该是牢固的、久远的，而不是脆弱的、昙花一现的。

（2）共同的语言基础。作为跨文化的交流，语言的沟通是前提条件

（中国首位诺贝尔文学奖获得者是莫言，而不是其他人，一个重要的原因是他的作品被大量翻译成外文）。中国民族传统体育中很多动作、套路、门派的概念和术语不规范，不少文化的解释也语焉不详，连中国人自己都难以搞明白，怎能期望在世界上流行传播。更由于无人去做专门的研究和翻译，大量的东西只能靠音译、口口相传，不能进入正规教育系统，不能通过书籍、网络进行传播。这在现代国际社会是走不远的。

（3）适当的策略、方法和技巧。对不同的国家、民族要用不同的交流策略，交流不同的项目要用不同的方法，对不同的人群要选择各异的技巧。不能强加于人，不能千篇一律，更不能认为只要进入奥运会就走了捷径，可以一了百了。近三十年中，有不少运动项目、体育方法从日本传入中国，日本文化对吸收外来文化，将自己的文化输出到其他国家有一套策略和技巧，值得我们借鉴。

（4）锲而不舍的精神。国际文化交流是一个漫长的渗透过程，需要一代又一代人的持续努力，不可能急功近利、一蹴而就。我十分钦佩西方传教士的文化精神，他们布道的内容可以批评，但他们传播宗教文化的坚持和韧性值得我们学习。

当然，中国传统文化对这场体育文化的融合也存在着一些不利条件，如中国传统文化中缺乏竞争意识、协作意识、科学观念，以及缺乏培养和发展个性的环境和条件等。这是我们与西方的差异，也是我们需要着力改进的。

三、民族传统体育国际化的命运

季羡林先生认为，文化交流是推动历史发展的动力，当然也是体育运动发展的动力之一。事实上，中国民族传统体育是汉唐以来多少回合国际体育交流的结果，今天热议的国际化不是起点，而是中外文化交流长河中的一部分。

中国体育文化是世界体育文化的组成部分。若游离于世界体育文化之外，中国体育的命运一定是悲惨的；主动融合进世界体育文化之中，则是民族自信、大国责任的表现，其生命力一定是强大的。

在历史上，中国曾为世界文化的融合出过大力，包括恢复古代奥林匹克运动会在内的欧洲当代"文艺复兴"就是在吸取了大量的中国文化的基础上完成的。因此可以说，民族传统体育的国际化是形势的必然，也是文化逻辑的必然。

中国正在实现"和平崛起"。崛起的含义绝不仅仅是自身实力的强大而已，恰在于一种有影响力的文化被普遍接受。古代希腊之所以被推崇，就在于它的文化直到今天还在影响着全世界，其中包括奥林匹克文化。

需要，是文化交流的动力来源，对中国体育文化的需要是21世纪世界体育文化发展的趋势之一，面向世界、走向世界的需要也是中国体育文化发展到今天的必然选择。

中国民族传统体育走上国际化道路是它的发展趋势，也是它涅槃重生的标志，还是人们重新认识世界体育文化的开始。

篮球文化：命门与精髓

几年前，当把篮球放在文化的视野下审视，并提出篮球文化的概念时，并不为许多人接受，甚至还有人嗤之以鼻，认为在隔靴搔痒。

而今天再次在这里讨论篮球文化似乎已经完全顺理成章了，这个"理"就是全中国在党中央领导下大规模推行文化建设之理，就是全民渴望给中国体育注入更多文化要素之理，就是世界篮球运动发展趋势之理。

一、篮球文化：市场、文化与意识形态的三足鼎立

产业市场与意识形态之间不应存有摩擦，但是在中国，这一摩擦始终广泛存在。这是因为在非此即彼心态的左右下，往往将二者对立起来。

市场是篮球文化推向高级阶段的必然选择，市场是篮球文化精英栖身之地，是英雄用武之地。然而，绝不能迷信市场，虽然市场可以产生巨大的经济效益和社会效益，但其潜在的危险性和难以弥补的弱点也是不容忽视的。

过分迷信和依赖市场，必定将篮球运动引向文化功利主义和形式主义，疯狂地激发消费，会使篮球文化变得浮躁与浅薄，使篮球文化很快陷入低俗化、快餐化、短期化，甚至进入内耗严重的困境，美国 NBA 难以自救的球员罢工事件就是一例，困扰中国足球使之屡战屡败、毫无起色的魔咒更是一例。

文化与意识形态有很大程度的相关性，但意识形态不等同于文化，篮球文化亦然。意识形态具有强烈的时代性和阶级性，而文化在时空方面表现得更为宽泛。只有当意识形态充分尊重文化自身发展的规律时，即两条逻辑线交集在一起时，文化才能繁荣，意识形态才能有话语权。

中国体育文化发展过程中的高度政治化倾向，是不利于体育文化（包括篮球文化）发展的。中国的竞技体育基本上是建立在民族主义和国家主义基础上的，意识形态的特点非常鲜明。

在有意无意地混淆了"国家"与"政府"的概念后，篮球文化长期陷入产业市场和意识形态之间忽进忽退的两难境地，这需要进一步解放思想，完成体制改革和文化建设才能得以根本解决。

有人称文化为"无用之用"。它关乎人心，是一个共同体安身立命的根脉。在美国哈佛大学的校园中，矗立着一块中国式的石碑，碑文的第一句话就是"文化乃国家之命脉也"。轻视文化、践踏文化，必然要招致文化的惩罚。

但是，让文化承受不堪承受之重，如将文化过度地"物化""GDP化"，甚或一切商业化、产业化，违背文化的规律性和生命周期，逆文化潮流而上，其结果也必定适得其反。

现代体育文化最大的特点之一就是其自身的世俗化倾向，表现为大众文化与流行文化的风起云涌。流行文化与大众文化、通俗文化的概念相近，流行是文化的时间指向，大众是文化的空间指向，通俗是文化的内容指向。

当一种文化内容在特定时间与空间在社会上大面积传播时，就可以构成流行文化。这种文化主要借助于大众传媒与各种文化产品来获得生命与传播，如互联网、电视、杂志、广播等。各种流行音乐、服装款式、口头语、发型都是流行文化的表现形式。

流行文化的发生与发展依赖于大众与大众传媒间发生的不断互动。大众的价值观念、审美倾向影响着大众传播媒介，而大众传播媒介又迎合、引导着大众。所以，流行文化本身是双向的、不断变化的文化形式。身处流行中的人都会受到流行文化的影响，有些是积极接受影响，有些取向保守的人则可能排斥这一影响。

大众流行文化有其自身特定的空间范围。比如在美国流行的打美式橄榄球，在东方国家就未必流行得起来。一些被主流社会所忽略的事物，当受到少部分人的强烈关注后，则很有可能渐渐形成流行文化。大众流行文化更有时间方面的特征，它往往是一种短暂存在的、新颖但肤浅的文化形式。但是，有些流行文化经过长时间的发展与磨炼，可以成为另外一种我们经常提及的文化形式——经典文化。篮球运动的历史逻辑就是以流行文化为始，以经典文化为终；以区域文化为始，以世界文化为终；以大众文化为始，以精英文化为终的一种奇异文化。

由于受到大众传媒的影响，篮球文化今天仍然更多的是以流行文化的形式出现。篮球的"粉丝"们无论是追捧某一球队的，还是崇拜某一个运动员明星的，甚至模仿运动员的发型、服装、讲话的风格都是流行文化的重要表现形式。反之，流行文化的发展也通过传媒影响着现代体育的发展。

美国职业篮球联赛就是最好的例子，为了吸引更多的社会关注，主办方想方设法改变比赛的形式，如举办全明星赛、派出球星参加各种媒体活动、建设最时尚的网页与电视节目，都是为了进一步突出自己的流行文化属性。

流行文化具有从众的性质。这也是一种体育文化得以流行的重要原因。由于它的休闲性、娱乐性、刺激性，和其他文化符号意义一样可以在社会上放大，引起年轻人的追逐，继而有更多的人从众，裹挟进来，形成风气、潮流和趋势。当商家看到它的价值所在时，便介入进来投入资金，推波助澜，很快可以使流行期达到高峰。

体育流行文化的基本受众是青少年，这往往是他们进入体育运动的动机和初始。有的人可能因此稳定在一项活动上，形成兴趣和习惯，但大多数人可能继续在"流行"中飘荡，进行着新的时间消费和金钱消费。

精英文化是指由社会精英主义所主导的文化。它与大众文化、平民文化等概念相对称，指那些并不为全社会所普遍认知、接受或参与，而仅是由社会中的精英阶层所塑造与分享的文化。高水平竞技运动被认为是体育文化中的精英文化。我们常常把优秀的高水平运动员视为精英运动员，高水平竞技运动也因此代表着体育文化范围内的最高地位。

他们由具有优异运动成绩的运动员、取得出色竞赛成绩的教练员、投资商等组成，再由他们通过对规则的制定、比赛表现形式的变更等行为来决定该体育项目的发展趋势。所以，现代奥林匹克运动会是当今世界运动精英文化最主要的代表，其他如各类职业比赛，包括美国四大体育联赛、欧洲足球联赛、各项世界级的网球比赛、斯诺克台球比赛等均是体育精英文化的表现，在这些比赛中不断诞生着新的运动精英。

运动精英文化在青少年中产生了重要的影响。运动精英像影星、歌星、舞星一样受到青少年的追捧，成为他们心目中的偶像和榜样，甚至达到极度崇拜的程度，如足球运动因此还造就了一批狂热的"超级球迷"。在美国很多孩子说不出政治领袖的姓名，却对泰森、乔丹等明星运动员如数家珍。这一文化现象也是体育社会学必须加以研究和探讨的。

在篮球文化中必定有一部分是属于公益性的，作为精英培育种子的青少年儿童的业余训练必须放到社会公益中来完成，其中一部分资金要由政府投资，一部分要由精英文化分担。舍本逐末、急功近利、拔苗助长式的中国足球发展路径绝不可取。不设后备力量而打造的精英体制，最终一定投向运动员的"卖方市场"，运动员待价而沽，漫天要价，最终将这个运动项目推上

绝路。

二、篮球文化：理性与感性之间的张力

在人类漫长的发展过程中，理性化一直扮演着十分重要的角色。体育作为人类社会文化的组成部分，同样经历了这一理性化的发展过程。篮球是唯一被确定为产生于美国的主要运动项目，这个项目充满理性化的色彩。

篮球运动最大的特点就是其规则的简单性，这就促使其一经诞生就迅速蔓延至世界各地。时至今日，世界各地的篮球比赛都使用基本一致的规则。作为现代体育标志的篮球是人类理性推动下产生的一种发明，它在人们不断设计、实践、再设计的过程中，成为一个最适合发展的文化品类。

篮球文化理性的要害在于维护公平性，而理性操作的本质是制度化和定量化。当今世界所有主流的运动项目都持有这种思想，即人们的参与不能由出身和社会背景等来约束，运动比赛中的参赛者应该给予相同的竞赛条件，无论他们是谁或者来自何方。体育的公平性特征主要表现在两个方面：

（1）理论上讲，每个人都应该具有进行竞争的机会。

（2）比赛的条件对于每个参赛者而言应该是相同的。

制度化是现代体育文化的又一个显著特征。今天的体育运动项目都是由国际、国内、地方、社区、学校，甚至家庭等不同层次的复杂组织与机构所控制的。这些组织监督和批准运动员、运动队、运动项目，以及裁判员等；同时，它们直接制定和执行各种体育项目的规则，组织比赛，公布成绩，等等。

然而，人们并不满足于篮球的理性，因为纯粹的理性不能产生"文化"，如同单调的广播体操、刻板的军事训练、严格的康复体育不能演化出文化一样，过分理性的篮球一定会遭人厌烦。

如同人们观看F1汽车赛电影，期望看到撞车、起火、车手从即将爆炸的车身里逃生，急救车呼啸而进一样，篮球也需要感性，需要英雄，需要偶像，需要意料之外，需要不可预知的故事情节的发展，甚至还要容忍骚乱、绯闻与丑闻，这才能构成作为整体的、立体的篮球文化。一个单场的篮球比赛难以发生"故事"，一个赛季可能产生一本"中篇小说"，连续多年的联赛就可能造就一部"章回小说"。

在球场上，官员、管理者和裁判员往往代表着理性，运动员是篮球"故事"的创作主体，而观众、传媒则是篮球"故事"的期待者、传播者和记忆者。于是，理性与感性之间的相互牵扯就构成了篮球文化得以平衡发展的一种张力，而"理性"的宽容，"感性"的克制是解决这一矛盾的最终方式。

三、篮球文化：传统与创新的联手之作

当有着"山姆大叔"鲜明色彩的篮球文化与古老的、独树一帜的中华传统文化相遇时，产生过碰撞与冲突，但很快归于认同与融合。这一方面是因为篮球文化的易普及、易交流，另一方面在于中国的大陆民族文化与美洲大陆文化具有的某些同质性，还在于中国农业社会文化的土壤对篮球文化的易接受、易植根，以及与中华民族乐于以命中率作为博彩的休闲观念有关。

在今天改革开放的时代，制约这一认同与融合的阻力已经不复存在。季羡林先生说："文化交流是推动历史进步的动力"，今天，篮球文化的国际交流，如外援、外籍教练的进入，"姚明们"的输出，已经畅行无阻，而NBA的运行方式、世界篮球文化的潮流都对中国篮球文化的发展起着潜移默化的作用。

但是，如果中国篮球文化止于对NBA的依葫芦画瓢，止于奥运会、世锦赛上的几场胜局、几块奖牌，将永远被别人牵着鼻子走，是走不长远的，也是没有出息的。必须具有篮球文化创新的胸怀，要在篮球文化的形式或内容上有所革新或飞跃，必须充分体现出中国篮球文化的时代风范和创造精神。

今天，中国篮球文化的使命不仅是要在欧美人构造的舞台上崭露头角，更重要的是要创建一种中国的篮球精神，这种精神将成为篮球大众文化的灵魂和命门，成为篮球精英文化的风骨和精髓。

结　语

一个有了文化的篮球，一个赋予了思想的篮球，才是颠扑不破的篮球。

让我们怀着一颗敬畏之心、虔诚之心、恭敬之心来构筑篮球文化的明天吧！

中国文化对篮球运动的选择、认同与变异

有人说，篮球何必去扯文化的事情？甚至有人质疑篮球文化存在的价值：只要把球打好，奖牌拿到手，把篮球产业经营好，把钱赚到手，不就行了吗？其实不然。

作为一项上亿人从事的活动，没有文化作为基础，必定是虚浮的；作为一个负责任的篮球人，不重视篮球的文化底蕴，篮球运动最终会因缺少发展动力而走向衰微。

中国的高尔夫球因始终没有得到文化的解释，至今还处在被查禁的尴尬境地。一度大红大紫的中国足球因没有得到文化的响应，此刻还在扑朔迷离的状态中徘徊。

篮球的本质是游戏，但文化可以让它进入英雄主义的高雅殿堂；篮球不过是一种竞技活动，但篮球文化可以使它的价值、功能多样化；篮球运动是很功利的，而篮球文化恰恰启动了它非功利的成分，让它变得很绅士。

篮球运动是属于现实主义的，但篮球文化却让它浪漫起来，充满动人的故事，涂满斑斓的色彩；篮球运动流行于今天，但文化为它增添了厚重的历史感。

篮球有精英的和大众的两大板块，而篮球文化可以把这两部分融为一体；篮球属于篮球场上的每一个个体，但篮球文化可以使亿万个个体结成一个整体。因此，可以说，篮球文化是一面旗帜，人们麇集在旗下，结成一个大家庭，其乐融融。

一、中国文化对篮球的选择

19世纪中叶开始，西方文化登陆华夏，各种西方的体育运动项目也先后粉墨登场，各领风骚。然而在一百多年的时间里，依照参与人数、竞技水平、市场业绩、文化传承、项目亲和力等方面的综合实力评价，真正能站住

阵脚的并不太多。

经过政治的权衡、经济的竞争、社会的淘汰、教育的筛选、时间的考量、竞技的得失，一句话，经过文化的选择，确实能自觉地、不加外力追捧，自由地、能与中国文化融成一体的运动项目屈指可数。有的项目在一段时间里昙花一现，如20世纪40年代风靡一时的棒垒球，20世纪80年代泛滥成灾的保龄球；有的项目只受到少数人群青睐，有的项目仅在个别地域受到欢迎，前者如拳击、跳水，后者如马术、冰雪运动；有的项目本应得到重视，却成了"扶不起的阿斗"，如体操和田径，虽然前者有利于塑造中国人的形体，后者有益于强健中国人的体魄，但前者与中国人渐行渐远，后者则始终没有找到合理的社会定位，连体育教育面对它们都显得无奈；有的只能不温不火地苟延残喘，如游泳、排球，有的还有待于观察和审视，如网球、野外生存、拓展运动、极限运动等。而那些代价高昂、难以普及的项目必定在下一轮的洗牌后出局。

在严苛的文化选择中，中国只选择了乒乓球、羽毛球和篮球三项运动。乒乓球被戴上了"国球"的桂冠；调查证明，羽毛球已经成为大众体育的第一选择，并形成了国际竞技优势；篮球则遍布城乡，饮誉海外，既不乏精英，也不缺稳固的群众基础；21世纪到来，一代一代青少年正在纷纷涌入，繁荣发展的趋势呈现出来，而且它是这三项中唯一的团队运动项目。篮球运动在中国的发展轨迹是波折起伏的，并非一帆风顺。曾经在20世纪30年代、50年代、70年代和90年代出现过四次高潮。30年代的中国出现了第一次市场经济的尝试，与市场经济规则相仿的篮球运动同时兴旺起来；50年代新中国刚刚成立不久，强烈的民族意愿催生了中国篮球的"第二胎"；70年代在改革开放中中国篮球运动得以新生；90年代以来的中国市场经济大踏步前进，社会财富迅速增长，多元文化社会形成，篮球运动得到了空前的发展空间和机会。而40年代的战争动乱，60年代"文化大革命"，80年代篮球的自我迷惘，都使中国篮球一度沉沦。进入21世纪，中国篮球终于走出了20年一个轮回的"怪圈"，迎来了篮球运动的新纪元，恰在此时，构建篮球文化成为篮球人的自觉。事实证明，经济的发展、社会的稳定、篮球道路的正确选择、篮球文化的提倡是篮球运动的生命线。

二、中国文化对篮球的认同

文化认同是文化学中的一个重要的概念，这是在文化交流过程中经常出现的一个过程，当两种异质文化发生碰撞、冲突的时候，就会发生认同与不认同的选择，认同的就融合，不认同的或在变异后重新认同，或者干脆放弃。

比如，从西域传入的胡琴经过认同，成了我们的民族乐器；乒乓球经过认同成了中国的"国球"，西方的电影传入中国，经过认同，一百年来发展成为独树一帜的中国电影。在历史上，中国的文化传到国外也有类似的经历。

篮球运动在中国的一百年，就是被中国文化逐渐认同的过程，也是世界篮球运动认同中国的过程。为什么古老的中国文化会如此地认同篮球？我以为有以下几点原因。

（一）对篮球的人类学认同

人类起源于非洲，由非洲的南方古猿演变而成。最早离开非洲迁徙到亚洲的是黄种人，之后去了欧洲的是白种人。因此，无论是非洲的黑人还是美洲的黑人，都与欧洲的白人及美洲的白人保持着最近的"遗传距离"，也就是说，黑人与白人都更接近原始人类的生物特征，而黄种人则相对远些。

黄种人最早创造了文明，也得益于文明，但也最早受害于这种文明。所以，黄种人的脑力得到了优先的发展，而身体能力却发生了较大的退化。不仅身材相对矮小，而且运动能力也较差，跑、跳、投能力均难以与黑人、白人相抗衡。

毋庸讳言，近现代体育运动是以欧美人的价值观为中心的。奥林匹克的核心运动项目都是为白人设置的，当时他们并没有想到后来黑人的崛起会与他们分庭抗礼。亚洲黄种人的运动天才则主要表现在一些后起的、边缘的运动项目上。虽也有一些例外，如刘翔、朱建华、杨传广、纪政等，但从整体而言，这样的格局在短期内难以改变。

那么，核心项目与边缘项目的区别何在呢？核心项目是以大肌肉的力量与爆发力、内脏的巨大承受能力、强有力的能量与物质代谢的支持系统为极限，表现为力量素质、耐力素质、速度素质的对抗；而边缘项目大多表现为灵敏、协调素质，以及智力和表演能力的对抗。

我们观察哺乳动物时，可以发现：凡凶猛的野兽沿人体矢状轴（向前）运动的本能性运动能力极强，而沿额状轴向两侧（向左右）运动的本领极差，这与动物的四肢关节的形态有关。白人与黑人也具有这样的生物特点。而体型相对瘦小的黄种人则有较强的向两侧转移的能力，往往表现为较强的灵巧性。中国传统的武术运动中就有很多肢体内收、内展、内旋的动作，西方各项运动中有弓箭步的动作，几乎没有中国武术的马步动作，因为他们很少需要做侧向移动的准备。

中国的乒乓球之所以发展较好，其重要原因之一就是这项运动需要大量向两侧跑动、跳跃和滑步，这对黄种人来说得天独厚。羽毛球在中国的兴旺也是同样的道理。篮球运动向上、向前的活动方式确实适合白人与黑人的先天条件，但是它需要大量侧向运动来摆脱防守或伺机投篮，这是其他球类运动少有的，这就给黄种人留下了发展其特长的机会，给中国篮球"快速、灵活、多变"的风格做了一个人类学的佐证，也为中国文化选择篮球运动提出了一个依据。

同时，中国人自幼习惯使用筷子、毛笔等使用远端小肌肉的活动，使小肌肉活动能力大大优于西方人，而充分的小肌肉活动可以大大提高大脑的精细分辨能力，使完成动作变得更加准确和协调。

篮球运动发展到今天已经成为一项社会性很强的文化活动，单纯从生物科学的角度已经难以证明这种选择的必然性，我们还要从社会文化方面来寻求理由。

（二）对篮球的文化符号的认同

任何一项体育活动能够持久地存在于人类社会，总有一定的文化符号价值，即表达某种社会文化追求，并逐渐形成特定的游戏人群。比如赛艇运动，表达的是竞争、协作和领导三个基本概念，因此，这个运动项目就被培养社会精英、高级管理者的教育单位认可，于是就有了剑桥与牛津、哈佛与斯坦福、清华与北大之间的比赛。

高尔夫球运动要表达的三个基本概念是目标、效率、儒雅。于是高尔夫球场就成了社会与企业高级管理者展示其才能的特殊社交场合。桥牌和围棋的文化符号意义是谋略，前者有搭桥合作谋略的意味，后者则是孤独者的谋略。社会的上层人士则热衷于这类活动，因为他们时时刻刻都在做决策行为的心理调度，需要这方面的训练。而麻将的文化品质是"应变"，对于沉闷少变的中国传统文化，它满足了人们力求多变的心理，在一些国家成为培养管理者应变能力的教具；这种游戏又以它精密的必然性和偶然性排布和比例，适合任何人群，甚至包括文盲，因而具有天然的普及性，成为消磨时间的最佳方式。

至于田径的毅力与坚韧、网球的创新与激情、橄榄球的狂野与冲击、足球的团队与明星等，都是我们在这些项目上有意无意的文化追求，广大青少年也正是在这些项目的活动中得到了潜移默化的文化教益。

那么，篮球的社会文化符号意义是什么呢？经过对篮球运动的观察，我认为是自信、协作、忠诚度和领导力。

篮球是在极其有限的时间、空间里，追求最大实效的一项对抗性运动。在空间上是非隔网运动中人口密度最大的，在时间上是秒秒必争、锱铢必较的（在篮球比赛中有不少以秒为单位的时间限制），活动者的自由度时刻存在着来自对手的障碍，以至封闭，活动者的心理始终处在高度的紧张状态。

因此，每个个体必须具有高度的独立作战、抗击打能力和顽强的自信心；而每个团队必须具有训练有素的默契配合，达到浑然一体的协作，每个球员必须正确处理集体与个人的关系，一荣俱荣，一损俱损，忠诚于球队是集体取胜的关键。

篮球运动对教练员、队长和灵魂队员的组织、指挥和瞬时应变能力的要求，也远高于其他运动项目，因而领导与被领导关系的重要性十分突出。这也就是为什么篮球运动员在退役后有不少人走上行政领导岗位的原因，尤其是后卫队员。

（三）对篮球的体育文化学认同

篮球是一种极易被中国人认同的游戏方式，它具有以下特点。

（1）游戏性强烈，技术门槛低。篮球是一种攻防相当、胜败易判的游戏，对参与者的心理刺激适宜，很容易形成兴趣爱好，甚至可以"成瘾"。

篮球运动的技术跨度很大，而初入的门槛很低，熟悉规则的难度也不大，不同年龄、性别、职业，以及不同身体状况和技能水平的人都可以参与，因此它是普适性最强的运动项目之一。对薄弱的中国学校体育和体育俱乐部而言，篮球运动是一种良好的补救项目。

（2）对抗激烈，却碰撞适度。篮球游戏或比赛可以形成激烈的对抗，人与人之间可以有近距离的靠拢逼近。然而这种激烈对抗和身体逼近，是在中国儒家文化基因允许的人际空间距离中进行的，既不像排球的互不接触，也不像足球、橄榄球、棒垒球一样可能造成身体伤害。篮球更容易在中国流行，是因为中国文化有一种对身体过度保护的天性。

（3）个人技术重要，团队协作更不可少。篮球运动既鼓励精英出人头地，也强调全队的精密配合。人们在打篮球的过程中，既在不断提高个人技术，又在努力与同伴磨合。这很符合中国传统文化中"和而不同"的和谐思想。

（4）参与人数不限，易于形成比赛。篮球正式比赛的人数有严格规定，但在一般场合，参与的人数可多可少，三人斗牛，二人对抗，一人投篮练习都可以。篮球运动的比赛活动较其他项目更容易形成,因此,当中国进入休闲时代,篮球可以成为重要的休闲活动方式。

(5) 室内室外两可,场地器材要求不高。在中国普及8400平方米标准足球场、田径场恐怕是50年到100年都难以做到的,但在中国中小学、居民社区、自然村落普及420平方米(耗资2万~3万元)的篮球场则是10年内可以做到的事情。

(四) 对篮球的时尚流行文化认同

在多元文化时代,文化的种类越来越多样,层次越来越复杂,流行的速度越来越快,时尚寿命越来越短。但是,篮球运动作为一项功能多样、形式多变的社会文化,既可以步入高雅文化的殿堂,也可以踏进世俗文化的街头巷尾。因此,篮球具有以下文化认同。

(1) 较高的观赏价值,可以成为社会观赏文化的主体部分之一。篮球运动造就的"明星",以及它的英雄主义色彩,可以满足年轻人的偶像崇拜和精神追求。这种社会榜样作用,已经成为当今体育社会学研究不可忽视的社会现象。

(2) 较高的媒介价值,可以成为发展青少年社交关系的特定方式。篮球游戏中大量语言交流,可以相互戏谑调笑,也可以男女混合参与,因此,其可以成为青少年实现社会交往的一种轻松愉快、互不设防的方式。

(3) 较强的时尚文化特征,可以衍生为街头文化、广场文化。篮球运动的变形就是以篮球为对象的戏球、杂耍、特技,成为青少年在广场、街区、公园表演的活动,他们的才能可以得到令人惊异的表现。篮球的运动服装、鞋袜、器材装备也都可以成为他们追求的时尚。

三、中国文化对篮球的变异

如果篮球只是被中国文化选择与认同,还远远不够,因为这仅仅是我们接受了一种外来文化。如果我们在此止步,那么,也许我们只能跟着世界锦标赛走,跟着NBA亦步亦趋,做一个文化的模仿者。今天我们提出篮球文化,就意味着我们必须承担中国篮球运动创新的责任,也就是实现文化的变异。文化交流中的变异可能有两个方向,即正面的或负面的,增值的或减值的。

我们要把世界百年篮球的优秀品质借鉴过来,把中国百年篮球的优良传统继承下去,让它在正面的方向不断增值,也就是发展与创新。中国篮球正在以很快的步伐走向世界,我们必须为世界篮球运动做出自己的贡献,必须

在世界篮坛上发出中国具有震撼力的声音。而这一切都基于我们对这项运动的创新追求。这或许就是我们倡导篮球文化的最高境界,也是这一文化永不驻足的内在动力。

冰雪运动文化浅释

一

冰雪运动，是以冰与雪为摩擦媒质的体育运动项目的总称。冰与雪是水在低温下的两种主要固态物质，水在结成冰雪后表面光洁平滑，冰层雪层具有一定的强度，可承受一定压力。因摩擦力大大减少，适于在它的表面滑动。在滑动时，冰刀、雪板、雪橇使冰面雪面融化，微量的水减少了摩擦力，这是冰雪不同于玻璃的地方，后者虽平滑光洁但不能作为滑动媒质。

滑动，是冰雪运动的主要行为特征。人类的走、跑、跳都伴随身体的起伏，不断做抛物线运动，微小起伏的是走，较大起伏的是跑，大幅起伏的是跳，而基本保持在同一平面的是滑。人们对滑行情有独钟，除了滑冰、滑雪，还有划水、滑沙、滑草、滑沼泽以及轮滑等许多种类。人们在滑行时前庭分析器受到特异的刺激，会特别兴奋，可称为"眩晕运动"感觉。人们喜欢追寻这种感觉，甚至会上瘾，这是将滑雪称为"白色鸦片"的缘由。

在冰雪面上高速滑行对运动者的平衡能力要求很高，否则，运动者很容易跌倒摔出，所以，对锻炼平衡身体的技巧、全身肌肉的控制能力很有价值。冰雪运动又多在气温很低的高寒自然环境中进行，对人的耐寒、耐缺氧能力也有所考验，因此，冰雪运动对国民体质增强，特别是对青少年的身心健康有着独特的作用。这或许是很多国家重视冰雪运动在学校体育教育中开展、在大众体育中发展的重要理由。

二

冰雪活动产生于高纬度地区的狩猎作业。我国的东北、内蒙古与新疆在冬季有过雏形的滑冰、滑雪民间活动，大多与湖上打渔、森林捕猎有关。北美洲的因纽特人也有类似的求生存活动。真正将其转变为体育运动项目的还是欧洲。斯堪的纳维亚半岛是冰雪运动的天堂，挪威有一句谚语——挪威的婴儿是穿着滑雪板走出娘胎的，说明冰雪运动已进入他们的基因。中欧突兀而起的阿尔卑斯山是滑雪运动的圣地，它为周边几个国家提供了多处环境良好的高山滑雪场。我去奥地利滑雪圣地因斯布鲁克旅游，远远地就望见这座欧洲小城的标志性建筑——跳台滑雪的高台，这里曾举办过冬奥会。

进入 21 世纪不久，中国决定承办一届冬奥会，并提出"三亿人上冰雪"的口号。这是很大胆的举措，这是国家经济实力达到相当高度的一个标志，也是中国进入国际"富人俱乐部"的一块敲门砖。

三

冰上运动在平面上进行，这是由水的结冰方式决定的。冰上运动分为竞速、竞美、竞智等几类。竞速又分长道、短道，短道弯道多、曲率大，因此，弯道技术与能力成为重要制胜因素。竞美有花样滑冰与冰上舞蹈等，是一种音乐伴奏下的超体育、超艺术的文化门类。冰壶是近年兴起的、集体力与智力于一身的斗智斗技活动。

冰上活动可以在较小的相对集中的范围内进行，因此其很快进入室内，进入地球的温带地区，它的地理活动空间明显大于雪上运动。

雪上活动多在坡道上进行，先用徒步登山或乘坐缆车的方法积蓄势能，然后从高处沿坡道滑下，或竞速度，或竞高度，或竞长度，或竞难度，名目繁多，花样百出。人工造雪机器的发明对延长年度的滑雪时间，对滑雪进入室内、推向南方有重要意义。

四

冰雪运动走向大众化是它的发展趋势之一。它的社会容量很大，特别适合学校体育、家庭体育开展，在人口只有 3000 万的加拿大，竟有 100 万人参加冰壶运动，就是证明。为适应它的大众化趋势，如何便利交通、保证安全和降低费用是必须解决的前提性问题。

发展趋势之二是休闲娱乐化。娱乐化是包括奥运会在内的竞技体育的总体发展趋势，冰雪运动也不例外。举家到滑雪度假城市、度假村去休闲娱乐已成为发达国家实现体育休闲的重要方式。而 U 形槽等项目的比赛提高了冬奥会滑雪的观赏性，可见冬运项目娱乐化的一斑。

发展趋势之三是产业化。冰雪运动项目需要巨大的投入，也可预期得到系列性的快速回报，国家只能做示范性的工程，其建设与经营主体要靠产业来完成。要想鼓励更多资本进入冰雪运动领域，必须解决好与土地、环保、园林绿化、规划等现行政策的冲突问题，因此，我们需做顶层设计。

田径运动：来自极限的挑战与诱惑[①]

每当人类面对广阔无垠的宇宙空间和茫茫无际的时间长河，就要叹息自身生命的有限，就要悲叹人类能力的渺小，便要寻找人类自己的枷锁——智力和体力的极限。哲学、数学和宗教有自己的思索，而体育则用人类肢体的努力去求证这些极限，并试图去接近它，达到它。

一、关于极限的一般探讨

（一）极限的哲学含义

极限指空间和时间的没有穷尽，物质的没有穷尽，运动的没有穷尽。也可以指人们在某一领域无法企及的状态。早在2000多年前，中国的古代哲学就十分重视极限的概念，在中国哲学中有"无极""太极"等说法。无极指宇宙最原始的、无形无象的本体状态。太极指派生万物的本原。古希腊罗马哲学也有学者，如阿那克西曼德（Anaximandros）提出了"无限者"的说法，认为"无限者"是一种不生不灭、无穷无尽、无边无际的原始物。说明人类始终在关心着、找寻着宇宙、自然和人本身的起点和终点。体育运动，特别是田径运动所追求的人类身体能力的极限是这种哲学思索的形象的、可以触摸得到的、可以计量的一种反映。

（二）极限的数学含义

极限也被抽象成为数学的概念，这是一种由"无限接近"的思想产生出来的数学概念。同时，极限也是一种方法，它可以用来计算函数的变化量，或在整个分析中用来逼近一个真实量。在田径运动中，无数运动员、教练员恰恰是在做着这样一种"计量"和"逼近"的工作。

[①] 1997年11月在匈牙利布达佩斯举行的国际田径联合会年会上的报告。

(三) 生物学含义

极限，对于生物而言，是一个物种或一个生命体所能承受的最险恶环境（如饥饿、缺水、缺氧、高寒、低温、炎热、失重、疾病）的生命力。在生物进化过程中，人的生理和心理都存在着一种自我保护的意识和能力。人们平时掩藏自己的潜在的各种能力，到突然需要应激的时候，就把他们最大限度地调动出来。人们非常关心那些自己被掩藏起来的潜在能力究竟有多少，就像关心矿山油田的储量，关心深海沉船里的财宝一样，于是就创造了田径运动来计量它、逼近它。人类在竞技体育，包括田径运动中，模拟设置了种种"最恶劣的环境"和障碍，形成种种最恶劣的刺激，使人产生应激反应，调动体内的一切潜力，使人体内的巨大"财富"显现出来。

二、对运动极限的探讨

(一) 运动极限的人类文化学阐释

1. 运动极限的概念

运动极限，指运动成绩发展过程中不可逾越的客观界限。对于人类总体而言，运动极限是确实存在的、客观存在的、绝对存在的，就像人们永远不可能拔着自己的头发离开地面一样，难以逾越。在运动极限即将出现之前，可能出现一段时期的运动障碍，在这一时期运动成绩出现停止不前的状态。在人们难以区分运动极限和运动障碍的时候，常常误把运动障碍认为是已达到的运动极限。在历史上，一些专家常常断言某些运动成绩已达到了极限，然而，刚过不久，新的纪录出现了，使他们非常尴尬。因此，预言运动极限的到来已经成了一件非常谨慎的事情，对田径运动的很多项目，特别是历史较短的女子项目而言，还为时尚早。

2. 运动极限的特征

——运动极限是人类共同追求的目的，它将是人类共同享有的财富。田径运动是世界运动，追求田径运动各个项目的极限是世界各国运动员共同的任务。

——逼近运动极限的过程是寻求运动天才的过程。运动极限的殊荣属于运动天才。运动天才是距离运动极限最近的人群，但是造就运动天才的过程，是堆积一座金字塔的艰难过程，也恰恰是田径运动发展的历史。

——运动极限出现的时代局限性。任何时代的运动员，包括那些当时被称为天才的人们，都是全力以赴的，都是发挥到了极致的。像20世纪30年代的欧文斯，60年代的鲍博·比蒙，90年代的布勃卡，我们甚至不怀疑他们已经接近或达到了运动极限，然而他们的业绩已经或终将要黯然失色。这是时代造成的，就像我们在40年代无法估计到90年代电子计算机的发展，或者是我们今天无法预测下一个世纪人类的智力将发展到什么程度一样。

3. 追求运动极限的文化学含义

如果说体育运动的本原是游戏，其本质是文化，那么，田径运动就是一种严肃的游戏，一种提高生命质量的游戏，一种探求极限的文化，一种以生命的意义作为代价的文化。它的文化学含义在于以下几点。

——追求运动极限有助于我们对生命的理解，即对生命的起源、生命的存在方式和生命的价值的认识。

——追求运动极限是一种人类理想的寄托方式，达到运动极限是一个文化积淀的漫长的过程，而这一积淀和人类的崇高的奥林匹克理想紧密结合在一起。

——追求运动极限，是人认识"人"自己的主动方式。追求运动极限常常是在不同人种、不同文化背景、不同地理环境的运动员之间进行的，每一人种都可以以自己的优势参加这场殊途同归的竞争，这一竞争加深了对人与人的差异的认识，这一认识有助于"全球村"村民的相互了解和团结。

4. 运动极限被不断"突破"的原因

——人类进化的生物自我膨胀规律导致人的形态机能的自然增长。

——世界人口在迅速增加，出现天才的概率也随之增加。

——竞技运动的国际化发展，使更多的国家和民族参与其中，特别是一些经济和社会发展落后、但运动员具有某种天赋地区的介入，改变了人们对运动极限的传统认识。

——运动训练的科学基础正在不断加强，生物学、力学、化学、材料科学、心理学，乃至管理学、社会学的渗透，使人们对运动训练和竞赛规律的认识越来越深刻。

——训练方法手段的更新，是运动极限突破的直接的、重要的原因。

——运动员有了丰厚的经济收入和优裕的生活条件，可以专心致志地从事运动训练，这也是一个不可忽视的因素。

事实上，从1900年至今，世界田径运动的纪录是扩展的，而不是收敛的，大致可以分为三个阶段。

(1) 1900—1937：平均年增长率为0.24%。

（2）1938—1948：由于第二次世界大战的影响，平均年增长率仅为 0.17%。

（3）1949—1992：平均年增长率为 0.45%，是第一阶段的 1.9 倍。

田径运动成绩年增长率的提高，充分说明世界田径尚处在一个年轻的、迅速发展的阶段，而非处于老熟的、停滞的阶段。尽管运动极限在向我们频频招手，但我们还难以搭上这列飘忽不定的列车。即使大部分运动项目都进入运动极限的门槛，聪明的人类总会设计出新的运动极限的表达方式来吸引人们。

5. 运动极限的制约因素

——影响人体运动的物理定律主宰着运动极限，如万有引力。

——影响能量供应的生物化学反应局限着运动极限，如能量合成的速度和质量。

——影响人体器官系统生物结构和机能制约着运动极限。

——人在超常运动状态时的心理活动，如恐惧、疑虑，是人们接近或达到运动极限的大敌。

——人的社会属性，如家庭、家族、民俗、宗教、政治观念、价值观念，都有阻碍追求运动极限的可能性。

三、逼近极限：运动成绩增长

（一）运动成绩的自然增长

运动成绩的增长呈上升趋势，世界男子前十名的绝大多数项目每年以 0.06%～0.38% 的速度，中国前十名以 0.10%～0.84% 的速度递增（见表1）。这种平均增长速度基本反映人类各种基本潜能的提高和发掘速度。

表 1　世界与中国田径运动各项增长速度环比平均增长区间

项目	性别	前十名年平均成绩		第一名年平均成绩	
		世界	中国	世界	中国
田径	男子	0.06%～0.38%	0.10%～0.84%	0.00%～0.34%	0.08%～0.81%
田径	女子	-0.04%～0.36%	0.31%～1.03%	-0.11%～0.29%	0.25%～0.96%

运动成绩自然增长过程是有起伏的。这种起伏，一方面反映了运动训练

随国际重大比赛变化的周期性,一方面也反映出人类在发掘自身潜能时在做各种尝试。各个项目增长区间的差异与这个项目所留空白,即现有成绩与极限成绩的距离大小有关,如男子100米跑的区间较小,而全能项目较大。

(二) 运动成绩的非自然增长

运动成绩的骤然增长,其年增长比率大大超出自然增长速度,常常在3倍以上,有时甚至可以达到十几倍。其定基增长值达到最高点,或次高点,这种情况大多出现在世界第一名和中国第一名的成绩上,在这种情况出现时,就要产生新的纪录,而且非其本人在短期内难以逾越。如田径世界男子100米第一名1987年出现比1978年增长2.44%的高速,5000米1988年增长7.75%,跳高1989年增长4.27%,跳远1991年增长7.57%,三级跳远1985年增长3.04%,铁饼1986年增长4.10%,链球1984年增长7.50%;女子田径世界100米第一名1988年增长4.29%,200米1988年增长3.37%,铁饼1988年增长8.60%。

成绩的非自然增长,是教练员、运动员梦寐以求的一种突变,也是重大国际比赛所期望的新闻热点。成绩的非自然增长,常常出现在若干年的缓慢增长甚至负增长之后。非自然增长维持的时间很短,随之而来的是连续数年的负增长。它是在低谷中出现,又回到低谷的过程。

(三) 运动成绩非自然增长的原因

1. 超常天才人物的出现

能进入世界前十名的运动员都可称得上"天才",而能创造出非自然增长成绩的运动员则是"超常天才"。超常天才运动员的出现,往往带来两种结果,一种是"明星模仿"效应,即大家效法其技术动作,模仿其训练方法,尾随者众,但多数人并不因此而获得成功。另一种是"明星后空白"效应,因明星的不可企及而使一些人望而生畏,从此退出这个项目,于是在一颗明星闪过之后,要留下长时间的空白。朱建华退役后的中国男子跳高一段时期的衰落,就是一个典型。

2. 运动技术的创新和训练方法手段的重大改革

在高科技发展的时代,在日益激烈的国际竞争中,一般性的体力因素投入的调整,很难出现实力表现的非自然增长,在这里智力投入起了决定性的作用。竞技体育是由体力结成果而以智力为灵魂的事业,"增值"发展就来自有关人员的智力劳动。大幅度的增值就需要付出较高的"训练智慧"。由于田径为体能类项目,运动技术中已被凝固的部分较多,因此,训练方法手段的改革就是训练科学化主要的内容。承受运动负荷的研究先于运动疲劳恢复的研究，而对后者的科学研究的重要性越来越为人们所认识，也是当今造成重大突破的因素。

训练方法手段的重大改革和超常天才的出现可能是同步的，也就是说，训练方法手段是发现和制造超常天才人物的前提，而超常天才人物往往是新的训练方法手段的首批成功的实验者。

3. 非法手段的使用

兴奋剂等非法手段的使用，可以使运动成绩出现恶性的增长，但给成绩增长的历史造成长期的紊乱。在国际上对兴奋剂采取严厉的检查措施之前，许多项目都出现过突然的大幅度增长，使人们对竞技体育的公平竞争失去信心，对竞技体育发展规律的认识感到茫然。这些非法手段的事实存在和蔓延，以及无法完全彻底查禁，成了运动成绩增长过程中的一个不可忽视的部分。

四、亚洲田径运动员对人类极限开发的贡献

（一）亚洲田径运动的努力

亚洲田径运动兴起的时间较晚，由于历史条件和社会条件的限制，亚洲的田径运动还处在落后的状态。但是亚洲田径运动员的努力还是功勋卓著的，也曾有一些天才的运动员获得过世界冠军、奥运会冠军，打破过世界纪录，如女子跳高运动员郑凤荣，男子跳高运动员倪志钦、朱建华，女子长跑运动员王军霞。近年来中国田径运动员，特别是女运动员的成绩引起了世人的广泛注意。

（二）亚洲田径运动的差距

农业文明造就了亚洲人的智慧，长期以植物为主的膳食结构，却使东亚人习惯于食用糖、淀粉和植物蛋白，进化的结果形成东亚人特别的肌肉、脏器结构和能量供应系统，影响了东亚人的身材、体重等解剖结构和力量、速度等能力的发展，所以，相当多的田径项目对东亚人是相当不利的，因此，在许多以力量、速度为较量的比赛项目上，东亚人难以与白人和黑人匹敌。这种差距将会持续较长的时间，但是亚洲人可能在耐力、灵敏度项目上为探索"运动极限"做出自己的贡献。

参考文献

[1] 田克数. 人类田径运动能力的极限在哪里?[J]. 山东体育科技,1989(4).
[2] 茅鹏. 当前世界运动水平已经接近极限了吗?[M]//运动训练新思路. 北京:人民体育出版社,1994.

谨慎的迂回：中国发展高尔夫运动之路

高尔夫运动是一项"出口转内销"的运动项目，中国古代确有"捶丸"这项文娱活动，并经丝绸之路传到了西方。高尔夫球运动也可以说是一项"英雄所见略同"的文明活动，东西方在不同时代共同创造了这种草原丘陵文明，只不过东方出现在农业时代，西方兴盛于工业社会。然而，当现代高尔夫球重新传入中国，再次点燃人们对高尔夫球热情的时候，没有想到它受到的欢迎和遭遇的抵制同样强烈。人们对高尔夫球的需要和社会给它提供的环境之间形成了巨大的反差。于是，人们不免要问：

——高尔夫球是否符合中国的国情？
——高尔夫球能给中国社会带来什么？
——高尔夫球在中国的命运如何？

一、目标、效率、儒雅：高尔夫运动的社会符号

任何一项体育活动能够持久地在人类社会存在，总有它一定的价值，表达某种社会意义。比如赛艇运动，表达的是竞争、协作和领导三个基本概念。因此，这个运动项目就被培养社会精英、高级管理者的教育单位认可。于是，就有了剑桥与牛津、哈佛与斯坦福、清华与北大之间的比赛。

高尔夫运动要表达的三个基本概念是目标、效率和儒雅。

它要求力量与准确的高度结合，直接逼近或达成目标，而且要以最低的杆数，也就是最高的效率冲击目标，而在这一全过程中，儒雅的绅士风度和鄙视尔虞我诈的诚信贯彻始终。应该说，高尔夫运动是最符合社会一定阶层的管理者和市场经济的控制者和成功者心态的运动，成为他们钟爱的文化活动。

一般而言，社会的底层人群喜爱博彩性较强的体育娱乐活动，如赌博、彩票等，因为这是他们最可能改变社会地位，获得成功的机会；中产阶级则

喜欢那些靠自己实力获胜的竞技运动项目，如各种球类运动，因为他们在日常工作和生活中就处在这种状态；而社会的上层人士则热衷于谋略类的活动，如桥牌、围棋，因为他们时时刻刻都在动心思，需要这方面的训练。作为一种特殊的社会符号，高尔夫球的社会定位无疑应该是中产以上的社会阶层，因为它兼有竞技与谋略两个特征。而它对自然环境的特殊要求，又成为人们逃避城市生活、回归自然的一种特殊生活方式的选择。

二、游戏、竞技、休闲：高尔夫运动的文化逻辑

高尔夫运动始于民间的、粗放的游戏，属于命中类的玩耍。人类命中类的游戏有多种，有竖立的靶位、球门、立柱，有空中的飞碟、篮筐，也有水平的圈、线和洞穴；靶物可以是静止的，也可以是移动的；可以是徒手抛物的，也可以是使用器具的，如弓箭、枪支或杖杆。高尔夫球就是其中的一类。

市场经济把社会的一切都规范化和标准化了，以便于流通。它对人类的体育活动、娱乐活动也不放过，于是到了近代，高尔夫球也就从一种民间游戏上升为有严格规则和程序的竞技活动，其场地、设施、器材、服装、礼仪、举止都有了精细的成文或不成文的规定。在经济全球化、文化趋同化的今天，它最终演化成一种世界性的竞技活动。

还必须说明的是，高尔夫运动具有成瘾性，这是因为它对参与者的技术有着永无止境的、精雕细刻的要求，这使得这项运动的胜负具有较高的必然概率；同时，它也容忍了适度的偶然性，成为可以竞技比赛的项目，具有一定观赏性的活动。

三、平民、贵族、回归平民：高尔夫运动的社会轨迹

无论是东方的捶丸，还是西方的高尔夫，都始于民间，是社会底层的体力劳动者自发形成的、粗放的游戏。知识分子的介入，为它注入文化内涵，使之上升为高级文明。高尔夫运动一度成为贵族文化的标志，高尔夫球场成为社会上层人士聚会的场所。

当高尔夫进入竞技运动的高级发展阶段，分化成两支，一支向精英化、选手化的方向挺进，由于得到高额的经济支撑，高尔夫的职业化率先展开。而另一支转为高雅的休闲方式，这是因为在20世纪后20年世界进入休闲时代，而高尔夫球运动的成本又不断下降，高尔夫球运动成为社会支配余暇时间最好的方式之一，于是越来越多的人进入高尔夫的行列中来，有的为了健

身，有的为了娱乐，有的出于好奇，有的出于享受。高尔夫球运动就这样经历了从平民中产生，升格为贵族化享受，又最终回落到大众普及型运动的过程。这一过程的推进速度与经济和社会发展的进程直接有关。在西方这一过程大约延续了数百年的历史，其中也经历过民间的流行与王室的禁止之间的种种较量。

在我国，这一过程正在浓缩。从贵族化的享受"软化"成大众的休闲活动的过程，还缺乏足够的时间积累和文化积淀。由于中国高尔夫球运动发展与世界发达国家的"时间差"，又由于中国自身发展的不平衡性，这一浓缩过程变得十分微妙，十分扎眼，甚至成为一种标志，用它来注释"贪大求洋""经济过热""脱离中国实际"等等。

四、一只难以在中国落地的高尔夫球

在中国，发展高尔夫运动的难度除了上述的文化原因外，还确有其现实的社会原因。

——占用耕地是中国经济最敏感的问题。因为中国的发展空间相对于人口而言十分狭窄。改革开放二十余年，两次"圈地运动"，大量占用土地，粮食危机暴露出来，保护耕地已经成为社会共识。而对"圈地运动"的批判，最有说服力、最少社会争议的就是对高尔夫球场的指责。因其占地辽阔，因其非物质生产，因其服务对象面的狭窄，高尔夫球沦为众矢之的。

——贫富差距是中国社会发展遭遇的棘手问题之一。中国历来是一个不患贫而患不均的国家。当大量农民离开土地踏上拥挤的火车进城打工的时候，一部分富人开着私家车到郊野去娱乐休闲，其反差之大，足以成为贫富差距的社会标志，在社会出现动荡的时候，更足以成为一种口实，酿成事端。

于是，中国的政治毫不犹豫地选择了对高尔夫球的抵制。

除此之外，不同文化类型的冲突对高尔夫球产生的偏见，意识形态的差异对高消费生活方式的抵触，社会腐败的铲除对高尔夫的怪罪，都对高尔夫球在中国的落地形成离心力，让它不得不悬在空中飘荡。

五、高尔夫球必会在中国落地

然而，中国对高尔夫运动的需求正在不断增长，这是一个客观的现实。增长的根本原因是有两点。

——中国经济的飞速发展。改革开放以来，我国的GDP一直以7%以上的速度增长，1979 年为 4038.2 亿元，1992 年快速攀升至 26638.1 亿元，2001 年更是首次突破 9 万亿元大关，2003 年已经达到 11 万亿元。

经济发展的一个直接结果是社会的中间阶层迅速形成和扩大。他们是这样的一个社会地位分层群体：以从事脑力劳动为主，靠工资与薪金生存，具有谋取一份较高收入、较好工作环境及条件的职业就业能力及相应的家庭消费能力，有一定的闲暇生活质量；对其劳动、工作对象拥有一定的支配权；具有公民、公德意识及相应修养。这个群体目前大约已有 3000 余万人，而且还在迅速扩大。他们的社会品行对高尔夫球有着一种天然的亲和力。

经济迅速发展使大量外来资本涌入，投资环境的改善成为一种文化需要。因此，在境外投资商密集的地区，兴修高尔夫球场就有了直接的理由。

——中国体育产业的迅速发展，1997 年体育产业的增加值为 156.37 亿元，1998 年为 183.56 亿元。按这一趋势，到 2010 年体育产业的产值可望达到 281.2 亿元，占 GDP 的比重可望从 1998 的 0.2% 增至 0.3%。

而在体育产业中，高尔夫产业的地位越来越为人们重视。高尔夫产业除了直接消费外，还带动了一系列相关的行业，如制造业、旅游业、房地产业、通信交通业、餐饮业、休闲教育业等。高尔夫球场对吸纳就业人口也有一定的作用。

除此以外，下列原因也在推动着高尔夫球运动的发展。

——社会多元文化形态的形成；

——外来文化的冲击；

——城乡居民消费观念的变化；

——高尔夫球自身文化魅力的诱惑。

六、高尔夫运动可以在中国"软着陆"

高尔夫运动在中国着陆需要慎之又慎，不能操之过急而授人以柄；需要有足够的耐性和毅力，迂回而行，要遵循以下原则。

1. 地域选择的政策性

由于国家土地政策的限制，在我国发展高尔夫球运动必须实事求是地规划使用丘陵荒地。不宜在湘、鄂、赣、皖、川、黔等人口密度大的农业大省发展，也不宜在北方高寒地区发展，因为中国目前的越冬种草技术还不过关。目前适宜发展的地区基本上是靠近北回归线的、开放程度较高、经济环境较好、交通条件便利的市县边界地区。其标准场、练习场、游戏场可根据实际需求合理分布。

为了防止一些地下高尔夫球场败坏这项运动的名声，有关体育行政部门要迅速实行标准化管理，取缔那些非法的经营单位，特别是要禁止那些违反国家土地法律开发的假高尔夫球场招摇撞骗。

2. 社会人群定位的准确性

要将我国高尔夫运动参与人群基本定位在社会的中间阶层，采取各种办法来吸引他们参与，在不断扩大队伍的基础上，降低经营成本和价格，大约经过 20 年或更多的时间实现其平民化。

3. 进行高尔夫文化教育的重要性

要抓紧培养高尔夫人才，要开设高尔夫学院，体育院校有条件的社会体育系和运动与休闲学系可开设高尔夫专业或方向。要在社会上普及高尔夫球知识，增加高尔夫球比赛电视转播的时间，出版有关高尔夫球的书籍、杂志。

4. 培育高尔夫产业的紧迫性

加入 WTO 后，国际高尔夫行业正在中国长驱直入，我们一定要尽快制定该行业的产业规划和政策，首先要在体育产品的制造业中，加紧高尔夫器具的研制和生产，创出中国自己的名牌产品，占领大众市场。

5. 推广方法的合理性

运动竞赛是推广高尔夫项目的主要方法。一定要注意高尔夫比赛的多层次性，一方面要举行高水平的、职业化的竞技比赛，以应对国际比赛选拔人才的需要；同时也可以吸引社会注意力，改变社会对高尔夫的偏见，为普及高尔夫球运动提供示范；另一方面也可以组织一些高尔夫球爱好者的普及型竞赛活动，这些竞赛可以采取经营性的方式组织。要发展高尔夫的自组织，成立各种社团，使它健康地向民间发展。可以适当地搞一些国际邀请赛、表演赛，提升和扩大中国在国际高尔夫球运动中的地位和影响。

结 语

任何具有文明价值的社会文化活动总会遵循繁荣发展的规律，不断扩大影响范围，不断衍生新的文化形态。作为一种高尚的、综合性的文明丛体，高尔夫运动必然会在条件成熟的时候发展繁荣起来。在中国，高尔夫球虽然要比"标准杆"多很多杆，才会最终登陆"果岭"，但只要承认客观现实，相信中国社会的发展前景，采取稳妥措施，回避矛盾冲突，不急不躁，终究会迎来高尔夫球在全面实现小康社会的中国"软着陆"。

无遮无拦　百发百中

——观摩少林寺无遮大会禅弓比赛散记

　　入夏，接到一封来函，沉甸甸的，打开一看，原来是嵩山少林寺方丈释永信签发的一份邀请函，邀我去少林寺观摩无遮大会的禅弓比赛，"共襄盛事，同沾法喜"。邀请函设计得十分精美雅致，足见寺院办事的细致精巧以及僧人对来客的敬重谦和。少林寺武功大多为拳脚棍棒，从未听说有弓箭一族，何以此时在无遮大会平添了弓箭比试？何以定名为"禅弓"？又如何赛法？我心中有种种疑问，确实要去嵩山探个究竟。

　　在北京西站嘈杂的候车厅遇到了徐开才、李淑兰夫妇，他们将与我同车赶往河南登封。我与徐先生在三十多年前有过一段交往，那时我研究生毕业留校不久，教研室派我去广西武鸣国家射箭队训练基地上函授课，讲授体育概论。徐先生时任国家队教练，李淑兰还是运动员，听我讲课的就是国家队的全体人员。当时徐先生正准备编写射箭运动训练大纲和教材，我的授课内容正合他的胃口，我们常常在课上课下开展交流。课余时间我就到训练场观看他们的训练。射箭训练十分枯燥，运动员一天到头重复同一个动作，举弓搭箭放下，举弓搭箭放下，一天要做数千次之多，每个动作要做到一步到位，时空把握恰到好处，不达到绝对的"动力定型"誓不罢休。这群人每天默默无语、静静操练，七八个小时始终如一，养成了内向少语的性格。我暗想，这件事我是做不成的，因为我常常心猿意马，"一心以为有鸿鹄将至，思援弓缴而射之"，想修炼成运动员恐怕只有等来世了。我由此得知，射箭是一项最磨炼意志品质的运动，可望而不可及，很是敬畏。

　　8月的中原热得焦沙烂石，嵩山虽林壑优美，云蒸霞蔚，但雨后的湿热还是十分难耐。无遮大会的无声号召引来了五万多人上山观赏，使得原本只能听到鸟啭蝉鸣的幽静山林顿时热闹了起来，大大增加了山寺的热度。

　　到少林寺的当晚，参加了传灯祈福法会，这是一场祈求世界和平的灯会，参与的数千人中还有不远万里而来的外国香客，有男有女，有白有黑，大多身披灰色袈裟，显然比善男信女更显虔诚和庄重。每个人手捧一盏莲花宝灯尾随僧人，开始了漫长的走灯，这是一次密集的蛇形运动，我们在山门外的松林里折来折去，在漆黑的夜里深一脚浅一脚走了近30个来回，大约要走4000余步。平生第一次参与如此宏大隆重的宗教仪式，我将它视为一次朝觐。

"禅弓"比赛在少林寺外的一块不大的田地进行。田地在山坳里，庄稼刚刚收割完毕，土地还是松软的，连日的山雨，让靶场变得泥泞不堪，运动员与裁判员难以拔步。工作人员提出到山下的学校里去更换一块更宽敞、更适宜比赛的场地，释永信坚决不同意调换，要求比赛必须守在少林寺里。这或许就是一种常人不能理解的信念：既然是禅弓，就绝不能让它远离释迦牟尼佛；既然少林寺认可了射箭，就让它一开始便把种子撒在少林寺的田亩上。

比赛那天放晴了。总裁判一声令下，禅弓比赛立刻拉开阵势。运动员来自全国各地，绝大部分出自民间射箭组织。他们个个体格强壮，皮肤黢黑。少数民族运动员身穿本民族服装，证明了射箭本就是一种多民族共通的文化。

裁判工作尽由世界冠军、全国冠军等风云人物承担，总裁判孟凡爱曾13次打破全国纪录，1978、1979年两次打破世界纪录。恐怕规模再大、级别再高的国际比赛也难寻这样一支高水平裁判队伍。他们从国际现代射箭运动的尖端队伍中转来，以极大的热情投入到推广、传播中国民族传统射箭运动之中，这是很值得研究的文化现象。由于他们严谨的工作作风，比赛有条不紊地推进，竟无一点差池与争议。第二天骄阳似火，在炎炎烈日下持续赛了7个小时，完成全部赛程。

比赛基本沿用国际现代射箭比赛的规则，而比赛所用弓箭皆为传统器具，这两样反差巨大的事物融为一体，使射箭运动蜕变出一种新的形态。这种形态不仅有利于古老射箭运动的当代复兴与民间推广，而且使各个民族的射箭运动在国际交流时有了共享的语言系统。

中国民族传统射箭在20世纪50年代后式微，在"文革"中灭绝，后来被逐出国家体育管理的视野，基本被国际现代射箭取代。80年代后实行"奥运战略"后，民族传统射箭被打入冷宫，由它自生自灭。

传统射箭器械是木、竹、羽、角、皮、革等的手工制品，是农牧社会必不可少的猎具和武器。而现代国际比赛使用的弓箭，是工业社会的产物，具有高科技含量，它的每一细微结构和材质都是严格科学实验的结果，并做到绝对的标准化，以求比赛的公平公正，因此它的造价极其昂贵，市场价格是前者的数百倍。于是这项运动就被市场管束了起来，变得贵族化、小众化，多数人成了看客。然而，根植在民间的弓、弦与箭是有生命力的，它已顽强地生存了上万年，当下一种新的比赛形态赋予了它更博大、更滋润的发展空间。短短几年的时间，参加射箭活动的人数已达20余万，相信未来还会迎来井喷式的发展。

早在19世纪中叶，恩格斯就说过："弓、弦、箭已经是很复杂的工具，发明这些工具需要有长期积累的经验和较发达的智力。"今天再次看到弓箭手与他们肩上披挂的竹弓和箭囊，仿佛又让人回到人类的初始，还原了质朴，享受到美感，意识到文明起点的崇高与威严。

每一个运动项目都隐含着某些文化符号的意义。射箭的第一文化符号是"达远"。冷兵器时代的各种活动以肌肉提供的能量为主，利用物体的弹性贮存能量再集中发射是人们能"达远"的唯一手段。徒手和手持兵刃都难以达远，发明了弓箭，就可以在可视的范围内加大杀伤力、传递信息、传播火种。当弓箭方阵万箭齐发时，箭镞呼啸而来，其威慑恫吓之势可让敌兵破胆、马匹慌乱。

第二文化符号是"精准"。"有的放矢"是射箭的要害，精准放矢是射箭效率的体现。"百步穿杨"是极高的追求，即使是被"草船借箭"也要把箭精准地射到诸葛亮船上扎的草人身上。

第三文化符号是"力道"。物理学的力与势能都是矢量，不仅有大小而且有方向。射箭动作就是先完满地集中储存能量于弓弦上，再按既定的方向与轨迹由箭释放出去的过程，所以我称它为"力道"。仔细想来，力道、精准与达远不正是人类做成事业、求得发展所追求的品行与秉性，也是每个人修炼要达到的一种境界吗？

射箭活动与其他很多体育活动不同，它的动作过程中有一聚精会神的时段。只有当射手心无旁骛时才能调集膂力，在无感觉中平静撒放。李淑兰对青年运动员说："拉满弓后，要有三秒钟的停顿，要等完全安静下来再放箭。"她从1963年至1966年曾先后17次，共打破8项射箭世界纪录，4次获国家体委颁发的国家体育运动荣誉奖章。她这"三秒钟"论说不仅是她对射箭技术的提炼，也是她人生经验的总结。我称它为"哲学的三秒钟"。在这是否能够命中靶心即得出成败判断的短暂一刻里，哲学观念、宗教意识、人生感悟，都可以一闪而过，也可能成为价值取向。就是因为这个理由，在射箭活动里留下了那么多的成语、掌故、寓言、故事和哲学宏论。这或许也就是少林寺引入射箭，并将它纳入少林武功、少林禅宗的缘起。

听徐开才先生谈论射箭实在是一种享受，他是中国当代射箭运动的"活字典"。他年少时就投身射箭，60余年为中国射箭蹈厉奋发，砥砺琢磨，直到担当国家射箭队总教练。20世纪50年代这位山东大汉被运动队分配去搞射箭时，还不知道运动队需设教练员一职，他被委派当了射箭队队长。直到今天，运动员们还是称他为"队长"，不知算是尊称，还是绰号。他退休后，一心扑在中国传统射箭事业上。20多年来，中国传统射箭在全国范围迅速发展起来，民间的射箭俱乐部遍地开花，尤其让人兴奋的是，许多大学都开设了射箭课，他为大学编了射箭教材，他到处去讲学，开展比赛活动。说到传统射箭，他如数家珍，眼睛放光。

我问他中韩两国射箭水平的差距究竟有多大时，徐先生沉重地回答，两国之间差距是"术"与"道"之间的差别，"进入道，才会有信仰，才会有禁忌。我们虽也讲道，但只是学了一点道里面的术，比如礼节，而不是内在的精神"。他说这段话的潜台词是，万事只要太求功利，一定不会有好结果。

后来谈到中国现代射箭上不去的问题，他语出惊人：现代射箭上不去的原因就是不重视中国传统射箭。传统射箭便于大家参与，搞不好传统射箭便丧失了群众基础。开才先生当了一辈子国家队教练，此话绝非虚言，这也是他退休后致力于发展传统射箭的原因。他对中国射箭运动的前途不无忧虑，民众对民族传统射箭热情如此之高，但权力部门、传统传媒视而不见，只知道抓奥运金牌。

少林寺无遮大会是以禅弓的颁奖仪式作为闭幕高潮的，足见少林寺已将禅弓放在了一个至高的位置。由8位年轻僧人组成的少林寺射箭队在此次团体与个人比赛中都取得了优秀的成绩，上台领奖。半年前他们曾到广州的一个弓箭俱乐部进行培训，他们的刻苦训练，收获了成果，为少林禅弓完成了一个良好的开局。当他们接过奖杯时，释永信会心地笑了。中国民族传统射箭定会在少林这片沃土上大放异彩。

武术传承的嬗变与书院文化的勃兴

当代中国武术存在许多急需解决的问题,因为它同时深陷于世界文化与民族文化之间、传统文化与时代文化两组矛盾之中。

第一组矛盾的实质是武术应以什么样的面目落脚,如何传播于国际环境。这其中,武术能否进入奥运会,以什么形式进入奥运会,只是这个问题的一个局部。迫于时代的格局,很长时间里我们将这一局部取舍夸张为整体是非,因此,大大缩小了武术的内涵,甚至不惜削足适履,阉割掉武术的命脉。

第二组矛盾的实质是武术应以什么样的方式延续生命。当然,解决这个问题的前提是要把武术中最优质的基因提取出来,然后再考虑什么是最适宜的方式,如何传承才最适合。

其实这二者是相互依存的:没有优质的基因,再好的传承方式,可能得到的也只是一具怪胎;而没有良好的孕育方式,再好的基因也可能胎死腹中或者夭折。

由于笔者对武术孤陋寡闻,不敢在武术基因的前提性问题上置喙。今天仅就书院文化传承武术的初步尝试,谈一点肤浅的看法。

一、武术传承的嬗变

武术这个古老词汇的广泛使用,始于清中后期侠义小说的兴起,而其官方认可则仅仅是近几十年的事情。以徒手运动为主导的武艺形式,自明代中后期开始,就伴随着军事科技的发展与战争格局的变化而进入民间传承,成为戚继光笔下"活动手足,惯勤肢体"的操练行为,是"初学入门"且"无预于大战"的技术类型,可归入今天所谓的体能训练。

然而,这些以打斗为假想,具有一定搏击功能,但同时以自我审美与体格展示为重要目的的身体练习,在民间蕴涵着巨大的生命力,它既可以成为谋生职业，也可以作为兴趣特长；它既能强身健体，也可伤人取命。在中国这个地域广阔的农耕大国，应时取宜的文化格局与国民属性为武术的发展提供了巨大的空间，使其在严苛的文化专制主义时代变成社会流行文化的重要填充材料。

它以所谓"拳套儿"的形式广泛存在、传承于大江南北，以一种毫无定序的散漫形态满足着各色人等有关健康、信仰、威慑、自省、生存、审美等的不同需求。无论是街头、把式房、镖局，还是大户人家、宗教场所、村落庭院都可以找到它传承的踪影，走南闯北的拳棒手们，以口传身授的形式，夯实了民间武术的基础。

这其中，善思勤作的少数，则不断积累、凝练自己的思想与方法，或以师徒的形式传递延续，或以家族的形式逐代赓延，久而久之形成了今天大家耳熟能详的几乎大部分武术拳种。至此，武术在主体上已成为一种彻头彻尾的草根文化。这一草根文化以传说与演义作为武术传承的思想纽带，为求生存与发展，不得不托古附会，甚至装神弄鬼。虽然看似有百花齐放，门派林立的繁荣，却摆脱不了摊得开、收不拢的尴尬局面，难以被现代社会接受，以致不断走向自我边缘化的处境，最终以19世纪末20世纪初的义和团运动的兴衰，将自己推至时代进步的完全对立面，陷入历史低谷。

清末民初的社会改良运动，为武术的再生提供了喘息的空间。马良等人参照德式兵操的编排与练习方法，对武术进行了一次改良尝试，试图删繁就简，推陈出新，以便于传承。但这终究是"中体西用"的产物，并未整体打破武术以演代练、以练仿打的核心症结。不可否认，马良的做法开启了后来张之江"国术"的先河，被视为近代中国武术主动走向体育化的起点。

而与武艺、武术相较，张之江的"国术"概念产生最晚。国术概念与体系的初成，在中国现代化过程中，无疑是传统身体文化现代化最为重要的成果。它以两次"国考"——两届民国全运会国术项目群为代表的国术竞技体育化实验，使中国民族体育从项目结构与竞赛体制上发生了质变。

就传承方式而言，中央国术馆向国立国术体育专科学校的转变，完成了本土体育与现代竞技运动在制度与思想上的接轨。令人扼腕的是，这样一个容纳有多元因素并富有试验精神的成果，在新中国并未获得系统延续。新中国的武术因其发展需求而选择了折返至以套路演练与以评比为主导的形式上来。

竞技武术的发展有其特殊的历史背景，经由戏曲与舞蹈取材整理而来的训练内容与以"精、气、神"为核心价值观的表现形式，大大强化了民间武术套路的表演性与观赏性。由体操等其他技巧类项目取材而来的训练体系，则第一次将武术的训练带入现代体育的范畴。

然而，其着重于演的价值定位与官办主导的发展模式，却并未将其推向全新的高度。举国体制之下，武术虽贵为全运会项目，却至今不得奥委会的认同，竞技武术与民间武术之间睽隔日深。

新时代的武术既不能引领武术的整体发展，又不受西方竞技运动主流的待见，民间武术更是散漫无规，甚至乌烟瘴气，百余年前曾有过的各种丑态，今下尽现。几次尝试进入中小学体育教育均无疾而终，局面尴尬。此情此景，与100年前如出一辙。

改革开放以来，武术的传承方式出现了多元化的局面。师徒传授的方式不再受到质疑；城市晨晚练点成为以太极运动为主的集体习练、健身场所；民间武术社团得到鼓励；武术学校遍地开花，在一些有武术传统的地方，武校办学规模日益扩大；以武术院的名义代行政府职责，研究制定了有关发展武术的规则与制度。

进入市场经济时代后，武术成为体育产业率先获得成就的运动项目，各地的武馆、俱乐部以空前的规模兴起，武术人口数量空前巨大。同时，由于经济效益的刺激，早已绝迹的沉渣泛起，糟粕横行，各种散打搏击比赛充斥电视媒体与网络媒体，异常血腥。

二、书院文化简述

就在人们开始忧虑武术走向低俗，需要相判云泥，甚至担心武术会被不良社会团伙利用给社会造成危害时，一种新的武术传承方式开始出现，这就是书院。它给武术带来了一股新鲜的气息，它是知识分子进入当代武术领域的结果，标志着文人武术时代的开端，也是武术传承走进现代社会的一种可喜的尝试。

书院是中国传统的私塾制度的延续，是在科举制度下为社会培养中高级人才的一种特有的民间教育机构。中国曾有"四大书院"的说法，即河南商丘应天书院、湖南长沙岳麓书院、江西九江白鹿洞书院、河南登封嵩阳书院。此外，全国各地都分布着不同类型与规模不等的大小书院，每家书院都有一名主讲的老师，各地学子竞相投靠，甚至形成学派。

书院的产生意义重大。它不仅起到了弥补官学不足的作用，而且由于书院提倡自由讲学，注重讨论式教学，学术风气浓厚，开辟了新的学风，成为推动教育和学术发展的重要动力。书院在发掘优秀人才、促进社会人才流动、实现文化交流等方面也起到了不可替代的作用。不难看出，书院的民间性与武术的世俗性之间存在着天然的文化血脉联系。

为了实现通识教育与专才教育相结合，使学生达到均衡发展的目标，近年来，一些高校开始实施书院制教育，成为中国大学教育改革的一种积极探索和有效尝试。大学生白天进课堂，课余进书院，白天数理化，晚上文史哲，围绕立德树人，拓展学术及文化活动，促进学生文理渗透、专业互补，在传授专业知识的同时，将中国传统文化精神融入自然科学和工程技术学科之中。

三、健公书院传承武术案例剖析

本文要讨论的是不同于上述附属于官办教育机构的书院，而是由社会创办的独立于世的教育机构——民间书院。本文将以存世三年并不断壮大的广州健公书院作为案例进行剖析解读。

（一）健公书院简介

健公书院是一所致力于中国传统身体文化挖掘与继承、整理和开发的产、学、研一体化的机构。取义于"天行健，君子以自强不息"及"大道之行也，天下为公"的"健""公"二字，彰显对"自强"与"大道"的中华民族的文化追求的崇尚，不断激励自己要絜静精微，恭俭庄敬，方可自强以成君子，成君子而行大道。

健公书院与其他书院相较，最突出的特点是，它是一所致力于通过身体练习来直接感受中国传统文化，寓教于动，倡导允文允武的教育模式的新式书院，一改寻常书院就是教授八股文、教人读经的呆板印象。

（二）书院承担武术传承需具备的基本条件

并非任何一家书院都可以将武术列入书院的教学活动，进行传承武术需要有人、财、物的基本条件，更需要有创新的办学理念与对武术全神贯注的热情。

首先，需要有对应的专业技术人员，教授对应的武术技术与知识内容。这些专业技术人员的专业水平非常关键。书院主张武术技术内容的主导性要适当大于知识内容。书院的基本教学认知是身体力行，知行合一，通过身体练习的感受来产生对传统文化的共鸣。因此，教学人员除需具备相应的技术和知识储备以外，更加需要对传统文化有情怀、有责任感。健公书院目前的武术教学与其他传统文化教学以马明达教授为主导，马廉祯教授为辅助，由华南师大、广州体院、暨南大学、韶关学院等众多学校的老师与在读研究生为骨干。

其次，需要一定场地，便于对应运动项目的开展。健公书院有一块室内面积达120平方米的练习场地，以及一块宽度30米、长度140米的户外射箭场地。如果仅是传统武术，则场地要求并不算很高；如果还要开展射箭项目，则需要纵深至少达到70米的场地。室内外均可。

再次，健公书院较好地解决了发展资金问题。最初的发展得到了社会资本的介入，经过两年的努力，目前已可以正常运转，略有盈余。其中包括日常教学与产品销售是维持日常的重要经济来源。除此以外，书院还承接大型活动组织、赛事策划与执行、对应文化项目的包装与开发等。

第四，书院的教学内容的选择与标准化是形成科学教学与可持续教学的基本要求。健公书院目前选择以马氏通备武艺、短兵、射箭为主体教学内容。其中，武术套路用以解决发展身体素质，树立正确的传统文化审美意识等；短兵与射箭则通过具体竞赛技能的发展来帮助学员进一步体验丰富多彩的传统身体文化。

第五，要确立诸如"公平、公开、公正"的普世价值观。书院强调中国传统文化与世界文化之间的相似性与可交流性，而不再仅是强调中国文化的特殊性与唯一性。这种新的传统文化的视角，有利于帮助学员树立新的传统文化观，有利于培养出具有国际视野的中国传统文化爱好者与追随者。

事实证明，这种理念打破了以往民间武术故作神秘，学习流于清谈，形式大于内涵，或者流于江湖、缺乏合理竞争的草根状态，成为传承武术文化的最佳形式之一。凡具备正确价值观与明确历史源流的武术门类、传统身体练习方式，如摔跤、射箭、短兵、鞬球等均可在书院开展。身体练习是途径，传承可终身受益的生活态度，传达正确的价值观与人生观是书院教育的根本目的。

（三）健公书院承担武术传承的优势

与传统的大、中、小学教育相比，书院具有业余自愿的性质，利用学生课余、节假日与寒暑假进行，克服了学校书本教育、工厂化课堂教育的种种弊端，回避了武术教育与现代运动教育的冲突，也躲过了应试教育的繁重压力，充分满足了学员对武术的兴趣爱好。这种强调身体练习与以思考为主导的教育，诱发了学员的良性思维，形成了学员正确的学习习惯与学习态度，从而也满足了家庭对子女未来的期望，因而得到了社会的广泛好评。

健公书院倡导"文武结合，古今结合，中西结合，练打结合"的教学思路与教学方法。其核心理念是主张学员达致"文通武备"的境界，这也是中华传统文化语境下追求"全人"人格教育的经典表述，具备突出的本土文化特征并能充分地体现中华文化与当今世界多元文化局面下广泛的普适性及强大的生命力。

这其中最为关键的概念是所谓"智、仁、义、勇、行"这几个概念，也就是书院教育培养的五个侧重点。在具体设计时再细化为五个核心词。即修身、爱施、取予、耻辱与立名，最终引申出道德，这是书院最终欲达的层面。

健公书院的创立，一改原本书院以知识性教学、以科研为主导内容的传统形象，转而将自身塑造为一个以身体文化传播与经营为特色的融产、学、研为一体的经营性社会实体。业务范畴延伸至包括青少年教育产品开发、国术项目开发与运营、传统武术相关文化产品规划与执行等多个方面。

三年来，健公书院已完成了以下的几项工作，实现了与社会的高度融合。

（1）创建正羽射圃。这是一所集传统射艺修习、射艺培训、射艺比赛、国学讲习、传统弓箭器材与配件销售等为一体的国学射艺会馆。正，取义自《汉书·董仲舒传》"正其谊不谋其利，明其道不计其功"，寓意射艺首在端正态度，立德正己。

（2）举办健公国术比赛。这是当代首个尝试将不同国术项目进行综合运营的民办赛事，以中国传统射艺与中国短兵等项目为主导，旨在聚拢民间爱好者热情，探索真正植根于民间，有社会体育性质的中国传统体育竞赛模式。目前已举办了四届，参与人数逐届增加，社会影响逐步扩大，已引起海内外平面媒体、网络媒体的广泛关注。

（3）编创"岑村戒瘾十二势"。这是书院顺应时代所需，急公安部门之所急，遵循"调息、调形、调心"的练习原则，重新编排整理而成的一套辅助祛瘾养生的身心练习法。以气息吐纳为引导，将传统导引、经络养生等内容，融合现代体能与素质训练，符合人体运动习惯，起到明显的强身健体、去瘾重生的作用。该十二势已在广东戒毒所推行，目前已获作品登记证书。

（4）创立少林禅弓。2017年，少林寺继"禅武"后推出的一项既体现中国传统文化，又贴近现代生活方式，符合社会发展大方针的融礼仪性、观赏性、竞赛性于一体的综合性弓箭文化活动。书院在创建该项活动中起到了主导作用。少林禅弓在定位上与"禅武"等同，都是通过技艺的研习而达到"求法"的目的，在完善技艺的过程中磨炼自己的品格，体会"法"的内涵与意义。

（5）举办客家功夫展。该展览以三维多媒体技术，剖析传统武术精粹，把传统武术与现代科技相结合，让参观者了解客家功夫的过去，并探索未来发展方向。

（6）建立了全球首创的"香港武术活态数据库"。

结　语

为了谋求书院长期稳定的发展，健公书院正在做"标准化"的努力，如果这一从满足视觉感受到设计经营模式，从教育内容改革到价值观标准化的研究成果能够得到社会的认可，那么，健公书院这一办学形式就有可能在其他适宜的地区得到复制。

当然，我们更希望有越来越多的武术界同道与我们在这个问题上有更多的文化交流。我们希望听到不同的声音，让我们共同创造出更加完善、更加有效的文化形态，让武术的传承传播更顺畅，更高效，让中国武术的未来更繁荣、更辉煌。

中国体育运动的文化特征与人的现代化[1]

在中国，体育运动既是一个古老的主题，又是一个充满生机与矛盾的现实。中国早在三千年前就有了关于体育的文字记载，并在源远流长的文化传统中发展了民族体育价值观念、功能结构和方法手段。今天，体育运动面临现代运动的挑战，它深情地回忆着传统体育的过去，又义无反顾地瞻望着现代体育的未来，它急切地探寻着与世界沟通的共同语言，又审慎地发展民族个性，使它纳入中国现代化建设的轨道。

一、中国体育运动的文化特征

文化是人类认识世界、改造世界、适应环境的产物。由于每一个民族所处的环境不同，社会历史条件不同，基本生产方式不同，各种文化特质也就千差万别。中国古代文明起源于黄河流域，是典型的大陆民族文化，它的发展具有以个体农业经济为基础，以宗法家庭为背景，以儒家思想为核心的中国古代文化个性。这就形成了中华民族自然质朴、绵延世泽、眷恋乡土、理解感情、尚人伦、尊祖先、重道德、崇礼教的民族品格和精神。这种文化特质渗透到中国体育运动发展的历史中，就形成中国体育运动特殊的品格和气质。

任何民族的文化都有进步的和没落的两部分。在我们搞社会主义现代化时必须发展属于文化现象的体育运动，这就要求我们仔细地分析和鉴别文化传统中的这两个组成部分。我们用体育运动这条纽带，将传统和现实，以至未来连接起来，从一个侧面探讨人和社会前进的方式。

---

[1] 原载《体育科学》1987年第1期。

（一）中国健身、养生活动的民族文化个性

1. 中国古代的生命观

生命的产生和终止，引起了古代人对生命存在的哲学思考。早在公元前16世纪的殷代，中国的哲人就开始了对生命和身体运动的研究。在殷代的思想里，充满了对自身健康的祈望，表达了对病痛命蹇的焦虑和不安。为了追求长寿、避免早夭，先哲们对生命本质进行了探索，认为人是由"气"凝聚而成的，"气"是人体的生命物质。虽然古人对"气"的理解是模糊的，却是十分可贵的。

由于活跃气血理论的发展，必须导出对体育价值的理解并形成中国古代特有的卫生保健的体育运动方式，被称作养生。古代运动养生的主要手段是导引、行气，以及五禽戏、易筋经、八段锦、小劳术，各种保健功和太极拳等。这些都是通过姿态调节、呼吸锻炼、身心松弛、意念的集中和运用，有节律的运动等练习方法，用以调节和增强人体各部分的机能，诱导和启发人体内在的潜力，以达到防治疾病、延年益寿的目的。

2. 中国古代的运动观

古代生命观的推演，必然产生有关身体运动的理论和实践。中国古代健身、养生活动，受到中国传统文化的影响，在思想上主张动静结合，神形兼顾，内外俱练，刚柔相济，强调意、气、体一致，注重"气"在经络系统中的运动，以达到防治疾病的作用。

而在活动方式上，又具有如下特点。

（1）多模仿动物动作（如五禽戏、大雁功等），这一特点与中国传统文化中善于直观的思维方式有密切的关系。

（2）多非自然性动作。这类动作发生于人体经常不活动或少活动的机体部位，向关节很少活动的方向和平时难以达到的活动幅度进行运动，或者取一些人体正常姿势相悖的姿态动作。这个特点反映出人们对长期从事农业劳动的单调动作的厌倦，是一种反映逆反心理的行为动作，是调节身心活动的需要。

（3）多圆形、球形和环形的向心式运动（如太极拳、八卦掌等）。这种运动多受中国道家思想的影响，反映了大陆民族内向的文化性格。

（4）动作徐缓，运动负荷强度不大。东方农业社会节奏缓慢、无限广延的时间概念，加上儒道的"体验""反省"，佛家的"面壁""顿悟"，"规在虚静"的静态时空观，影响了中国导引术的亚节奏型的活动方式。

（5）有严格的律己要求。中国古代的健身活动，受到一整套宗法观念

和政治伦理学说的影响，要求在健身、养生活动中，需要在饮食、起居、房事等方面均有节制，待人处事也要克制情感。

3. 中国古代的身心统一观

我国古代哲学家一直十分重视形体与精神、身体与思想的关系。并意识到了形体、精神与健康寿命之间的相互作用。早在先秦时期，就出现了"凡人之生也，天出其精，地出其形，合此以为人"①"形具而神生"② 的命题，肯定了形体的决定意义。并指出"四肢强，思虑恂达，耳目聪明"③ 的人才是身心完善的人。

同时，中国古代业已十分重视精神对身体的反作用，不仅注意到了生理健康，也注意到心理健康，在体育运动中一直十分注重肢体与内脏、形体与精神的共同锻炼，取得了比较好的健身效果。这一点与欧洲中世纪文化主张"身体是灵魂的监狱"等身心分离的观念有较大的区别。这也是中华民族在较为恶劣的环境里，仍能生生不息，世代繁衍，成为世界人口最多的国家的一个重要原因。

（二）中国竞技运动的文化背景

早在公元前 800 年，中国就产生了雏形竞技运动的——射礼。春秋时期，形成了多种竞技运动项目，到了盛唐时期，中国的竞技运动曾达到当时世界的顶峰。当时流行的运动项目有马球、蹴鞠、木射、捶丸、角抵等。中国古代的竞技运动，从一产生就蒙上了东方农业社会的色彩。

对古代竞技运动影响最深的思想观念，是等级森严的礼乐观和谨慎克制的嬉戏观。前者将竞技运动纳入道德培养和教化民心的轨道，只能在"礼"的节制下，小心翼翼地发展；后者将竞技运动归为宴享之余、余暇之时的自娱活动，从而压抑了竞技运动的竞赛性。这两种观念都是中国文化的派生物，在当时推动竞技运动的发展，而后来则成了中国竞技运动发展的绊脚石。

在活动方式上，中国古代竞技运动多以个体的、娱乐性的、技艺性的、表演性的项目为主，如礼射、投壶、戏球等，而对抗性的、竞争性强的、集体性的身体接触较多的运动项目，在中国开展较少，也难以流行。这种形态的竞技运动与现代国际竞技运动相比，主要差别在于缺乏竞争性和开放性，

---

① 管子：《内业》篇，宋钘、尹文语。
② 荀子：《天论》。
③ 庄子：《知北游》。

它从侧面反映出了中国封建社会的超稳定结构。

古代中国注重情感、尊崇道德的观念，在竞技运动领域得到了充分的体现。这些传统的道德观念来自中华民族的文化价值观念，如孔子的"尚仁"，墨子的"兼爱"。它的积极意义在于规范人们的社会生活行为，和谐了社会气氛；其消极意义在于强化了封建社会内部的统治秩序。在竞技运动内部，它的利弊也是兼而有之的。

到19世纪中叶，中国古代竞技运动在欧洲兴起的世界近代体育潮流面前失去平衡，失落了自己的地盘，出现了除武术等少数项目外，全盘让位于欧洲竞技运动的局面。

中国武术是应军事攻防技术的需要而产生发展起来的一项体育活动。由于古代各派哲学思想宗法观念和宗教观念的渗透，各种流派的武术都树起自己的旗帜，到宋代，就形成了色彩斑斓的大千世界。它是中华民族宝贵文化遗产的一部分，且因它有强身、祛病、自卫、搏击等多种功能，因此能延续至今，并在现代得以复苏和勃兴。

19世纪末20世纪初，随着"体操""身体教育"传入中国，现代竞技运动也在中国得到发展。中国竞技运动与世界体育运动的沟通，只有百余年的历史，但是，现代国际化、高水平的竞技运动具有的巨大传播力，使中国体育不再是封闭环境里自生自灭的自足体。必须记住的是，中国体育运动是在一种充满屈辱和痛苦的情势下与世界体育汇流的。

二、中国体育运动与人的现代化

当今中国社会主义现代化建设，不仅是一场改善人民物质文化生活条件的活动，而且是新的社会文明的进步，是一种社会文化的巨大变革。一切社会生产方式、生活方式、行为规则、价值标准等，都将随着现代化进程而发生变革，它不仅将影响到家庭结构、社会结构、人际关系、伦理观念等变化，而且将影响到人们的社会心理、性格、行为和身体的发展。体育运动也将在这场伟大的变革中承受剧烈震荡，并产生巨大影响。

（一）体育运动为社会培养身心双健的建设者

社会主义的现代化，意味着有亿万农业和手工业者要摆脱农业社会传统的生产方式、生活方式，加入工业和第三产业队伍中。通过体育运动的冶炼，他们会加速对现代化大生产流水作业的适应过程。中国知识分子也会改变自己的儒生性格和文弱的体质，成为建设现代化的生力军。

中国92%的人口居住在不到国土面积1/2的东南沿海地区，而实现中国现代化的重要能源和资源必须来自人口稀疏的西北部高原和其他开放程度不高的地区。扩大开放这些地区是中国现代化战略发展措施，这需要一支体质健壮的建设大军，其培养也有赖于体育运动的力量。

（二）体育运动与精神文明建设

20世纪50年代后，中国体育运动所发生的变化，是任何不带歧见的人所必须承认的。特别是竞技体育的发展速度举世瞩目。

新中国竞技体育的优先发展是在强烈的民族色彩文化背景前演出的一曲动人肺腑的"正气歌"。中国现代的体育运动始终与民族的命运，与民族的解放、振兴事业保持着天然的血肉般的联系。争取民族的独立解放，民族政治、经济、文化、民族意识的全面现代化，实现民族的崛起和腾飞，是20世纪中华民族的中心任务，构成了时代的基本内容、社会历史的中心和民族意识的中心，这就规定了中国现代体育运动的基本性质和内容。

现代中国竞技体育的发展动力来自民族的自强意识。新中国竞技运动的成就已无可辩驳地证明了我们民族对自己的制度和所从事的事业充满了信心。

竞技运动为中华民族的英雄谱建立了新的形象。鸦片战争以后，屈辱的民族心理、低回的民族精神，羸弱的民族体质，以至被扭曲的民族形象，在长达一个世纪的时间里如阴云笼罩着整个国家。人们有着强烈的改变民族形象的愿望，因此对新中国运动员的形象寄托了深切的希望，由中国运动员所表现出来的"拼搏"精神，极大地震撼着民族的心灵。

竞技运动所提出的新概念、新观念和新模式潜移默化地进入现代化运动建设者们的精神生活。"竞争"的概念取代了信奉"中庸之道""甘求安稳"的处世哲学，使青年由老成持重向锐意进取转变。在中国，"竞争"的价值观念和西方有所不同，竞争的目的是为了民族、社会和集体，而不仅仅是为了个人。体育运动所需要的不断开拓的精神成为社会所追求的高尚情操，激励了各行各业的人们把目光放于未来和整个世界，这恰恰是现代化运动需要的社会心理品质。几千年历史沿袭下来的道德观念，经过这场伟大社会变革的扬弃，在体育运动领域里也获得了新的含义。中华民族尊重他人与热爱和平的民族化伦理传统，得到了发扬光大，而谦恭退让的儒家意识被"全力以赴"为核心的进取精神所取代。

中国当代体育运动是民族体育运动，但这种民族体育运动绝不是充塞着狭隘民族意识的体育运动。体育运动是对外开放的一个窗口。当我们融入世界体育的潮流时，我们就充满时代感，就繁荣发展；当我们游离于世界潮流时，我们就有封闭感，就深感落伍的痛苦。体育运动在这方面是最敏感的。我们尊重一切外来的优秀文化，也深刻理解应向世界传播中国文化精华的责任。因为对外开放的窗口是双向的，要实行对流。在体育运动方面，我们不仅以灿烂的传统使世界惊异，而且也将在世界体育运动中显示出当代的创造性。

（三）体育运动与人的现代化

社会的现代化，首要的问题是人的现代化。人的现代化，主要是人的文化心理素质的现代化。除了现代科学知识的武装外，还包括人的思维方式、价值尺度、行为方式和感情方式等方面。

与生产力、生产方式对人的思想和感情产生的影响相比，体育运动的作用是微小的，却是不可忽略的。体育运动为哲学观念的改变提供了生动的素材，而哲学观念的改变对现代化思维方式的形成发展起到了积极作用。体育运动以固有的方式，鼓励个性的正当发展，并加强群体的力量。这是因为它既培养志趣、爱好、学识等方面具有鲜明个性的人，又培养具有高度民族历史感、使命感和责任感的人。体育运动对形成个性与共性相统一的、对各种意见和态度都有理解、思想开放富于弹性的现代思维方式，所起的作用越来越被人们认识。"以个人的全面发展为前提的一切人的全面发展"[①] 是我们对未来社会的理解，也是现代化运动赋予体育运动的任务。

体育运动还可以满足人们对生存、享受和发展多种生活层次的需要。它可以调节个人的情感，和谐社会的气氛，提高人的尊严，加强个人对社会以至对整个世界的依赖感，使人们的情感更加丰富而高尚、平衡而多层次，从而改变人的情感方式。

体育运动已进入现代人的生活方式之中。从20世纪末开始，我国人民的生活将由"温饱型"转入"小康型"，人们的生活方式将产生一个急剧的变化。目前我国人口平均用于食物的消费高达61%～63%，到2000年将下降到45%左右，这就意味着人民消费结构中用于文化、教育、体育、娱乐的部分将有较大幅度的增加，人们的余暇时间也大大延长，生活内容将向着更加文明、健康、科学的方向发展。体育运动可以调节生活节奏、扩展生活空间方面的价值，将引起人们的注意。步入21世纪后若干年，中国将会进入"中康型社会"，这种进程必将随着历史的发展而发展。

---

① 见马克思、恩格斯：《共产党宣言》。

在人类漫长的进化历程中，体育运动包含两个相互关联的哲学含义：一是对不同时代的人的身体、心理、智力的最大可能性的追求；二是对人为满足当代或未来生活方式生产方式的需求进行的探索。今天，历史将中国人民推到了现代化运动潮流之中，我们对体育运动的价值不断做出新的估计，以捕捉新的社会、新的人散发出来的光环。这就是本文写作的目的。

展望东方体育文化复兴[①]

——兼论从中国少数民族传统运动会向东方运动会的转型

一、环视现代世界体育文化

在2000年第一届劳伦斯世界体育奖颁奖典礼上,南非前总统曼德拉说过这样一句话,"体育拥有改变世界的力量"。那么,这种足以改变世界的体育是什么呢?答案就是一种文化力量。

近现代世界体育是以西方工业革命和文艺复兴运动为背景而产生的一种文化现象。它由这样几个部分组成:以增进社会健康和满足休闲为理想的大众体育,以谋求人的个性发展为目的的学校体育,以及以奥林匹克为核心的竞技运动。这三部分有机地整合起来,汇成当今世界的主体体育文化,成为全世界共有的文化财富。而其他国家、民族的体育文化,无论是传统的,还是现代的,无论是成熟的,还是萌芽态的,无论是单一民族的,还是跨国的、多民族的,都只能归于"亚体育文化"或"准体育文化"。

当今,各个国家与民族都在努力汇入这一世界主体体育文化的潮流,并以此为荣为乐。在这一主体体育文化中,奥林匹克运动是一种先导的力量。奥林匹克作用于社会,也作用于人。它不仅是体育力量,也是一种文化力量。这种文化力量对人们的行为趋向、道德升华、心理感受、价值观念、文明导向等许多方面有着巨大的感染力、影响力。奥林匹克作为一种强者文化、强势文化,对各种民族文化产生强大的感召、同化、融合、兼容和统摄的作用,正在向世界的每一个角落扩张、渗透、弥散,成为世界体育发展的坐标系。

近几十年来,奥林匹克受到内外的种种压力,正在修正自己的强者形

[①] 2003年8月1日写于北京木樨园龙吟斋。

象，与时俱进地汇入世界的和平、民主、妇女解放运动、绿色环保、科学教育的历史潮流，活动空间大大超出了体育运动的范畴，几乎成为唯一的、独占的体育文化形态。

在历史上，西方体育文化曾搭乘殖民化的轧道机，把东方各国的原体育文化推挤到边缘，几于湮没。在当今经济全球化过程中，西方体育文化又如同割草机一样把世界各民族文化的多样性修剪得整整齐齐。各种民族体育文化作为弱势文化，在"弱肉强食"的规律面前，变得如此苍白。各种民族文化与奥林匹克之间形成了一种绝对不对称的文化关系。

由于体育文化所特有的传播范围的广泛性、扩散倾向的世俗性、变异改造的保守性，以及流行普及的易接受性，这一主体体育文化一旦占据文化的统治地位，就具备了专制主义文化的特征，而这种文化是以欧美价值观念为基调的，以发达国家利益为价值取向的，从而使体育文化的多元性受到极大的伤害。今天奥林匹克与卫星电视、互联网、微软、好莱坞、百老汇、可口可乐、NBA、迪士尼、摇滚乐、柯达等文化产品纠合在一起，在全世界涌动着，呼啸着，成批成批地倾销着，进入人们的生活，闯入各国的精神世界，使许多弱小民族几乎忘记了自己民族体育文化的过去，使多数青少年不知民族传统体育为何物。

那么，拿什么来拯救世界体育文化的多样性？

拿什么来平衡奥林匹克造成的世界体育文化的偏失？

拿什么来为21世纪世界体育文化的发展添加动力和活力？

全世界把目光投向东方体育文化的复兴与崛起，就连国际奥委会中的有识之士也意识到了这一点。否则何以有奥委会评估团团长海因·维尔布鲁根在国际奥委会第112次会议上的名言：2008年在北京举办奥运会"将给中国和世界体育留下独一无二的宝贵遗产"。

二、东方体育文化与世界主体体育文化融合的几次尝试

（一）亚运会的兴起——奥运会的地区版

早在20世纪初，受西方体育文化输入的影响，部分东方国家开始发展学校体育和竞技体育，开始有了区域性的体育国际交流，便酝酿东方体育文化的整合，于是出现了亚运会。亚运会起源于1913年在菲律宾马尼拉举行的第一届远东奥林匹克运动会，有中国、菲律宾、日本这三个国家参加了本次运动会，这是亚运会的雏形。最初，远东奥林匹克运动会每两年举办一届，到1934年为止，共举办了十届。虽然第十一届远东运动会选定日本的

东京作为主办地,并命名为东方运动会,但终因当时战云密布而不得不宣布取消。

二战后,印度总理尼赫鲁主张将"远东运动会"正式更名为"亚洲运动会"。亚运会经历了60多年的风风雨雨,已经举办了14届(至2002年),成为一种稳定的文化形态。然而,毋庸置疑的是,亚运会不过是承接了奥运会的衣钵,是奥运会的地区版而已,对许多国家而言,不过是奥运选手的选拔赛、预选赛。它虽然也间或吸收了一些东方国家的运动项目,但本质始终没有离开欧美文化的主旨。

(二) 新兴力量运动会的流产

1963年举行的新兴力量运动会和1966年举行的亚洲新兴力量运动会,是东方体育文化向世界主体体育文化发起的一次挑战。第一届新兴力量运动会是由印尼总统苏加诺发起的,用以对抗那时的奥运会。他邀请新兴力量国家(即二战后新独立的亚非国家参加),而一切主要具体事务如邀请参赛国家等,都先与中国外交部通过内部协商决定;中国领导人周恩来和陈毅起了极为重要的作用。各国运动员队伍去印尼的旅费,需要帮助时也由中国资助,运动会则由印尼承办。当时的一切运动用具,甚至连印尼运动员的用具都是由我国制造的。第二届新兴力量运动会原定于1967年在开罗举办,但因为埃及经济拮据,无力承担。周恩来总理和印尼总统苏加诺、埃及总统纳赛尔,还有巴基斯坦总理在开罗举行会谈,最后决定改由中国承办。但后来印尼的政局发生变化,苏加诺总统下台,中国又爆发了"文化大革命",这届运动会便就此流产了,并从此彻底消失。

新兴力量运动会流产的根本原因是亚洲政治的不稳定、经济的不强大和文化的缺乏凝聚力。20世纪五六十年代许多亚非国家处于政治动荡时期,中国正在进行"文化大革命";正在争取民族解放的国家游击战争、宗教战争和恐怖事件不断;新独立的国家政变、叛乱、颠覆频仍,许多国家无暇自顾,新兴力量运动会的文化环境和国际环境极其恶劣,因此,它的中断是情理之中的。

新兴力量运动会的出现对奥运会构成一种威胁,遭到以布伦戴奇为首的国际奥委会顽固派的封杀也是它夭折的一个外部原因。

(三) 给奥运会做的东方补丁

20世纪60年代初,战败国日本主要出于政治目的举办了东京奥运会,试图重塑国际形象。80年代末,"亚洲四小龙"之一的韩国主要受到经济发展的鼓噪，举办了汉城奥运会，试图在国际市场亮相。这两届奥运会也都在一定程度上展现了东方文化，但毕竟是在广义的儒家文化的边缘地带进行，与中国的原文化擦肩而过。虽然在奥运会的比赛项目上增加了柔道、跆拳道两个项目，并把这两项运动推到了世界范围，然而这毕竟不过是在奥运会上打了两块"东方补丁"而已。

而2008年北京奥运会则是在中国传统文化最深厚的核心地区展开，原汁原味的中国文化如同一席盛筵呈现在世界面前。中华民族自然质朴、绵延世泽、热爱土地、理解感情、尚人伦、尊祖宗、重道德的民族品格和精神，以及由此而形成的中国体育运动的特殊气质，必将对奥林匹克产生深刻的影响。奥林匹克的五环被人性化地理解，演绎成动感的"京"字人形会徽，2008年奥运会的开幕式、闭幕式、吉祥物、会标等直观形象，均极具东方文化色彩；奥运会的管理体制、组织方式、运行机制均表达东方智慧；对奥林匹克精神和原则所做的东方哲学的全新解释使世界感到惊异。西方哲学、西方伦理、西方体育陷入迷惘时代一直在探究的东西可以在中国找到答案，这就是使全世界的眼睛为之一亮的原因。

然而，奥林匹克观念的特质性、制度的规范性、程序的强制性已经形成了一道道坚固的藩篱，任何异质文化的进入都十分困难，中国武术进入奥运会的困难已经充分证明了这一点。即使在2008年北京奥运会上，东方体育文化也只能起到"展示"的作用，至多只是被西方暂时承认而已。在奥林匹克中实现东西方体育文化的融合、并立、平等，还为时尚早，甚至是不可能的，试图把奥林匹克改变为东西方体育文化共存的场所，几乎可以说是天方夜谭。

（四）亚洲体育节的中断

1998年，中国沈阳举行了第一届亚洲体育节，设置了数十项活动，多数东方国家都参与了亚洲体育节。2000年因当地的政治和经济原因未能如期举行第二届。

三、谁能承担起复兴东方体育文化的历史责任

在学术界，把世界简单地划分为东方与西方还有许多争议，有人认为在东方与西方之间至少还存在着一个既不属于东方，也归不入西方的伊斯兰文化。有人甚至认为即使在西方也不存在一个可以涵盖所有国家、民族的文化，何况东方各文化圈的差别更是大相径庭。但是我们根据世界历史的逻辑，大致把源于古希腊、古罗马文明，以基督教文明为宗教、哲学基础的，

后来走上现代化道路的欧美各国定为"西方";而把主要是东亚的国家或地区暂定为"东方"。那么,让我们来讨论一下,在东方各主要国家和地区,谁能承担起复兴东方体育文化的历史责任。

俄罗斯虽然在东方有辽阔的国土,但俄罗斯文化的本质是属于欧洲的,俄罗斯的宗教、民族、语言、文化、艺术、风俗、习惯更靠近欧洲,俄罗斯也更愿意融入欧洲。

印度是一个历史悠久、人口众多的典型东方国家,曾创造了以瑜伽为代表的体育文化,但由于殖民文化和宗教文化的影响,印度文化对其他民族文化兼容性差,与周边国家的关系总是十分紧张。作为东方文化的号召者难以为人们接受。

日本是一个单一民族国家,有极强的文化消化能力,民族文化受外来文化影响较强,民族体育内涵并不丰富,而且第二次世界大战后,日本在东方国家中的国际形象欠佳,这个"经济动物"大国"脱亚入欧"倾向十分严重,东方各国对日本的扩张始终存有戒心。

伊斯兰文化国家长期以来受宗教、民族、石油等问题的困扰,无暇他顾。

那么,中国,以儒家文化为核心的多民族的中华文明圈,是否可以担起这个职责呢?

西方历史学家汤因比在《展望二十一世纪》中说:"世界统一是避免人类集体自杀之路。在这点上,现在各民族中具有最充分准备的,是两千年来培育了独特思维方式的中华民族。"

日本学者沟口雄三在讨论未来世界发展时说:"面对21世纪,我们的中国学所当承担的课题是,在世界经济的发展中,批判经济至上主义的风潮,并且与利己及追求利润的原理相对抗;如何将中国思想中作为深厚的传统准则积蓄下来的仁爱、调和、大同等道德原理作为人类的文化遗产向全世界展示出来……"

韩国前总统金大中则预言:"在过去几百年中,全世界为希腊民犹太基督教观念与传统所支配,现在已经是世界转向中国、印度和亚洲其他地方寻求智慧以进行另一场思想革命的时代了。"

从殷商文明开始,中国文化就有了有稽可查的自身特点,如食物以黍稷与粮米为主;衣有纺织品;住为夯土与木结构相结合的建筑;用有以青铜器为代表的新石器时代烧窑技术发展而来的礼器;宗教则是以巫为中心的天人相通;社群以亲属群为核心,并由此发展为祖灵的崇拜;文字是中国特有的方块字系统。在中国的精神世界里形成了"天下为公""修身,齐家,治国,平天下""威武不能屈,富贵不能淫,贫贱不能移""先天之忧而忧,后天下之乐而乐""杀身成仁,舍生取义""天下兴亡,匹夫有责""为人民服务"等品格。

中国文化不仅在人与人的关系上,而且在国与国的关系上,都表现出雍容、和平、温良、宽柔的品格。中国文化对异质文化的吸纳、涵养、改造具有顽强的毅力、海纳百川的宽容和天衣无缝的技巧,就像源于欧洲的乒乓球运动竟被认定为中国的"国球"一样。

说到实现对人类的文化贡献,中华民族做得可谓可圈可点,因为这是一种早已蕴藏在中华民族心头千百年的文化积淀和历史情结。中国的经典学理,早在17世纪就向西方传播介绍,至今仍在国际社会中发生着重要作用。中国的民间工艺器物,如陶瓷、丝绸、漆器等很早就通过陆上和海上的丝绸之路,作为奢侈品被欧洲所接受。中国的文化信息也在早年通过传教士的书信、旅行家的游记、使团的日记,包括现在众多调查报告、采访报道、摄影资料等传到了欧洲大陆。

今天,我们不仅要把过去的文化遗迹保存下来,继续向西方传播,让世界真正全面地认识中国,而且要以中华文化为基元,在现实文化的基础创造上成为当代无可争议的国际典范。这就要把中华文化过去的运行规范、习惯方式推到新的境界,需要当代中国文化人做出新的努力,其中包括体育文化人。这就要求体育文化人要有丰富的想象力和参与世界文化建设的眼光。这就要求体育文化人提升整体人格,只有这样,才能从现实的功利追求摆脱出来,上升为一种整体的文化超越。

改革开放以来,我们或多或少,有意无意地在中国民族传统文化的挖掘、积累、整理方面做了些工作。这些工作包括以下方面。

(1) 对中国历史上流传下来的养生、健身、体育、娱乐活动方式进行了挖掘整理,集成了中国传统的健身方法和游戏方法。

(2) 对一些民间的具有竞技因素的民俗活动进行加工整理,规范了规则和方法,并进行了普及,如龙舟、舞龙、舞狮、毽球等。其中,龙舟已经初步走向世界各地华人圈。

(3) 对武术运动进行了归纳梳理,基本形成了以散打、套路和其他方法组成的基本体系,并开展了系统的教学、训练和科学研究。

(4) 对少数民族传统体育进行了卓有成效的开发,已结晶成全国少数民族传统体育运动会(以下简称"民族运动会")。

中国在承担复兴东方体育文化的历史责任过程中，也存在着一些弱点。

（1）产生于农业社会的东方体育文化的落后性，与现代化、工业化、城市化、信息化之间有较大的不兼容性。有很多活动方式只能作为"活化石"被保存下来而缺乏现实文化意义，更缺乏实用性。

（2）中国历史上长期的文化专制主义统治，不利于文化的多元性的发生。新中国成立以来，中国体育不断强化了一个号称"举国体制"的管理体制，这个体制和相应的运行机制基本上是为顺应西方体育进入中国的，而不是谋求东方体育文化繁荣发展的。

（3）中国近代以来长期处于世界文化的低势位状态，外来文化的"入超"是对外文化交流的主要倾向，中国对引领东方文化走向世界缺乏足够的思想准备，也缺乏将东方文化发展成世界文化的战略思想和技能技巧。

改革开放以来，随着我国综合国力的增强，我国国际地位的提升，中国文化在世界影响力的加大，中国承担起复兴东方体育文化的责任已经众望所归。在国际社会，作为一个负责任的大国，中国不谋求霸权，不搞以自我为中心。但是，在建设先进文化方面需要为世界做出实际贡献，包括体育文化。

四、把民族运动会扩展为"东方运动会"

（一）民族运动会的历史功绩

民族运动会，是在全国民族形式体育表演和竞赛大会（1953年）的基础上发展而来的。该项赛事以其民族性、广泛性和业余性等特色，已成为全国较有影响的大型综合性体育运动会之一，为发掘整理各民族民间传统体育形式，弘扬民族体育文化，发展民族体育事业和全民健身运动，增强各族人民身体素质，促进各民族团结等方面做出了积极的贡献。

在新的历史时期，为了深入贯彻落实民族政策，进一步继承和发展民族民间传统体育，增强各族人民体质，为改革开放和社会主义建设服务，经国务院批准，全国少数民族传统体育运动会（简称"民族运动会"）由国家民族事务委员会和国家体育运动委员会（现国家体育总局）联合主办、由地方承办，每4年举行一届。

第一届民族运动会（1978年）共有13个民族的395名运动员参加。竞赛项目有举重、拳击、摔跤等5项；表演项目有武术22项，骑术9项，特邀表演有马球、蒙古式摔跤、狮舞、杂技等。

第三届民族运动会（1986年）有55个少数民族的运动员和各民族的教

练员、工作人员共 1097 人参加。运动会设 7 个竞赛项目和 115 个表演项目。竞赛项目除保留上届的摔跤、射箭外，增设了赛马、叼羊、射弩、抢花炮、秋千 5 个项目。表演项目比上届增加了 47 项。

第五届民族运动会（1995 年）。本届运动会历时 8 天，其规模和设项均超过了历届。来自全国各省、自治区、直辖市 55 个少数民族的运动员和各民族的教练员、裁判员、工作人员、观摩人员、少数民族体育先进代表及新闻记者共约 9000 人参加。中国台湾组团参加了龙舟竞赛。大会还邀请了部分香港、澳门、台湾同胞前来观摩。竞赛项目有：抢花炮、珍珠球、木球、毽球、摔跤、秋千、武术、射弩、龙舟、赛马、打陀螺 11 项，设金牌 65 枚；表演项目有 129 项。

第七届民族运动会（2003 年）。吸引来自全国各地的 55 个少数民族的运动员、教练员参加，加上工作人员及记者近万人，比赛规模也超过历届，共设 14 个比赛项目和百余个表演项目。运动会期间，还举办了民族大联欢、科学论文报告会、摄影展等一系列活动，并表彰民族体育先进集体和个人。

（二）民族运动会的文化背景

在中国大地上出现历久不衰的民运会是有其独特的文化原因的。20 世纪 80 年代后，在世界许多地方民族主义泛滥，造成国家分裂、民族瓦解、社会动荡的时候，中国的民族运动会成为一枝独秀的民族团结的象征，这其中包含政治、经济、民族政策等多方面的因素，也包含体育文化的因素。

首先，自古以来，中国就是一个统一的多民族国家，各民族之间在政治、经济、科学技术、思想文化、文学艺术等方面不断地交流，相互影响、相互补充，铸造了中华民族灿烂的文明，推动了中国历史不断向前发展。

其次，在共同缔造祖国疆域的过程中，56 个民族在政治、文化、生活方式等方面结成不可分离的血肉联系，为斑斓多姿而又各具特色的民族体育项目的产生与发展提供了社会基础。

再次，中华民族由多民族融合而成。文化的历史就是人类共同性不断张扬的历史。民族的交汇和融合是民族的更新与发展。中国各少数民族在文化的更新与发展中承接了中华民族大一统的文化积淀，为共同缔造华夏文化发挥独特的作用。绚丽多姿的民族文化，正是这一疆域的优势和文化资源，为少数民族传统体育的形成提供了土壤。

第四，少数民族传统体育的多样性是民族运动会存在的一个前提。中国传统文化的主体部分是在河谷平原的摇篮中发育成长的，但它的边缘部分却选择草原文化、森林文化、高原文化、海洋文化以及游牧文化、渔猎文化，并由此繁衍出不同的文化传统，铸造了中华民族体育文化的多样性，使中国的汉族体育文化和少数民族体育文化构成了一个蔚然壮观的文化丛体。每个民族都要发展自己具有民族个性的文化而自立于世界民族之林，体育活动则是其中重要的组成部分。如果蒙古族停止了那达慕，傣族忘记了泼水节，朝鲜族没有了荡秋千、蹬跳板，侗族中断了抢花炮……将是不可想象的民族文化的损失。各民族创造的多姿多彩、风格迥异的民族传统体育，不仅是一个体育体系，而且构筑了中华民族奋发有为的民族精神。

正是这些文化原因造就了民族运动会，创造了世界民族文化史上的一个光辉范例。而它的未来逻辑走向就是走向世界——文化，越是民族的，越属于世界，这可以从民运会的发展得到印证。

五、把民族运动会发展成东方运动会的初步设想

（一）确立东方运动会的哲学思想

东方运动会应该以东方的哲学思想作为自己的文化背景。中国儒家思想中的仁爱、和谐等哲学观念应该成为东方运动会哲学背景的一部分，但不是唯一的部分。东方运动会的哲学思想应该是多元的，只有包容印度、日本、东南亚、西亚各国的思想精髓，东方运动会才能具有生命力。东方运动会又必须与奥林匹克运动的哲学思想有所区别，要更体现人性，更富有亲和力，更少功利的追逐，更强调多民族文化的融合和相互理解。东方运动会不仅仅属于昨天，更属于今天和明天。

（二）形成东方运动会的活动方式

基于上述的哲学认识，要创造出东方运动会全新的活动方式。东方运动会不应是精英型的选拔式，而是联欢型的体育节；不应是强力展示型的，而应是娱乐参与型的。它注重对健康、健身、休闲的表达，关照老年人、妇女等体育参与倾向，看重一些人群寻求新的体育形式的时尚性关注。

在东方运动会上，一部分已经成熟的民族体育项目经过加工整理发展成为竞技运动，如武术、柔道、跆拳道、泰拳、龙舟、卡巴迪、藤球、毽球、摔跤等，大部分活动形式保留了民族特征，成为表演性项目。

在东方运动会举办期间，举行东方文化研讨会、高级论坛、民族文艺表演活动，同时举行东方民族的民俗、服饰、饮食、住宅、图腾等展览。

（三）民族运动会发展成东方运动会的步骤

东方运动会采取逐渐扩散的方式，分阶段进行。

第八届民族运动会，先在中华文明圈的国家和地区（新加坡、马来西亚等）发展，邀请他们参与中国民族运动会的活动。

第九届民族运动会，考虑与全国体育大会融合，将部分汉族传统运动项目加入进来，并在亚洲地区各国（日本、印度、印度尼西亚、巴基斯坦、菲律宾等）推广，更名为东方运动会。酝酿成立"东方体育联合会，"发表《东方体育宣言》。

第十届、第十一届民族运动会，推广到其他东方国家。

用15年至20年的时间，完成东方运动会的建设工作。

东方运动会的确立不是一项短期的急功近利的工作，不仅要有顾拜旦先生创建近代奥运会的勇气和毅力，也要有"面向现代化，面向世界，面向未来"的建设大体育文化的战略眼光。

东方运动会不是奥运会的对立物，但一定是一种新的文化创造，而任何一种具有新的文化个性的东西在诞生的那一刻，总不会一帆风顺。

东方运动会的确立，一定会遇到种种阻力，但是，只要克服民族虚无主义，摆脱现代世界体育主体文化的阴影，只要在体制上有所创新，一定会在代表先进文化的发展方向上走出一条新路。

东方运动会绝不是东方民族体育的简单叠加和集成，而是一种新型体育文化的再创造，这也许是东方运动会得以问世和赓延的文化难点。但我们深信，具有东方智慧的民族只要团结起来一定会取得成功！

我们面向太阳，对东方寄予希望！

我们面向悠久灿烂的历史，对东方体育文化的复兴寄予厚望！

让我们共同努力，拥抱东方体育文化的新曙光！

寄希望于黄河流域体育文化的复兴[①]

中国体育运动始终是在一种非平衡状态下发展的。从时间结构来看，时长时消，繁荣与衰微交替进行；从空间地域来看，此起彼伏，兴盛和凋敝同时存在。这一点对一个幅员辽阔、历史悠久、文化类型众多、文化模式复杂的大国来说，是完全可以理解的。然而，当我们今天站在文化学的遥远立场上，审视中国体育文化的发展进程时，我们的目光不得不时时回落在黄河流域。我们深深感触到时代赋予黄河流域的使命，我们民族文化的重振（包括体育文化）必须仰仗黄河流域体育文化的回复，如同我们的现代化建设最终必须营造新时代的"黄色文明"一样。

一、黄河流域是中华民族的文化摇篮

文化生态学的理论认为："离开了人类创造的一定地理环境中的气候、地形、土壤、水分、植被、动物群以及矿产、能源等自然条件，离开了人类生存、繁衍的自然生态环境，一切文化创造活动都会失掉客观的基础。"所以，自然环境是影响文化产生、发展的第一个重要变量。那么，中国传统文化的第一个重要的变量是什么呢？就是黄河流域的广大黄土高原和华北大平原。

黄河流域在远古时代曾是气候温和、雨量充足、森林茂密的亚热带雨林。旧石器时代的蓝田人、北京人曾在这里过着采集、狩猎生活。到新石器时代，这里又孕育了河南裴李岗文化、河北磁山文化、甘肃大地湾文化，之后在黄河中游两岸广阔的土地上发展起来了与古希腊文化、美索不达米亚文化、印度文化并驾齐驱的仰韶文化。大汶口文化结束，山东龙山文化开始，标志着"中国"这个文明古国的国家形态在黄河下游形成了。夏、商、周

[①] 原载《中国体育报》1989年3月17日第三版。

三代的青铜文化是中国历史光辉灿烂的一页，其中心仍在黄河流域。第二文明时期的几个重要的帝国——秦、汉、唐、宋、元、明、清均定都在黄河中下游，创造了一代又一代辉煌夺目的古代中华文化。近百年的历史证明，中华民族与黄河流域有着血肉般不可分割的联系。中国文化之所以成为世界范围内延续最久、影响最大、生命力最强的文化之一，其原因就在于它深深地植根于黄色土地，从它的婴孩时代就吮吸了黄河的乳汁。在中国的历史上虽然也出现过三次文化中心的南迁，也出现过几次黄河文化的衰变，但是黄河文化最终都会重新回归，恢复它的核心地位。这几乎可以说是中国文化发展的一条规律。中国近现代的历史再次证明，黄河流域蕴含着民族文化的巨大凝聚力和创造力。

中国的体育文化同样是以黄河流域为舞台，承先启后，增殖裂变，形成大千世界。中国远古阴康氏发明的"消肿舞"、世界上最早的医疗体育产生流行于黄河流域；中国最早的竞技体育活动"礼射"，兴盛于黄河流域；中国第一家办有体育活动的学校，也在黄河流域；中国古代历史中体育最繁荣的两个黄金时代——汉唐体育的鼎盛时期也在黄河流域。中国近代体育史上最早接受欧美体育文化，兼收并蓄，创造中国体育新格局，仍然是黄河流域。如果我们今天不能认真地将黄河流域的体育文化加以研究，就不可能真正认识中国体育文化的特征，也不可能制定出切合中国地域文化特征的体育发展战略来。

二、黄河文化给体育运动的恩惠

黄河流域的汉文化包括关中文化（陕西）、三晋文化（山西）、中原文化（河南、河北南部）、齐鲁文化（山东）以及关东文化（东北三省，东北各省由于受山东、河北移民的影响，其文化与黄河流域文化十分相近）。这些文化对中国的体育运动产生了许多积极的影响。

（1）黄河因泥沙的裹挟，到中下游流淌得十分沉缓、凝重，沿岸高原山地的坡度也较平缓，使该流域文化发展呈现出匀速缓慢的波动线，因此造成人群心理性格中忠厚、质朴、忍毅等特点比较突出。表现在体育运动中，更倾向于对力量、耐久力的执着追求。在体育项目的选择上，偏重于长跑、超长跑、投掷、自行车、摔跤、举重、骑马、射箭等。

（2）黄河是中国北方、中原地区的天然屏障，在抵御外敌方面有着重要作用。黄河又是一道"害河"，历史上平均三年就有两次决口，一百年一次大改道，因此，生活在黄河岸边的人群具有一种天然的忧患意识和共同抗拒自然灾害的群体意识。并由此形成了其他河流文化、海洋文化少有的民族归属感、义务感、认同感和亲和感。黄河精神始终是文明民族的一种象征，它代表着中华民族的淑世、豁达、坚韧、抗争精神。而这种精神恰恰也是当代世界竞技体育所推崇、所追求的，因此，黄河精神可以成为我们当代体育精神的重要组成部分。

（3）北方较为恶劣的自然地理环境，如沙漠对土地的吞噬，草原、森林的日益减少，土地的盐碱化，水资源的告急，向黄河儿女的智慧和勤劳提出了挑战，进行考验，磨炼了他们的体力和意志，大自然的吝啬反而锤炼了他们的体魄。正如英国历史学家汤因比所写的："在黄河岸上居住的古代中国文明的祖先们，没有像后住在南方的人们那样享有一种安逸而易于为生的环境。事实上也确实如此，南方的居民，例如长江流域的居民，他们没有创造文明，他们为生活而斗争的艰苦性也的确比不上黄河流域的人。"① 因此，后者的体质具有一种民族代表性，这种体质对发展体育运动是十分有利的。

（4）黄河流域处于高纬度的北寒温带，人们的生长发育期较长（体质调查表明，北方女孩月经初潮比南方晚 $0.5\sim0.9$ 岁），因此，在解剖结构和生理机能方面能取得较大的优势。这说明我国发展主要竞技体育活动项目的人类学优势在黄河流域。

（5）黄河流域的人口密度相对低于巴蜀、荆楚、岭南、吴越等地域。体育运动的发展在空间上有较大的回旋余地。

（6）在黄河流域汉文化的周围，还分布着青藏文化、新疆文化、内蒙古文化和宁夏回文化，这些少数民族文化在历史上曾极大地丰富过汉民族的体育文化。在汉唐盛世，曾出现过各族体育文化的大交融和大繁荣，传入中原许多体育项目。今天，他们仍以其剽悍、雄蛮、威武的气势影响着黄河流域的体育文化。

以上几点是黄河流域体育文化振兴的优势所在。

三、黄河流域体育文化的迟滞

毋庸讳言，在当代中国体育运动的发展过程中，黄河流域的地位和作用是不能尽如人意的，特别是近十年的发展速度和规模，与珠江流域、长江流域相比出现了明显的落差。这与她的历史是很不相称的。近年来的一系列事件发人深省：第五届全运会上山东大汉形象的失落，第一届青运会上北京市

---

① ［英］汤因比：《历史研究》（上），曹未风等译，上海人民出版社1964年版，第93页。

代表团的坠马，第六届全运会上山西、吉林等省的滑坡，体育大省山东、河北、河南的长期徘徊不前，不能不让人产生忧虑。第六届全运会上，343枚金牌中，黄河流域诸省区仅得142.5枚，占41.55%；344枚银牌中，得122枚，占35.46%；347枚铜牌中，得129枚，占37.18%。这终于使人们产生了中国体育文化中心南移的心理。不仅如此，我们还可以从青少年健康体质状况的落差来说明这个问题。就解剖结构和生理机能而言，北方具有优势，这种优势来自人种和遗传方面。而身体素质和运动能力的劣势，则是由后天环境造成的。其中与营养等生活条件有一定的关系，而体育运动的落后则是一个不可推诿的因素。

是什么原因造成黄河流域体育文化发展的迟滞呢？

（1）自然环境的继续恶化，水资源的枯竭，植被的加速减少，水土的加速流失，经济开发的生态环境拖住了现代化的后腿，使相当一部分人尚不能解决温饱问题，人们没有足够的精力和财力去发展体育运动，这是一个首要的经济原因。

（2）黄河流域的教育、医疗卫生事业明显落后于长江、珠江流域，特别是东南沿海地区。

（3）从人群的社会心理来看，黄河文化是有其弱点的。我们不妨做一番比较：长江因落差、流量巨大，其源头和上游惊险、跳脱，中下游浩渺激荡，以及沿岸高山深峡的陡峭挺拔，而使该流域的文化发展具有快速突兀起伏的特点，因此，人群心理性格则更灵活、机智、刚强。长江流域文化那种蕴藏在历史进取中的反叛封建正统、批判传统意识，敢于冒险拼搏、豪迈奔放、机智敏捷的精神，使那里的人们很容易接受新生事物，特别是对市场经济的价值观念，更有它易于接受的历史根源。

再看看珠江，它水量丰富，水流湍急，水域面积甚广，且资源富庶，既可享用内河航运之便，又可取得外海经济之利；并且有港、澳、台作为跳板，沟通欧美和日本，形成一个移植外来文化的"文化场"。岭南文化的社会心理普遍外向开放，并且思想跳跃活泼，行为敏捷好动，不十分依恋乡土和注重血缘关系，却十分容易接受竞争观念，产生竞争机制。

长江、珠江这两个水系的文化在市场经济面前，显然比以勤俭朴实、任劳任怨、安分守己、忍耐礼让等正统文化观念为本的黄河流域要显得灵活善变和勇于进取，具有更大的适应能力。而面对被市场经济激活的一种社会文化——竞技体育，黄河流域也同样显得缺乏应变能力，缺乏虎虎的生气和带有经济头脑的种种经营办法。从自北向南举行的第四、五、六届全国运动会迥然不同的风格和气派中,我们不仅可以看出时代的差异,也可以看出京派、海派和岭南派的不同影响。第六届全运会在广东召开,广东运动员成绩斐然,为我们提供了这样一个事实:谁能驾驭市场经济的潮流,谁就有可能在竞技体育争雄中独占鳌头。

(4) 对待娱乐、余暇、消遣的文化态度,也影响了黄河流域体育文化的发展。在两广、江浙、荆楚和巴蜀等地区,历史上商业城市就比较发达,城市中的消闲娱乐移植比较放纵,江南的"丝竹文化"、巴蜀的"茶馆文化"、闽粤的"酒楼文化"一直在比较松弛的状态中自由发展,形成了一批文人雅士和"白相人",也形成了一些专门从事娱乐的行业,民间的体育活动确实比较普及。而黄河流域一直处在比较紧张的社会气氛之中,或民族纠葛,或政治漩涡,或战争动乱,或自然灾变,因此,对娱乐消遣相当冷漠,甚至认为它有玩物丧志之嫌。民间的娱乐完全以官方的好恶为转移,同是"消遣"一词,在南方意味着游戏、娱乐、排遣、宣泄,而在北方却包含拳脚相加、棍棒教训的意义。这种过于严肃和审慎的娱乐观,使得黄河流域对接受竞技体育中的娱乐成分形成了一种心理障碍,妨碍了竞技体育中一些游戏活动,如球类运动的发展。

四、黄河流域体育文化发展刍议

在世界体育文化和中国体育文化发展的潮流中,今天的黄河流域落伍了。但这正说明了它蕴含着潜在的力量,是我国实现体育发展战略目标的希望所在。黄河流域在历史上曾涌现出一批批英雄好汉,在今天都是民族力和美的典型形象:关西大汉、山东大汉、东北大汉成了中华民族人种的代表。今天黄河文化正在复苏,并形成民族化的潮流。音乐、舞蹈、电影、电视剧、小说都为黄河流域文化带来了生气。同样可以确信,黄河流域的体育文化也必定会加入这个行列,重振雄风。

对于黄河流域体育文化的发展,笔者有几点粗略的建议,谨供参考。

(1) 要加强黄河流域体育文化发展的研究。可将其作为一个专门的课题纳入全国体育发展战略研究,着重从文化深层发掘黄河流域体育文化的特征和趋向。

(2) 制订和发展黄河流域协作区的体育活动规划。国家对于这一活动要给予特殊政策,以促进它的发展。

(3) 当前,首先要抓好黄河流域沿海城市体育文化的建设,把烟台、青岛等基础较好的城市作为重点,配置一批商品经济条件下的新型体育文化城市。

（4）把第十一届亚运会作为振兴黄河流域体育文化的转捩点，研究好通过亚运会促进黄河流域体育文化改革开放的对策。

（5）推广辽宁省竞技体育与学校体育密切结合、体育运动促进生产建设的经验，推动黄河流域体育文化内在动力的形成。

（6）举行一次黄河流域体育文化发展研讨会，召集社会各界有识之士献计献策。

笔者一生中曾多次跨越黄河，它有时枯竭，有时狂涨，笔者曾因洪水冲断铁桥被困顿在黄河岸边，面对黄河，我每每沉思，感到脚下的黄水不仅仅是一条河流，她也是一位具有永恒生命的神灵，她可能沉睡片刻，安闲一度，但她毕竟会醒转过来，重现她那迷人的风采。"唤醒黄河，唤醒黄河"，这是亿万人民百年的夙愿，其中也有笔者这个体育工作者的心声。

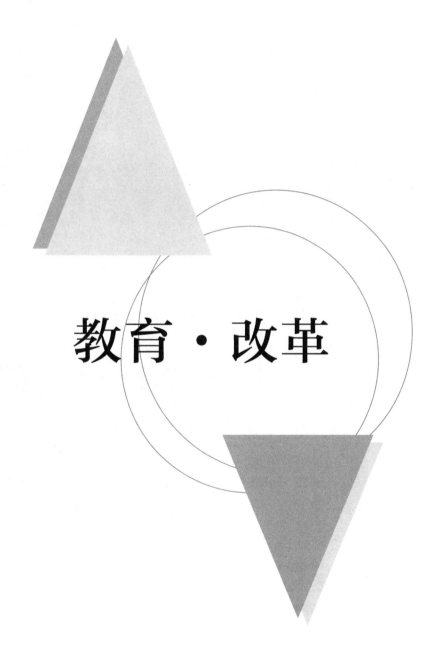

教育・改革

体育在未来教育中的作用[①]

当今研究"体育在未来教育中的作用"这个题目，不仅是体育界、教育界关心的问题，也是各国社会各界都十分关注的问题。这是因为：第一，教育在提高世界各国人口素质并推动经济更快发展方面具有重要作用，这一点不仅在理论上和社会实际生活中，而且可以从人类社会发展的历史进程中得到充分的印证；第二，体育这种活跃的、迅速变化的社会文化现象，正在深刻地影响着人类的现实生活和进步历程；第三，教育和体育盘根错节，教育和体育相互渗透、相互影响。在未来的现代化社会里，它们在建造人的身体、精神、智力、情感和社会关系诸方面将起到举足轻重的作用，它们对建立现代人的价值观念、思维方式、情感方式、生活方式无疑都是卓有功效的。

一、现代教育的实质及未来发展趋势

教育是教育者有目的地培养、训练受教育者的工作。不论传统教育、现代教育，还是未来教育，其实质都是人的再生产。教育的发展水平是以教育自觉实施的程度为衡量尺度的。传统教育把政治、宗教、伦理、教育融为一体，以教育德、以德治国，现代教育则是以现代生产、现代科技和现代机器生产与社会化商品生产为标志的这个时代的教育。今天，现代教育观念所出现的以下变化已为世人接受。

（1）多元化的教育观念。多元化是历史发展的本来面貌，也是人类认识深化的必然要求，教育现象比自然世界更复杂、更丰富、更多样，单一化的模式只会阻碍和限制教育的发展，使丰富多彩的个性失去活力。所以，现

[①] 本文为1987年在美国科罗拉多斯普林斯举行的国际体育单项组织联合会年会上的发言稿，后发表于《体育教学》1988年第1期。

在世界各国在制定培养目标、教学大纲、课程设置、教学时间、教学进度、评定标准时，追求多元化的发展，并根据学生各自的兴趣爱好、能力特征，尽量做到发展个性，施展才能。

（2）民主的教育观念。教育的民主化是当今世界的潮流之一。教育民主化的内容主要是三方面：教育机会均等，行政、教师、学生三位一体地参与管理体制，以及民主的师生关系。

（3）终身教育的观念。社会的高速发展，出现了知识急剧更新且更新周期逐渐缩短的形势，于是出现了终身教育的概念。唯有全面的终身教育才能够培养完善的人，这是现代教育观念的重大变化。

在以上观念的影响下，一场国际性的教育改革出现了。

各国的教育改革，由于具体情况不同，内容、要求、步骤和方法也各不相同，但是，在不同之中也有一些相同之处，而且，有些相同之处具有根本性的重要意义，因此可以概括为一种具有国际性的教育改革的大趋势。

这种大趋势的基本特征是全面与重点相结合。"全面"的含义是指这场改革具有极大的广延性，涉及教育的各个领域和每个环节。这场变革面向社会每个成员，并力求把这场改革的终极目的放在科学预测和计算的基础之上；"重点"的含义是指重在质量、重在基础、重在普通教育。苏联十分重视教育质量，在《基本方针》中提出："苏维埃学校一项长期不变的最重要的任务，就是授予正在成长的一代人以深刻巩固的科学基础知识，并使他们练就扎实的应用这些知识的技能和技巧。"美国则认为"国家处在危险之中"的"危险指标"全都是质量问题，并形成了一个教育中的回复基础运动，充分强调基础教育和普通教育的重要性。在中国，教育体制和教育结构的改革正在进行，我们也充分意识到提高质量、加强基础和普通教育的重要性，如果不加强这方面的基础建设，教育的发展将失去巩固的基础，将是一种在沙滩上筑房的危险游戏。

教育观念的变革，教育改革的潮流，已经不可遏止地冲击着世界体育的发展。一方面，它呼唤着体育承担起更大的教育责任和社会责任，这是体育在未来教育中所起作用的主流；另一方面，也出现了由于教育改革而削弱、排斥体育的现象，这种现象不仅在发展中国家存在，在发达国家也时有发生。社会对体育的轻视与偏见，教育对竞技运动人才存在价值的估计不足，体育自身发展的一些不良倾向，如过分追求功利目的、商业化的倾向、忽视运动员的文化知识学习等原因，加重了这些现象。这些虽然不是主流，但不容忽视，否则将会酿成体育发展的危机，造成教育与体育的分裂。

二、对未来体育发展趋势的几点估计

20世纪六七十年代以来,体育的迅猛发展是人类文明进程中的一个引人注目的重大事件。体育所动用的资源、能量、社会时间,以及它为社会提供的信息和情感牵引能量(持续关注赛事及情绪波动),每年都在成倍地增长。正如在30年前没有一个先知能够预料到今天世界体育发展会具有如此的速度和程度一样,今天我们同样很难准确地推断它在21世纪将会有怎样的规模和发展前景。尽管如此,我们依然能对未来体育的发展趋势做出粗略估计。

(1)在未来的社会里,体育这个概念将会得到进一步开发和扩展,体育领域将成为与各种社会活动有着广泛联系的独立的活动体系,并对人们的生产方式和生活方式产生更为重要的影响。

(2)在未来的社会里,体育的内部结构将更趋完善,高水平竞技运动、学校体育、社会体育之间的联系更加密切。竞技运动的组织化、国际化程度将有增无减,学校体育的正规化、竞技化会有所发展,而社会体育的终身化、大众化倾向则势不可挡。体育的手段、内容、形式将迅速增加,体育的功能将引起社会成员广泛的重视。

(3)由于体育广泛地利用科学技术的发展成果,体育科学将逐渐形成自己较为完善的知识体系,成为人类知识宝库中的一门重要科学,它与生物学、物理学、化学、医学等一样受到学校体育的重视。到那时,竞技运动不仅是一种为了最大限度提高竞技水平而进行的抗争,也是一种不断为探索人类的潜在能力提供丰富事实的科学活动。

(4)体育的组织结构将有较大变化,这种变化将有利于更多的人参加到体育中来,也更有利于满足青少年参加活动的兴趣和实现他们可能达到的运动成就,也更有利于社会对体育的组织和民主管理。

三、未来教育中的体育

(一)体育是培养全面发展的人的重要内容和手段

培养全面发展的人,要从少年儿童做起。这是因为,少年儿童时期是人的一生中身心发展的关键时期。从少年儿童起,就实行全面发展的教育,不仅可以促进学生智力的发展,增强学生的体质,同时还可以促成理论和实践的结合,使学生从小就能把学到的科学文化知识应用于劳动、生活实践,把理性知识和感性知识统一起来,学到比较完整的知识,并具有强健的体魄,可以承担社会赋予的一切责任。

体育是培养全面发展的人不可或缺的内容之一。中国的教育主张是，做到德育、智育、体育、美育、生产劳动教育，五育并重。历史的经验教训，使我们充分认识到体育在教育中的地位和价值。教育既是一种人的再生产，就必定要包括人的精神、智力的生产和身体、体力、技能、技巧的生产。舍去后者，前者将失去赖以存在的物质基础和表现手段。

在培养全面发展的人的过程中，体育是一个重要的手段。我们一方面要为少年儿童打好坚实的身体基础，让他们可以承担起日益繁重的学习任务；另一方面也要制造机会，让确有运动才能的孩子实现自己的抱负，获得人生的成功体验。

与终身教育孪生的终生体育将加大人们的自由度，使人们在余暇时间更好地发挥创造才能，也使人们生活得更加健康、幸福、绚丽多彩。

（二）体育具有发展个性的教育功能

体育运动在培养发展青少年个性方面起着独特的、其他教育形式难以起到的作用。这是因为：

（1）体育是人的独立行为活动，而青少年是这类活动的主体。与其他教育活动不同的是，学生没有被固定在一张课桌后，他们可以在一个较广阔的领域里尽情地游戏、运动、竞赛，他们的个性既可以充分地展示出来，也可以在活动中得到充分的发展。

（2）在体育运动中，青少年有较为广泛的社会交往和人际关系，而个性是社会关系的产物。因此，在体育活动中，青少年的个性可以得到充分的调整和发展。

（3）体育运动是陪伴少年儿童终生的一项活动。除了职业以外，体育运动与人的密切程度常常超过其他活动，因此，它对人的个性塑造是长久和稳定的。

（4）体育运动给青少年提供了较多的选择机会。体育运动本身就是一次人生的选择机会，而众多的体育运动项目更可供他们选择，每个人都可以从中选择一个或几个能使自己感到合适的位置，并在其中扮演一个角色。

因此，在未来的教育中，教师们将会更有目的、更有意识地利用体育运动来发现、识别、鼓励、引导和培养学生的个性。

（三）体育是促进人的现代化的重要手段

社会的现代化，首要的问题是人的现代化。人的现代化，主要是文化心理素质的现代化。未来教育将为中国的社会主义现代化运动准备一支现代的队伍，而体育运动将在这场伟大变革中承受剧烈震荡，并对现代人的成长产生巨大影响。

体育运动是现代意识的传播媒介，它将参与教育活动，让人们恰如其分地接受这样一些矛盾的现实，诸如竞争与协作、民主与法制、民族传统与世界潮流等。

在体育运动里，不讲门第、不排世系、不序尊卑，在竞技活动中，不承认除个人身体和心理以外的任何不平等。这就要求每个人尽自己的最大努力去竞争，靠平均主义、仰仗他人、依赖条件都是没有出路的。然而，体育的竞争并不排斥合作与互助，它是在一种崇高的伦理原则指导下的无私的竞争。

现代体育是人类一种民主化程度很高的活动，它给现代人提供了一种民主生活的模式和民主行为的范例。同时，现代体育又模拟了人类的法制社会，少年儿童一旦踏进这个小小的"社会"，就会心悦诚服地遵守它的各项"法律"——游戏竞赛的规则，它教导着每一个参与者珍惜自己获取胜利的权利，同时承担义务让对手去尽其所能。

体育运动是唤醒、振奋现代人民族意识的重要文化手段。在未来，世界各民族的文化将进行更大规模的交流、融合与渗透，然而，世界上现存的两千多个千差万别的民族，并未因这种融合和渗透而丧失各自存在的价值。恰恰相反，每个民族都在这场国际性的现代化"运动会"上竞相施展自己的才能，强化自己的民族个性。

现代体育又是一个开放的系统，若失去与外部的联系，体育运动就会失去生命力。中国古代体育是具有悠久历史并独具文化特色的民族体育，同时，中国现代体育又是世界体育的组成部分。当然，应该看到，中国体育是在19世纪那种充满民族屈辱和痛苦的情势下，与世界体育汇流的，这就给中国体育近一个世纪的法治进程留下了深刻的印记。这就是在中国今天和未来的教育中，体育必定要具有重要地位的历史原因。体育激发现代人把目光置于未来和整个世界，而这恰恰是现代人所必须具备的一种可贵的心理品质，这一点必然引起教育的重视。

体育运动将以它固有的方式，鼓励个性的正当发展，并加强群体的力量。这是因为它既培养志趣、爱好、学知等方面具有鲜明个性的人，又培养具有高度民族历史感、使命感和责任感的人。体育对形成个性和共性相统一、对各种意见和态度都有理解、思想开放富于弹性的现代思维方式，以

及富有理性的、复杂而又快速转变的情感方式,所起的作用越来越被人们认识。"以每个人的全面发展为前提的一切人的全面发展"是我们对未来社会的理解,也是现代化运动赋予体育运动的任务,更是未来教育向体育运动提出的新的要求。

对学校体育几组概念的辨析

当前，在学校体育中有些概念被混淆，有人提出体育教学"要从增强体质向增进健康转变""从传授运动技能向改善学生健康状况转变"等"转变"，把本来不是对立的概念人为地对立起来，一时间造成了严重的思想混乱。下面试图做一些辨析，以正视听。

一、健康第一与增强体质

"体质"与"健康"这两个概念在本质上是相通的，都是一种对人的生命质量和生存状态的评价，然而两者还是有些差别的。近年来，"健康"用得越来越频繁，而"体质"的使用日见其少，大有后者取代前者之势。

"健康"（health）的频繁使用，有语法学上的原因。因为健康一词既可当名词用，也可以当形容词和副词用，分别如老年人的健康、健康价值观、活得健康。而体质一词使用的局限性较大。其实不仅于此，健康与体质在概念的内涵和实际生活中的应用也有不同之处。

健康是一个国际通用的概念，1948年世界卫生组织给它下了一个"个体在身体上、精神上和社会上完全安宁的状态"的定义，为全世界所接受；体质这个概念具有较强的中国特色，它接近于日本的"体力"、欧美的"fitness"，中国香港则称其为"体适能"。

健康的内涵十分丰富，从过去一维的身体健康，发展成三维的，甚至还有人提出要加上"伦理的"和"情感的"健康，变成五维的。可以说健康的定义在不断泛化，几乎涵盖了医学、心理学、社会学、社会心理学、伦理学、教育学、体育学等各种学科，于是针对性越来越难以把握，可操作性也逐渐成了问题。

现在风行全球的"健康促进"活动，几乎成了一个无所不包的教育运动，反倒失去了特点。而体质这个概念较为单纯，基本保持在身体的范围内。体质具有长期性和稳定性的特征，而健康具有短期性和易变性的特征，同样处在健康状态的人，基本体质状况可能千差万别；同样体质状况的人，在短期内可能由于疾病的影响出现健康方面的不同表现。

健康对人所做的评价相对静态，而体质则相对动态，重点在于对人的生活能力、劳动能力、游戏能力、适应能力和运动能力的评价。运动能力对于人类的进化和发展十分重要，不能把运动能力仅仅看成一种游戏能力、竞技能力，一种只有青少年或运动员才需要的能力。

人从婴幼儿时期就开始习得的各种基本活动能力，儿童和青少年时代培养的身体素质和运动技能，对其一生的体质发展和其他生活、生产技能的掌握都是有益的。即使到了中老年，人们还是需要保持适当的运动能力。因此，可以说体质与体育健身是孪生的，对体质的评价更能反映出体育的价值和作用。

健康为医疗卫生界青睐，他们出的报纸叫《健康报》，强调采用医学、卫生学、遗传学、防疫学、营养学等手段来获取健康，他们向社会提交的是《国家健康安全报告》；体质为体育界重视，他们出的报纸叫《体育报》，主张用身体练习的手段，通过体育教学、身体锻炼、身体娱乐、竞技运动等方法增强体质。他们向公众提交的是《国民体质监测报告》，应该说这两者是互补的，相辅相成的，无论是个体的安宁，还是全社会安康，都需要健康和体质做出共同的评价。

二、迎合兴趣与培养兴趣

这一轮世界性的教育改革都是由从事心理学研究的人发起，并提供理论依据的，因此，这场体育课程改革带有明显的心理学背景。于是，就有人喜欢把体育兴趣摆到一个非常高的地位，似乎一切都要服从学生的体育兴趣，满足学生的体育兴趣。但是，体育兴趣不是与生俱来的，是需要通过教育逐渐培养的。

现在的学生兴趣非常广泛、多变，那么，班级制的体育课如何适应每个人的兴趣来组织教学，教材又如何选用？事实上，还有一批学生对体育根本没有兴趣，难道体育课就可以不上吗？而且，世上从来没有抽象的体育兴趣，任何体育兴趣都有某种体育项目和运动技能技术的指向，一个学生不进行身体练习，不学习运动技术，不提高运动技能，怎么可能会产生体育兴趣呢？

体育兴趣还有一个特点，就是它必须是在克服了种种困难、障碍和磨难，在精雕细琢运动技术，提高运动能力的过程中才能形成。身体练习是一件艰苦的事情，肯定要喘气、要流汗、要肌肉酸痛、要出现"极点"，甚至还要遭遇危险，这个过程一定不会像坐在沙发上喝咖啡那么舒服，不是靠兴趣能支撑下来的。

必须把"培养兴趣"和"满足兴趣"这两个概念分清楚。教育是要培养兴趣，并由兴趣发展成习惯，而不是说学生想干什么就干什么。如果不分青红皂白，以满足学生兴趣为教学导向，体育课就不仅是"放羊课"，而且将成为更加散乱的"放鹰课"，伴随着体育课基本形态的被摧毁，遭受损失最大的必定是学生。

三、身体练习与运动技能

这场体育课程标准改革忽视了体育课程的基本特征——必须以身体练习、运动方式组成教材的基本体系。这场改革的"理念"甚多，包罗万象，唯独忽略了身体练习。体育课程的实践性是第一位的，没有学生身体练习的实践就不是体育课。可以说，千百条冠冕堂皇的"理念"不如一个有价值的身体练习。

传统的运动方式，如田径、体操、球类活动等是经过千百年的提炼，凝聚了无数体育工作者的心血，实现了对劳动、军事、生活动作的文化提升，用作体育课的教材相对较为成熟，如果回归原生态的劳动与生活动作（如采茶、挑担、搬运等），则不能视为文化的进步。淡化学校承袭文化的功能，在历史上已多次出现，比如在"大跃进"时代的教育改革、"文化大革命"期间曾做过类似的"与工农兵相结合"的尝试，结果都是失败的。

在这一轮体育教学改革中，有专家提出像"哪个人离开学校后还推铅球？""谁见到行人在过马路等红灯时用蹲踞式起跑？"这样貌似有理的疑问。那么，试问谁在日常生活中需要唐诗宋词、高等数学、化学公式？谁在写假条、借款单的时候需要参考世界名著、历史文献？哪个军人在前线冲锋的时候需要正步走？如此推论下去，不仅体育教育没有必要存在，而且教育没有必要存在，文化没有必要延续，这是一种典型的"文化自闭症"。

竞技体育作为一种文化必须进入学校体育和体育教学。竞技体育是人类体育文化的主体，也是人类文化宝库中灿烂夺目的瑰宝，必须把这部分文化遗产继承的任务纳入学校体育中来。学校体育和竞技体育在"文化"的大概念下不难统一。

国际体育联合会主席安德鲁斯强调，竞技体育在学校中的教育价值符合学校的功能。他说："学校的第一功能强调教育对个性发展的意义，第二功能是视教育为文化的保护者和传递者，第三功能是把教育作为一种创造文化的工具。"因此，他认为："学校竞技体育将帮助青年人去发展技巧和能力，这些东西肯定在2000年后是他们所需要的。"

竞技体育是有多层次的目的的，因此也就形成了不同活动层次的竞技体育，不能一概而论，既不能全盘吸收进学校体育里来，也不能全部抵制于外。对那些高水平的竞技体育、争夺金牌为目的的竞技体育，特别是商业性极高的和运动技术水平很高的竞技体育，即专业选手的竞技体育，是不适于在我国目前学校体育里开展的；而中级水平以上的竞技体育，即组织化的竞技体育，是应该在学校里提倡的；至于初级水平的竞技体育，则应该在学校里得到广泛的开展，这正是我国学校体育目前最薄弱的一环。至于把竞技体育的项目作为体育教学的手段，是完全应该的，也是完全必要的。我们决不能在排斥高水平竞技体育的目的的同时，把作为手段的竞技体育也一概排斥。

而且，竞技体育是现代社会的一个缩影，它是在近现代工业社会、信息社会高度发展条件下应运而生的一种特殊的文化形态。在竞技体育中所表现的价值观念和现代社会是相吻合的。如竞争、开放、民主、民族等观念，都是现代人所必备的心理品质，也是现代社会应具备的社会心理和民族精神。现在有许多国家已经开始自觉地运用竞技体育来培养具有现代意识的科学家、企业家和政治家。

四、教师主导论与学生主体论

在教学过程中，有些人强调要"以教师为主导"，而另一些人则强调要"以学生为主体"。

"主导论"由来已久，20世纪30年代，苏联教育家凯洛夫就竭力倡导。为了进行系统的完整的知识、技术教育，凯洛夫教育思想特别看重班级教学组织形式，同时强调教师的主导作用。不言而喻，在进行知识、技术教育时，教师占有优势地位，他们在年龄、经验、学识、课前的教学准备，以及对大纲、教材的认识等都先于学生、优于学生，这使他们在整个知识的传授过程中起着主导的作用。这种主导作用是学生断然无法替代的。这一点，古今中外任何课程概莫能外，只要人类的教育事业存在一天，教学工作只能这样进行。

诚然，在某些情况下，也可让学生来讲课、领操、主持某一教学活动，但这都是在教师的指导下，按一定教学计划完成的，即使在现代没有教师的"人机对话"的电脑教学中，电脑的程序也是由教师，甚至是优秀教师编制的。学生按电脑程序回答问题，纠正错误，学习新的知识，这一过程同样体现了教师的主导作用。我国20世纪50年代建立起来的体育教育理论，基本上是按照这种体育思想推演出来的。几十年来，我们对这种教育思想是熟悉的、钟爱的。

然而，凯洛夫的教育思想也是有缺陷的，它忽视了对儿童的深入研究，忽视了教学中发展的任务。这种教育思想对儿童的能动作用重视不够，对儿童身心特点顾及很少，特别忽视了对学生个性的培养。这种教学难以做到因材施教。在这种教学中，信息传递主要是教师单向传往学生，而学生之间的交往、学生对教师的反馈却较少。学生处于一种被动接受灌输的状态，难以发挥主动性和积极性。我们有些体育课上得死气沉沉，甚至学生不喜欢上体育课，原因大多如此。

人们习惯称"主导论"为传统教育思想，与此对立的谓之为现代教育思想。后者始终注重在实际生活中学习和对实际生活适应能力的培养，而不看重基本知识的掌握和思维的训练；它更多地把教育对象看成自我发展者，而不强调他们是教育工作者施教的对象；它主张通过生活的教育，而不强调系统知识教育和完整教材的传授；它强调儿童的自我发展，反对教育者给予更多的作用。我们就称后者为"以学生为主体"的教育思想。

这种思想是20世纪初由美国教育家杜威倡导的。他针对当时学校制度、课程、教学方法的旧传统，以及一些形式主义的做法，提出了"儿童中心论"。这一理论确曾有过积极的社会意义，杜威在批判旧教育消极地对待儿童时，提出要把教育的重心从教科书、教师或任何别的地方转移到儿童身上来，他自称这种重心的转移叫作"哥白尼式的革命"。

然而，这一派理论在实践中也暴露出了弱点。这种课堂气氛宽松，师生关系随便，教材内容缺乏系统性，教学内容与方法迁就、迎合学生兴趣的教学的推行，导致了大中小学的教学质量严重下降，影响了社会各类人才，特别是高科技人才的培养，也给学生的道德、纪律、法制教育带来许多问题。由于过分的放纵，青少年的犯罪问题严重威胁到了教育和社会。近年来，美国的教育界也在反省这一失误，开始推广较为严格的类似中国的"基础教育"。

杜威的教育思想在我国20世纪30年代曾提倡过一阵子，到80年代重新活跃起来（当然已有了不同的内涵），目前与"教师主导论"同时并存于学校体育界。

近年来，有专家提出"学生愿意学什么就学什么，教师愿意教什么就教什么"。说这种话的人起码不懂教育，这是无政府主义式的教唆。体育课不是课外活动，更不是自由活动。构成体育课程的要素，除了学生与教师之外，还必须有教材和相应的教学方法等。如果只剩下随心所欲的学生和不知所措的教师，还能算是体育课吗？真心诚意地希望在学校体育领域不要再听到这种既没有教育内涵，也没有文化品位的荒谬说教。

面对两种不同观点和认识，正确的态度应该是博采众长，兼收并蓄。要根据中国的国情，将两种教育思想中的合理部分吸取过来，经过我们的加工改造，为我所用。为此，笔者想谈几点建议。

（1）要考虑到我国教育的文化背景与西方国家是不同的。西方文化是在古希腊以个人主义精神为核心的基础上发展起来的，它提倡个性解放、个人价值等。而中国文化则始终强调一种集体主义精神，认为个人发展必须服从社会需要，在教育中则注重从社会需要出发，有目的地培养劳动者和接班人。

因此，全盘接受让学生自由发展的"儿童中心论"是不对的。我们必须将相当数量的社会所需要的知识、技术、技能，系统地传授给学生，有时甚至是带强制性的。这一点体现在国家规定的大纲、教材之中。体育教育也应当如此，不能完全迎合学生的兴趣。

（2）应该看到，我国教育水平（包括体育教育水平）和整个社会的文化素质还不高，社会承受教育任务的能力也不是很强，比如在国外大量存在的校内外体育俱乐部，在我国就很少，学校才是对儿童施教的主要阵地，因此可供选择的余地有限。体育教学的客观条件也较差，难以充分满足每个学生多方面的个人要求。

（3）我们所进行的社会主义现代化建设，对传统教育提出了挑战。过去，一个受教育者在 20 岁前所受的教育就可以基本上满足其一生的需要，而现在一个 25 岁的受教育者却难以掌握所有能胜任现代生产和科研的知识、技术和技能。因此，现代教育必须重视对学生智力、体力、才能以及各种创造能力的开发。

这样培养出来的人，才能适应和推动现代化的进程，因此，体育教学大纲、教材等基础工作要把社会需要和学生身心特点结合起来，剔除那些貌似系统、完整，实则烦琐、无用的内容，适当加大自选教材的比例。而在教学过程中，教师要充分尊重学生的人格，创造一个民主平等的教学环境。教师的主导作用要体现在引导学生开展积极的思维，主动完成教学任务上。

（4）体育教学的特点为"主导论"和"主体论"的合理运用提供了良好的条件。体育教学在许多方面毕竟不同于文化课程的教学。体育教材虽然也有一定的系统性和完整性，但各项教材和各种练习都有较强的独立性。在体育课上学生必须不断地亲自参加各种活动，其中有认识活动，更有身体活动，学生的主动精神最容易体现出来，学生自主活动的愿望也最强烈。这恐怕也是"主导论"与"主体论"难以在体育教育中得到妥善处理的原因。

在体育教学中，学生的身体、心理、社交等都在同时运作，除了身体的运动，也在不断做兴趣爱好的选择、培养以及性格意志的锤炼。与此同时，他们也发展了服从领导的团队意识、相互关心的集体主义精神，而荣誉感、归属感、乐观的人生态度也都在体育教学中得到加强，这都是其他课程教学难以做到的。因此，体育教学应该较其他课程更多地考虑学生的因素。比如在教学手段的运用方面适当增加竞技娱乐成分，寓强身健体于竞技娱乐。当教材与学生出现矛盾时（如过多、过难），要理解学生，服从学生，不搞盲目教学。主导，是要因势利导，而不是搞填鸭式的教学。

我们希望有两个积极性，既有体育教师的，也有学生的。社会主义教育的目的和师生关系为我们调动两个积极性创造了最好的条件，我们完全有可能将以教师为主导和以学生为主体有机地结合起来。在具体运用时，不同类型的课（新授课或复习课）、不同的年级和不同的教材等，都可以有不同的侧重，不必强求一致。

当我们把体育不仅仅看成一种教学，而更当作教育的一部分时，这两者的结合就尤为必要了。教师需要有更高的指导水平，才能调动学生的积极性。当然也只有学生自觉主动地参与，才能塑造全面、协调发展的人。

有专家主张，未来的体育课实现了"三自主"，就不需要体育教师了。这是一种将学校体育和体育教学边缘化、引向歧途的、有害的观点。在一些学校，个别体育教师听从了这种理论，于是主动将自我边缘化，把自己混同于一个器材保管员。这是在为学校撤销体育课，为体育教师集体下岗提供"根据"，这是一种害人、害己、害事业的行为。

五、观摩教学与理念备课

教育改革已不知进行了多少场，但结果大多是虎头蛇尾。应该说，很多改革的理念是不错的，但最终不能行之有效地坚持下来，其原因有以下三点。

第一，教育实验的不彻底性。教育实验是一个周期很长，需要耗费较多人力、物力，并形成多学科攻关的科学研究工作，必须遵循科学研究的规律。而我们的许多教育实验是不完整、不彻底的，刚刚有了一点点成果就急于推广（如这次的新课程标准改革），甚至连实验都没有，只有一种构想就已经在筹划推广的事情了，这样做如何能不失败？

第二，对中国教育的现状了解不深入。一些"教育家"没有当过老师，一些学校体育的"理论家"从未上过一节中小学体育课，只会闭门造车，还自诩"旁观者清"。他们指手划脚，下面的体育老师就跟着手忙脚乱。他们设计的全国小学生扔垒球，中学生扔实心球的投掷教材方案符合中国的国情吗？推广开来能不失败吗？

第三，迷信示范观摩课。示范观摩课大多是经过精心准备的，有的甚至是经过预演彩排的，并且集中了全校的场地设施器材条件，具有很强烈的表演性，这与体育老师日常的工作条件差别很大。一个每周上近20学时课的体育老师不可能按照示范观摩课的要求和条件进行正常的备课和教学，因此，这种理想化的推广方式注定是要失败的。

在体育课上，教书育人是必须的，利用课上出现的突发事件，进行思想品德教育更是应该的，然而，要让任何一个教材都附上一个"理念"，则是荒唐的，也是做不到的。现在中小学体育老师在备课的时候挖空心思在"安装"理念，老师们叫苦不迭，这是形式主义的花架子，害死人。

六、以人为本与国家意志

我们主张在学校体育中体现"以人为本""以生为本"。过去，体育教学中过分强调规范化、整齐化，注重队列队形和课堂纪律，强调系统教材教学，学生的热情和积极性受到压抑，失去童真和户外活动应有的欢乐，这种"木偶式"的教学，绝不是我们所期望的。但是，实行"放羊式"教学，体育课全然放任自流，更是有害的，这不是真正的"以人为本"，只是打着"以人为本"的旗号，放弃责任。"以人为本"是要实现对学生的终极关怀，而不是一时一事的迁就放纵。如果我们的学生在离开学校的时候从来没有体验过什么是疲劳，什么是"极限"，什么是"第二次呼吸"，什么是"价值域"，什么是"中华体育精神"，什么是"奥林匹克文化"，我们能说这种体育教学体现了"以人为本"吗？

更为重要的是，学校体育要表达国家意志，任何一个负责任的国家都对本民族的体质状况和身体发展十分关注，因为这关系到国家的国防安全和健康安全，也关系到国家在世界民族之林的地位。最近，党中央对大、中、小学生健康问题的关照就是一种国家意志的宣示。在学校体育和体育教学理论与实践活动中，如果忽略了国家意志这样一个重要的因素，过分放大"个人"，是断然不应该的。

竞技体育要理直气壮地进入学校[①]

十余年前，即在中国改革开放之初，体育界曾围绕学校体育和竞技体育的分野展开了激烈的讨论：一派认为，学校体育属于教育范畴，体育教育即身体教育、体质教育，而竞技体育属于文化，与杂技、杂耍、舞蹈同宗，是少数人的事情，因此，竞技体育不得进入学校，干扰体育；而另一派则认为，竞技体育是我国体育运动事业的重要组成部分，它的基础是学校体育，学校体育不应排斥竞技体育。这场很有价值的学术争论，由于个别人的干预和压制，没有持续下去，但问题依然存在着，不仅理论的分歧越来越大，而且在实践上也造成了巨大的偏颇。1989 年，笔者曾与吕树庭先生合写过一篇《为竞技体育正名》的文章，表达过我们的观点。近年来，我国体育教育界排斥竞技体育的空气日浓，学校体育与竞技体育分庭抗礼的情况日趋尖锐，因此有必要将这个问题重新提出来讨论。这种排斥作为对我国长期以来倚重竞技体育，偏废学校体育和群众体育，导致学生健康状况不佳、体质下降等现状的抵制，是可以理解的。但问题并不会因此得到解决，反而会更加严重，因为这是违背体育发展规律的。

一、竞技体育进入学校是体育教育的进步

近代竞技体育始于英国户外竞技活动，是欧洲近代体育的三大基石之一。16 世纪的英国社会认为，竞技体育具有出色的培养社会统治者的教育功能，所以积极鼓励贵族子弟参加竞技体育。在 17—18 世纪还曾产生过竞技体育高于学问，竞技体育是未来国家统治者贵族子弟的运动，而学问则是庶民子弟的事这一极端的论调。到了 19 世纪，由于工业革命使社会发生了变化，作为社会主要阶层的新兴中产阶级也很重视竞技体育的教育功能，认

[①] 原载《体育科研》1995 年第 1 期。

为它可以培养竞争力、合作意识、意志力、攻击力乃至指挥领导能力等。

进入 20 世纪，学校体育中面临的第一个课题就是克服传统体操教材中的形式化、集体化和造型化的问题，提出了人们的身体运动应该是个人的身体成为目标的教育，进行了历史上有名的体操改革运动。接着又出现了自然体育的改革，特别是在美国将传统的体操教材改为体操、舞蹈、竞技体育三位一体的教材，从而使竞技体育正式成为教育的内容，肯定了其所具有的身体的和思想的教育性，承认其具有与体操同质的增强体质的作用。1963 年国际体育术语学会统一用"身体文化"（physical culture）作为身体教育的上位概念。第二次世界大战以后，由于竞技体育的迅猛发展，大有后来居上的势头，20 世纪七八十年代，"sport"取代了"身体文化"作为体育的上位概念成了国际一大潮流。1975 年，欧洲共同体委员会在《欧洲大众体育宪章》中，将 sport 定为包括竞技体育、野外活动、艺术活动和健康运动在内的最广义的身体运动。由于竞技体育作为教育的功能大大超过了体操，所以在体育教育中逐渐形成了确有压倒优势的局面，持续至今。

竞技体育这种取代体操，进入学校体育教育的过程，不仅发生在欧美各国，也发生在日本和其他国家。这是体育教育发展的普遍现象，虽然在一些国家也受到一些学术流派的抵制，但它还是势不可当地进入学校，充分说明这是进步的表现，而不是倒退。

二、竞技体育是具有教育价值的体育存在

竞技体育作为一种文化必须进入学校体育和体育教学。竞技体育是人类体育文化的主体，也是人类文化宝库中灿烂夺目的瑰宝，必须把这部分文化遗产继承的任务纳入学校体育中来。学校体育和竞技体育在"文化"的大概念下不难统一。国际体育联合会主席安德鲁斯强调，竞技体育在学校中的教育价值是符合学校的功能的。他说："学校的第一功能强调教育对个性发展的意义，第二功能是视教育为文化的保护者和传递者，第三功能是把教育作为一种创造文化的工具。"因此，他认为：学校竞技体育将帮助青年人去发展技巧和能力，这些东西肯定在 2000 年后是他们所需要的。"在英国任何一个体育工作者，无论是持广义体育概念的，还是持保守概念的，都同意一份成功的体育大纲必须包括运动喜爱、运动欣赏、运动追求、运动参与等。"国际学校体育联合会主席兰姆斯说："教育狭义的目的是传授知识，而广义的目的在于传授技术、能力和社会生活价值观念，而这种教育包括竞技体育教育。"西班牙学者何塞·马利亚·卡希加尔教授则大声疾呼："我

们必须努力制订一套教育方法，提出有力的论据，并设法促进主管教育的组织采取行动，使当代人恢复他们业已失去的运动能力。"

由于在我国的体育教学中盲目地排斥竞技体育手段，因此，我国体育教学的内容、方法变得十分枯燥单调，缺乏吸引力，体育课已经成为许多学校学生没有兴趣，甚至十分反感的课程。循环练习课、身体素质课等简单的身体练习课与欧洲近代的"体操课"非常相近，是一种等待改革和发展的陈旧的课程。如果我们的学生只会做一些简单的身体练习，却看不懂排球比赛，不理解奥林匹克精神，到了运动场、游乐场就惊慌失措，更有甚者，终日顾影自怜，靠节食束胸束腰来追求时装模特的体型美，怎么能认为这种体育教育是完善成功的呢？

三、竞技体育对造就现代人的巨大贡献

当前，在我国从计划经济向市场经济转化的历史时期，学校体育为现代化的建设培养现代人的问题已经提到议事日程上来。我们要实行改革开放，首要的任务就是要挖掘个人的潜力和发挥个人的积极性；科技革命的发展，"科技兴国"的提倡，也提出了如何提高每个社会成员素质和人的全面协调完善发展的问题；在大力发展市场经济的社会条件下，人的全面发展、培养个性，提高人的尊严，转变价值观念等已经成为发展马克思主义的重要议题。这一哲学观念的发展必然要影响体育教育思想的深化，事实上在这个领域中，一些新的概念已经被提了出来，如发展个性、体育教育价值观等。体育活动如同给机器加润滑剂一样，只给学生简单身体健康的做法必须排除。体育教育不应只是教育的附庸，而应是现代教育的组成部分。那种组织学生德、智、体分部"大合唱"的做法必须摒弃，取代它的只能是人的全面发展，再不能把学生作为"考试机器"，体育教育将成为发展学生个性最理想的天地而受到他们的欢迎。那种把学生作为出运动成绩工具的做法，也必须摒弃，每一个少年儿童"都应该获得参加体育运动和表现自己运动成就的权利"。我们的体育教育将为社会培养一批又一批的成功者，他们对社会和个人的前途充满信心和希望。如果排除竞技体育手段和方法的利用，这些转变的实现是很难想象的。

中国的确有一整套健身养生的保健体系和方法，但必须承认的是，这些方法大多是产生在农业文明环境里的，大多是一些亚节奏的动作，在时间上具有极大广延性，与现代社会的反差越来越大。大中学生练气功、打太极拳，本不应非议，但难以想象的是偌大的国家、如许多的青少年，如果都在

那里"四大皆空""面壁虚静",这将造就出一种什么样的民族性格。当今,我们更需要的是具有男子汉气概、中国女排的拼搏精神、登山英雄大无畏气度的一代新人。只有这样,才能培养出像鲁迅先生所期望的"中国的脊梁"。

现代竞技体育绝大部分是外来文化,与中国的传统文化发生某些方面的冲突绝不是偶然的。必须承认,近现代竞技体育是当代世界主体体育文化,其他亚文化、准文化都必须服从于它。竞技体育作为文化的一部分,是全人类共享的。勇敢地接受、承认这个国际公认的参照体系,加入其中,展示才能,才是我们的正确态度。在中国近代历史上曾发生过多次所谓"土洋体育"之争,每一次都是以排斥竞技体育等外来体育文化为特征的,但每一次都没有达到排斥和抵制的效果,这一次大约也不会例外。

学校体育和竞技体育的不可分割性研究[①]

竞技体育是一种非常特殊的文化现象。它不仅在体育领域占据着最高层次，成为当代世界主体体育文化，而且因它的可观赏性和可参与性，对青少年的教育性和对大众传播媒介的依赖性，而在社会大众文化中有着独特的地位。在过去的百余年历史中，这种地位在不断地上升。

竞技体育起源于原始社会狩猎人、采集人、农耕人在闲暇时间里所进行的娱乐活动，而后在欧洲发展为古代奥林匹克的祭典竞技。在中世纪，祭典竞技遭到禁止。中国古代虽也曾出现过许多类似竞技体育的活动方式，如礼射、蹴鞠、投壶、捶丸等，但当今中国盛行的各种竞技体育活动绝大多数来源于西方近代的竞技体育活动。这是因为历史上长期的封建文化从本质上是与竞技体育所提倡的价值观念背道而驰的，是压抑竞技体育发展的，无论是中国长达两千年的封建社会，还是欧洲绵延一千年的中世纪黑暗统治，都证明了这一点。在封建社会，竞技体育不能成为体育文化的主体，而只能成为民间游戏中的竞技活动。

体育社会学认为：竞技体育是一种位于从游戏（play）到工作（work）这一连续演变过程中间的一种制度体系化的竞争性身体活动。它是这样一种活动：有正式的历史记载和传说；是以打败对手来获取有形或无形的价值利益为目标的，是在正式组织起来的体育群体的成员或代表之间进行的；它强调通过竞赛来显示体力和智力；这种竞赛是在正式的规则所设立的限度之间进行的，而规则则对参加者的职责和位置做出了明确的界定。

近现代竞技体育是发源于16世纪英国的户外竞技活动。文艺复兴割断了宗教神学的枷锁，使古希腊文化得以再生和发展，竞技体育也随之得以恢复和勃兴，演进成一种世界性的体育文化。

---

① 原载《体育科研》1995年第2期。

它是欧洲资本主义市场经济的产物。市场经济要求有与其相适应的竞争行为和竞争观念。人们的这样一种行为特征和价值观念在前资本主义时期是不明显的，不占统治地位的。当它们迁移到业余文化活动中，便刺激了近现代竞技体育的勃发。在大英帝国衰落后，世界竞技体育的优势地位转移到美国绝不是偶然的。竞技体育是随着大工业的产生发展逐渐成熟起来的。只有当国家的人口由分散的乡村集中到城市，社会为人们提供越来越多的物质、能量、信息、闲暇时间的时候，以及精神文明达到一定程度，竞技体育才会以较快的步伐进入社会生活。

　　第二次世界大战后，世界处于较长时间的相对和平状态。人类厌倦战争动乱，强烈地寄希望于用竞技体育来发展国际合作，以解决国际的种种矛盾和斗争，因此赋予了竞技体育以和平、友谊、团结等价值观念，给现代竞技体育的发展找到了良好的思想背景。因此，20世纪六七十年代以后，竞技体育更向国际化、科学化和高水平化的方向迅猛发展。

　　中国在改革开放的年代，竞技体育得到了社会的普遍重视，也有其深刻的背景。我国长期的封建文化束缚了人性的健康发展，民族精神中缺乏竞争性，中庸和平，惧怕风险，不敢博弈，与市场经济的人格精神格格不入。市场经济的文化市场急需竞技体育填充，对竞技体育的呼唤已经成为一种强烈的社会要求。然而，现代竞技体育毕竟是一种外来文化，与一切外来文化一样，在进入中国时都要受到传统文化的抵制和排斥，要经过较长时间的冲突磨合，才能融合为中国文化的一部分。回顾近代中国的学校体育史，不难发现这一规律。

　　鸦片战争后，学校教育开始引进西方近代体育。洋务派开办西式学堂，首先把当时在欧美极其盛行的体操规定为必修课程，内容主要是瑞典式、德国式和日本式的普通体操、器械体操、兵式体操和游戏。中国学校体育最初的定位，给以后的发展留下了一个先入为主的定式，影响至今。

　　体育的尚武精神在当时受到了重视。维新派提出的教育目标应该是培养"新民"，"尚武"则是新民的特征之一，表现出明显的军国民教育倾向。军国民体育思想中具有注重强身健体、尚武和集体纪律教育等积极因素，但其重视的是整齐的、严肃的机械式锻炼，并贯穿专制、盲从的思想，导致体育课机械、生硬和单调。至今，我国学校体育仍可以或多或少地看到军国民体育的残余影响。

　　五四反封建运动挟带而来的是自然主义体育思想。自然体育思想以美国机能心理学、实用主义教育学为理论基础，其学说强调学生的"本能"。他们认为"一切教育活动的基础在于儿童本能冲动的态度和活动"。

基于"本体论"的教育化、生活化观点，他们认为体育的主要功能是培养社会行为、道德标准和民主精神，以及基本生活技能、善用闲暇与娱乐等；认为体育对于生活的贡献，在于使现实的生活达到最优的境界，使人善度闲暇，丰富生活。因此，提倡体育必须与生活打成一片，使体育成为生活的实践。生活化体育推崇竞技体育，认为体育中对于习惯的培养和实际的生活贡献最大者为竞技体育。从教育化和生活化观点不难看出，自然体育学者的价值观是建立在体育本身，及时发现人的价值，促进人格发展方面的价值和功能上，不太考虑为社会政治经济服务。在体育手段方面，自然体育思想将19世纪末风行的德国和瑞典式体操看作违反人性的"非自然的"或"人工的"东西，主张应尽量采用符合儿童本性的游戏、舞蹈、球类、田径和攀爬、举重、搬运等运动。自然体育思想较之军国民体育思想视野扩大，认识也深入了许多。它从生理学、心理学、社会学、伦理学等多重视角透视、分析学校体育，扩大了体育的教育意义；它将重心放在学生方面，适应并服务于儿童个体生长的需要；它试图把体育与生活联系起来，提高了理论的可操作性。它是对军国民体育的一种否定，促进了学校体育的发展。

当然，自然体育思想有着本质的缺陷。它所说的学生兴趣和需要，不是指后天形成的兴趣和需要，而是学生"与生俱来"的本能，它把发展学生的兴趣和需要作为目的，这就抹杀了教师的主导作用，也否定了学校体育对学生兴趣和需要的制约和促进作用。这也是当时和以后"放羊式"教学广为流行的思想根源。

20世纪30年代是我国学校体育思想较为活跃的时期之一，九一八事变再次激活了军国民体育。其表现形式是以中国传统体育（武术）为主的活动，抵制和排斥球类、田径等竞技活动项目。军国民体育与中国传统文化中的东西一拍即合。它批评自然体育是"沉醉于美式豪华之倾向"，是"文雅的、贵族式"的体育，不符合我国国情，并抨击"选手体育"等现象。尽管自然体育思想在30年代遇到挑战，但从影响的广度和深度上看，它仍占主导地位。

新中国成立以来，在苏联20世纪50年代体育教育理论的基础上，再次彻底批判并全盘否定了自然体育思想。20世纪50年代的苏联体育教育理论以巴甫洛夫学说为自然科学基础，以凯洛夫思想为教育学基础。这一理论强调体育教育的阶级性和"工具论"；强调体育教育的统一性，主张教育和教学过程有统一的内容、统一的教学大纲，公民有统一的全面身体训练水平的要求。因此，不仅要有统一的国家管理和领导机关，而且每个公民都保证要走过统一的体育教育途径。这一点很容易与我国的军国民体育找到共同点。

凯洛夫教育思想是重智主义教育流派，其重点以传授知识、培养道德为目的，强调教师、课堂、教材三中心，重视课堂教学，重视体育教学计划、大纲和教材，重视教师作为"主导者"如何传授运动技术技能。他们不强调体育教育对学生健康体质的直接关系，认为体育教学首要和直接的任务，就是要学生在从事体操、运动、游戏和旅行等活动过程中掌握知识、运动技能和技巧。学生可以在从掌握运动技术和策略的过程中，自然而然地提高健康水平和身体发展水平。与自然主义体育不同的是，苏联体育教育理论对体操持肯定态度；同军国民体育不同的是，其赞成竞技体育。

60年代中苏交恶，中国人开始更多地独立思考。1963年出版的中专《体育理论》（讲义），明确提出了增强体质的指导思想，成为学校体育思想中最主要观点。其次，确立了中国传统武术在学校体育中的地位，把武术列为教材，体现了民族特点。由于当时处于封闭的国际环境，西方体育思想被全盘否定，一概被拒之门外，缺乏多重参照，摆脱苏联模式的努力难以深入下去。同时，苏联体育教育理论中某些合理的成分，如怎样看待儿童兴趣等，却在"极左"思潮中被排除。

"文化大革命"中，正常的体育教育遭到破坏，学生体质下降的状况十分严重。在教育制度没有得到恢复的情况下，竞技体育独立于学校教育自成系统地发育起来，成为世界体育史上少见的一种体育体制。

在这种背景下，教育界、体育界的有识之士从提高民族体质的角度出发，大声疾呼关心学生体质。1978年颁布的中小学体育教学大纲，着重强调了"必须以增强学生体质为准则"；1979年的《学校体育工作暂行规定》，正式提出学校体育的根本目的在于增强学生体质，评定体育工作成绩是以"最根本的是看学生的体质是否有所增强"为标准。随后，一些学者本着增强体质的立论基础，进一步提出"体质教育"的理论和方法，至80年代中期，已基本形成相应的理论体系。

体质论学派的源头在日本，他们把学习运动技术通通称为传习式教学。他们在提倡体质教育的同时，把"传习式教学"作为假想之敌。他们认为，竞技不是体育，我国学校体育长期以来存在着以增强体质之名去搞运动铸型教育之实的现象，因此，必须把竞技体育从学校中剔除出去。他们强调增强学生体质无疑是正确的，但否定竞技体育的教育价值则是片面的，他们反对把体育教学课上成运动训练课无疑也是正确的，然而，把它上成身体锻炼课同样是不可接受的。真理走过一步就是谬论，他们划清了教学与训练之间的界限，却模糊了教学和锻炼之间的差别。这种理论上的混乱把许多体育教师推到了无所适从的地步，我们一直期待着反对传习式教学的学派能在方法论、教材体系上推出一整套完整的东西。然而，十几年过去了，除了几套循环练习、身体素质操外，再也没有见到什么新鲜的东西，这是十分令人失望的。毋庸讳言，这种观点至今仍然是阻断竞技体育进入学校的一个思想障碍。

学校教育的重要目的之一是继承和传播文化，乃至创造文化。在基础教育阶段，学生在学校要学习文化知识和具有文化内含的技术方法。体育教学也如此，必须学习多种运动技术。运动技术是那些能够充分发挥人的技能潜力的合理有效的方法。人们在探索它的合理性、有效性的过程中投入了大量的劳动，包括教育实验、科学实验，不仅使运动技术的发展形成了一个系列（如急行跳高从跨越式、剪式、俯卧式发展到背越式的过程），而且使每一项技术形成了自己的动作规范，在比赛中还有详尽的规则，这些都包含了人类文化的深刻内容。学生在学习这些技术的过程中，也就是在力求按照技术规范和规则完成动作时，受到了文化的熏陶，有效地发展了运动技能，同时也让他们受到了规范自己行为的训练。

竞技体育之所以应该成为体育教学的重要内容，是因为它具有丰富的文化内涵。

（1）竞技体育是一种庄严肃穆的礼仪庆典文化，它总是与国家民族的礼仪庆典活动同时出现。

（2）竞技体育是一种记录人类潜能的人体文化，每项新的成绩、新的纪录、新的高难技术的诞生，都标志着人类运动能力方面又向前推进了一步。它不仅完整地记录了人类潜在能力的开发过程，也记录了社会经济、政治、科学、教育等的发展程度，及其与人体能力之间的相互关系。

（3）竞技体育是一种提高社会道德水平的规范文化，竞技体育中树立的公正、民主、协作、团结、友谊、谦虚、诚实等道德观念，是社会不可缺少的规范文化，对青少年乃至全体社会成员都具有教育意义。

（4）竞技体育是一种提高审美意识的情感文化，它可以净化社会情感，提高社会的审美情趣，陶冶社会心理。

（5）竞技体育是一种观念文化，它所负载的价值在深层结构方面影响着社会心理和民族精神。当前，我国正处于改革开放的时代，开展对竞技体育转变中国人的价值观念及其意义的研究，深刻认识竞争观念、民主观念、民族观念等价值，无疑是十分重要的。

竞技体育对人的教育，对人的社会化，对个性的发展和培养更有着积极的作用。人类进入文明社会以后，因文化而获致的高雅，以及经常出现的因文化而导致的畸形，使人类脱离自然。在人类与自然疏远的过程中，受损失最大的是人体运动，或者更明确地说，就是能运动的人，其结果造成人的片面和非协调发展。而竞技体育能够使人的身体和精神全部参加运动，充分体验到人体运动的乐趣，培养人们在从事工作时竭尽全力进取的习惯。

在我国，竞技体育的社会化价值尚未引起教育界和家庭的足够重视，还有待进一步开发和阐释。竞技体育促进人的社会化可以分为两个阶段。

（1）进入竞技体育的社会化（socialization into sport）阶段。指少年儿童接受各种社会影响，认识竞技体育，产生兴趣，加入其中的过程，学校有责任激发学生的运动天赋，创造运动成就。

（2）通过竞技体育的社会化（socialization via sport）阶段。指青少年通过参加竞技体育，在身、心、群诸方面发展成熟起来，为日后踏入成年社会打下基础的过程。

有人对竞技体育进入学校存有"引狼入室"似的担心，其实这是多虑的。竞技体育有三个不同的层次：①商业竞技体育，在我国亦称职业体育。②组织化的竞技体育。我国的优秀运动队、运动学校、业余体校、厂矿企业和高等学校办的高水平的运动队，属于这一类。③非正规竞技体育，指参加者为了娱乐健身而进行的游戏性的身体活动。在我国，这类竞技体育还未引起社会和教育界进一步的重视。这类竞技体育虽然属于初级文化形态，但它覆盖面广，对高水平竞技体育影响较大，直接关系到后备力量的选拔。目前，多数青少年和群众只能参加一般的健身活动，而被拒绝在富有乐趣的竞技体育之外。这一方面使一部分青少年儿童不能获得与其天赋相适应的运动成就，另一方面也使学校体育、群众体育的活动手段变得单调枯燥而难以吸引学生参加。

这三类竞技体育的目的和组织形式大相径庭，但项目、方法、手段是相近的。在基础教育阶段的学校体育中不引进第一、第二类的功利目的，却吸收第二类的某些组织方法，在学生中成立体育俱乐部或协会，大力开展第三类竞技体育活动，这一思路应该是可行的。

有人担心这样做会不会影响多数学生体质的有效增强，这牵涉到对"体质"这个概念的理解问题。有许多观点都把"体质"与"身体素质"混淆了。在实际教学工作中，也常常把身体素质的提高当作体质的增强，把发展身体素质的各种简单练习的组合称作增强体质课。其实，身体素质是人的运动能力，仅是体质的一部分，它更接近日本所用的是"体力"这个概念。体质，作为人体物质态质量的评价标准，其含义是十分丰富的，不仅有外在的（生长发育水平、体型），也有内在的（脏器的质量和能力），不仅有代谢系统的（心肺功能），也有神经系统的。评价人的体质时，中枢神经系统的功能水平应占有重要的甚至首要的地位。如果一个人神经系统工作能力较差，即使肌肉再发达，心脏再强健，也是徒然。神经系统的水平决定着人们对外界的适应能力（自然的和社会的），也决定着人们的心理健康水平，而心理健康在人体健康的评价中显得越来越重要。而神经系统是需要锻炼的，包括体育锻炼。学习、掌握和运用运动技术是改善和提高人体神经系统工作水平的重要手段。一个学生在反复练习和掌握某一项技术时，提高了神经过程的平衡度、速度和强度，提高了对运动器官的控制能力和新陈代谢的应激水平，亦即达到了增强体质的某些方面的作用。

在体育课上传授技术还有一个更重要的任务，就是发展学生的运动技能。我们不是要把学生培养成运动员，但是要提高他们身体活动的技能，使他们具备更高的掌握各种技术（包括生活技术、劳动技术、军事技术等）的能力。一个生活在现代社会中的人，要经常学习新的技术以适应社会的发展，因此，技能比技术更重要。任何一门学科都有自己的技能，但可以说没有一门其他学科像体育技术这样能全面地发展人的技能。一些简单的身体素质练习固然可以迅速地增加运动负荷，但是它把学生掌握技术的"过程"忽略了，而学生恰恰可以从这"过程"中得到极其宝贵的东西——技能。而且学生并不欢迎那些过于简单的练习，不少被教学实验证明缺乏娱乐性、竞技性的练习，是难以持久的，因为它是与体育运动的基本特征不相符的，也是与少年儿童的身心特征不相符的。

十余年的事实证明，用"体质教育"排斥竞技体育不是一个好思路。当前，厌学体育，体质状况、健康状况下降，养不成锻炼身体的习惯，没有运动的兴趣和爱好，已经成了相当一部分学生体育生活的写照。这里有学生自身的原因，也有社会的原因，但更主要的是我们工作本身的原因。

我们不断地用强制性的办法，如锻炼标准、健康卡片、升学体育加试的办法来使学生进入体育，但效果并不好。每年仍然有半数以上考进大学的学生体育复试不合格。因此，我们必须改弦更张，寻求一条与国际体育教育相近的，又具有中国特色的新的出路。我们要从军国民体育的阴影中解脱出来，汲取自然主义体育注重"人"的因素的合理内核，保留苏联体育教育思想中注重"社会"的基本内核，在学校体育（包括体育教学）中给竞技体育留出一席之地。

笔者认为可以进行以下的操作。

——要注重运动技能的教育，而不要取实用主义的观点去削弱它。

——在有条件的学校，高年级的班次可以开设专项运动课。

——要探讨在大、中、小学校建立运动俱乐部的可行性。

——要把竞技体育的价值观念的教育渗透进体育教育之中。

——归还学生平等参加竞技体育的权利。

——改造教学大纲，摸索出一套既能达到健身的目的，又有竞技性的活动方法体系。

世界性的教育革命正在迅猛地发展，各种体育思想也正在走向成熟。终身体育的观念、"大体育"的观念、主动体育的思想、"学会生存与关心"的教育思想，都在为我国学校体育提供着充沛的营养，为竞技体育与学校体育的进一步融合创造良好的思想条件。在这一方向上做的努力终究会结出硕果，因为这是符合文明发展潮流的。

中国竞技运动的角色缺位——大学生[①]

大学生是国家与社会的宝贵财富，也是最具有活力的人群。大学生体育不仅在国家的体育教育中占据重要的地位，也是国家发展竞技运动不可或缺的环节。对个人而言，大学体育是人们接受正规体育教育的最终阶段，它必须完成青少年的体育习惯养成、体育兴趣形成、运动技能习得、终身体育概念确立的任务，因此，大学体育是从强制性的体育教育向自觉体育过渡的重要时期；对国家竞技事业而言，大学体育是从中小学的业余运动员向专业运动员、职业运动员过渡的中间地带。因此，无论是体育教育、全民健身、国民体质，还是高水平竞技运动都对大学体育寄予厚望。从某种意义来讲，大学体育可以看作衡量国家体育运动发展水平的一把尺子。

在本届（2013）世界大学生运动会闭幕之时，俄罗斯总统普京对俄罗斯运动员在喀山的巨大成功十分赞赏，认为这是"精心准备，责任心强"的结果。他还有一句话应特别引起我们的关注："还有一点，这也是我期望的，我们发展高校体育的努力终获成效。我们集中精力做一件事，理应在某个时间节点取得突破，我希望此刻正应验了这一点。"俄罗斯体育从20世纪90年代起出现了衰退的迹象，于是他们集中精力抓住了大学体育这个重点环节，初步实现了翻身。

一、竞技运动中大学生角色缺位是如何形成的

20世纪50年代，中国参加赫尔辛基奥运会和准备参加墨尔本奥运会的运动员都是从在校大学生中进行选拔的，后来因为三年困难时期和十年"文化大革命"时期教育停滞，大学退出了中国竞技运动，于是形成了由体育行政部门一家独管独办竞技运动的"举国体制"。80年代后，大学体育逐

[①] 2013年7月25日写于北京宣颐家园容笑斋。

渐恢复，政府虽提出学校也有培养运动人才的任务，但始终没有得到真正的落实。教育与体育两个部门貌合神离，体育部门拒绝大学生进入全运会，而在历次教育改革中也都有人提出"竞技不是体育"，要"把竞技运动从学校赶出去"，可见双方对立之严重。

国家的运动竞赛体制出现了分散主义的倾向。多数国家培养选拔运动员都建立了一座结构完整、输送道路清晰的金字塔，但是在我国却有两座泾渭分明的金字塔，一座是体育部门经营的"高、精、尖"的金字塔，一座是教育部门经营的学生与回输运动员混杂在一起，承担不起培养高水平运动员责任的金字塔。这种现象无论如何都是不正常的，更何况是在我们这样一个号称"举国体制"的国家。

在运动训练领域则出现了竞技精英化的倾向。通过行政力量把竞技运动从广义的体育中剥离出来，使之成为只有少数精英可以参与的体育中的最强势部分。精英竞技不以人为本，而以运动成绩为本，唯以金牌论英雄，导致成王败寇；它忽视对青少年的教育价值，它只提供观赏，追求精英竞技的经济和政治等效益；它强调选材，准入门槛极高，社会包容度低，是一种小众运动；它不实行运动人才的层层选拔制，而实行长期的运动员集训制，它的人才结构不是正常的金字塔，而是柱形的，甚或是倒金字塔形的。

更为严重的是，由于长期脱离教育，中国的运动人才长期处于一种低水平的自我循环和自我复制的"近亲繁殖"状态之中。体育人的基本素质未因运动水平的提高而得到相应提升。"体教结合"虽然提出多年，但没有得到实质性的改善和进步。

二、大学办高水平竞技运动的优势何在

高等学校是社会总人口中素质较高人群的集合地，也是信息集中、科技力量集中的地方，对发展国家的竞技体育具有种种优势。

（一）人的优势

我国大学在校学生有近3000万人，是各级专业体工队人数的上千倍，具有良好的选材基础。在校大学生的年龄在18～28岁，是多数运动项目出成绩的黄金年龄段。从理论上讲，他们都接受过完整的中小学体育教育，形成了良好的体育价值观，并掌握了一定的运动技能。

我国大学里有数十万体育教师，他们大多具有不同程度的教学、训练和科研的工作经验。中国大学体育老师的管理是体育管理中最成熟的部分，而且这些老师中有相当一部分人具有培养优秀运动员的职业技能、职业道德和

职业追求。

(二) 科研优势

在综合性大学里，无论是自然科学、人体科学，还是社会科学、人文科学都具有先天的优势。大学中无论是传统文化积淀，还是对外文化交流，都有无可比拟的良好条件。特别是在医学、生物工程、物理、化学和心理等学科上都有体育科学为之艳羡的优势。

(三) 设施优势

近十年来，各地大学迅速扩张，相应的体育场馆设施得到了较大幅度的改善，很多大学室内室外场馆都大大超过了专业队、基地的现有水平。有的场馆甚至超过了国家队的水平，如清华大学跳水馆。第五次全国体育场地调查的结果显示，我国现有的80多万个体育场地中，教育系统占总数的65.6%，体育系统只占2.2%。

(四) 体制优势

大学与中小学存在着天然衔接的体制优势，大学对竞技运动的积极性调动起来后，可以通过招生手段的调节拉动中学，中学又会向下延伸拉动小学，这样就可以自然形成一张上下衔接的业余训练网，就可以将教育部门兴办竞技运动的积极性调动起来。通过运动健身的方法提高学生的体质与健康水平，也是当前应该提倡的。

三、要实现"运动员大学生"到"大学生运动员"的历史转变

近年来，我们花了很大力气想解决运动员的文化教育和人格教育的问题，但收效并不大。体育与教育本是手心手背的关系，但是由于体制层面的睽隔，中国运动员在进入社会的时候，存在着许多不适应。运动员不是终身职业，即使是职业运动员，在结束运动生涯的时候也要经历"第二次社会化"的过程，一个负责任的竞技运动体制必须为运动员的终身服务，既要主动地去与义务教育接轨，也要完成成人教育阶段的就业教育和终身教育。大学应责无旁贷地承担起这一社会责任。

科学发展观的核心是"以人为本"，但当今竞技运动管理体制基本停留在人的工具本位上，即所谓成王败寇，甚至获取银牌的运动员都受到冷遇。在役运动员的文化教育问题得不到很好解决，无论是"体教结合"，还是"训教一体化"，都不能真正解决运动员的文化教育问题；而退役运动员的出路始终是一道难题，少数人"赛而优则仕"，多数人没有习得在社会上的

立身之本，难以在社会上平等地与他人竞争以致无法取得理想的就业机会，个别人的悲惨境遇则令人扼腕，如才力、邹春兰、张尚武等一批退役运动员都引起了社会的极大关注。

我国运动员的这种处境，不仅受到国内外舆论的诟病，也使运动员家长寒心，因此，很多家长拒绝将有运动天赋的孩子送到运动队去，在独生子女的家庭结构条件下，运动员的选材已经走向枯竭。在当前的城镇化过程中，曾作为选拔运动员重点的农村和城乡接合部正在迅速改变社会结构，将让运动人才后备力量匮乏的困境更为加深。

一个人离开体育，只是失去了成为优秀运动员的机会；而一个人远离教育，就丧失了安身立命之本。一个人退役后再去读大学，对他未来的发展有很多局限，而在当运动员的同时完成了大学学业，那么他比他人更具备了多种选择的机会。因此，在提倡以人为本的今天，实现"运动员大学生"到"大学生运动员"的历史性转变已势在必行。

教育和竞技运动盘根错节，它们之间相互渗透、相互影响。在未来的现代化社会里，它们在建造人的身体、精神、智力、情感和社会关系诸方面将起到举足轻重的作用，它们对建立现代人的价值观念、思维方式、情感方式、生活方式无疑都是卓有功效的。中国教育与竞技运动分离的状态必须尽早结束，让竞技运动植根于文化教育才能可持续发展。

四、大学生体协进入全运会是体育改革的重要步骤

始于1959年的全运会，是在中国处在被排斥在国际竞技体育大家庭之外时的一种自我救助式的国内竞赛制度。经过50多年、历经12届的变迁，全运会已成为中国运动竞赛制度的核心部分和标志性的传统赛事，但也成为社会争议最大、诟病最多的一个综合性运动会。在市场经济条件下，由于过度地追求功利，假球假摔、冒名顶替、篡改年龄、贿赂裁判、分配金牌、违禁药物等事件层出不穷。于是有人提出取消全运会。但从体育文化发展的角度来观察，全运会体制在短期内不可能放弃，在历史上，体育作为一种文化痕迹被保留下来，就是靠这些与民族礼仪盛典紧密联系在一起的大型综合性运动会。于是，对全运会的改革被提到议事日程上来，其中亟待解决的一个问题就是让大学生以自己的身份和本来面目进入全运会。

在世界各国，大学生都是竞技体育的主体，唯有我国将他们排斥在选拔竞技体育人才的大门外。由大学培养高水平运动员可以有效地解决我国运动员来源、出路、文化教育等一系列长期棘手的问题，也可以冲破竞技体育高

度封闭的现状。当全运会作为一种历史文化被保留下来时，若其中缺乏焕发着青春活力的、有学识的大学生群体的身影，将会成为后人的笑柄。

笔者呼吁大学体协进入全运会已有20余年。一个号称"举国体制"的系统，在全运会上不准大学生群体入内，将大学生出现在全运会上视为洪水猛兽，是体育系统自我封闭、自我保护的心态在作怪，是一个莫大的讽刺。只是为了防止运动员流向高等学校，防止大学到高水平竞技运动中来分一杯羹，防止各级体工队的长期集训受到冲击，是以牺牲掉运动员的利益和国家发展体育运动的利益作为代价的，是短视的、不可取的。

当前，中国竞技运动事业正处于改革和发展的继续探索阶段。卓越的竞技成绩与运动员文化知识缺失、运动员出口不畅、后备人才力量不足等问题形成鲜明对照。如何立足现状与问题，从北京奥运会的分水岭上平稳走下来，从体育大国迈向体育强国，并最终实现竞技运动的可持续发展，是后奥运时代亟待解决的问题。

大学生体协进入全运会，不仅可以转变各级政府的职能，实现体制改革，而且可以促进教育和体育两部门的通力协作，为繁荣全运会文化做出贡献。这是一块打通体育体制改革之路的"敲门砖"，不管是为了全运会的可持续发展，还是文化教育的发展，都需要有大学生社会角色的加入。

喀山世界大学生运动会上，中国大学生代表团金牌数量的锐减，基本反映出了当今中国大学竞技运动的真实状态。如不能正视中俄两国金牌数量差距背后的体制上的差别，我们终将把大学竞技的差距演化为国家竞技水平的差距。

重新认识高等学校体育的价值，重新设定大学体育的社会位置，让大学生回归运动员角色，还有很长的路要走，还有许多困难需要克服，比如高水平教练进入大学的问题、运动训练经费的问题，都需要在更高的层面上做出决策。此外，还要完成运动员大学生向大学生运动员转化的体制与机制建设；恢复中、小学业余训练，建立训练网络，搞活大学体育源头；在全国运动竞赛体系中为大学生开辟入口，停止在各单项比赛对大学体协的封杀；各省、市、自治区运动会也要做出相应的改革。凡此种种，都需要体育与教育部门共同做出努力。只要我们不抱残守缺，不因循守旧，一定可以建立一种健康的、干净的、人性化的、有活力的新型体育体制。

体育明星"走穴"现象透析[1]

孙杨的母亲也曾是排球运动员。相信在她当年服役期间,孙杨的外祖父母是不会经常蹲在球队去干预她的训练与竞赛的。那为什么孙杨的母亲却这么愿意事无巨细地将孙杨的一切都要包揽起来,甚至还要走上国际仲裁庭去充当证人?其实,原因很简单:今日孙杨身上已保有了强烈的商品属性,负载着家庭丰厚的经济利益。

在与计划经济适配的竞技体育举国体制时代,运动员身上的社会属性相对纯正单一,他们是勇攀运动技术高峰的突击队伍,多为学生、学员身份。因此直到70年代,中国的《运动训练学》还将运动训练定义为一个"教育过程"。

改革开放以后,运动员的社会属性发生了变化,有了经济标识与身价。这个过程是逐渐展开的。最先的经济现象是运动员的向上"输送"开始明码标价,由国家出资购买运动员的能力差价。

紧接着运动员成为各省市有偿"挖人"的对象。先在业余运动员中发生,后来发展到专业运动员。这一现象明朗化后,开始实行"注册"制度,有了点保护知识产权的意识,也使运动员交易合法化、公开化,杜绝了漏洞与随意性。

职业体育在中国落地后,运动员的"转会""选秀"成为运动员来源的常态方式,运动员按水平高低、使用年限等举槌拍卖。运动员的市场经济色彩十分鲜明。

"归化"运动员的出现更是一次思想解放的结果,证明了中国运动员市场开始向国际的有限开放。

运动员商品属性的逐步加深,给体育的管理体制与机制提出了新的问

---

[1] 2020年3月23日发布于个人微信号,原题为《当他们有了商品属性》。

题，也给体育社会学学科提出了新的课题。这是我们不得不关注的事情。

首先，运动员的商品属性激发了他们的自主意识。有些运动员与教练之间的关系已经不是单纯的师生关系，不少教练员反映现在的运动员难管、不服管，常以退队、转会、出国相要挟。有些高水平运动员身后出现了经纪人，有了过去运动员不便自己开口的种种经济要求，也有了更多私自的经济活动，如给企业冠名站台等，使得运动队的管理大大复杂了起来。

其次，运动员的代表性发生了变化。过去的参赛行为只是代表某一级的行政单位，现在一部分人变成了某种社团或企业的代表，甚至是以独立的个人名义来参赛。于是，对于过去制订的法规、制度、规程要重新审视。在竞技体育中需要更强调契约精神，双方均要按协议办事。

再次，运动员的双重身份也给训练体制与竞赛体制带来难题。一部分最能在国际比赛中获奖的优秀运动员，也往往最容易被职业体育系统选中，他们的双重身份所造成的个人经济利益的巨大反差，使一部分人在国家利益与个人收入之间难以进行明智抉择。这也是体育政策要着力解决的问题。

最后，家庭与运动训练的关系是一把双刃剑，一方面，非常希望得到家长的配合与支持，任何一个运动员的成功都离不开良好的家教与家长的鼓励与保护；而另一方面，也真担心家长的强势介入，更怕他们不懂装懂还指手画脚，将种种溺爱渗进孩子的训练竞赛之中，处处帮倒忙，成为运动队尾大不掉的累赘。实际上，家长们的这种无端又无益的过度用力往往会伤害自己的孩子，孙杨的成败就应引为全社会的教训。体育行政部门确实要及时出台必要的规章制度，界定好家庭与运动队的责权关系，让运动员早早独立起来，健康成长。

体育社会学是研究体育、人、社会关系的学科，当人的社会属性发生改变时，必须调整固有关系，并给予法律保证，才能求得社会与体育系统的稳定发展。竞技体育是社会活跃的、透明的系统，希望有更多的同道参与这个话题的讨论，提出高见。

面向 21 世纪的中国体育教育思想及其嬗变[①]

近代中国体育教育是舶来品。依附于学校体育而来的体育教育思想，随中国经济政治文化变革的需求而不断变化着。鸦片战争后，学校教育开始引进被日本改造后的军国民体育思想，形成了兵式体操。五四以来的反封建运动挟带而来的是欧美自然主义体育思想，这是对军国民体育的一次历史否定。20 世纪 50 年代后，中国受苏联体育教育理论的影响至深，强调体育教育的阶级性和"工具论"；强调体育教育的统一性，主张教育和教学过程有统一的内容、统一的教学大纲和公民有统一的全面身体训练水平的要求。这一点很容易与中国的军国民体育找到某些共同点。这是一次对西方资产阶级民主教育思想的历史否定。

今天，我们再次走到历史的转折关头，面临体育教育思想的又一次历史否定。

社会主义市场经济的发展为跨世纪的人才提出了体育教育方面的规格要求。在高度政府统制、计划经济和单一文化的历史条件下所形成的中国体育教育思想具有较大的历史局限性，必须进行改革。

中国的现代化，以及加速发展的工业化、都市化、信息化、知识化的进程，要求每一个建设者和接班人必须以新的生命观、健康观、运动观、审美观、社团观和余暇观适应社会的变革，因此，体育教育思想必须顺应现代社会的生产方式和生活方式。

中国社会结构的分化与重新整合使中国教育、体育的格局发生了巨大的变化，中国的教育事业、体育事业面临着社会化、产业化浪潮的强烈冲击。"素质教育"的思想奔涌而出，一种新的教育观念必将冲破传统体育教育思想的束缚，为 21 世纪的中国培养一代全面、协调、完善发展的个性的人。

---

① 原载《中国学校体育》1999 年第 5 期。

中国社会多元文化格局的形成和各种媒体引发的信息爆炸，使体育教育不能再成为与世隔绝的"净土"。我们必须更加注重其知识性、技能性、娱乐性和竞技性。在21世纪的小康和后小康社会，参加体育运动娱乐的知识与技能、合理支配余暇时间的知识与能力、获取身心健康的知识与方法，必将成为学生知识结构的重要组成部分。

50年来，广大体育教师与理论工作者的努力已经为这一新的"历史否定"做了大量的文化积累，形成了新的体育教育思想的内核。这主要表现在以下四个方面。

（1）全面发展思想的贯彻。德、智、体、美、劳全面发展是马克思主义的教育理想。体育作为全面发展的组成部分，应该不仅在理论上，而且在实践上得到真正的重视。健康体魄不仅是青少年为祖国和人民服务的基本条件，是中华民族旺盛生命力的体现，而且也是他们"学会生存，学会关怀，学会相处，学会做人"终身受益的一门人学课。

（2）"健康第一"指导思想的确立。这是基于对学校体育本质功能的认识。20多年来尽管对学校体育思想有种种解释，但对增强体质、增进健康的指导思想大家是达成共识了的。这种共识是中国传统文化赋予体育社会功能的反映，也是100多年来民族体质衰弱屈辱地位形成的一种自强意识的反映。在意识形态层面上，健康第一的思想是马克思主义人学思想在教育领域中的体现，是人权思想、人道主义精神和未成年人保护原则的具体体现；在操作层面上，它是学校体育对"素质教育"的最重要的应答，当学生的学业、社会工作与他们的健康发生冲突的时候，要服从健康；在学校体育内部各种关系发生矛盾时，比如竞技与群体发生抵牾时也要以健康为第一。

对健康的理解应是全面的，包含身体、精神和社会三个方面。在较长一段时间里，有一种思想影响颇深，持这种思想的人提出"体育，就是身体教育，身体教育就是体质教育，体质教育就是身体素质教育"。这是一种非理性的、望文生义的非逻辑推断，其结果是把学校体育的功能窄化，把学校体育的手段庸俗化，把体育教学搞成枯燥乏味的身体素质操练，最终把学校体育搞成应付体育加试的附属品。

必须指出的是，新中国成立以来，20世纪50年代、90年代两次提出"健康第一"的口号，都是在学生学业负担过重，健康恶化，体质状况十分令人忧虑的情况下提出的，是以巨大的社会代价换取的，所以，我们应当十分珍惜这一体育教育思想的得来。

（3）对运动教育的深刻理解。《中共中央国务院关于深化教育改革全面推进素质教育的决定》（以下简称《决定》）中提出，"使学生掌握基本的运动技能"，这是十分重要的观点。运动技能是现代人一种必备的生活前提，是人们掌握生活技能、生产劳动技能的一种训练。联合国教科文组织的《体育运动国际宪章》把每一个青少年可以平等地参加运动，并在运动中"获得与其天赋相适应的运动成就"，作为一种民主权利规定了下来。参加运动并在运动中加速"社会化"已经为越来越多的人所认识，上述《决定》中提出的"培养学生的竞争意识、合作精神和坚强毅力"，正是准确地把握和运用了学校体育的这种特殊的附加功能。

有人总是喜欢将"体育"与"运动"截然对立起来，在反对竞技运动的功利目的，特别是在反对现代竞技运动的种种丑恶现象的时候，把作为体育手段的运动项目随脏水一起泼出门外，这是不应该的，是一种文化的自我封闭，会导致学生与学校体育距离的加大，导致学校体育各种强制措施的加强。近20年在体育方法领域的徘徊，应该说教训是极其深刻的。把体育与运动有机地结合起来，才是发展学校体育的正确道路。

（4）加强体育教育的基础条件建设。这一条表面上是管理问题，但50年的经验证明，这里隐含着深刻的体育教育思想的观念问题，学校体育是需要有一定的物质条件和时间保障的。若这一思想不明确，学校体育的生存就十分困难。不应讳言的是我国学校体育的发展空间还相当狭窄。由于教育自身的薄弱，由于传统文化和应试教育对体育的偏见和歧视，学校体育的师资、经费、场地设施条件和时间保证都没有从根本上得到解决。因此，这些问题必须在观念上加以认识，否则学校体育的基础条件仍将在下一世纪的前半叶继续困扰我们。

建立符合中国国情的体育教育思想的时机已经逐渐成熟，事物发展的螺旋形法则为我们预示了一种新的体育教育思想的诞生。而这一思想将与世界先进的体育教育思想相融合，但不再以它对外来文化的依从为特征。

论中国体育社团[①]

一、体育社团的定义、性质、功能和分类

（一）定义

社会团体，简称社团，就是具有某些共同特征的人相聚而成的互益组织。[②] 体育社团就是以体育运动为目的或活动内容的社会团体。

体育社团是社会团体的重要类别，也是体育活动的重要的组织形式之一。由于体育文化的群体性、社会性和多数人参与的非职业性等特征，决定了体育社团存在和发展的必然性。在历史上，体育社团对体育文化的传播起了重要的组织、教育作用。我国的体育社团从宋代开始就有较大的发展，当时的武术社团如"角抵社""英略社""锦标社"，声势十分浩大。宋元明持续三代的蹴鞠社团"齐云社"，推动了中国足球运动数百年的发展。在清代，出现了以结盟、传教、习武等活动为凝聚方式的各种民间秘密团体，[③] 顽强地开展着体育活动，说明体育社团确是一种社会需要，也是一种客观存在。到了近代，随着西方竞技体育的传入，体育社团大量涌现，著名的有大通体育会、南华体育会、松口体育会、精武体育会、中华武士会、北京体育竞进会、中华全国体育协进会、上海优游体育会等社团。在革命根据地，有列宁体育会、赤色体育会、延安体育会、延安新体育学会等体育社团，有效地组织了革命战争时期的军民体育活动。

[①] 原载《北京体育大学学报》1996年第1期，获中国体育科学学会体育社会科学分委员会1995年"世纪之交中国体育社会科学研讨会"优秀论文奖。

[②] 王颖：《中国的社会中间层：社团发展与组织体系重构》，《中国社会科学季刊》1994年第2期。

[③] 周伟良：《清代秘密结社武术活动试探》，北京体育学院1989年硕士学位论文。

市场经济为体育社会团体的发展提供了良好的社会环境。在工业化、都市化的过程中，一种包括体育在内的新的大众文化正在形成，它具有统合城乡各居民阶层的功能，因此更加借助和依赖社会团体的作用。在市场经济发育较好的国家，体育社团是国家和社会体育事业的主要组织形式。美国奥林匹克委员会和美国健康、体育、运动、娱乐和舞蹈联合会两大社会团体，管理业余竞技体育、学校体育和社会体育；日本对体育的管理采取"民办官助"的办法，由政府和财团提供资助，靠民间体育组织来开展国内体育活动和参加国际体育比赛。在市场经济条件下，国家的各种社会资源不再由政府垄断，而是被分解到社会的各个利益群体，市民社会、世俗社会得到了相应的发展，社会团体的组织形式无疑是适合这种社会结构的。

（二）体育社团的性质和需具备的条件

1. 性质

（1）民间性。社会团体无论在学理上和法理上都确定为民间组织。当代社团研究和法令由于此类组织发育的迟缓而显得不成熟，但对社团的民间属性却从无含糊。① 根据中华人民共和国民政部颁布的《社会团体登记条例》。"体育协会从属于社团管理范畴"的规定，体育社团也应具有民间性，它是民间自治体育活动的组织形式，这是体育社团的基本社会定位。比如，我国《基层厂矿、企业、事业、机关体育协会章程（试行）》明确规定，基层体协"是群众自愿组织的业余群众体育团体"。

（2）非营利性。体育社团不能以营利为目的，有关法令规定，"社会团体不得从事以营利为目的的经营性活动"②。当前，一些体育社团虽然在从事某些经营活动，但最终目的仍然必须是为了扩大体育的社会效益。

（3）至益性。体育社团的成员要在所组织的活动中取长补短，互利互惠。

（4）同类相聚性。体育社团是一种围绕体育的某种性质的人们的集合，或者是操练某一种共同的功法、体操、舞蹈，或者是相聚在一起开展同种游戏、比赛、娱乐，或者是共同从事某一类体育文化活动的人的联谊交流，如科研、新闻、教学等。

---

① 孙炳耀：《中国社会团体官民二重性研究》，《中国社会科学季刊》1994年第2期。
② 《社会团体登记管理条例》，《人民日报》1989年10月26日。

2. 条件

构成体育社团需要具备以下条件。

(1) 一定数量的较为固定的成员。成员应具备体育方面的某种条件，成员按一定的方式组合起来，每个人都有职能分工并承担一定的责任和履行一定的义务。

(2) 特定的体育目标。或为了提高某一运动项目的运动成绩，或为了健身娱乐。这一体育目标必须具有社会意义，并形成成员的群体意识。

(3) 明确的行为规范。即有群体成员互动时遵循的规则和对其成员的特殊要求，以及必要的奖惩制度，这些都要载入社团的章程。

(4) 权力结构。体育社团需要有一个自上而下的权力分层体系，以管理和指导体育社团的活动。

(5) 一定的物资设备。体育社团与体育场馆设施有着密切的关系，多数社团附设在体育场馆，或由体育场馆兴办体育社团。

(6) 适宜的外部环境。体育社团的存在与外部社会的体育环境关系很大，当地体育人口的数量、活动方式决定了体育社团的规模和性质。体育社团与政府和其他社团的关系也是十分重要的。

(7) 一定的社会承认。组织体育社团必须遵守国家有关结社的法令，得到政府有关部门的认可和批准。

(三) 体育社会团体的功能

1. 代表群体参与政治活动

如《中国体育发展战略研究会章程》规定了本会是"研究我国体育发展战略，为体育决策服务的学术团体和咨询机构"。

2. 协助政府体育部门完成某些政府职能

各级共青团、工会、妇联中的体育部门作为政府的助手做了大量具体的工作，如办学习班和体育竞赛活动的组织工作等，一些体育协会还承担了体育市场的管理工作。

3. 成员发展

发展成员在体育知识、技术、技能等方面的素质，表达成员的情感、能力，为成员寻求体育机会，以获得社会承认，实现自我。这是社团的主要功能之一，也是社团能够吸引成员的基本原因。

4. 维护成员的个别权益和群体利益

群体利益的表达是表明社团成熟程度的重要表征，它表明成员缘共同利益而凝聚的程度，也表明社团组织在社会关系中的独立程度和政治参与程度。① 比如，《中国体育科学学会章程》规定，本学会有"反映体育科技工作者的意见和要求，维护他们的合法权益"的任务。

体育社团的存在和发展不仅有其发展体育事业的价值，而且对整个社会的发展起着重要的促进作用。体育社团相对于政治性、经济性、宗教性社团，较少社会背景，较少动用社会资源，成员的覆盖面较宽，因此有较大的社会容量，是社会成员实现社会参与的较好形式。许多发达国家正在有意识地利用体育社团进行团队意识、协作精神等某些社会伦理道德的培养。在西方以个人主义为主导意识的社会里，体育社团成了规范青少年儿童行为，发展群体观念，抑制过分膨胀的个人欲望的重要手段。体育社团与科学技术、健康卫生、文化艺术等类社团有相似的社会功能，但对成员没有特殊的行业要求和特长要求。而且体育社团的种类很多，层次有别，人们的选择余地很大，因此，体育社团有着更强的社会适应性。在苏联，基层群众体育俱乐部有267764个，在日本有626087个。它们所能涵盖的人口是任何其他社团都不能比拟的。可以说，体育社团的发展程度是一个社会体育发展水平体育社会化程度的重要标志之一，也是衡量一个社会结构分化与整合、社会参与程度的重要鉴标之一。

（四）体育社团的分类

1. 竞技运动类社团

这是为了提高运动技术水平而成立的体育组织，单项运动协会、运动俱乐部属于这一类。当前，我国有行政部门直接管理型、事业型协会实体管理型和纯社团性协会实体管理型三种。我国目前开展的83个运动项目，从属于63个单项运动协会，其中，行政型协会21个，涉及26个运动项目；事业型协会39个，涉及54个运动项目；纯社团性协会3个，涉及3个运动项目。纯社团性协会虽然比例很低，但建立纯社团型协会管理体制，是建立社会主义市场体制和我国体育事业改革发展的必然要求，且具有政治、经济、技术等可行性，是真正实现自我管理、自我发展、自我约束的单项运动协会

---

① 孙炳耀：《中国社会团体官民二重性研究》，《中国社会科学季刊》1994年第2期。

管理体制的理想模式。①

2. 社会体育类社团

这是为了开展社会体育活动，满足群众健身、健美、健心、社交要求设立的体育组织，如老年人体协、钓鱼协会、冬泳协会、健美俱乐部、桥牌协会、八卦掌协会、太极拳协会等。这类体育社团有的在单位内部，有的挂靠在某一单位，有的独立存在于社会。有的靠政府资助，有的靠企业赞助，有的靠自己经营为生。我国这类社团发育不够完善，据对北京市 65 所高等学校的调查，学生群众性的体育组织普及程度极低，平均每校只有 1～2 个，学生群众性体育团体仅能涵盖 3.80% 的在校学生。② 社区体育社团中，老年人体育社团开展相对较好，其他人群的普及率较低。

3. 体育科学学术社团

这是为了开展体育科学研究的学术活动而建立的社会团体，在我国以体育科学学会及其分会的形式出现。与这类社团相似的还有体育发展战略研究会。这类组织的成员主要是教师、科研工作者、新闻记者等知识分子群体。

4. 体育观众社团

这是为了组织观众、管理球迷成立的体育组织。20 世纪 80 年代以后，我国各主要开展足球运动的城市都相继成立了球迷协会，对组织观众队伍，防止球迷骚乱起了很好的作用。"建立球迷协会是中国社会对球迷进行管理和控制的最佳手段，也是球迷发挥社会作用、寻求社会认可的良好方式。"③ 目前，一些球迷协会正在与运动俱乐部相结合，试图发展成某一俱乐部的外设组织。

5. 体育娱乐享受型社团

这是一种以社团名义出现的高级消费俱乐部，参与者要高价购买会员资格，才能享受俱乐部提供的各种待遇。这些俱乐部局限于网球、台球、骑马、赛车、高尔夫球等耗费资源较多的、贵族化的项目上。这类社团封闭性较强，仅限于较小的社交范围。在西方，参加这类俱乐部的活动是一种富有

---

① 雷军：《我国单项运动协会管理体制现状分析与对策研究》，北京体育大学 1995 年硕士学位论文。
② 杨东东：《北京市 65 所高校学生群众性体育团体现状的调查分析》，北京体育大学 1993 年硕士学位论文。
③ 宋凯：《当代中国球迷现象解析》，北京体育大学 1995 年硕士学位论文。

和权贵的象征。

二、中国体育社团的历史与现状

(一) 体育社团在计划经济环境中的萎缩

在计划经济时期,与之相适应的是实行体育的政府管理型体制。在这种体制下,体育社团不具备实质性的管理功能。政府在各行政层次上均设立了专门的机构,从宏观到微观都采用行政的方式管理体育。这种体制的优势在于可以有效地集中有限的社会资源实现预期的目的,其缺点是抑制了社会对体育的参与和支持,由此造成了体育社团的萎缩。在这一时期,体育社团几乎停止了实质性的工作,有的在"文革"中被解散,有的徒有其名,没有任何实体机构和活动。中华全国体育总会于1949年10月成立,在1950年至1952年期间,曾承担了体育宣传、人员培训、国际体育交往、推动群众体育发展等多项工作。1952年11月,国家体委宣告成立。中华体总将8项任务减为3项,虽然在1964年的章程上还规定着它承担"在全国范围内宣传和推广群众性的体育运动;组织全国综合性的运动竞赛;举办和参加国际体育活动"等3项任务,实际上这些职能早已丧失,连基本的会议制度和选举制度也难以坚持。中国奥林匹克委员会也曾有类似的命运。以这两个组织的名义与各国际体育组织保持联系,成为它们存在的主要价值。出现这种现象的根本原因是政府垄断了社会的全部体育资源(包括体育人才、体育场地设施、资金等有形资源和体育的机会、能力技术、知识信息等无形资源),这一方面使体育社团的工作与政府工作出现重复,每次机构精简,体育社团首当其冲。这一现象也出现在各级工会、青年团、妇联等群众团体中的体育部门;另一方面,体育社团对政府的依赖性加大,人员由政府配备,所需经费和事业经费统由国家预算开支"①,社团逐渐失去了民间性。这一状况的长期延续,"最终限制了体育的发展"②。

(二) 改革开放时期体育社团的大发展

20世纪80年代以来,我国各种社会团体在改革中获得了适当土壤和气候而迅速成长。到1992年,有全国性社团1400个,省级社团19601个,县

---

① 《中华体育总会章程》,1952年通过,收入国家体委政策研究室主编《体育运动文件选编(1949—1981)》,人民体育出版社1982年版。

② 孙克宜、秦椿林:《试行体育管理体制与中国体育体制改革》,《北京体育大学学报》1995年第1期。

级社团 16000 个①。"社团发展的转折与中国政治经济体制发展的转折吻合，绝不是巧合，而是表明其中有内在联系，这种联系就在于政治经济环境产生一种客观力量，然后转化为民间结社愿望和自由的主观力量，自下而上地推动社团的崛起。"② 体育社团也在这个时期得到迅速发展，表现在以下几个方面。

（1）一部分原有的单项运动协会转向实体化。这部分的比例不高，但影响巨大，示范作用很强，如中国足协。

（2）一些全国性的群众体育的社会团体自上而下建立起来，如残疾人体育协会、老年人体育协会、大中学生体育协会、农民体育协会等，他们分别挂靠在政府体育部门或其他机构，如残疾人联合会、国家教委、农业部等。

（3）全国各行业体协逐步建立起来。他们不仅组织本系统职工的体育，而且由他们组建的运动队在全国运动会上取得了一席之地。

（4）大量民间体育组织自发地建立起来，如气功协会、钓鱼协会、冬泳协会、大秧歌协会、棋院、武馆、体育活动站等。这些体育社团深入到街道、乡村，数量较多，对群众体育的开展起到了重要的组织作用。

（5）一些体育的周边社团异常活跃，吸引了一批体育界内外的知识分子和管理人员参与，如中国体育科学学会、体育记者协会、体育场馆协会等。

改革开放十几年来，体育社团的发展初步改变了我国体育体制的格局，实现了体育体制改革社会化的部分目的。

（三）我国体育社团存在的基本特征

1. 体育社团的整体基础薄弱

我国体育社团与其他类别的社团一样，其发展基础较为薄弱。从文化传统角度看，这是由于其缺乏独立人格造成的；从政治历史角度来看，是因为旧体制所形成的人们的行为方式妨碍了人们的结社参与，人们的权利意识较淡薄，缺乏自主追求，事事依赖单位和政府，这就在客观上形成了对民间社团的社会需求不强烈；从我国体育运动发展的角度来看，由于在一段时期里片面强调了竞技体育的政治功利价值，并将竞技体育局限在较小的、由政府

---

① 见于《中国日报》1992 年 5 月 7 日。
② 孙炳耀：《中国社会团体官民二重性研究》，《中国社会科学季刊》1994 年第 2 期。

直接管辖的范围内，体育社团就失去了存在的意义。

近年来，我国的体育社团虽然有了长足的进步，但无论在数量还是质量上，无论在社会参与程度，还是开展体育活动的独立性上，与体育发达国家相比还有较大的差距。这一差距还表现在以下方面：①对体育社团的性质、功能不够明确，不能明确区分政府行为和社团行为，因此，对体育社团的存在不够理解，不够支持；②政府对体育社团的宏观控制手段不明确，特别是关于体育社团的法律、法规还很不健全，对体育社团的行为难以规范；③国家对体育社团的体系结构缺乏总体规划，一些体育社团的建立具有盲目性，一些体育社团自生自灭。

2. 体育社团的官民二重性

在我国，体育社团虽然带有社团所固有的民间性，但同时又在许多方面以多种形式依赖于政府，表现出明显的"半官半民"性质。这一性质表现在以下三个方面。

(1) 民间与政府对社团的双向推动。

民间和政府对体育社团有着各自的期望：如果这种期望相互矛盾，就不会导致共同努力创建社团组织；当这些期望具有某种共同性，就会产生双方创建组织的共同行动组建社团的动力贯穿于体育社团生长过程的始终，它代表着组织者、领导者以及成员的期望，并被转化为组织的目标和行为准则，表现在它的组织结构、权力资源、经济资源和功能发挥等各个方面。

改革开放以来，思想解放运动、民主法制建设以及经济生活和政治生活的民主化建设，形成了来自民间的推动社团发展的动力，这种动力是下而上的。同时，各级领导对社团功能的估计和评价发生了变化，在舆论、政策和管理体制上为社团的发展提供了较为宽松的条件。由于在市场经济条件下，出现了众多的新的利益群体，由政府直接管理不如通过社团管理更为有效，因此形成了来自政府的另一种动力，而这种动力是自上而下的，这两股动力缺一不可。

目前，体育社团有一种向业务主管部门寻求"挂靠"的倾向，这是民间向政府的主动靠拢。说明体育社团在政治上缺乏权威性，在经济上缺乏独立性。目前，政府部门对体育社团能否承担起应尽的责任尚有疑虑，对部分权力的下放十分谨慎，因此，体育社团的官民二重性表现得更为突出。

(2) 民间与政府的组织交叉。

各级体委是体育社团的法定的主要"业务主管"，前者对后者有支持和控制双重作用。由于前者在经费、办公条件和专业权威上的资源优势，对体育社团形成了特有的影响力,因此,体育社团在组织上与政府有密切的联系,其主要领导基本上都由具有"官方"背景的人物兼职担任,特别是秘书长一职,基本上都由主管部门的干部兼任。形成这种现象的原因:一是行政领导主动兼职;二是体育社团主动邀请行政领导兼职,希望他们来解决一些实际同题,并提高体育社团的权威性。行政领导在社团中的这种"双重角色",可能因其本人的好恶决定社团的工作水平。当他们的"社团角色"和"行政角色"发生冲突时,他们常常要以"官方"角色优先,这就可能妨碍社团的正常工作,也可能混淆政府工作和民间社团工作的区别,甚至出现以行政命令代替社团民主生活的现象。

(3) 服务与管理功能的错位。

如果说政府的基本职能是社会管理功能,那么,社团的基本职能就是服务功能。社团要服务于本社团成员的需要,也服务于国家利益的需要。目前,经济资源不足、社会资源缺乏和权威性的不足,妨碍了体育社团服务功能的充分发挥。在社会转型时期,体育社团又分担了政府的部分社会管理职能。这是体育社团的外在职能,是新时期政府管理社会权力的延伸,是政府管理职能的补充,这就使得某些体育社团的性质变得模糊不清。

近年来,政府机构又派生出了一批体育"管理中心""服务中心",这是集管理与服务于一身的非行政、非社团的组织机构。在社会转型期,它有一定的合理性和必要性,但从长远来看,它会妨碍体育市场的公平运作,压抑体育市场的正常发育,还会形成以体育资源换取金钱的官商结合的关系。在失去监督的情况下,很可能滋生腐败,而且严重的后果是使真正的体育社团最终不能成熟起来。中国的现代化进程,加速了体育事业由以国家主导的自上而下的集团主义向民间关系的自下而上的集团主义过渡。体育社团必将随着市场经济的发展走上时代舞台,成为中国体育多元结构发展的一个活跃因素。

《全民健身计划纲要》第十九条规定:"充分发挥各群众组织和社会团体在开展群众性体育活动中的重要作用,建立健全全行业、系统体育协会和其他群众体育组织,逐步形成社会化的全民健身组织网络。"《奥运争光计划纲要》也寄希望于各单项运动协会发挥其作用。体育社团还将为中国体育与国际体育接轨,为中国体育承担更繁重的国际义务,创造良好的组织条件。

中国体育改革的社会化方向,必须将发展体育社团作为一项重要的目标。政府部门要以较大的魄力扶植社团的发展,划清政企、政民的管理界限。在 21 世纪，体育社团必将从官民二重结构中逐步走出来，展示它特有的社会功能和价值。

参考文献

[1] 王颖. 中国的社会中间层：社团发展与组织体系重构 [J]. 中国社会科学季刊，1994（2）：24.
[2] 孙克宜，秦椿林. 试论体育管理体制与中国体育体制改革 [J]. 北京体育大学学报，1995（1）：6.
[3] 卢元镇. 中国现阶段体育社会结构分化和整合的社会学阐释 [J]. 北京体育大学学报，1995（1）：1.
[4] 孙炳耀. 中国社会团体官民二重性研究 [J]. 中国社会科学季刊，1994（2）：17.
[5] 周伟良. 清代秘密结社武术活动试探 [D]. 北京体育学院，1989.
[6] 雷军. 我国单项运动协会管理体制现状分析与对策研究 [D]. 北京：北京体育大学，1995.
[7] 杨东东. 北京市 65 所高校学生群众性体育团体现状的调查分析 [D]. 北京：北京体育大学，1993.
[8] 宋凯. 当代中国球迷现象解析 [D]. 北京：北京体育大学，1995.
[9] 社会团体登记管理条例 [N]. 人民日报，1989-10-26.
[10] 国家体委政策研究室. 体育运动文件选编（1949—1981）[G]. 北京：人民体育出版社，1982.

纵论中国体育改革的社会化进程

中国体育改革已经持续了40多年，作为这场改革的观察者、亲历者和受益者，纵观这为期不短的历程，我深深地体悟出以下四句话。

主张体育改革需要勇气；

坚持体育改革需要韧性；

推动体育改革需要理论；

完成体育改革需要合力。

何谓改革

改革，常指改变旧制度、旧事物。指各种包括政治、社会、文化、经济、宗教组织做出的改良革新，它不以革命的方式达成改变现状的目的。

改革是社会发展的一种强大动力。改革是否成功会影响一个国家的走向，若成功可让国家走向稳定繁荣，若失败可能招致冲突或内乱。

何谓体育改革

1995年出台的《中华人民共和国体育法》规定："国家推进体育管理体制改革。国家鼓励企业事业组织、社会团体和公民兴办和支持体育事业"。这段文字有两个含义。

(1) 体育改革是体育管理体制的改革，经过几十年的社会演变，"管理"一词已逐步让位于"社会综合治理"。

(2) 体育改革的宗旨是社会化。桥归桥，路归路，该给社会的给社会，该给企业的给企业，政府把属于公共服务体系的各项工作都做好。20多年前讲的是"鼓励"，而今天讲的是"必须"。政府要尊重社团，善待企业，要按照市场原则配置体育资源。最终实现小政府、大社会，管办分离，政事分离，政企分离。

体育改革的方向是什么

体育改革要向以下四个方面努力。

权利：保障每个公民都有参与体育的权利，包括参加竞技体育的的权利，政府要保障这一权利的实现。要实现体育"工具论"向"目的论"的转化。

效率：要由国家作为唯一的管理主体，实行封闭性和单向度管理的国家管理模式，转向由开放的公共管理与广泛的公众参与这两种基本元素综合而成的公共治理模式，表现为高效的开放性和双向度。

公平：实现社会均等化。由少数人的精英选拔转向多数人的社会参与。

科学：由经验的、玄学的走向科学的。

体育改革的特点是什么

1. 紧迫性

体育改革的紧迫性是因面对种种强大的压力造成的。

（1）来自国际体育的压力。

我国是一个人口众多的大国，正在崛起中，竞技体育的成就是崛起的一部分。体育改革必须面对国际竞赛活动。当前在国际体育竞赛中的颓势已经十分明显，在里约奥运会上中国队的整体形势非常严峻，即使是体操、射击、举重、羽毛球等优势项目表现也很不尽如人意。这些问题如不能在改革中解决，就会给东京奥运备战工作带来被动。乒乓球、跳水项目虽延续了一如既往的强势表现，但其中存在的个性化问题也绝不能忽视。

（2）来自亿万民众的压力。

民众参与体育运动的热情空前高涨，自觉性、自发性得到极大提高，竞技体育的多元化趋势明显，对体育运动的政府垄断提出质疑。

民众对竞技金牌的价值观回归冷静，金牌至上的观念不被接受。

由于足球等项目暴露出越来越多的假球、黑哨、赌博等问题，甚至一些优势项目也不时曝出各种怪事，民众对竞技体育改革的呼声越来越高。民众对体育改革的参与度很高，议题十分广泛，话语极其尖锐，这是必须给予重视的。

体育改革是一项系统性的调整，不是头疼医头、脚疼医脚式的修补，说到底不是只针对某个项目的一时之举。如改革不能取得应有的结果，将直接导致人们对改革的围观、议论，乃至非议，形成线上线下的舆论压力。

（3）来自全社会改革与发展的压力。

——由于教育改革，运动员的入学、转学受到限制，业余训练的流动性大大下降。

——由于医疗体制的改革，运动员疾病可以纳入医保，而伤病需要另辟财源。

由于住房体制的改革，对运动员的物质奖励大大缩水。

由于退休体制的改革，体育行政机关、事业单位和社团的人员通通不再发放退休金，而进入社保。

由于社团体制的改革，体育社团化发展不再是可商量的事情，必须限时解决。

由于"绿色中国"的推行，体育工作必须加入环保因素，实现可持续发展。

由于"健康中国"的推行，体育进入健康的非医疗干预，体育的价值观必须转变。

2. 复杂艰巨性

因为竞技体育种类多、项目多、层次多、差别大，需解决的问题多。

3. 渐进性

小步子微调已经成为"路径依赖"。

4. 长期性

体育改革不仅是过去时、现在进行时，而且是将来完成时。已经推行了近40年，至少还需要十几年的时间才能基本完成。

5. 滞后性

与其他文化领域比，与中国整体经济与社会发展的改革比，体育改革已严重落后。

6. 反复性

体育改革还经常发生打着"改革"旗号倒退的现象。

体育改革的重点是什么

毫无疑问，竞技体育是体育改革的重点。这是因为以下原因。

（1）中国体育的行政体制与竞技体育体制关系十分密切，在国家体育总局9个行政机构和43个直属事业单位中，全面负责群众体育的只有两个，

其他的不是全部服务于竞技体育，就是被赋予了大部分服务竞技体育的功能。

（2）竞技体育体制占据了全国的绝大部分体育资源。

（3）竞技体育体制改革制约着其他体育体制，包括体育行政管理体制、群众体育体制、学校体育体制、体育产业体制的改革与发展。

我国的竞技体育体制是计划经济时代的产物，是战时军事体育文化、苏维埃共产主义文化与中国传统儒家文化的结合体。与多数其他国家相比，我国竞技体育的基本特征是政府占绝对的主导地位，政府在这个体制中集决策者、组织者、投资者、经营者、经纪人、受益者和风险承担者于一身。

这是一种具有高度行政垄断性质的、与计划经济体制完全契合的体育体制，是专制主义文化在体育中的残存物。

急功近利战略化、短期目标长期化、揠苗助长经常化、竭泽而渔普遍化，将体育资源高密度地集中在高水平竞技体育的高端（亦称"顶层修补"）。历史上，民主德国体育体制的"其兴也勃焉，其亡也忽焉"，就是拒绝改革的必然结果。

今天，我国竞技体育已经暴露出越来越多难以克服的弊端，因为这些弊端的根源来自这一体制；这种体制的垄断性压抑了它的创新性，这一体制正在承受着巨大的制度性成本和代价，包括人文成本、经济成本和政治成本，从而使竞技体育无法得到从容的发展。

这些弊端是中国竞技体育必须成为改革重点的理由。

竞技体育体制改革中的重点环节是什么

1. 业余训练与专业体育的关系

20世纪50年代形成的与教育有紧密联系的业余体校体制，到80年代以每年15%的速度衰减，我国的业余训练至今没有找到一个适宜的体系，以及与专业队衔接的方式。

2. 专业体育与职业体育的关系

进入职业化的足球、篮球等项目，始终未能解决好职业比赛与专业比赛（全运会、奥运会等）的关系，未能解决好专业比赛的社会效益与职业比赛的经济效益的关系，专业与职业体育处于两败俱伤的局面，甚至多有用此事为借口来否定职业体育者。

竞技体育体制改革的难点是什么

（1）领导体育改革的第一负责人改革决心不够坚定。

（2）总有推迟、回避改革的借口：运动会多，运动会的政治包袱重；认为举国体制的优势大。

（3）管理人员不愿将改革落在自己的任期内。

（4）体育界人员的素质过低，不愿放弃既得利益。

（5）体育彩票改变了竞技体育财力不足的窘境，改革的经济动力不足。体育改革出现肠梗阻的现象。

竞技体育体制改革还有哪些理论疑点

在当今的体育改革中，有些理论上的疑点直接影响对改革的认识，主要集中在以下两点。

1. 对"举国体制"的认识

"举国体制"的本质是竞技体育由政府来管，政府来办，事无巨细，全由政府包办。新中国成立初期，迫于国家积贫积弱的原因，政府直接操办竞技体育起到了立竿见影的效果，这是可以称道的。然而，它的最大问题是排斥了竞技体育除争夺金牌外的其他功能，特别是竞技体育对青少年的文化教育功能，以精英竞技将绝大部分青少年儿童拒之于竞技体育的大门之外，也拒绝了体育的产业化发展，最终使竞技体育的路越走越窄。

今天，我国的体育已经发展成如此巨大的规模，政府已经管不过来，更办不过来。这个体制已经阻碍了竞技体育的发展。

2. 对金牌功能的认识

任何一项体育运动最终都会走向竞技，竞技就要争夺金牌，任何一个有尊严的国家、有骨气的民族都视金牌为瑰宝。金牌对激发民族意识、爱国精神所起的作用在和平时期是重要的。对于我们这样一个深受儒学影响排斥竞争的民族，金牌尤具文化意义。

然而，过分夸大金牌的政治功能，将其提升到金牌至上、唯金牌论的程度，就事与愿违了。而且，与获取任何稀缺财富一样，争夺金牌必须付出代价并承担风险。我们只看到金牌正面的政治效益，而讳言失去金牌可能隐含的负面影响。在建设和谐社会的过程中，我们不能再回避这些可能造成突发性、群体性事件的、潜在的不安定因素。

我们的观点是，反对将金牌数量作为衡量政府体育业绩的唯一指标，反对不择手段地获取金牌，反对唯金牌论英雄，但并不拒绝金牌。金牌至上观是错误的，但没有金牌是万万不行的。

政府在竞技体育活动中应尽哪些主要职责

（1）提供竞技体育发展的各种资源与条件。
（2）始终保障竞技体育公平竞争的机制。
（3）确立竞技体育的国家激励机制。
（4）调查研究，制订竞技体育发展的规划与标准。

体育改革的长期迟滞给中国体育带来了哪些严重后果

1．运动训练体制的紊乱低效

当体育资源向高端高密度集中后，运动竞赛公平竞争的机制就难以维持下去，会被一种显性的或隐性的力量扼杀，这时就会出现"一队独大""一人独大"局面。而这种局面一旦出现，这项运动就将面临危机，因为其他力量难以与之抗衡，便纷纷退出。我国有些运动项目辉煌时间很短，难以可持续发展。

2．运动竞赛体制的不合理性

体育部门与教育部门分庭抗礼，形成不相容的两座金字塔。

3．竞技运动的异化、功利化、精英化与运动成绩的谎言化

（1）运动员文化教育的无政府状态：运动员大面积逃避义务教育，出路与来源的不确定性造成了日益严重的后备力量危机。
（2）兴奋剂问题屡禁不止。
（3）运动员身份、年龄造假。
（4）假球、黑哨、地下赌球。
（5）明星运动员商业代言纠纷等。

4．形成了严重的腐败陷阱

现行竞技体育管理体制的一个巨大的经济风险是贪腐。其在下列领域都有寻租的空间。
（1）全运会的金牌分配过程中征收的"公平费"。
（2）优秀运动员进入国家队缴纳的"培养费"。
（3）进入奥运代表团时收取的"赞助费"。

（4）退役运动员在安置工作中，以及报考体育院校运动系特招时的好处费。

（5）申办体育比赛名目繁多的审批费等等。

40多年来体育改革经历了哪几个阶段

第一阶段：体育改革的摸索阶段（1980—1988年）

1980年提出的改革目标是"以革命化为龙头，以社会化、科学化为两翼，实现体育的腾飞"。在这一阶段，市场经济、社会综合治理、公共服务等概念还未提出，体育改革定位还不准确，强调加强举国体制。在这一阶段，感受了1984年洛杉矶奥运会的兴奋，也领教了1988年汉城奥运会的痛苦，知道了竞技体育的重要性，明确了体育改革的必然性。

第二阶段：体育改革的高速运转阶段（1989—2000年）

在这一阶段，中国体育经历了1990年北京亚运会，1993第一次申奥未果，2001年第二次申奥成功，体育改革走上正轨，"一法三纲"出台，作为改革突破口的足球职业化改革开始尝试，体育彩票开始发行。但是，体育改革也遭遇到前所未有的阻力。

第三阶段：北京奥运会的特殊阶段（2000—2008年）

经过长达7年筹备，2008年成功举办了第29届奥运会，举国忙于奥运，忙于与国际接轨，忙于竞技运动水平的迅速提升。体育改革事宜让位给奥运会，改革被冲淡后置，在有些方面还出现了与改革相悖的倒退做法。

第四阶段：体育改革的基本停滞阶段（2009—2016年）

这一阶段对体育改革基本无所作为。反映到伦敦、里约两届奥运会上金牌数、奖牌数逐届递减，几个优势项目失手，兴奋剂事件不断折磨中国体育。运动项目管理中心、国家队、全运会等不断遭到质疑，曝出的各种腐败问题严重困扰着竞技体育。

第五阶段：体育改革的攻坚决战阶段（2017年至今）

2012年以来，我国经济与社会发展的各项事业进步迅速，反腐败斗争取得决定性胜利，体育改革滞后的问题突显出来。

2012年伦敦、2016年里约两届奥运会的失利，特别是一些传统优势项目的痛失金牌，还有国内某些运动会的混乱，将竞技体育体制所存在的隐性弊端转变成显性，遭到民众与舆论的诟病，他们纷纷将矛头指向落后的竞技体育体制。

竞技体育体制下滋生的腐败问题被暴露出来，几个"举国体制"既得利益集团的代表人物失去了话语权。

由于社团政策的放开，大批民间体育社团如雨后春笋般发展起来，使马拉松、民族传统射箭等项目空前活跃，出现井喷势态。

竞技体育改革已迫在眉睫。

当前体育改革急需解决的问题是什么

（1）要尽快解决运动项目管理中心"四位一体"的问题，尽快推进中华体总、中国奥委会和各单项协会的实体化问题。

（2）要尽快提高体育社团治理体育的能力，将政府手中办体育的部分资源接手过来。解决好可否将体育资源转移给体育社团的同时，必须解决好社团能否承担的问题。

（3）要尽快梳理体育社团、体育产业、体育市场上遭遇到的一系列政策、法律问题。

（4）要尽快修订《体育法》等一系列法律法规，让体育改革在法治化的前提下进行。

在过去一年中，体育改革做了哪些事情

（1）关于全运会的改革：取消了金牌榜，缓解了中央的奥运战略与地方的全运战略的矛盾；取消了几个成人集体项目，解决了职业体育与专业体育的矛盾；增加了群众体育项目和个人报名方式，改变了全运会是体育系统自娱自乐的尴尬局面。

（2）2020年东京奥运会的运动员选拔工作走出了单一的国家队模式，以多种方式面向全社会选拔，这是竞技体育社会化的高度体现。

（3）中华体总、中国奥委会实体化的工作开始启动，其方案正在逐步落实。各运动项目协会的实体化正在开展中，一批具有专业特长的资深体育人士正走上领导岗位，"四位一体"的各运动项目管理中心寿终正寝指日可待。

（4）果断地调整了一些运动项目的教头、"寨主"，结束了少数人长期垄断某些项目的不正常局面，大家注意到，这一调整中不乏惩罚性调整。

（5）《体育法》《全民健身条例》的修订工作已经启动。

结　语

体育改革是打开中国体育春天大门的钥匙。

只有改革，中国体育才能为今后更大的发展赢得时间与机遇，在中国改革开放大业中摆脱落伍者的困境。

只有改革，中国体育才能在国际竞技赛场上重塑辉煌。

只有改革，中国体育才能给体育产业的发展开拓出更大的空间和更丰富的资源。

只有改革，中国体育才能真正使青少年儿童和整个民族的体质强健起来。

只有改革，中国体育才能与美丽中国、绿色中国、健康中国和幸福中国并肩走在同一大路上。

今天，各级政府部门自上而下对体育改革的认识已经逐渐趋向一致，顶层设计者的改革决心很大；民间社会自下而上对体育改革的自发推动也已经形成合力，各方面凝聚的改革动力很强，体育改革40余年量的积累即将面临一场质的飞跃。

改革的钥匙在手，开门去吧，中国体育的又一个春天已来到华夏大地。

以时代精神考量中国竞技体育体制改革①

中国近现代的体育运动并非源自中华传统文化，而是西方文化、教育的舶来品。进入20世纪80年代，体育运动在中国发生了两次重大的变异：一次是将体育运动整体裂变为内在关系趋向疏远淡漠、彼此各自独立的三个组成部分，即竞技体育、群众体育和学校体育；另一次是将竞技体育蜕变为"精英竞技"。精英竞技的主要目的是争夺夏季奥运会金牌总数排序。群众体育基本上演变成成年人，乃至主要是老年人的健身活动，虽然名曰"全民健身"，并将青少年儿童列为重点，但实际上基本与他们没有什么关系。在这两次变异的过程中，体育运动与中小学教育中最薄弱环节的学校体育一步一步陷入困境，至今还未能解脱。而精英竞技则演变为一台高速运转的，与学校体育、大众体育不能对称发展的"金牌机器"。

过去对"精英竞技"所依附的"举国体制"的批判大多限于体育范畴内，如果以当今中国主流的价值观来考量它，则可以更多地看到这场改革的必要性和紧迫性。

用市场经济的眼光来看举国体制，至少有三个方面是不相容的：第一，中国竞技体育的项目设置、运动员的培养途径、来源出路、奖励制度等未能按市场取向行事；第二，作为个人功利性极强的"精英竞技"在理论上和法律上都是不应作为公共产品纳入公共管理体系，而动用纳税人的税金；第三，精英竞技中的很多行为是违背市场竞技游戏规则的，兼为运动员和裁判员身份的政府官员参与运动会的金牌分配，大量造假行为充斥赛事之中，向消费者提供了伪劣的体育产品。中国的竞技体育如果继续走市场经济边缘化的道路，前景不容乐观。

用科学发展观这把尺度来衡量"举国体制"则问题更大。第一，科学

---

① 原载《体育与科学》2013年第1期。

发展观的核心是"以人为本"。但举国体制基本停留在人的工具本位上,成王败寇,甚至获取银牌的运动员都受到冷遇。在役运动员的文化教育不能很好解决,退役运动员的悲惨处境屡见报端。第二,科学发展观的基本要求就是"全面、协调、可持续发展"。国民体质,特别是青少年儿童的体质状况持续下降严峻地质疑着中国体育发展的不全面、不协调的问题。第三,作为政府政绩工程的奥运金牌、全运金牌战略,执行的是"顶层修补""外墙装修",将大量优质的体育资源高密度集中在顶层,周而复始的短期行为已逐步将竞技体育的基础销蚀殆尽,使之不可持续发展。伦敦奥运会给我们的教训是:"举国体制"对田径、三大球等奥运会的核心项目基本是不成功的,这些成人项目需要的是扎扎实实从娃娃抓起。但举国体制没有这个耐性做长期的基础工作,往往急功近利,掐尖用人。政府官员的任期责任制,更限制了他们的长远眼光。第四,科学发展观更注重的是质量,以金牌的数量作为衡量体育工作指标,是禁不住金牌含金量拷问的。

用"加强和创新社会管理"的理念来观察"举国体制",它高度的行政垄断特色,更与当前的执政理念大相径庭。中国各行各业都在走社会化的道路,大社会、小政府,管办分离,政企分开,能由社会承办的就不设政府机构,是中国社会发展的必然趋势。然而,体育行政部门始终坚持"三块牌子一个机构"的管理方式。二十多个运动项目管理中心阻断了体育社团实体化的改革进程,他们集政府部门、事业单位、企业、社团于一身,无所不能,垄断赛事,垄断中介,垄断运动员,并从中牟利,已经成为体育的既得利益集团,也成了体育改革的绊脚石。

我们已经进入文化大发展、大繁荣的时代,作为文化重要组成部分的体育文化产业却迟迟迈不开步伐,仍然端着金饭碗要饭。这表现在两个方面。第一,多年来,我们已经投入了数以千亿的资金去经营运动训练和赛事,但在国内始终经营不出看台文化,也拿不到电视转播权,更赢不回票房价值。究其原因,我们的精英竞技从一开始就只是为了金牌,并不准备给人民群众提供文化欣赏,于是陷入这种孤芳自赏的境地。第二,我们虽然也开始了一些运动项目的"职业化",但由于对职业化商业性质怀有战战兢兢的心态,大多职业化的项目处在准职业化、半职业化,甚至是伪职业化的水平上,不能形成产业,不能造就品牌,在职业化的社会效益和经济效益之间举棋不定,职业化做成了夹生饭。

中国已经进入和平崛起的时代,作为一个正在崛起的负责任大国,我们应该也可以在竞技体育中显示自己的文化软实力。但是在国际竞技体育场合，我们必须解决是"为国争光"至上，还是"体育精神"为重的问题。体育精神、奥林匹克精神、运动员道德均为世界公认的普世价值。如果一味强调民族主义的意识形态，不与之认同，其结果往往适得其反，赢了金牌，丢了国格。

　　唐代诗人李商隐对当时的虚浮奢靡之风写下过这样的名句："春风举国裁宫锦，半作障泥半作帆。"愿当今的精英竞技不要在一体悉遵中化作障泥，不要因过度功利而障目。我们期待建立一种健康的、干净的、人性化的、有活力的，可以惠及多数人的体育体制。中国的竞技体育体制只有跟上中国的经济与社会发展的步伐，纳入主流的价值体系，不抱残守缺，不因循守旧，才会赢得民众的支持，才会赢得中国竞技体育灿烂的明天。

竞技·国际

竞技文化与博彩面面观

竞技文化是人类最早出现的文化品类之一。据文化人类学者默多克的研究，在人类最先创造出来的60多种文化中，排在前十名的就有竞技和游戏。而古今中外概莫能外的是，竞技文化一出现总会立刻沾上博彩，就连中国古代的骑射、捶丸、蹴鞠、投壶等亚竞技、准竞技活动都有博彩尾随。博彩不仅作为竞技的副产品和娱乐的延伸，甚至会反客为主，使竞技沦为博彩的工具。

那么，为什么竞技文化与博彩之间有如此亲密的关系呢？

这是因为，竞技文化与博彩出于人类的同一心理源：博弈。早在人类进化成型之前，动物之间就存在着生存竞争，遵循着适者生存的自然法则，通过物竞天择、实现汰劣留良。在人类长达数百万年的愚昧、野蛮时代，那时文字尚未产生，文学艺术活动还未萌发的时候，原始人之间的"竞技"活动就已出现，可以说是他们生产劳动之余的主要"文化"活动形式之一。这种"竞技"潜藏着动物遗留下来的生存竞争痕迹与博弈心理。

人们不仅要进行身体强弱的博弈，从搏斗到战争，在这种博弈中人们追求征服感、统治欲，人们还要进行头脑智慧的博弈，因为头脑产生的优势远超身体，它不仅成本低而且可以突显文明。此外，人们还要进行运气的博弈。因为在早期社会，人们对很多事情发生的规律认识不清，谈不上预见性，得失成败往往并不取决于自身，还有很多说不出来的理由，人们通通将其归结为"运气"。为了满足这种心理，于是，就跳出来了一个称之为"博彩"的怪物。它的恶性发作，就成为一种社会财产的重新分配方式，成为社会深恶痛绝的赌博；而它的良性运作，就发展成一种公开的娱乐形式，最成熟的莫过于彩民们爱不释手的彩票。

那么，我们就来说说，在现代社会中竞技文化与博彩之间存在着什么关系？为什么在中国二者若即若离，难合又难舍？

竞技比赛前其结果是不可预知与不可人为确定的，这一特征为博彩提供了最佳前提性条件，这是竞技文化的文化内核，也是它区别于其他文化活动的最大的特征。比赛的进行过程，不是按照预订的脚本、乐谱、蓝图、讲义等材料按部就班推进的，它与偏爱无关，与权力无关，与"规律"无关，在必然中出偶然，在偶然中现必然。球王贝利应该算是精于足球之道的头等专家，但他对每届世界杯的预测都落空，被球迷称为"乌鸦嘴"，就足以证明竞技文化这一特征的稳定存在。

竞技比赛的另一个特征是，一旦比赛结果出现，便不可争议，也不必争议。竞技比赛一旦结束，结果立等可取，田径运动员冲过终点线，游泳运动员触及池壁，足球裁判员吹响终场的哨声，比赛结果立即出现在大屏幕上，不容研讨，不准修改，甚至从此写进新闻，以至写进历史。

竞技文化的这两个特征对于博彩文化而言，实在是太宝贵了。博彩所要求的谜底深、悬念紧，竞技文化全部满足；博彩文化所要求的谜面宽，能公平面向大众，且瞬间解谜无争议，竞技文化更能满足。因此，他们一拍即合，成为孪生兄弟。当今世界各种大型的比赛，特别是商业性较强的国际比赛，如世界杯足球比赛，二者一定黏在一起。大型博彩公司对比赛的介入，大规模发行各种类型的竞猜型足球彩票，引发全球性的对比赛结果的竞猜，这已经成为一种四年一度的国际文化潮汐。2018年世界杯期间中国体育彩票全程陪同，64场场场竞猜，将成为世界足球嘉年华的重要组成部分。

当然，体育彩票的发行对竞技文化的发展也具有重要的反作用。首先表现在对票房价值的提升，博彩已成为竞技文化良好的经济背景，特别是在职业体育领域，彩票的经济价值尤为突出。

竞技比赛具有极强的功利性质，比如美国NBA职业篮球公牛队对骑士队的比赛，中国观众本不存在立场，不关心胜负，但因为有了乔丹，中国观众就有了偏向。在足球亚洲杯的比赛中，日本对韩国谁胜谁负，中国观众并不关心，但如果他们的胜负关系到中国是否能出线，关注的人就会多起来。事实上，很多比赛中观众是不自设立场的，这就造成了观众缺席，票房下滑。而彩票介入后的引领，使得原本不设立场的观众有了鲜明的胜负分野。我们在电视里可以经常看到国外的许多比赛，尽管门票昂贵，但场场爆满，其实彩票起到了重要的作用，手握彩票看比赛，心里就多了一分期待一分挂念。因此，现在有些比赛门票的背面就是彩票，看比赛等结果与等彩票出结果就一致了起来。

其次，彩票的发行还可以提升人们对比赛的欣赏水平，使很多一般球迷成长为超级球迷。观赏比赛使原来不是球迷的普通观众成为超级球迷。有的球迷为了让赌注下得更有把握就要悉心研究比赛规程，关注各支球队的表现，钻研每个球星的表现，探讨比赛的发展趋势。这个过程不仅是一个奥妙无穷的娱乐过程，也是球迷长进体育知识、关心体育运动发展、结交球迷朋友的人格成长过程。

第三，博彩可使比赛变得更公平、更干净。不可否认，在比赛中有个别球队、球员与裁判为了在赌球中获利，踢假球、吹黑哨。博彩机构为了保护自身的利益，站出来作为一个监督方介入比赛，一旦发现作弊现象立刻举报，维护了比赛结果不确定性的尊严。坊间流传的"彩票阴谋论"，是没有事实依据的，不可轻信。

中国体育彩票发行历史很短，竞猜型彩票更为期不长，虽名曰体育彩票，实际上与竞技文化没有真正实现对接。这不仅是因为在体制上、技术上存在种种问题，而且在思想上还存在不少禁区，有待解放。社会对彩票与竞技文化的关系认识不清，对彩票的经济与社会价值认识高度不够，甚至认为这是一种赌博，会滋生假球黑哨，会给职业体育添乱。这都是在改革开放、思想解放运动中需要解决的问题。

中国的职业体育已经开展多年，已经逐渐具备了竞猜的条件，职业体育的加速发展也需要来自彩票的支持，如继续畏葸不前，眼看大笔资源白白流失，真让人痛心不已。

竞技体育的强化、异化与软化[①]

在过去的一百年中，竞技体育以惊人的冲击力向国际化、科学化和高水平化推进，创造了20世纪独特灿烂的竞技文化，也以丰富的文化内涵影响着人们的意识形态和经济生活。

近代奥林匹克运动的倡导者皮埃尔·德·顾拜旦最初曾经想把竞技体育这场源于白人的游戏定位在文化教育领域。他主张"谋求把体育运动与文化和教育融合起来，创造一种在努力中求欢乐、发挥良好榜样的教育价值并尊重基本公德原则为基础的生活方式"，"使体育运动为人的和谐发展服务，以促进建立一个维护人的尊严的、和平的社会"，"通过……体育活动来教育青年，从而为建立一个和平的更美好的世界作出贡献。"[②]

然而，世界竞技体育如一匹脱缰的野马，在广阔的国际政治高原上驰骋，在丰饶的市场经济草原上觅食，经历着壮烈的强化、痛苦的异化，以及回归本质的软化过程。

一、竞技体育的强化

竞技体育是非生产性的，其本质是游戏。如果在人类的工作（work）和游戏（play）之间可以划出一条连线，那么，竞技体育就是移动在这根连线上的一个游标。在漫长的初始阶段，它基本保持了游戏的品格，然而，在20世纪后半期它迅速向左滑移，工作化、制度体系化、职业化、商业化，大量的经济投入，巨额的经济回报，强烈的政治关照，狂热的媒体卷入，使竞技体育充分地强大起来。

那么，是什么力量使竞技体育强化起来的呢？

---

① 2001年4月写于广州华南师范大学容笑斋。
② 见于《奥林匹克宪章》。

竞技体育特有的文化内涵与活动形式是自身强化的内在条件。

——它选择了最易于沟通、最少争议和歧见的国际性语言——肢体动作，使它最适合作为一种世界文化，对各种民族文化进行统摄、同化、融合和兼容。

——它的游戏外壳是公平竞争，它的思想内核是人的美与尊严。竞争的观念契合了市场经济的社会心理；竞争的功利性使之容易进入市场，产生经济效益；竞争的排他性，使之很容易与对外战争、抗击自然灾害一样，成为发展民族自我意识的手段。

——它确立和遵循着被人们公认为最合理的议事原则——民主平等，使其所表达的政治诉求更具合理性。

——它由运动竞赛和运动训练两个侧面组成，运动竞赛是运动训练的文化外衣，运动训练是运动竞赛的科学内核。运动训练的教育性，使它成为青少年儿童社会化过程中必不可少的一个环节，受到教育机构和家庭的重视；而竞赛结果的预先不可确定性，接纳了多种偶然结果，成为信息社会取之不尽的新闻源。

当代世界的外部环境，特别是第二次世界大战以后的国际政治环境加速了竞技体育的强化。

在二战期间，一些国家的竞技体育曾受到军国主义的影响，得到恶性的发展。二战之后的冷战对峙，使奥林匹克曾以意识形态、社会制度为分野，在对抗中推动了竞技体育的强化。应该承认的是，民族主义是 20 世纪国际竞技体育的主要潮流和基本背景。体育运动与民族事业紧密联系在一起，无论是在学校体育、大众体育还是在高水平的竞技体育，都包含强烈的民族意识和民族愿望。在历史上，由于民族体质的羸弱衰败而招致国家沦落灭亡是不乏先例的。强盛一时的罗马帝国被野蛮的日耳曼人征服，中国宋明两朝受北方游牧民族侵扰，都是历史教训。因此，很多国家都把发展体育运动与民族的生死存亡联系在一起。作为民族实力对比象征的竞技体育，受到各国，特别是发展中国家政府和民众的广泛重视。可以预言，在今后很长一段历史时期，竞技体育仍然只能在民族主义中寻求支点。

一个民族在与其他族群的接触交往中，通过这些有形、无形方面异同程度的认识，形成不同层次的"认同"或"认异"，萌发产生"群体意识"，从"自在"的民族转为"自觉"的民族。竞技体育在强化民族意识方面的重要作用，必然导致民族凝聚力的强化。认同感形成归属感，归属感造就凝聚力，小到单位集体，大到国家民族，无不如此。强大昌盛的民族需要竞技体育这支"营养剂",弱小的、遭人欺辱、侵略、奴役的民族更需要来自竞技体育的支持。一些多民族国家、移民国家尤其希望从竞技体育中找到民族的凝聚核心。足球运动凝聚了拉丁美洲各民族,板球运动整合了澳大利亚这个前英国流放地的居民,乒乓球和排球运动的成功使中华民族在十年"文革"后精神为之一振。

竞技体育迅速强化的另一个动力来自经济。竞技体育与经济的关系在20世纪后期发生了根本性的变化。这头从潘多拉魔盒里释放出来的魔怪以它无可比拟的开放性获得了广泛的国际认同,当它的规模过大时,似乎没有一种现实的经济力量能够支撑它的生存。然而,情况很快发生了改变,体育产业和市场告诉人们一个思路:可以从"为竞技体育找财源"转变为"从竞技体育中找财源"。竞技体育不仅是一种消耗性的事业,而且是一种可以成为国民经济增长点,甚至成为支柱行业的产业,许多运动项目成了生财之道。于是,竞技体育的发展规模和速度就不再有所顾忌。竞技体育便在商业化、职业化的浪潮中,不可遏制地膨胀起来。

当然,经济全球化(包括商贸、金融、媒体、交通、通信的全球化)为竞技体育的强化更奠定了强大的物质基础。

二、竞技体育的异化

毫无疑义,竞技体育强化的文化主流是健康的,是符合时代发展基本方向的,但其暗流又很不容忽视,这条暗流就是人们所说的竞技体育异化。竞技体育"异化"是其"强化"的一种衍生物。所谓异化,是指从主体中分裂出来或丧失掉的东西在摆脱主体的控制并获得独立性后逐渐壮大,反过来控制、支配、压迫或扭曲主体。当这个主体是人本身的时候,那么,异化就是人给自己树立起一个自己最终控制不了的反对势力,导致人性的变形,宗教的出现就是最典型的一例。在竞技体育强化的过程中,由于过度竞争、商业操纵、政治追求的膨胀,最终形成了一种足以扭曲竞技体育本质的异己力量。这一力量一方面使人们越来越远离参加竞技体育的自身目的,而更多地掺杂了他人的目的、非竞技的目的,甚至使多数人只能成为电视机前的看客,而不是参与者;另一方面使竞技体育出现了许多令人厌恶的丑恶现象。

造成竞技体育异化的根本原因在于利益驱动。竞争后的利益重新分配,决定了竞技体育必然具备功利性质。竞技体育的利益(包括经济利益和社会知名度)往往是高额的,利益分配的过程(运动竞赛)是迅捷的,分配的差距十分明显,但又是合法公平的,这就使一部分参与者和幕后者(他们也是利益分配的实际受惠者）不惜铤而走险，采取种种恶劣的手段，造成竞技体育的异化。竞技体育的异化可以在本质的异化、过程的异化以及结果的异化等方面加以讨论。

（一）竞技体育本质的异化

主要是指竞技体育与人的关系的失调，表现在以下三个方面。

（1）竞技体育的技战术、组织管理和行为方式不断被客体化，成为支配人的一种强制力，进而反过来支配人。

（2）竞技体育的参加者丧失自主意志和兴趣爱好，参加竞技体育活动是在高额悬赏的诱惑下，在求职、改变社会经济地位，或其他各种社会目的的驱使下进行的，所以不能充分发挥创造性和主动性。

（3）竞技体育不能直接与参与者的终身幸福相关联，往往造成他们的精神上、躯体上、社会性上的不幸，甚至摧残他们的健康。

日本的特鲁普斯（trops，即将 sport 倒过来写）学派学者影山健将以上三点分别归纳为竞技体育异化的外在化、疏远化和贫困化。

（二）竞技体育过程的异化

主要是指在运动训练与运动竞赛过程中，一些非理性、非科学、非人性，甚至非法手段的采用，导致竞技体育过程的变质。这表现在以下三个方面。

（1）运动训练的野蛮化。在运动训练中强调人的生物属性，忽视人的社会属性，即不尊重运动员的人格，采取侮辱、打骂、威胁、惩罚手段；轻视运动员必要的文化教育；不顾忌运动员的生理极限和心理极限，盲目加大运动负荷；更有甚者，在训练中使用违禁药物与方法，等于拿运动员做活体药物实验。

（2）运动竞赛的局外操纵。出于商业利润的目的、体育赌博的目的和其他政治目的，用暗示、"君子协定"、"假球"、"黑哨"、"场外交易"、运动员资格作弊等暗箱操作，甚至黑社会介入以致伤致残致死运动员、裁判员等威胁手段操纵比赛结果。

（3）竞技体育中失范现象日趋严重，如球迷骚乱、球场暴力、体育暴行频繁，成为危害社会的毒瘤。运动成绩充斥谎言，运动成绩的真实性遭到普遍的怀疑，最终导致竞技体育在人们心目中的地位和受支持程度急剧下降。

(三) 竞技体育结果的异化

竞技体育主要成果——人的塑造和关照被忽视，在狭隘民族主义和商业主义垄断下，竞技体育基本丧失了文化教育本原，沦为政治工具和商业手段。竞技体育结果的异化可能出现以下的情况。

(1) 运动员成王败寇，不成功者成为社会弃儿，成功者被捧为社会贵族。

(2) 商业成为竞技体育的主宰，竞技体育的资源跟着购买者的货币选票走，最终流向那些出价最高的人，而不一定是最需要的人。

(3) 竞技体育附着了更多的政治符号，为民族沙文主义、种族歧视和民族分裂提供了机会，成为政治狂热的发泄地。

竞技体育的异化问题已经引起国际奥委会和各国际体育组织的严重关注，并采取了许多改革措施避免竞技体育异化态势的继续发展。值得庆幸的是，中国社会主义制度的根本性质与竞技体育的异化格格不入，中国政府和体育组织对竞技体育的异化是坚决抵制的，中国的体育改革在很多方面是针对异化而来的，中国对兴奋剂所表达的严厉态度就是一个鲜明的实例。当然，在这方面我们不仅要吸取体育发达的欧美国家的教训，也要回避苏联、民主德国走过的弯路。

三、竞技体育的软化

一个值得注意的发展倾向正在悄然形成，就是在竞技体育被强化、异化的同时，竞技体育正在软化，正在回归人性，回复文化教育本原。这是一个可喜的变化，也是竞技体育发展的必然结果。这些变化包括以下方面。

(1) 运动员的主体意识开始觉醒，权利意识加强，社会开始强调竞技体育是人和谐发展、全面发展的重要途径，同时注意保护运动员的正当权益，如受教育权、再就业、社会保障等。

(2) 人们越来越倾向与全面地理解竞技体育的功能和金牌的价值，竞技体育中的政治因素正在淡化。

(3) 竞技体育的无限商业化遭到阻击。国际体育组织正高度警惕地把竞技体育中的商业运作控制在一定的限度和范围内，防止其喧宾夺主。

(4) 一些竞技体育过度商业化、政治化的国家，开展了对竞技体育异化的批判，并形成了一些较有影响的体育社会学学派。

(5) 20 世纪 60 年代以后，世界性的大众体育与竞技体育对称地繁荣和发展起来，成为竞技体育的一支高效的软化剂。多数人对体育的直接参与改变了全社会对精英体育的认识。一部分竞技运动项目正在改变规则，降低难度，简化场地设施，以适合普通人参加，一些运动项目已经软化成大众体育的活动，如半程马拉松、三人制篮球赛、五人制足球赛、健美操等。

本文讨论的竞技体育的软化，并不等同于它的弱化。在我国竞技体育与群众体育之间畸重畸轻的关系虽然常常遭到批评，但事实是我国竞技体育与体育发达国家相比还存在很大差距，无论是高水平竞技，还是业余训练都远不能与国家目前的政治、经济地位相匹配。要注意竞技体育强化的社会背景，尽量减少和克服竞技体育异化，在竞技体育中倡导人文精神，让精英型的竞技体育与青少年的运动教育、普及型的大众体育找到相通之处，通过软化实现融合，这是本文的最终意图。

精英竞技的泡沫及其终结[①]

伦敦奥运会开幕，一场新的金牌大战也将随之拉开帷幕。经过四年时间，人们越来越冷静地思考奥运会的功过，审慎地思索中国体育的命运。早在北京奥运会举办之前，曾有不少研究预料这将是中国体育发展的里程碑，也可能成为中国体育发展的分水岭。近邻日本、韩国举办奥运的经济、政治状况和申办后体育发展的比较，显示出这样的规律性。

近十年来中国的经济与社会发展突飞猛进，各项改革纷纷出台，而相应的体育体制改革未能及时跟上。2001年申奥成功以后，体育改革基本陷于停顿，那么，中国体育改革与发展的拦路虎是谁呢？精英竞技，以及让它苟延的竞技体育管理体制。精英竞技既是绑架体育改革的有力借口，也是它不愿意在深化体育改革中失去既得利益的内在理由。

一、中国精英竞技泡沫是如何形成的

任海先生认为竞技运动的本意是参与者在竞争的环境中，本着诚信、自律的道德精神，遵守安全、公平的比赛规则，通过直接或间接的身体对抗，相互激发潜能，促进其身体、心理和社会行为健康发展的体育活动。

他认为竞技运动的存在价值在于它的教育意义，这种在竞争环境中的身体对抗和冲突可以激发青少年的潜能，培养其品格，达到和谐共进的结果；竞技运动不是零和博弈，而是双赢；它以道德自律与法律约束方法，摆脱了弱肉强食的丛林法则。因此，竞技运动这种特殊的社会教育作用是任何其他学科、其他文化形式所不能替代的，是必须大力、普遍加以推广的。

然而，精英竞技与之背道而驰。它不以人为本，而以运动成绩为本，导致成王败寇；它忽视对青少年的教育，它只提供观赏，追求精英竞技的经济

[①] 原载《体育学刊》2016年第4期。

和政治等效益；它强调选材，准入门槛极高，社会包容度低，是一种小众运动；它游离于社会参与之外，与其他部门合作空间极小，虽有体育社团但徒具虚名；它的人才结构不是正常的金字塔，而是柱形的，甚或是倒金字塔型的；它实施的是"顶层修补"，忽视基础建设；它消耗极大的社会资源，加剧了体育资源分配的不公平。

人们播撒下去的竞技运动是龙种，收获的精英竞技竟是跳蚤。那么，形成精英竞技的原因是什么呢？

（一）中国传统文化中体育基因的先天不足

1. 群体本位的文化价值导向

在中国传统社会中，人的社会存在的基础是血缘关系和以血缘关系为纽带的家庭和宗族，个体的价值体现于其对群体的义务。文化的价值取向完全聚焦于群体利益而忽略或否认个人价值。竞技运动只有在被赋予集体（特别是国家）的意义时才获得正当性，而其促进人的发展的价值多被忽视。

皇权文化专制主义的延续和发展致使凡不遵循差等制度的文化因素都不能发展，因为这都可能对森严的等级制度形成冲击，给专制统治造成不稳定因素。竞技运动的根本特征就是对抗双方必须在法律意义上的形式平等，因此，它是等级制度的天敌。中国古代体育中找不到赤裸裸的你争我夺，以及激越的跑、跳、投。因此，在中国由于特殊的地理因素和复杂的文化机制下，难以成长出以普遍的争斗和征服为特征的运动竞技。

东西方文化的发展沿着不同的道路发展，发展的内容和重点发生了变化。东方文化的基本价值在于伦理。"道之以德，齐之以礼"，把道德教化置于首位，追求动静的统一，以静为主，强调内外平衡，天人合一，重协作而轻竞争。反映在体育活动方式中就出现了导引养生术、气功、太极等。而在中国古代体育史上，除唐代马球外，几乎没有以"力度""野性"等张扬自我的体育运动。于是在"中庸平和""温文尔雅"的儒家文化背景下，出现了"不以成败论英雄"的"无绝对胜者"的东方"游戏"诠释。

2. "仁"文化与"礼"文化阉割了竞技运动必需的社会平等观念

中国传统的封建专制社会依靠伦理秩序维持，"仁"治其内，"礼"拘其外，达到社会和谐。"仁"作为最高的道德原则，衍生出臣民、顺民等各种人际关系准则。"礼"则确定长幼尊卑亲疏的等级名分并规范人们的行为方式。中国一直缺乏支撑自身体育发展的民主政治，即使到明清时期也仍然如此，因此近代欧洲体育重新勃兴的时候，中国体育文化却一片萧条，特别是竞技运动几近于零，成为世界体育文化的弱势部分。

而竞技运动的灵魂是公平竞争，中国传统文化缺乏平等的思想基础。而竞争，特别是社会内部的竞争更是传统文化的大忌，因为竞争直接威胁到"仁"与"礼"小心翼翼维护的等级制伦理秩序。

3. 强调和谐的传统哲学理念

在古代中国，由于人与人之间形成的君臣父子的人伦关系，以及民众对土地的绝对依附，使民族的意识形态中不可避免地重视渗透、协调、和谐与中庸，而反对斗争、冲突与对抗。中国体育更多重调节、轻冲突与重关系、轻规则的特征，有别于西方的"更快、更高、更强"的色彩。

4. 游戏精神缺失

中国儒家文化讳言休闲、抵制休闲、贬斥休闲，成为社会文化的主流思想、统治思想，休闲便失去了它在社会结构中应有的地位，休闲缺乏社会存在的正当性。于是，各种休闲活动、游戏娱乐活动遭到贬斥，人们用"玩物丧志""游戏人生"和"业精于勤，荒于嬉"告诫年轻人在传统文化"修身、齐家、治国、平天下"的个人发展逻辑中没有玩耍游戏的位置。中国有发达的游戏实践，却无相应的理论来探究玩耍和游戏的教育功能。直到今天，游戏理论、休闲研究才刚刚轻移莲步，小心翼翼地走出闺房，等待大众的评说。

竞技运动的本质属性是游戏，旨在满足参与者自身娱乐身心的需要。在竞技运动中，人是目的，而不是实现外在功利目标的工具。当竞技运动得不到传统文化的支撑时，就只能成为少数人参与的精英竞技，于是，本为玩具的竞技运动沦落为一种政治教化的工具。

（二）民族主义是精英竞技的思想基础

冷战结束后，中国的竞技运动在民族主义、国家主义中找到了稳定的思想根据。民族主义是近代以来世界最强大的政治和社会力量之一。然而，民族主义是一把双刃剑。20世纪80年代后世界性的民族主义占了上风，出现世界性的国家分裂、社会崩溃和民族纷争的状况，不管是被解释为文明的冲突、宗教的战争，还是定义为族群的分歧、石油的争夺，都可以看到民族主义在作怪。

民族主义也给体育运动带来一系列的问题：它使人们一叶障目，忽视体育本质和多数人对体育的多方面的需要，形成了偏失的体育价值观和价值取

向，造成竞技运动的严重异化。民族主义可以拉近政府与体育之间的关系，使二者关系变得十分密切。一方面竞技运动需要政府给予特殊的支持和资助，一手扶植起来了精英竞技；另一方面政府对竞技运动实施干预有了来自"民族""国家"的借口，于是就建立起了精英竞技的国家垄断性的管理体制。

（三）举国体制是精英竞技的保护伞

由于民族主义、国家主义占了主导地位，于是就形成了国家为买方，体育部门为生产方和卖方，精英竞技为商品的基本关系。与多数其他国家相比，我国竞技运动的基本特征是政府占绝对的主导地位。政府在这个体制中集决策者、组织者、投资者、经营者、经纪人、受益者和风险承担者于一身。

由于强势政府的操控，这种体制有很强的优势，它的决策阻力小，组织能力强，集中资金快，经营环节少。这种体制可以使竞技运动弱势国家、后发国家迅速实现崛起，并能顺理成章地将国际竞技运动竞赛中取得的成果解释为国家和民族的荣誉，政治制度的优势。

在这种体制下，精英竞技应运而生。

（四）"竞技运动理论体系"对精英竞技的推波助澜

据中国竞技运动权威人士田麦久先生的观点，竞技运动理论体系由运动员选材学、运动训练学、参赛学和竞技运动管理学四个部分组成。不难看出，运动员选材学，是竞技运动的第一道高门槛，在"起跑线上"就将99.99%以上的少年儿童拒之于竞技运动大门之外，应该说是很不人性的。以"项群理论"为核心的运动训练学，可以解决运动项目的多种分类方法，但并不能真正解决运动训练中的现实问题。因此，中国绝大部分训练仍在"三从一大"的方法中盘桓，拼时间、拼强度、拼负荷，最终拼伤病率和淘汰率。参赛学是最具中国特色的学科，从事金牌数量的预测、研究比赛过程中如何运用"四两拨千斤"谋略设计、进行田忌赛马式的运筹调度，以及采用《孙子兵法》、"三十六计"中的战争逻辑。而竞技运动管理学则是在为"举国体制"的合理性和正当性奠定理论根据。精英竞技的实践催生了竞技体育理论体系，而这种理论又使精英竞技的实践穿上了理论外衣。

（五）传播媒体对精英竞技的偏好

中国的体育价值观并不遵从文化理论建设的结果，而是跟着传播媒体的好恶而行。而传播媒体服从收视率、发行量、点击率、广告效益等经济指标。评价一个国家竞技运动的发展水平应由竞技运动基础和实力表现两方面来综合考察,然而,媒体关心的只是实力表现的那一刻,以迎合观众的欣赏需求和追星心理。即使是对实力表现的评价,各国都有所不同,我国确立的是"以奥运会为最高层次"的标准。而对奥运会成绩的评价,有的国家以奖牌总数,有的以夏季与冬季奥运会金牌或奖牌总数,有的以人口平均金牌数或奖牌数,有的以国家经济总量平均金牌数或奖牌数作为参考标准,而我国则仅以夏季奥运会的金牌总数作为参考标准。这一评价方法对于回避金牌的含金量,掩饰竞技运动基础的薄弱,而突出运动精英的价值是最有效的。

二、精英竞技泡沫下面究竟是什么

(一) 精英竞技的政治风险

1. 政府不得不站在竞技运动的政治风险的风口浪尖上

任何一个有尊严的国家、有骨气的民族都把金牌视为瑰宝。然而,与获取任何稀缺财富一样,争夺金牌必须付出代价并承担风险。过去我们对获得金牌正面的政治效益评价较多,如金牌对激发民族意识、爱国精神所起的作用,等等,而对竞技运动可能隐含的一些负面政治效应避而不谈。

竞技运动本身具有很大的偶然性,这是由竞技运动比赛结果的预先不可确定性决定的。因此,金牌的归属往往会大出人们所料,如果将这样一个偶然概率极大的文化活动的责任归于政府,真称得上"命悬一线",如北京奥运会上突然出现的刘翔因伤病退赛,让政府措手不及,应该吸取教训。政府主动把体育这类游戏、竞技文化胜负的偶然性承担起来,并提升到国家民族的高度来解释,其危险性和尴尬处境可想而知。

在国内,竞技运动比赛的主体是各级政府部门,无论是全运会、民族运动会、城运会、农运会、体育大会,还是省运会、市县运动会,实际就是同级政府之间的比赛。这就使各级政府很忙、很累、很担心,也很无奈,因为这些比赛都是以一级政府的信誉做担保的,也因为运动会的成绩往往成为部分官员升迁任免的根据,于是金牌这个"硬指标"成了评判政府体育工作高下、体育官员业绩优劣的主要根据。而全民健身、群众体育作为一种"软任务""软指标",只能放在一个从属的次要位置上。近年来,全民健身与奥运战略的差距越来越大,据国家体育总局 2007 年组织的第三次全国群众体育现状调查的数据,我国经常参加体育活动的 16 岁以上成年人只占同龄总人口数的 8.3%,加上学生的数量也不过占 28.2%,不仅不能与发达国家相比，比一般发展中国家也未见其好。

今天，在建设和谐社会的过程中，我们不能再回避这些可能造成突发性、群体性事件的、潜在的不安定因素，更不能将这些因素转嫁到政府身上，从而降低政府的权威性。政府必须变更自己的角色，站在更高的位置上，以获取对国家竞技运动的高位监督权、指挥权。

2. 比赛结果的"谎言化"大行其道

这种高风险的压力促发了许多不正常的现象，有人甚至不惜铤而走险。流行在体育界的几句名言就是这些现象的写照：第一句是"体能类项目靠吃药，技能类项目靠钞票"；第二句是"查出来是兴奋剂，查不出来是高科技"；第三句是"不要犯法，也不要犯傻"。假球假摔、冒名顶替、篡改年龄、贿赂裁判、分配金牌、违禁药物等许多问题，因有"坚强后盾"支撑而屡禁不绝。

中国足球的黑赌事件旷日持久，经历了坊间传闻、球迷呐喊、记者查证、石沉大海，到2009年警方介入，终有了是非判别，捉住了几只肮脏的手和几只龌龊的脚。当年从球迷呼喊球员"下课"，到叫嚷教练"下课"，再到相关管理人员的"下课"，逐步升级，直到今天网民质疑他们背后的足球体制问题，完全符合认识过程的逻辑。今天，如果不真正从体制入手，一揽子解决问题，那么，跟在赌球案之后的是什么，仍然让人迷茫。

其实，问题不单单出现在足球一个项目上。体制问题是具有普遍性的，在其他已经进入职业化的项目中同样会发生，这只是时间迟早的问题。问题也还不仅在进入职业化的运动项目上，长期以来，竞技运动界的很多谎言化的问题被逐步放大。比如，运动员大面积地篡改年龄、大面积逃避义务教育、兴奋剂的屡禁不绝，并向下蔓延，这些都是在体制掩护下的公开的秘密。

行政垄断的结果必然走向封闭，在"体育系统"成为一个特有的封闭概念后，竞技运动公开化、透明度下降，包括赌球在内的暗箱操作成为常态。由于封闭，外部的监督变得十分软弱；由于封闭，变得不思改革，不思进取，竞技运动管理体制成为中国各项事业改革中较为落后的一部分。

3. 精英竞技存在着大量寻租空间

精英竞技的资源掌握在政府部门手里，权钱交易的寻租行为存在着极大的可能性，所酿成的腐败现象并不鲜见。

（1）"公正费"：我国基本上是以行政阶次组织各级体育比赛，而不是由专业的体育社团组织来操作这项事业。运动队由政府养着，比赛由政府出资，比赛结果说明的是政府业绩。因此，不管是过去的"金牌榜"，还是即将执行的"综合成绩榜"，其本质都是对政府体育工作的评价。各省、市、自治区政府对竞技运动的投入十分巨大。21世纪初笔者对几个省市做了一项调查，华北某经济落后省份在一个全运会四年周期要用1800万元才能换回一块金牌，而另一华东经济欠发达省份的一块全运会金牌成本是3200万元。政府作为投资者要求收回相应的效益无可厚非。然而，全运会的金牌总数是相对稳定的，这块不大的蛋糕如何切法，就不完全决定于竞技实力，而是幕后的经济实力，以及操刀手是否秉公执法了。当经济手段介入时，一笔笔以"公正费"为名义的贿金就出现在赛场内外。近年来，对现场官员、裁判员实行比赛期间收缴手机、不准吃请收礼、裁判员临时抽签上岗执法等做法多少透露出这里的寻租空间已经让人无法忽视，但相关部门已在尽力扭转这种现象。

(2) 进队费：我国国家队和省市体工队长期集训的训练体制，使大量优质体育资源高密度地集中在高端。运动员进入优势项目的国家队，就意味着进入奥运冠军、世界冠军的保险箱，即使是非优势项目，进入国家队也等于拿到了全运会冠军。因此，各地方就把运动员推进国家队作为最高目标。然而，由于公平选拔机制的缺失，选拔运动员全凭运动管理中心官员和教练员的伯乐相马、慧眼识珠，而被辞退的运动员又得不到《劳动法》的保护，因此，运动员的进进出出，形成了一种"人事资源"，在缺乏监控的情况下，留出寻租空间也绝非不可能。

(3) 冠名费：我国为精英竞技服务的运动项目管理中心是一个很奇特的机构。名义上是事业单位，但可以行使部分行政职能，又可以顶替社团组织，甚至还可以搞经营活动，收取各种冠名费。

(4) 地下黑钱：如某运动管理中心，它可以办比赛、选队员、派裁判，不可思议的是，它还可以对俱乐部实行控股，参加经营和利益分配。它们的人员也具有多重身份，可"按需变脸"，某窝案人员一人身上竟然同时出现了"受贿罪"和"非国家工作人员受贿罪"两项罪名，就是这类机构非驴非马、管办不分的性质所致。

(二) 精英竞技的经济代价

1. 竞技运动是否为公共产品有待澄清

竞技运动是一个不断实现自我膨胀的文化领域。由于运动项目的增加，

运动会规模难以"瘦身",运动训练和装备器材科技含量的迅速增长,运动员奖励费用的攀比提升,竞技运动已经成为一项高消费的活动。为我国竞技运动埋单的政府必须接受这一现实。

政府是一个提供公共服务的机构,它手中的钱不是从天上掉下来的,也不是自身生产劳动所得,而是来自纳税人交纳的税金,所以必须用于公共服务。因此,竞技运动要全部靠政府养起来,必须要确认竞技运动是一种公共产品,而无论在理论上、政策上、法律上,还是世界各国惯例上都绕不过去。在当今世界还没有见到任何一个国家的经济理论有这种立论。

2. 运动竞赛的包袱难以卸载

中国是全世界全国性竞赛活动最多的国家,不算运动项目单项的比赛,形成传统的全国性运动会就有十个,平均每年有三个以上。近年又增加了全国老年人运动会、智力运动会、水上运动会、大漠运动会、红色运动会。平心而论,这些运动会的社会效益和经济效益都不高,对体育发展和社会促进的作用也有限。

更令人匪夷所思的是,现在这种体制已经造就了一大批非职业的"职业"运动员,无论是全运会、全国体育大会、民族运动会、农运会、大运会、城运会都有他们的身影,他们不断改变身份混迹其中,消耗着宝贵的体育资源。于是就出现了农运会不是农民参加,牧民运动会没有牧民,大学生运动会上一批非大学生的专业运动员在称王称霸,而少数民族运动会变成了少数民族运动项目的汉族运动会等种种奇怪的现象。一些退役多年的老运动员在全运会上被重新启用,这也是中国体育的一大怪事。

为了在金牌大锅里分一杯羹,一些连人畜饮用水都缺乏的省份竟然开展划船运动;一些根本不下雪、不结冰的南方省市,居然在发展冰雪运动项目;个别很穷的省、市、自治区在养价值几千万元的纯种比赛用马。而一些有群众基础,但未列入奥运会的传统比赛项目受到冷落。这些怪现象的出现,都成为不该忽视的制度成本和代价。

我国的运动会办会成本很高,开闭幕式上盛大的团体操、大型文艺表演劳民伤财,运动员、教练员、裁判员要住星级宾馆,耗资巨大,奢靡之风盛行,大量的体育经费花在与体育关系不大的差旅费上。

而且,每一次全国性的运动会都会兴建一批大型体育设施,当这些设施的建设与地方官员的"形象工程"联系在一起的时候,相互攀比成风,运动会后成为地方政府难以卸下的包袱。我国现有可供举行国际比赛的体育场馆有6000多个,其数量居世界首位。现在运动竞赛的经费支撑这些场馆的生存，缺口很大。很多场馆不得不转交给国资委。问题不在于数量多，效率低，而在于不肯就此罢手，还在跟着运动会的足迹继续增加。

自第八届全运会以来，"东道主现象"日益严重。东道主为了获得"双丰收""三丰收""四丰收"，要"全面"超过上一届，不惜花高价借、租、买运动员，这里潜藏着许多违背竞技运动发展规律，与科学发展观相悖的非常规做法，所付出的代价也是无谓的。

3. 查禁兴奋剂的制度成本很高

兴奋剂问题这些年来引起了高度关注，查禁工作动用的财力、物力、人力超过世界任何一个国家，也取得了巨大的成就。但是这个问题始终是悬在我们头上的一把刀，必须引起我们重视。

在其他国家，不管谁吃了药都是运动员、教练员、队医的个人行为，而在我国，由于竞技运动是政府一手操办的，虽然吃药也是个人行为，但国际舆论通通推到政府头上。事实上，在中国，运动员连喝的水、吃的饭都是政府给的，何况乎药，我们有口难辩。我们国家不得不在查禁兴奋剂的问题上花巨大的人力、物力和财力。由于我国各级各类运动会太多，查禁到省级运动会已经难度很大，省级以下几乎无能为力，只好听之任之。

更令人尴尬的是，每次查禁都是政府与政府之间的博弈，即国家体育总局与地方政府之间的博弈，其中查与保之间的斗争甚至已经到了不得不动用司法工具的程度。

（三）精英竞技的体育代价

1. 精英竞技打破了竞技运动公平竞争的机制

当体育资源向高端高密度集中后，运动竞赛公平竞争的机制就难以维持下去，会被一种显性的或隐性的力量扼杀，这时就会出现"一队独大""一人独大"局面。而这种局面一旦出现，这项运动就将面临危机，因为其他力量难以与之抗衡，便纷纷退出。我国有些运动项目辉煌时间很短，如男子跳高、男子三级跳远、女子中长跑等，一个优秀运动员的身后，就会出现一段很长的阴影，朱建华、邹振先都是这样，刘翔之后的110米跨栏是否也会是这样一种状态，我们拭目以待。

分配金牌是重创了竞技运动公平竞争机制的又一杀手。为了保护运动精英，保护优势项目的训练基地的积极性，有些人主张对运动会的金牌、奖牌实施定向分配，体育比赛结果的不确定性遭到践踏，体育比赛失去了它的文化价值。公平竞争成为儿戏，观众成了被愚弄的对象。

2. 精英竞技阻断了中国体育改革之路

人们期望 2008 年北京奥运会可以成为中国体育分水岭，其缘由是北京奥运会后有四年时间中国体育的改革将轻装重新走上征程。20 世纪 90 年代中国体育改革迈开了可喜的步伐，1995 年后先后出台了《体育法》《全民健身计划纲要》《奥运争光计划纲要》《体育产业发展纲要》。在《体育法》总则中，明确提出"国家推进体育管理体制改革"。

然而，2001 年申奥成功后，体育改革就此搁浅，2008 年前完全停摆，无论是理论还是实践都有更加依赖政府，而远离市场的倾向，体育改革的滞后性问题越来越凸显。北京奥运会后，山东全运会、广州亚运会、深圳世界大学生运动会、南昌城运会接踵而来，让人应接不暇，体育改革全然落空，继之而来的还有伦敦奥运会、沈阳全运会、南京青奥会，体育改革无法提上议事日程。

周而复始、花样繁多的运动会，使体育部门无暇思考体育的改革、体育的发展战略、体育的法制化建设，于是短期行为长期化，急功近利常态化成为体育工作的特点。保金牌，甚至成为拒绝改革的借口，当运动会上的金牌数量异化为体育系统的 GDP 时，全民健身只能沦为运动会的陪衬品和"同行者"；发展体育产业只能成为开运动会的集资方式；国民体质下降问题，特别是青少年儿童的健康问题难以得到有效解决。

3. 精英竞技影响学校体育的发展

竞技运动与教育本是手心手背的关系，但是由于体制上的睽隔，日益膨胀的精英竞技成为体育行政部门独办的事情，由于担心高校体育冲击和干扰运动精英的训练比赛，大学生运动员被禁止参加全运会，成为全世界独特的体育现象。

更为严重的是，学校不承担培养运动员的任务后，教育部门对竞技运动冷眼向洋、隔岸观火。一些体育教育家甚至主张将竞技体育彻底赶出学校，体育课不准传授竞技运动项目。学生不能掌握运动技能，学校连运动会都开不起来，甚至连体质测试都不能进行。

4. 运动人才后备力量萎缩现象日趋严重

我国 20 世纪 50 年代形成的业余训练体制在新的历史时期遭到严重挑战，它遭到了来自两个方向的蚕食：一是因财政困难而彻底退出消失；二是升格为半专业、专业的运动学校、职业技术学院，其中县级以及县级以下业余训练损失最为严重。业余训练的日渐萎缩，江河日下，是 20 多年来中国竞技运动的最大失误，有些运动项目甚至长期存在着"倒金字塔"的人才结构。这一恶果最终将要反映到中国体育今后20年的进程当中。

(四) 精英竞技的人文代价

1. 精英竞技剥夺了多数人的竞技运动权利

竞技运动参与的大众性和比赛结果评定的公开性，在程序上决定了体育比赛必定是个民主过程。人人可以平等地参加，并在活动中"获得与其天赋相适应的运动成就"，已成为一种民主权利写入联合国教科文组织的《体育运动国际宪章》。但是，在中国，许多少年儿童不能充分享受到参加竞技运动的权利。2009年出台的《全民健身条例》，虽然在约定公民体育权利方面有了较大的进步，但也并没有彻底解决此问题。

2. 运动员伤病问题不容讳言

竞技运动的高水平化发展，使运动员的伤病成为常态。中国的长期集训制，使运动员训练的时间强度明显高于其他国家，伤病的问题更为严重。过去常以刘翔没有伤病作为成功训练的案例，但北京奥运会把这个神话也打破了。过去有一位国家体委的负责人称"群众体育是终身体育，竞技运动是献身体育"，这话隐含的意思是运动员受伤得病理所当然。这种思想至今还普遍存在，媒体甚至把战胜伤病作为运动员的一种英雄行为来加以表彰。

我国各级体工队的训练采取的是"时间战"和"消耗战"，不适当地延长时间以增加负荷，造成青少年运动员的大面积受伤。全国政协医疗专题组一个为期三年的调查表明：在受调查的6340名运动员中，受伤人数达到3832人，占总数的59.6%。运动队的级别越高，伤情越严重。我国羽毛球国家队队员的伤病率是100%，2001年青少年羽毛球队的伤病率几乎是200%，42名集训队员查出83处伤病。山东省田径选手60岁以下死于心脏病的占总死亡人数的56.26%，排球为62.53%，举重为67.12%，而40～60岁的退役足球运动员心脏有疾患的达到100%，这些数字大大高于常人的比例。国家女篮在某教练执训的一年多时间竟有6个队员造成十字韧带损伤。

3. 不能对运动员体现终极关怀

中国精英运动员被称为是"全世界最幸福的运动员"。如果"幸福"是指可以逃避义务教育，可以不上课、不参加考试就可以拿到大学本科、硕士、博士的毕业证书，可以不参加公考就进入公务员队伍，可以三年不上班还能照领薪酬，那么真算得上"幸福"。近年来，我们花了很大力气想解决运动员的文化教育和人格教育的问题，提出了"体教结合"的主张，但收效并不大。最近，一位多次获得世界冠军称号的著名乒乓球运动员，在中央电视台公开承认自己在离开运动队的时候只有小学二年级的文化程度。其他人的情况可想而知。

由于长期的封闭环境和缺乏必要的教育，中国运动员再次进入社会的时候，还是存在许多不适应的问题。这是中国运动训练体制特有的一个难解的问题。运动员不是终身职业，即使已经成为职业运动员，在退役之前也必须要完成"第二次社会化"的培训。一些未能完成基础教育阶段学习任务的运动员，升入体育院系，几年之后又回到体育系统，造成了人才培养的恶性循环和近亲繁殖，从而不断降低体育队伍整体的文化素质。

一个负责任的竞技运动体制必须体现"以人为本"的思想，要对运动员实现终极关怀，既要主动地去与义务教育接轨，也要完成成人教育阶段的就业教育和终身教育，否则这种体制就是有严重缺陷的，是要给社会留下"后遗症"的。这是制度代价的又一种形式。

三、精英竞技的终结

精英竞技迟早是要结束它的历史使命的，因为它阻碍了体育的社会化发展进程。20世纪90年代初，苏联解体和民主德国崩盘，其教训值得我们深思。这两个前社会主义国家的消亡都有发自体育体制的借口。之前的1988年，苏联体委主任被罢免，之后的1990年民主德国的体委主任被送上法庭，绝非偶然。把体育文化过紧地绑在民族主义上，结果反受其累。政府主动把体育这类游戏、竞技文化胜负的偶然性承担起来，并提升到国家民族的高度来解释，其危险性和尴尬处境可想而知。到了这个时候，金牌已经成为勒索纳税人，讹诈政府财政的工具。随着柏林墙轰然倒塌，民主德国体育的这部造梦机器也分崩离析。人们惊奇地发现，失去了政府直接资助的民主德国体育，在刹那间被动荡的时局摧枯拉朽般击碎，其速度之迅猛，其烈度之严重，远远甚于其他任何行业。

（一）精英竞技必须回归游戏本原

人类生活在地球上必须首先严肃地做第一件事，就是"工作"（work），以解决自身的衣食住行；当人类有了多余的财富，也有了余暇，并产生了有闲阶级的时候，便可以更多地更自觉地去做第二件事情，就是"游戏"（play）。然而，已经习惯于工作操劳的人类往往不安于游戏，总要按照工作的面貌来改造游戏。人类就是通过"竞技运动"这个媒介把越来越多的

"游戏"改造成为"工作"的。竞技运动就如同一个游标在游戏与工作之间滑动，竞技运动发展程度越高，就越远离游戏，而偏向工作。当我们审视奥林匹克运动会发展的历史时可以看出，人们循着这条路已经走出了多么遥远的一段，使它的游戏精神丧失殆尽。政治化、职业化、商业化倾向，将奥林匹克涂抹得色彩斑斓，以致我们很难再看出奥林匹克的游戏本原。

然而，人类离不开游戏，因为从一个长远的观点来看，人类毕竟还处在自己的孩提时代。古希腊时期是人类的婴儿期，古代奥运会是人类牙牙学语时的游戏，近现代奥运会也不过是人类学步时代的一场大 game 而已。保持奥林匹克的游戏本色，就是保持人性的本色，防止奥林匹克的异化，就是防止人类的老化。

（二）精英竞技必须回归大众文化本原

著名文化学者冯骥才先生提出："文化强国需要四条标准：首先有一个清晰的国家文化形象，这一形象不仅是丰富的历史文化给予的，也应是未来文化强国所具备的，是一个鲜明有力、为公民所自信的文化精神；第二，是需要创造出一大批深入人心的时代经典文艺作品；第三，要有一个能成为国民经济支柱的文化产业，这一产业同时也要负担起文化责任，不能唯利是图；第四是建成一个高素质的文明社会，只有全民拥有高素质文化，我们才能成为真正意义上的文化强国。"

这四条标准，对建设体育文化强国同样适用。体育面临的任务是双重的，不仅要参加国家文化强国的建设，而且还要完成自身的体育文化建设。用这四条标准衡量当今中国的体育，作为国家文化形象，竞技运动通过北京奥运会和各种国际大赛已经有了相当清晰的呈现，中华体育精神、奥林匹克精神十分鲜明，并能为多数公民所认可。

然而，可与"经典文艺"媲美的优势运动项目还远不能在竞技运动的核心项目（如田径、三大球）上称雄；至于体育文化产业，我们才蹒跚学步，不仅在观念上存有很多问题，而且在体制上还有更多障碍需要克服，足球产业出现的"唯利是图"成为体育文化产业的一块挥之不去的阴影；而体育成为公民的素质教育组成部分，演变成学校教育、社会教育和家庭教育的自觉性还有很长的路要走，体育人自身文化素质的提升更是一个关系到体育文化前途的、亟待解决的问题。

总之，在这一转型过程中，竞技运动要从传统文化中挣脱出来，从民族主义中解脱出来，找回它的游戏文化本原。

(三) 精英竞技必须回归教育本原

奥林匹克的精髓是教育。《奥林匹克宪章》开宗明义地指出："奥林匹克主义是增强体质、意志和精神并使之全面发展的一种生活哲学，奥林匹克主义谋求把体育运动与文化和教育融合起来，创造一种在努力中求欢乐、发挥良好榜样的教育价值并尊重基本公德原则为基础的生活方式。"

社会对体育的轻视与偏见，教育对竞技运动人才存在价值的估计不足，竞技运动自身发展的一些不良倾向，如过分追求功利目的，商业化、职业化的倾向，忽视运动员的文化知识学习、滥用药物等，这些虽然只是竞技运动发展过程中的一条暗流，但不容我们忽视，否则将会酿成奥林匹克发展的危机，造成教育与竞技运动的分裂。

教育与竞技运动分裂的后果是两败俱伤。在竞技运动被挤出教育的时代，西方人的身心在宗教神学的泥淖里挣扎了一千多年，而东方则在儒教的怀抱里最终完成了"东亚病夫"的塑型。

古代奥运会的衰亡和长期湮没有很多原因，其中最主要的是奥林匹克的意识和精神在教育中的消失，奥林匹克文化传承在学校教育中的废止。而近代奥林匹克的勃兴恰恰是打着"文艺复兴"的旗帜，乘近代教育兴起的潮流而繁荣于世的。

教育和竞技运动盘根错节，它们之间相互渗透、相互影响。在未来的现代化社会里，它们在建设人的身体、精神、智力、情感和社会关系诸方面将起到举足轻重的作用，它们对建立现代人的价值观念、思维方式、情感方式、生活方式无疑都是卓有功效的。

(四) 体育改革是根除精英竞技泡沫的一剂良方

中国不改革就没有出路，中国体育不改革同样没有出路。中央最近对申办大型国际赛事、对兴办大型体育设施、对增加大型综合性运动会下了禁令，为宏观领域的体育改革把握了方向。国务院的大部制改革和体育社团实体化的推进，都会从体制和机制上推动改革。体育体制一定要改，一定要抓紧时机改，早改比晚改好，主动改比被动改好。体育改革的具体路径是将"自上向下"的改革和"自下向上"的改革相结合。"自上向下"就是从政府部门开始的改革，也是以往改革的主要路径；"自下向上"是利用社会力量推进体育改革，其前提是为社会民众提供利益诉求的表达途径和表达机制，这将成为今后体育改革的重要路径。

部门利益已经构成体育行政部门向公共行政转型的最大障碍，必须破除部门利益，才有可能建立公共服务型政府。过去的体育改革形成的"路径依赖"就是体育部门的自我改革，因此，这种改革不可能超越部门利益、集团利益的狭隘眼界，这种改革只能流于形式，甚至会被利益集团扭曲。

中国人民的体育价值观念正在发生变化，正在朝着更加理性的方向发展。诚如中央电视台主持人白岩松所言，"以后，中国人可能不会像以前那样对金牌的数字太敏感，将有越来越多的人不一定关注金牌，而是更关注自己喜爱的项目。金牌情结的淡化，可能会让体育决策部门也来思考北京奥运会后的体育战略"。这就给终结精英竞技留出了一定的空间与时间，也透露出民众的心理承受能力正在提高。

结　语

《北京2008年第29届奥林匹克运动会国际奥委会协调委员会最终报告》在"经验教训"部分中有这样一段话："北京奥运会进程中总结出来的核心信息之一不仅仅是'把事情做对'的重要性，更为重要的是，要做'对的事情'。"

我们可以把"精英竞技"做对，做到极致，做到风光华丽，但"精英竞技"在本质上是不是一件"对的事情"，却值得我们深思。

谢琼桓先生在近作《论北京奥运会后中国竞技体育的价值取向和策略取向》一文中提出，告别悲情体育，走近快乐体育；结束焦虑体育，迎接自信体育；淡化金牌体育，欣赏魅力体育。作为原国家体育总局政策法规司司长、中国体育发展战略研究会秘书长，也是中国"精英竞技"的始创者之一，在功成身退后说出这样的话，无疑代表着中国体育的觉醒，体育价值观的重组。而我要补充的一句话是：终结精英竞技时代，开创人文竞技的新纪元。

辉煌背后的阴影[1]

——民主德国体育教训之一

德意志民主共和国（以下简称"民主德国"）曾经是世界上高水平竞技体育最为发达的国家之一。在它短暂的41年历史中，民主德国的运动员在各种世界大赛上不断摘金夺银，试图向世人证明，民主德国拥有世界上最为出色的竞技体育体制，并造就了一批超一流的选手。

登峰造极的辉煌

民主德国对体育的重视和发展起步很早。1948年民主德国就建立了体育部，1952年成立民主德国奥委会。但是一直到1968年，民主德国首次以独立身份参加奥运会。这之前，它都是与联邦德国共同组队参加奥运会等国际大型赛事。然而，从它独立迈入世界体坛的那一刻起，民主德国就再也没有停下脚步，而是一口气冲到了世界竞技体育的顶峰。

从1968年墨西哥城夏季奥运会首次以独立身份参加奥运会，到1988年汉城奥运会最后一次亮相，短短20年间里，民主德国累计得到了519枚奖牌，紧紧跟随在苏联（774枚）和美国（624枚）之后，居世界第三位。对于这个人口只有1600多万的欧洲小国来说，这是一个匪夷所思的"奇迹"。如果按照人口平均统计，民主德国人均所获得的奖牌数量是苏联的10倍，是美国的13倍。[2] 民主德国自1972年开始，就在每一届的奥运会奖牌榜上远远地将面积4倍于自己的联邦德国抛在后面。即便是在1988年民主德国最后一次参加夏季奥运会，它仍然仅居美苏之后，排名第三位；而同年的冬季奥运会则排名第二。1980年在美国举行的冬奥会，民主德国更是以23枚

---

[1] 原载《体育文化导刊》2005年第6期，与马廉祯合作。
[2] Micheal Janofsky, "East German Perquisites Draw Fire", *The New York Times*, Dec 11. 1989.

奖牌的骄人战绩名列第一位。

民主德国在国际体坛上获得的巨大成功很大程度上要归功于国内异常发达的各类体育组织。"全国体操和体育联合会"是民主德国最大的体育组织；到两德合并前该联合会会员已达364万多人，占全国总人口的20%多。下设的体育俱乐部达10600个，而全国的体育干部竟多达40余万人。① 就是这些遍布全国的基层教练和运动员，支撑着民主德国的竞技体育"金字塔"，并且不断向民主德国竞技体育输送养料。莱思立·考立特在《间谍大师：卡拉的真实生活，他的问题和民主德国秘密警察》一书中曾经对民主德国体育进行了大量的调查，他在书中写道："体育是民主德国仅有的几小块可以拿来向西方炫耀自身优越性的地方。"②

许多国家当时都为民主德国在竞技体育上所取得的成就惊叹不已。甚至一些西方人对民主德国所实行的体育体制也大加赞许，认为民主德国"使体育运动普及和实行充分竞争的体制"是其取得辉煌成就的根本原因。③ 而众多发展中国家和华约国家更是争先恐后地派员前往民主德国，学习其先进的"体育科学"④。同在社会主义阵营的中国对民主德国当时先进的训练手段和技术也自叹弗如，曾多次派团前往民主德国，或是邀请民主德国教练、专家来华进行指导教学。⑤ 国内体育界也专门针对民主德国的体育体制进行了探讨和研究，试图通过借鉴它的经验来改善我国的体育体制。⑥

令人作呕的龌龊

然而，随着1990年10月3日零时，分裂对峙了40多年的民主德国和联邦德国重新统一，民主德国的体育造梦机器也分崩离析。人们惊奇地发现，失去了政府直接资助的民主德国体育，在刹那间被动荡的时局摧枯拉朽般击碎，其速度之快，其烈度之严重，远远高于其他任何行业。

东窗事发于对民主德国体育系统内部的调查。首先是"民主德国体操

---

① 逸寒：《民主德国：跃居体育强国之途》，《人民日报》1988年10月16日第7版。
② Leslie Colitt, *Spymaster: The Real Life Karla His Moles and the East German Secret Police*, London: Robson Books, 1996, 58.
③ 郭文福：《加拿大行家谈民主德国体育称雄奥秘》，《人民日报》1988年2月29日第3版。
④ 《中国和民主德国互派体育代表团议定书签字》，《人民日报》1985年11月12日第3版。
⑤ 《袁伟民会见民主德国客人》，《人民日报》1985年6月14日第4版。
⑥ 此类文章如《提高运动成绩的奥秘——民主德国学校体育》，《中国学校体育杂志》1982年第3期；《略谈民主德国培训体育教师的措施》，《中国学校体育杂志》1981年第1期；等等。

与体育联盟"这个官方体育管理机构被查出贪污和挪用公款,涉及人物分布于民主德国体育体制的每个层面。紧接着,涉案的联盟副主席富兰茨·瑞茨(Franz Rydz)因为解释不了自己办公室抽屉里的现金来源而投湖自杀。① 而他的死亡,可以说是正式引爆了整个民主德国体育。短时间内,人们就在报纸的大小栏目中读到了关于民主德国体育的一个接一个的惊人内幕。

违禁药物腐蚀了民主德国体育

民主德国体育中最令人发指的丑闻就是对违禁药物有系统地长期使用。随着民主德国秘密警察的档案在两德合并后的解禁,民主德国竞技体育的禁药问题开始浮出水面。经过调查,民主德国有至少10000名运动员,其中很大一部分为青少年运动员,在民主德国体育机构的指使下,有计划地长期服用各类禁药,并且造成了至少100名运动员的死亡。② 1990年公布的一系列的民主德国克赖沙(Kreischa)的禁药管制中心秘密档案,指出民主德国的大部分优秀运动员都在服用禁药,这包括几乎所有的奥运会奖牌获得者。在长达20年的时间里,民主德国的运动员在医生的监护下定期注射合成代谢类固醇和口服激素等违禁药物,并且成功躲过了各种主要赛事的药检。③ 同时,为了研制新型药物,民主德国还开办了众多的"体育医疗研究机构",并在某些项目的运动队中实行双教练制度,即配备一个训练教练和一个药物教练,然后通过在青少年训练队中的队员进行各类药物试验。后来的调查发现,这也就是为什么民主德国在短时间内可以攀升为世界超级体育大国的终极手段。这种不人道的做法所造成的后果是不堪设想的。很多运动员在长期服用禁药后身体发生异变,特别是女性选手声带变粗、毛发增多、卵巢性痛经、肝功能失常,更有甚者发生癌症,以及生育畸形儿等生理问题。一名女性铅球运动员,海迪·克力格(Heidi Krieger)更是由于药物问题而产生过多的男性特征,不得不采取变性手术,并改名为安德烈·克力格(Andreas Krieger)。④

---

① Michael Janofsk, "Sports in East Germany: A System Under Siege; E. German Perquisites Draw Fire," *The New York Times*, Dec.11, 1989.

② 许宏治:《德国明镜周刊披露100多运动员因服用禁药丧命》,《人民日报》1993年2月2日第4版。

③ "Drugs in Sport: E. Germany Accused", *The Independent*, p.38, Nov. 29, 1990.

④ Jere Longman, "East Germany's Doping Chief, Manfred Ewald, Is Dead at 76," *The New York Times*, Oct. 23, 2002, p.21.

民主德国禁药问题被揭露出来以后，很多民主德国运动员和关心这个问题的人士在政府的协助下将很多涉及此事的民主德国教练、队医和体育官员送上了法庭。这其中包括民主德国的前体育主管，74 岁的曼富莱德·艾瓦德（Manfred Ewald）和他的药物医疗主任，65 岁的曼富莱德·霍普纳（Manfred Hoppner），二人因为策划执行对青少年女子运动员进行秘密服用禁药计划而被判决有罪，分别处以 22 个月和 18 个月的监禁。① 同时期被判刑的还有臭名昭著的"4·25 研究小组"中的数名成员，这是一个专门研制游泳运动员使用禁药的机构，曾经因为在民主德国的一些少年体校秘密对运动员进行试验，造成了非常恶劣的影响。这个机构的主任之一海尔格·非福（Helga Pfeiffer）于当年前往国外避难，躲过了审判。令人费解的是，国外多家媒体报道，这位民主德国的"兴奋剂女皇"竟受聘于我国南方某地的第一个游泳水槽训练基地。②

民主德国和联邦德国合并后，由于民主德国体育发展的严重失误，致使合并后的德国在很长一段时间内背负着料理民主德国体育后事的负担。国际上很多国家在得知情况后，纷纷向国际奥委会要求收回颁发给涉嫌用药的前民主德国运动员的各种奖牌。③ 而在德国国内，由于服用禁药所涉及的运动员数量过于庞大，德国在进行了一段时间的审查后不得不提前结束整个事件的调查，并且从 2000 年开始，有计划地通过国家财政对由于服用禁药而出现生理问题的运动员进行补助。因为从 1965 年到 1989 年民主德国所培养的大约 10000 名高水平运动员中，有至少 1000 人以上，且绝大部分为女性，由于长期服用禁药而出现严重的生理副作用。④ 甚至时至今日，民主德国所造成的体育阴影仍然不能为世人所完全摆脱。

运动员特权化使之成为众矢之的

长时间以来，民主德国运动员享受比一般公务员好得多的生活条件，特

---

① "Ex-East Germany Sports Boss Convicted," *Milwaukee Journal Sentinel*, July 19, 2000.

② Nicole Jeffery, "Pressure on China to Cut Dope Coach Ties," *Friday All-Round Country Edition*, Feb. 18, 2005, p. 27.

③ "Athletes Robbed of Medals by the Doping Campaign Carried Out by the Former East Germany in the 1970s and 80s will not be Rewarded, The International Olympic Committee (IOC) Announced Here on Sunday," *Agence France Presse*, Feb. 1, 1998.

④ Renaud Lavergne, "Doping in East German Sports is Now a Known Tale," *Agence France Presse*, Oct. 1, 2000.

权化和贵族化现象普遍。特别是精英运动员,他们不但有比普通人大得多的房子和更好的汽车,还另外享有国家的特殊津贴。而获得奥运会冠军的运动员更可以除基本津贴外再获得至少 35000 马克的额外补贴,这个数字相当于一个民主德国普通工人三年的收入。奥运会银牌则获得大约 20000 马克的奖励,甚至第六名也可以获得 3000 马克的奖励。同时,他们还可以通过特殊渠道获得更好品牌的酒和国外日用品,这在一个任何商品都需要配给的社会中是非常奢侈的事情。但是,尽管如此,并不是所有运动员都可以顺利得到这些奖励,很多运动员指责自己的教练和领队贪污和霸占运动员的津贴。民主德国的标枪冠军司尔柯·穆勒(Silke Moller)在接受德国报纸《Der Morgen》采访时说:"我们运动员什么都没有,代表团领导拿走了所有的东西,而钱应该是由国家、运动员和教练分配的。"①

民主德国长时间对高水平竞技体育的偏爱更是致使本国的群众体育开展得严重滞后。为了更好地服务于高水平竞技体育,民主德国耗巨资在国内修建了数量众多的体育设施,条件优越,但是这些设施基本上不对公众开放,常年处于半封闭式的管理运行之中。② 同时,民主德国的普通老百姓却得不到基本的锻炼休闲设施和指导。柏林墙倒塌后,大量民主德国市民走上街头示威以表示对生活区缺乏体育设施和指导人员的抗议。一些市民甚至采取焚烧体育明星的汽车和在公共场所闹事来直接发泄对民主德国体育制度的不满。

对运动员的秘密控制令人齿寒

除了享有特殊的地位和权利,一些民主德国的精英运动员还被吸收为民主德国情报机构的特务。1980 年,奥运会男子跳远冠军冬布洛夫斯基(Dombrowski)就被指控为民主德国秘密警察特务。他承认 1979 年开始为秘密警察工作,对队友和其他人进行监视。而且,他知道身边除了他以外,还有很多人实际上都暗地里为秘密警察工作。③ 后来公开的民主德国秘密警察档案显示,几乎所有的运动员从五六岁开始就被监视和记录。著名民主德国冰上女王卡塔琳娜·维特(Katarina Witt)在柏林墙倒塌后调阅自己的档案

---

① Wilbert Marcellus Leonard Ⅱ, *A Sociological Perspective of Sport* (fifth edition) (MA: Allyn & Bacon, 1998).
② Jackson Diehl, "The Secret of East Germany's Success; Government-Run Training Centers Key to Athletes' Medal Count," *The Washington Post*, July 4, 1988, p. C1.
③ "Ex-Olympian: East Germany Used Athletes as Agents," BONN, Germany, Dec. 2, 1991.

材料时才发现,她从6岁起被秘密警察监视,到民主德国崩溃时,她个人已经有27个档案袋,3000多页的资料,几乎详细记录她每天的活动。①

民主德国体育,闹剧耶,悲剧耶

众多的黑暗内幕使熠熠生辉的民主德国体育机器一夜间沦为世人笑柄。在外界压力和内部腐烂的双重作用下,它猝然崩塌。大量的体育工作者失业,民主德国体育系统中的10500个员工,包括各种项目的教练和队医全部被解雇。全国592个教练员中只有两个再被聘用,而游泳的350名教练员则全部被解雇。② 全国的训练中心和体育学校陷于瘫痪。在辉煌了整整41年后,民主德国体育带着污泥浊水流入历史长河,成为告诫后人的一份反面教材。

回首整个民主德国体育,其中也有可取之处。它以国家的中央集权为主导建立起来的一整套以体育学校为载体的选材和训练体系,的确行之有效,立竿见影,这一点比市场经济下的以自由竞争为主导的国家所采取的运动员选拔方式高效得多,且在一定时间内为国家民族赢得了前所未有的荣誉。遗憾的是,民主德国没有将这样一种国家垄断的竞技体育体制的良性机能发挥出来,没有将高水平竞技体育所能产生的社会效益和国际效益反馈到体制本身,反馈到整个国家的体育事业的持续发展上来。而一味追求高水平竞技体育的成功对国家制度优越性的表达,以及它对民众短期的精神振奋效益。这不能不说是民主德国体育最终走向悲剧的必然结果。

违禁药物的有计划使用,对国家体育的垄断性管理,以及采取非常规手段控制、迫害体育工作者等做法,实际上已超出了体育的范畴。民主德国体育已沦为政治运动的一种手段。而身处其中的运动员和教练员,都可以不再被称为体育人,或许称其为"战士"是一种更加贴切的形容。因为它的表现已经不再是体育的、生命的、人文的,而是政治的,甚至是非人的。它的粉墨登场充其量不过是一场外强中干又强打精神的拙劣表演。

结　语

民主德国体育机器的覆灭给世人留下了很多启示,其教训多于经验。民主

---

① Katarina Witt, Katarina Meine Jahre zwischen Pflicht und Kür (Munich: Bertelmanns Verlag, 1995).

② "Sports Politics: Fall of East Germany," *The Independent*, Aug. 8, 1990, p. 26.

德国体育表面上穿上了成功的华丽外衣，而本质上却是一具失败的文化标本。冷战结束后的世界，已经不再需要制造如民主德国体育这样的政治畸形儿。我们时时祈祷：民主德国体育的这类悲剧不要再成为困扰世界竞技体育和奥林匹克的一个梦魇。

曼富莱德·艾瓦德沉浮录[1]
——民主德国体育教训之二

短短40余年的民主德国体育，曾经创造了令世界刮目相看的辉煌成就，也留给后人太多的困惑、教训和启示。回首民主德国体育的兴衰史，有一个人物的沉浮攫获了人们的注意力，他就是曼富莱德·艾瓦德（Manfred Ewald），民主德国体育机器的创建人与主要操纵者。如果把整个民主德国体育比作一个帝国，那么艾瓦德就是这个曾经震撼过世界的"体育帝国"的主宰。因此，对艾瓦德个人的研究已经成为民主德国体育史领域里一个最引人入胜的课题。

存有个人污点的历史

1926年5月17日，曼富莱德·艾瓦德出生于博都路士（Podejuch），这是今天波兰境内的一座小城，父亲是当地的裁缝，属于极普通的平民阶层。

艾瓦德从小就喜爱运动，在一所训练纳粹精英的学校里度过了童年。如同那个荒唐时代的许多日耳曼青年一样，他也是希特勒的狂热崇拜者。1938年艾瓦德在学校加入了希特勒青年团（The Hitler Youth）。1940年，他作为一名文职人员进入纳粹的地方政府。"二战"后期，兵源枯竭的纳粹集团不断扩大征兵范围，艾瓦德也于1944年的6月应征入伍，被派到可怕的东线作战。也就在这一年里，他正式加入纳粹党，完成自己政治上的第一次抉择。[2] 在苏联战场上，他被苏联红军俘虏，经历了饥寒交迫的战俘生活，后来被释放。这一时期留下了很多蹊跷和疑问，至今还没有得到破解。二战结

---

[1] 原载《体育文化导刊》2005年第7期，与马廉祯合作。

[2] Jere Longman, "East Germany's Doping Chief, Manfred Ewald, Is Dead at 76," *The New York Times*, Oct. 23, 2002, p.21.

束后，在民主德国被苏军占领时期，艾瓦德又加入民主德国的德国统一社会党，即德国共产党。

艾瓦德对体育有着非常深厚而执着的情感，在体育管理和组织方面，他总是热情洋溢，并且表现出非凡的才能，这使他很快就在一些社会体育活动中崭露头角，引起当局的青睐。战后的民主德国，百废待兴，人才奇缺，这使得他比较容易地跻身于国家的体育管理部门，并且以勤奋的工作和卓越的才能不断获得升迁，可以说是官运亨通，一帆风顺。

1948年到1952年，艾瓦德担任德国体育协会的秘书。1952年，年仅27岁的他进入国务委员会工作，负责体育工作。① 1952年到1960年，他担任身体文化和国家体育委员会主席，这是当时民主德国体育管理系统的最高职务。1961年，他又被任命为民主德国体育和体操联盟的主席，这是民主德国最高级别的体育社团机构。身兼二职的他，已攀升到民主德国体育权力的巅峰。除此以外，他还担任了一系列大型体育社团的领导职务，比如1959年到1970年曾担任民主德国运动员联盟的副主席；1970年到1974年任民主德国体操联盟的副主席等。② 从1973年开始，艾瓦德正式出任民主德国体育部部长，接着又被任命为民主德国奥委会主席，在这两个显赫职位上，他大权独揽，一言九鼎，一手缔造了民主德国体育的辉煌。他为民主德国的体育事业勤奋工作到1990年两德合并为止。可以说，艾瓦德一生的荣辱都与民主德国体育的成败相联结，他是民主德国体育事业自始至终最主要的操盘手和见证人。

民主德国作为一个主权国家消失了，它的国家垄断体育体制也随之终结。在顷刻之间，曼富莱德·艾瓦德从巅峰被抛入谷底，从此开始了他凄凉而孤独的晚年。然而，与许多就此销声匿迹的其他民主德国权贵不同，艾瓦德的名字并没有就此被橡皮擦去，随着民主德国体育黑幕的大曝光，各式各样的揭露、抨击文章和揣摩秘闻逸事的消息铺天盖地而来，这使他再度成为举世瞩目的焦点，成为世界体坛丑闻迭出的新闻人物。2000年7月18日，曼富莱德·艾瓦德等前民主德国体育官员，因被指控"对运动员实行有计划的身体伤害"而在柏林受到审判，最终被法庭认定有罪，被判处22个月

---

① Steven Downes, "Obituary: Manfred Ewald, Ewald: Cold War in Sport," *The Independent*, Oct. 25, 2002.

② "The German Democratic Republic and Olympism," Olympic Review, No. 95 – 96 (Sep. -Oct. 1975): 362 – 377.

的监禁。2002 年的 10 月，曼富莱德·艾瓦德因肺炎去世，苟活至 76 岁。

兴奋剂王国的元凶

曼富莱德·艾瓦德的出现，以及他个人的大起大落，毁誉交集，并不是一个偶然现象。应该说他是冷战政治的产物，是苏联与东欧集团众多同类人物中的一例。只是因为他的"才能"与体育密切相关，更容易在公众面前抛头露面，而且他一手经营的事业，如此"惊天动地"，于是就显得格外引人瞩目，也分外耐人寻味。

众所周知，民主德国是华约集团中最具战略意义的国家，它处在华约与北约严峻对立的第一线，冷战意识弥漫全国，即使体育也不例外。对于这个在 20 世纪前半叶两次战败并被分裂为两半之一的国家，体育是一个非同一般的政治符号，它负载着极为光荣而沉重的政治枷锁，民主德国是世界上少有的将体育写进宪法的国家之一。二战后，民主德国实际长时间处于苏联占领之下，冷战格局形成后，更使民主德国受到来自西方的重重压力，特别是联邦德国的虎视眈眈。相比于国土面积、人口数量和综合国力都占据巨大优势的联邦德国，民主德国处处相形见绌，在国际舞台上与联邦德国形成鲜明的对比。

于是，民主德国选择以体育来展现其强大的一面，这是否是经互会组织的"国际分工"，是否受命于苏联的指示，均尚待考证。但民主德国要建立全新的高水平竞技体育体制的目标是非常明确的，措施也非常得力。为此，民主德国每年将接近 2% 的国内生产总值——当时价值近 4 亿美元的资金，投入到体育事业中去。这在当时的世界上是绝无仅有的。除了来自政府的直接投入，许多国有企业和组织都以大量资金支持体育事业，如自由德国工人联盟（FDGB），将自身至少 13% 的预算贡献给体育事业。[①] 曼富莱德·艾瓦德对统一党和国家的意图心知肚明，于是，在贯彻执行这一意图时，他充分地发挥了个人的主动性和创造性。从 1961 年被任命为民主德国体育和体操联盟的主席开始，艾瓦德就全身心地为构建一个庞大的体育军团而殚精竭虑，不遗余力。

在他的主持下，民主德国通过广泛的外交活动，摆脱了与联邦德国共同组团参加奥运会的格局，实现了以独立身份参加体育活动。他开始着手培养民主德国自己的精英运动员，以备战 1968 年在墨西哥城和格勒诺布尔举行

---

① "Bei uns ist es immer Olympia," *Der Spiegel*, vol. 26, No. 34 (Aug. 1972): 93.

的奥运会。曼富莱德·艾瓦德对于发展高水平竞技体育有自己的一套思路，其目标清楚，原理简单，就是将精力集中到参加人数比较少的项目上，特别是运动技术水平相对滞后，使用违禁药物可以立竿见影的各类女子项目上，以求在最短时间内取得最多的奖牌。

20世纪60年代的世界体坛，服用禁药已经不是新鲜事，而服用禁药的负面影响也已经凸显出来。1960年的罗马夏季奥运会，丹麦自行车选手詹森就因为服用禁药在比赛中猝死。① 而后来公开的民主德国秘密警察档案也证实，对违禁药物的使用从很早就被民主德国体育机构所采纳，档案中用"协助方式"一词来对禁药进行了奥威尔主义式的遮掩描述。后来的调查也显示，曼富莱德·艾瓦德接手民主德国体育伊始，就有计划地建立特殊的药物实验室来研发新型药物，以及研发确保运动员在国际比赛中不被查出服用了禁药的辅助性药物。② 从1966年开始，在曼富莱德·艾瓦德的亲自指导下，数百名民主德国医生与科学家应招加入一个由政府资助的项目中来，共同研制运动药物。民主德国崩溃后，德国细胞生物学家沃纳·弗兰克（Werner Franke）在民主德国的秘密警察档案中发现了相关材料，陆续公之于世，人们将民主德国此举戏称为"历史上最大型的药物试验"③。

1968年的墨西哥城奥运会，民主德国牛刀小试，取得了9枚金牌、9枚银牌和7枚铜牌，位居奖牌榜的第四名。④ 四年后的慕尼黑奥运会对于民主德国具有划时代的意义。这届奥运会，变成了东西两大阵营冷战的擂台。对民主德国而言，这是一次通过体育成就来展示"优越性"，并在政治上打击联邦德国的绝好机会。民主德国体育军团的确不负众望，获得20枚金牌，23枚银牌和23枚铜牌，紧跟苏联、美国两个超级大国，位居奖牌榜第三位。而比位居第四的联邦德国多出了包括7枚金牌在内的整整26枚奖牌！⑤ 从此，民主德国体育迈入发展的巅峰时期。就在这一年，曼富莱德·艾瓦德荣升民主德国奥委会主席，成为民主德国体育王国的"沙皇"。

从1961年到1976年的短短15年间，在艾瓦德的带领下，民主德国运

---

① 崔乐泉：《奥林匹克运动简明百科》，中华书局2003年版，第219页。

② Steven Downes, "Obituary: Manfred Ewald, Ewald: Cold War in Sport," *The Independent*, Oct. 25, 2002.

③ Jere Longman, "East Germany's Doping Chief, Manfred Ewald, Is Dead at 76," *The New York Times*, Oct. 23, 2002, p. 21.

④ 崔乐泉：《奥林匹克运动简明百科》，中华书局2003年版，第224页。

⑤ 崔乐泉：《奥林匹克运动简明百科》，中华书局2003年版，第226页。

动员在奥运会上一共获得了 92 枚金牌、94 枚银牌和 86 枚铜牌。除此以外，还获得了 340 个世界冠军和 263 个欧洲冠军。在某些项目上，如女子游泳，民主德国更是具有所向披靡的绝对优势。1976 年蒙特利尔奥运会上的 13 个女子游泳项目中，民主德国选手竟取得了 11 项冠军！当年，人们在世界上的任何一个竞技场上都能见到民主德国选手的身影，他们不断地制造着惊喜，创造着意外，令全世界瞠目结舌。民主德国运动员所特有的蓝色汗衫和消瘦的下巴，更是给人们以深刻的印象，他们为祖国赢得了无比的荣耀，也使自己获得荣誉、地位和金钱，变成高踞于社会之上的贵族。更为重要的是，这批出色的运动员和教练员大大提高了民主德国的国际声誉，为民主德国的外交活动提供了有力的帮助，在某种意义上抗衡了西方所设置的冷战壁垒。①

民主德国体育的异军突起很快就引起国际体育界的关注。

20 世纪 80 年代初，西方有学者专门著书来探讨民主德国高水平竞技体育成功的秘诀，有人认为民主德国政府对体育的全面支持，特别是为其所投入的巨大物质资源是民主德国体育迅速崛起的关键。同时也认为，考虑到民主德国落后的基础设施和较低的人均生活水平，投入如此巨大的财力来创造一些昙花一现的奇迹，则不免过于奢侈和不切实际。② 而另一方面，一些民主德国运动员在生理上和外貌上显而易见的不正常，也引起大家的侧目而视和窃窃私语。在 1976 年的蒙特利尔奥运会上，民主德国的游泳教练曾遭遇他国选手们的质疑：为什么你们的女子游泳运动员如此伟岸雄健，声音如同男子？他的回答是："她们是来游泳的，不是来唱歌的。"后来的调查证实，女子游泳队是民主德国服用禁药的重灾区。在这次奥运会上，民主德国曾派出药物专家组驻扎于圣托马斯，随时为运动员提供药物服务。③

洗刷不净的罪恶

2000 年 7 月，曼富莱德·艾瓦德与自己的医疗主任曼富莱德·霍普纳一起站在德国法庭的被告席上，面对坐在原告席上的昔日的民主德国运动

---

① Andrew Strenk, "What Price Victory? The World of International Sports and Politics," *Annals of the American Academy of Political and Social Science*, vol. 445 (Sep. 1979): 128–140.

② Doug Gilbert, *The Miracle Machine* (New York: Coward, McCann, and Geoghegan Inc., 1980), p. 314.

③ Oliver Gillie, "Drugs in Sport: East Germany's Fast Track to Sporting Glory," *The Independent*, June 8, 1992, p. 8.

员，他一言不发，听着原告的申述，默默地等待着最后的判决。他被指控有计划地对超过10000名运动员进行身体伤害，其中很多受害者是青少年。法庭进行了142例的测试取证，证据显示，被引导服用禁药的运动员中，年纪最小的只有11岁，而一个前游泳运动员证实，她每天要服用多达30片药物。在1972年到1988年，民主德国每年给运动员派发了至少200万片合成代谢类固醇，这期间民主德国总共获得了384枚奥运会奖牌，也就是说，每枚奖牌是靠88000多粒类固醇药片堆出来的。对于青少年服用禁药，曼富莱德·艾瓦德有自己独到的"见解"，他曾对教练说："他们还小，不需要知道所有的事情"①。曼富莱德·艾瓦德本人当然并不承认法庭的指控，他努力为自己的行为进行辩解和开脱。但是，大量的人证、物证，还有被公开的民主德国秘密警察档案，都说明他是整个体育黑幕的指使者。最令德国人民难以接受的是他的前纳粹党员的身份，这很容易让人将他的所作所为，与纳粹在二战中所进行的那些卑鄙的"人体试验"联想到一起。

民主德国体育黑幕的揭发，不但完全摧毁了民主德国体育曾经有过的所有的荣誉和神话，而且给以奥运会为中心的国际体育社会造成了巨大的震动。许多别国的运动员，如英国游泳运动员戴维斯，在得知民主德国药物事件后，曾与国际奥委会联系，试图取回本应属于自己的金牌。这位1976年400米单人混合泳的银牌得主，要求奥委会将金牌得主民主德国选手派特拉·施奈德（Petra Schneider）的奖牌收回，因为有证据证明施奈德是民主德国禁药计划的成员之一。令国际奥委会声誉受损的是，当时的国际奥委会主席萨马兰奇，在外界对民主德国运动员使用禁药的一片抗议声中，居然于1985年要为包括艾瓦德在内多位民主德国政要授予奥林匹克勋章，以此来换取民主德国对参加1988年汉城奥运会的承诺。有人说，这是萨翁一生中最为尴尬的时刻之一②。

民主德国体育的"走火入魔"是一个复杂问题，需要认真地进行剖析和检讨。其中有体育体制的原因，还包括官僚体制下一批浅薄的急功近利者的推波助澜，以及在压制和利诱之下运动员们的主动配合，当然也有艾瓦德本人政治品德所起的坏作用。但从根本上说，是民主德国给体育强加了过多

---

① Steven Downes, "Obituary: Manfred Ewald, Ewald: Cold War in Sport," *The Independent*, Oct. 25, 2002.

② Jere Longman, "On the Olympics: Samaranch's Complex Legacy," *The New York Times*, July 10, 2001, p. 2.

的体育以外的东西，是冷战状态下体育畸形政治化的结果。当时，这是一个世界上具有共性的问题，冷战双方均在所难免，只是民主德国在艾瓦德的操控下走向了极端，走向了制度化，走向了光怪陆离的邪恶之路。体育，特别是高水平竞技体育，一旦成为政治的附属品，成为追求某种政治目的的手段，就必定会走样，甚至会变异成为完全有悖于体育初衷的一个怪胎。民主德国首席医疗主任曼富莱德·霍普纳曾经这样说过："高水平竞技体育与为健康而进行的体育运动是绝对不同的事情，高水平竞技体育在健康体育结束的地方开始"①。从这句非常坦诚的"夫子自道"中不难看出，民主德国体育管理层为了不断获取虚幻的荣耀和随之而来的实惠，竟这样义无反顾地走进有悖于理性和人性的荒谬境界。此时，体育的本质被阉割了，所谓"高水平竞技体育"实际上已经徒具其表，很难说它还是真正意义上的体育运动。

民主德国式的体育已经成为历史的陈迹，然而，在商品经济高度发达的当今世界，竞技体育依然会受到其他因素的影响，特别是经济因素的干扰，走偏越轨的事情屡有所见，体育依旧存在着被商业化扭曲的可能，而人们还在为保护体育的纯洁神圣而继续努力，忧心忡忡。②。雅典奥运会就是一个例证。现代奥运会在108年后重归故里，而迎接它的却是奥运史上禁药事件和裁判误判事件最为频繁的一次奥运会。至少有24名运动员，其中包括三名金牌获得者被世界反兴奋剂组织查出服用禁药。③ 而以往以"反禁药老大"自居的美国，在过去的一年中却成为世界上被查出运动员服用禁药最多的国家，涉及者更包括男子百米世界纪录保持者蒙哥马利和田径女明星琼斯。我们必须看到，服用禁药是难以在短期内彻底根绝的现象，但这毕竟是少数人或少数利益集团的所作所为，他们的人数会越来越少。像民主德国那样规模化制度化了的服药行为，毕竟已经被历史所淘汰，永远为人类所耻笑。

永远钉在历史的耻辱柱上

2002年10月，曼富莱德·艾瓦德，这个几乎荣耀了大半生的老人在凄

---

① Jere Longman, "Just Following Orders, Doctors' Orders," *The New York Times*, Sec. 8, p. 11.
② Michael Carlson, "Obituary: Manfred Ewald: East Germanys Drug-Based Sports Mastermind," *The Guardian*, Oct. 29, 2002, p. 18.
③ Liz Robbins, "Hormone Tests in Athens," *The New York Times*, Sep. 18, 2004, p. 6.

风苦雨中的丹斯多夫（Damsdorf）离开了人世，除了少数的儿女亲戚，几乎没有人参加他的葬礼，整个葬礼显得异常冷清而悲凉。

曼富莱德·艾瓦德的一生是曲折的。少年时代接受大日耳曼主义教育的他，在刚刚成年时就被推到第二次世界大战的战场上，饱经战火而侥幸生存下来。战争结束后，祖国的分裂和整个民族的痛苦与失落，并没有让他消极下来，他积极地投入又一种完全不同于前的斗争生活中，充当民主德国"体育战线"上的一名战士。在以后几十年的东西方冷战中，他是民主德国政权中心最耀眼政要人物之一，他的名声比其他同僚更为显赫。20世纪80年代末90年代初的东欧剧变彻底改变了他的命运，也使他成为世界体育史上最富争议和最具神秘感的人物之一。

曼富莱德·艾瓦德的人生无疑具有很大的悲剧性，也具有很强的投机性，有过骄人的业绩，但最终无法逃脱命运对他的戏弄。他的内心世界潜藏着的有悖于人性的纳粹德国的优等人种学说，和冷战态势下苏东阵营的政治意识，都对他的一生产生了深刻的影响。但他更多地表现为一个不以思维见长的实干家，一个干练、狡狯而孜孜不倦的工作狂。他在1995年出版的自传中说："今天看来，民主德国的禁药问题比我们这些体育领导者们所知道的要严重得多。有太多的问题是瞒着我们进行的。"① 其实，大规模研制和服用药品是他的杰作，他洞悉一切细节，然而，即使在生命的最后阶段，在坦白忏悔与自欺欺人之间，他仍然选择了后者。

曼富莱德·艾瓦德走了，但是他的遗产却至今影响着国际体育界。在长达30年的时间里，在他的指使下，民主德国体育机构对众多青少年儿童运动员在身体和心灵上的摧残，所造成的后果是难以估量的，德国人民需要用几代人的时间来慢慢淡化这些阴暗丑恶的记忆。国际体育史学界和社会学界对曼富莱德·艾瓦德的研究将继续深入下去，因为作为一个反面教员，他的确有珍贵的研究价值。其研究价值在于他身上集中的矛盾：他是一个如此热衷体育，而又戕杀体育灵魂的人，他是一个曾经为祖国荣誉而战，到头来却让祖国因之而大大蒙垢的人。

---

① "East German, 'Dictator' Who Made a Political Career from Sport," *Agence France Presse-English*, July 18, 2000.

海迪耶，安德烈耶①
——民主德国体育教训之三

女人是怎样变成男人的

安德烈·克力格居住在马格德堡，那是德国西部的一座小城市。他是一个看上去很精神的男士，宽阔的肩膀，匀称的腰身，下巴上微微蓄起的山羊胡总是随着和善的微笑轻轻地前后摇曳。安德烈没有固定的工作。目前，他在当地的一家军事迷用品店上班。初识他的人，绝对不会将他与前欧洲女子铅球冠军的名号联系在一起。殊不知，这位表情恬静、举止文雅的男士竟会是1986年欧洲田径锦标赛上威镇四海的民主德国女子铅球运动员海迪·克力格。"她"咄咄逼人的气势甚至叫男运动员都深感畏惧。②

1997年，海迪在长期服用禁药后，由于男性特征过于明显，不得不选择了变性手术，并且正式改名为安德烈·克力格。安德烈在接受《纽约时报》记者采访的时候曾这样悲凉地评价民主德国的体育系统："他们杀死了海迪！"

可以说，海迪是民主德国国家垄断体育制度下众多畸形儿中的一个典型。1979年，年仅14岁的海迪·克力格在位于东柏林的青少年儿童体校开始了自己的运动员生涯。这是一所很有名气的体育学校，隶属于狄纳莫（Dynamo）运动俱乐部，即民主德国秘密警察系统资助的一个体育组织，这个俱乐部曾成批量地生产了民主德国体育明星。从小就身体健硕的海迪很快就在这里崭露头角，被教练认定为重点发展对象。从16岁开始，正处于青

---

① 原载《体育文化导刊》2005年第8期，与马廉祯合作。
② Tony Paterson, "The Price of Victory: The East German Shot-Put Champion Heidi Krieger Was Doped to Win," *The Independent*, March 31, 2005.

春发育期的海迪开始在教练和队医的指导下服用一种蓝色的小药片。教练告诉她,这是一种可以帮助增加力量和耐久力的维生素药物。当时,对自己的未来充满幻想又十分天真的海迪欣然接受了教练的这一谎言。实际上,这种蓝色的小药片就是口服类固醇,一种可以令运动员进行超负荷训练的药物。与合成类固醇同时派发给她的还有长效避孕药物,这是为了保证运动员在服药期间不得怀孕,以避免生下畸形儿。避孕药的另一个作用就是可以改变女运动员的排卵周期,以延长训练的时间。

翻开海迪在 1988 年 6 月的训练日志,这个年轻的民主德国姑娘在短短两个星期内总共要接受总重量超过 100 吨重的力量练习,每天要服用至少 10 毫克类固醇。同时,每三周还要接受一次雄性荷尔蒙注射。如果海迪错过了一次注射,所产生的身体反应非常明显。① 她的乳房就会剧烈疼痛,毛发会立刻停止生长,而身体开始迅速变胖,脾气变得异常暴躁,容易苦恼和气愤,经常莫名其妙地哭泣,整个人不能集中注意力,就像是身体中有两个不同的"她"在不断冲突和挣扎。②

到 1986 年,她取得欧洲冠军的时候,资料显示她那年的类固醇摄取总量为 2590 毫克。这个数字,比 1988 年加拿大选手本·约翰逊被查出服用禁药时的类固醇摄入量还整整高出 1000 毫克。③ 后来研究民主德国体育的学者以"荷尔蒙海迪"来命名她。超常强度的训练量和禁药迅速腐蚀了海迪的身心,最终使她付出了惨重的代价。她的女性特征被完全扼杀,脊椎骨等身体骨髓也由于过分训练而永久性变形,她完全丧失了从事体力劳动的可能。

药物的作用十分明显。短短 6 个月时间里,海迪的体格增长异常迅速,年仅 16 岁的海迪就可以推出 14.08 米的好成绩。到 18 岁的时候,她的体重已经达到 220 磅,讲话的声音也变得低沉粗重,毛发格外浓密,运动成绩突破了 20 米大关。那时的海迪,出外逛街,由于硕大的身材和略显男性化的脸庞,总是会被人们误认是一个同性恋或是性变态者。有一次,在维也纳的飞机场,等待换机的海迪被工作人员误认为男性,被指到了男厕。身体上的变化和周围人的侧目使海迪承受着巨大的心理压力,但是直到这时,她还在

---

① Doug Gillon, "No headline," *The Herald*, July 22, 2000.

② Tony Paterson, "The Price of Victory: The East German Shot-Put Champion Heidi Krieger Was Doped to Win," *The Independent*, March 31, 2005.

③ Jere Longman, "Drug Testing: East German Steroids, Toll: 'They Killed Heidi'," *The New York Times*, Jan. 26, 2004.

不停地服用那种蓝色的药片，因为没有它的帮助，她根本就应付不了平日巨大的训练量，而且，一旦停止服药，身体就会产生剧烈反应。海迪认识到，唯一可以抵消这些反应的就是继续服药。当 1986 年她取得欧洲冠军的时候，海迪已经身心疲惫，她已经失去了继续付出与获得之间的平衡，荣辱交加的她已经被命运绞杀，除了维持现状、"忘我"地训练和比赛外，海迪已经找不到任何另外一个归宿。

随着 1990 年之后民主德国体育机器的解体，海迪遭遇了与绝大多数民主德国运动员一样的命运。她在没有任何社会保障的情况下于 1991 年被迫退役。随后的三年中，失业和运动伤痛的困扰伴随着海迪。不但如此，解体后对民主德国体育的不断揭露使她的猜疑最终成为现实，她发现自己在过去十几年中的努力只不过充当了粉饰民主德国虚弱政治的一个玩偶，甚至连她小时候最崇拜的偶像，著名铅球运动员伊冷娜·斯路偏尼克（IIona Slupianek，1977 年被查出类固醇），也同自己一样，是一台药物造就下的人体机器。[1] 1994 年，在极度绝望中，她选择了自杀，万幸未遂。1997 年，她最终不得不选择了变性手术来结束自己作为"海迪"的过去。她先后切除了乳房、子宫，完成了一些外科整形手术，正式更名为安德烈·克力格。

2000 年，安德烈参加了控诉民主德国体育犯罪的审判。他的遭遇成为揭露民主德国体育内幕最有力的证据之一。在审判过程中，他结识了现在的太太尤特·克卢斯（Ute krause），一位民主德国的游泳运动员。克卢斯也有与安德烈相似的经历，她也由于长时间服用禁药引发生理上的问题，也曾经尝试过自杀，命运将这二人捆绑在一起。

使用违禁药物的系统化和体制化

海迪·克力格的例子是民主德国体育犯罪的极端表现。从后来发现的一些有关海迪当年训练的材料来看，民主德国为了取得竞技体育上的辉煌，所采取的手段无疑是非人道的。海迪并不是唯一由于长期服用禁药而产生严重副作用的运动员。与她遭遇相似的前民主德国体育明星，数量也不少。这其中包括 1980 年莫斯科奥运会女子 400 米混合泳冠军派特拉·施奈德（Petra Schneider）以及女子仰泳冠军里卡·赖尼施（Rica Reinisch），施奈德从那时起，就被严重的心脏病和背部肌肉伤痛所困扰。而赖尼施患上了严重的卵

---

[1] Alan Cowll, "In a Cold War Hangover, Germany Confronts a Legacy of Steroids," *The New York Times*, Apr. 5, 1998.

巢囊肿，所以多次流产。还有安德烈现在的妻子尤特·克卢斯，为了避免服用类固醇而造成的体重增长过快的问题，游泳运动员一般选择大量节食来维持体重，克卢斯也由此患上了易饿症，至2000年已经20多年。①

两德合并以后，德国联邦政府的中央调查组在对民主德国体育系统的档案进行审查时，发现了整整一大卷秘密档案，详细记录了民主德国体育的药物助力计划。这一计划被命名为"14.25国家规划大纲"，整个计划的实施获得了来自民主德国最高领导层的首肯。

档案中详细记录了哪些是要奋斗的体育项目以及相关的发展和训练等等。计划明确指出，每个具有夺金可能性的项目都要挑选至少4个候选运动员。而违禁药物的生产主要则交给两家国有公司，分别是位于耶拿的VEB Jenapharm和位于德累斯顿的VEB Arzneimittel。为了更好地配合药物的使用，民主德国将药物配置和使用指南的责任托付给了"德国身体文化学院"（The German College for Physical Culture）和"体育与身体文化研究所"（The Research Institute for Physical Culture and Sport）。这是两所位于莱比锡的民主德国体育最高学府。② 在此基础上，民主德国政府还特意设立了禁药检测机构，名为打击禁药，而实际上是为了在国内做好药检，确保民主德国运动员在海外比赛时不会被查获。另外一份调查报告指出，20世纪70年代，为了系统地取得有关注射雄性荷尔蒙的试验结果，民主德国在全境内的10个游泳俱乐部进行了全面试验。档案中还指出，所有18岁以上的运动员都被迫发誓对所发生的事情保持沉默，18岁以下则都被告知试用的药物是维生素。③

后果很严重，代价很沉重

柏林墙被推倒14后，一些在民主德国体育系统中从事过非法勾当的人物也都得到了相应的惩罚。然而，时至今日，有很多民主德国运动员仍然在不断地尝试提出申诉，为自己在身心上所受到的双重伤害谋求法律上的公正对待。

凯伦·康尼格（Karen Konig）就是其中的一个。她曾经是一名优秀的

---

① Steve Kettle Elaneu, "Girls II Men," *The New Republic*, vol. 223 (July 2000).

② Doug Gillon, "No headline," *The Herald*, July 22, 2000.

③ Jonathan Braude, "Victims of the Quest for Olympic Gold, Little Thought Was Given to the Side Effects of Performance-Enhancing Drugs Fed to Athletes in East Germany," *South China Morning Post*, Sep. 7, 1998.

游泳运动员。目前,她正在通过民事诉讼起诉德国奥委会。她认为,德国奥委会应该承担照顾包括她在内的众多民主德国运动员的责任。因为据调查显示,在1990年两德合并后,德国奥委会从前民主德国那里继承了大约250万美元的财产,所以她认为,德国奥委会有责任同样继承民主德国的其他体育遗产。康尼格要求获得相当于12500美元的经济赔偿,来弥补她日常接受治疗所耗的费用。与康尼格遭遇类似的还有另外140位民主德国运动员,其中就包括安德烈夫妇。法兰克福的地方法院已经裁决康尼格的案件可以执行,这无疑为前民主德国运动员提出更多的赔偿诉讼开创了先例。

除此以外,安德烈和另外159位民主德国运动员还对德国药物公司Jenapharm提出了起诉。这家民主德国国有企业是民主德国政府最大的合成类固醇类药物厂商,而且有证据显示,当时在制订禁药计划的时候,药厂的上层技术人员主动参与了选用药物和制定服药步骤的策划。①

虽然在安德烈和康尼格等运动员看来,无论多少金钱的补偿都不足以挽回他们被剥夺的健康,这些伤痛将会陪伴他们一生一世,他们不可避免地将要在药物中度过自己的后半生,但是,他们的努力至少在社会道德上不断修正着民主德国体育所犯下的错误。

实际上,当2002年对民主德国体育犯罪的审判结束以后,德国政府就专门为民主德国的禁药受害者建立了一个250万美元的补偿基金,每位申请人最多可以获得12500美元的补偿。但是很可惜,直到2003年3月底的截止日期,只有311名运动员提出了赔偿。原因很多,许多较早退役的运动员对这个基金并不熟悉,而另外一些现役的运动员,或是曾经取得骄人成绩的运动员,耻于公开自己的秘密,甚至一些最初公开站出来揭露内幕的人还受到了人身威胁。埃尼斯·吉培尔(Ines Geipel)——一位民主德国的前跨栏运动员在《失去的比赛》(*Lost Games*)一书中就提及,当他主动站出来揭露民主德国体育的时候,曾接到匿名的威胁电话。②

但是庆幸的是,这些阻力并没有阻止民主德国体育的黑暗内幕被世人所了解。民主德国崩溃以后,关于民主德国体育的各类报告、专著和研究层出不穷,内容涉及之深、范围之广在世界体育学界,甚至整个学术界都引起了

---

① Alan Cowll, "In a Cold War Hangover, Germany Confronts a Legacy of Steroids," *The New York Times*, Apr. 5, 1998.

② Alan Cowll, "In a Cold War Hangover, Germany Confronts a Legacy of Steroids," *The New York Times*, Apr. 5, 1998.

巨大的震动。

民主德国禁药的祸水还在作怪

柏林墙倒塌 16 年之后，民主德国国家垄断体育体制下造就的一整套以服用禁药制造运动成绩谎言为基本手段的体育模式并没就此消弭，即使在全世界对民主德国体育有了定论之后，它的阴魂仍然不散。从捂在民主德国体育上面的盖子被掀开那一刻起，世界竞技体育就为自己打开了这只潘多拉的魔盒。在现代高水平竞技体育巨大的社会和经济效益驱使下，民主德国模式不但没有被彻底根除，却被许多国家、利益集团乃至个人奉若至宝，成为并且想方设法引进、模仿的一种捷径。

许多涉嫌禁药的民主德国教练在民主德国和联邦德国合并后的一段时间内继续被德国重用。1998 年受审的两位民主德国教练林达蒙（Lindemann）、富雷思科（Frischke）在德国国家游泳队一直工作到接到传票为止，迫于巨大的社会舆论压力才从日常训练中被隔离出来。[1] 但是，这些在德国国内找不到饭碗的教练却在国际上成了备受青睐的香饽饽。很多民主德国禁药教练获得国外的聘用，这其中引起最大争议的就是英国奥运会七项全能冠军丹尼兹·刘易斯（Denise Lewis）的教练爱卡特·阿尔波特博士——一个真正臭名昭著的民主德国药物教练，也就是民主德国最大规模药物试验的主要成员之一。这之前的 6 年当中，阿尔波特博士曾于 1997 年作为首席教练受雇于澳大利亚国家游泳队，结果遭到国内包括总理在内的强烈抵制而不得不作罢。然而，很快南非就向他暗送秋波，也因不敌同样巨大的舆论压力而最终不得不放弃。[2]

2004 年爆发的美国巴尔科（BALCO）实验室禁药事件，可以说是近百年以来美国规模最大的，也是对世界高水平竞技体育冲击最大的禁药丑闻。前后将近一年多的调查，被查出服用 THG 的美国体育明星多达数十人，其中包括一大串显赫一时的名字：旧金山巨人队的棒球明星巴里·邦兹与纽约扬基队的杰森·加比，5 枚奥运田径金牌得主玛里安·琼斯，美国短跑飞人蒙哥马里、凯里·怀特，以及在 2000 年悉尼奥运会上取得三项短距离跑个

---

[1] Jere Longman, "Drug Testing: East German Steroids, Toll: 'They Killed Heidi'," *The New York Times*, Jan. 26, 2004.

[2] Jere Longman, "Drug Testing: East German Steroids, Toll: 'They Killed Heidi'," *The New York Times*, Jan. 26, 2004.

人最好成绩的米希尔·考林斯（Michelle Collins）。

调查资料显示，为了最大限度地降低在比赛中被查出服用禁药的可能性，考林斯事先会在巴尔科实验室进行一系列的"前测试"，整个过程精细而复杂，以确保禁药在体内的残留物低于可被查出的水平。而这整个测试程序和其中使用的一些设备和药物，后来被证实都是按照民主德国的禁药体制设计的。① 对巴尔科实验室案件的调查，更是牵扯出了很多以前被长期隐瞒的真相，如世界知名的美国短跑冠军卡尔·刘易斯在 2000 年悉尼奥运会时的缺席，实际上也是由于在赛前被查出兴奋剂呈阳性，同时被查出的还有好几位其他的美国田径明星，只是整个事件后来被美国运动协会的官员巧妙地掩盖了。②

合并后的德国，运动员服用禁药的问题也有明显抬头的趋势。2004 年，德国共发生了 28 起兴奋剂丑闻，这给一向以严格、高效率自居的德国反禁药机构带来了巨大的负面效应。更令人担忧的是，调查发现，运动员服用大麻一类软性兴奋剂的情况正在不断蔓延，这一现象污染面积之广、危害程度之复杂都大大出乎人们的预料。③

众所周知，近些年来，我国在反禁药问题上做出了巨大的努力，不但成为世界上屈指可数的几个立法进行反禁药工作的国家，而且加大了打击禁药的力度。2004 年，宁夏举重队运动员马文华、丁海峰、孙艳由于服用违禁药物美雄酮"大力补"（类固醇）而受到停赛 2 年、罚款 4000 元的处罚，他们的教练王成继更是受到终身被取消教练资格、罚款 10000 元的严厉处罚。宁夏举重队被停赛 1 年、罚款 60000 元。④ 如此严格的处理都是为了向世界宣告，中国人要取得世界上最干净的竞技体育成绩的决心。

在巨大利益的推动下，服用禁药并不是一个偶然现象，而是竞技体育发展在所难免的一股社会逆流。众所周知，服用禁药是非人道的、反伦理的，也是违背了人类发展自然规律的，所以它永远不会成为主流，服用和使用禁药的毕竟是少数个人，或者利益集团的勾当。像民主德国这样有计划、成系

---

① Jere Longman, "Drug Testing: East German Steroids, Toll: 'They Killed Heidi'," *The New York Times*, Jan. 26, 2004.

② Sue Mott, "Center Stage Shameful Silence over Drug Coach British Athletics Should be Wary of Kwis Link-Up with Tainted East German," *The Daily Telegraph*, Apr. 29, 2003.

③ Jere Longman, "The Thrilled Victory, The Creativity of Deceit," *The International Herald Tribune*, June 12, 2004.

④《被兴奋剂改变的命运——宁夏举重队禁赛前后》,《南方周末》2004 年 12 月 31 日。

统地进行如此大规模禁药使用的例子,在整个人类发展史上是罕见的。民主德国的禁药体制确实给世界竞技体育的发展带来了巨大的负面影响。民主德国竞技体育所造成的严重后果,不仅在过去和现在,乃至在将来都将对国际竞技体育的发展产生深刻的影响。所以,国际体育界对禁药的斗争还任重道远。我们只是希望,德国体育的这一教训可以既警示世界,而又不要被人们轻易遗忘,更不要以类相从,将民主德国的这滩污秽引到自己的家园里。

难以自拔的体制陷阱①

——民主德国体育教训之四

在冷战进行的冰点期，作为东西方两大营垒对峙的排头兵，民主德国和联邦德国至少在一个问题上还保持着作为同一民族的一致性，那就是赢取奥运会奖牌。来自两个不同意识形态国家的运动队，曾团结在一面旗帜下，向世界展示"更快、最高、最强"的德意志运动员的风采。时任国际奥委会主席的艾弗里·布伦戴奇（Avery Brundage）认为德国奥运代表队的统一组队是"一次体育凌驾于政治之上的胜利"②。可惜，如此乐观的评价并没有掩盖住相同制服下截然不同的心态。在民主德国和联邦德国共同组队两次以后（1956年与1960年），1961年竖立的柏林墙，为它划上了痛苦的休止符。

令人艳羡的体育传统

德国是一个有着深厚体育传统的国家。尽管不断的统一与分裂是德国历史上不变的主题，但是在体育上，德国人却一向保持着特有的向往和矜持。19世纪初，当德国早期民族主义崛起的时候，"现代体操之父"雅恩（Friedrich Ludwig Jahn）就顺应借体育之躯发展民族精神的时代潮流，发明了德式体操，并创立了德式体操俱乐部（Turnverein），推广传播他的一整套德式体育思想。这期间他所使用的一些训练方式，后来演变为现代奥运会的体操项目。同时，另一位现代体育先驱古茨姆兹（Johann Christoph Friedrich GutsMuths）在学校中大力倡导体育活动，将身体教育带入德国教育的前沿。

---

① 原载《体育文化导刊》2005年第9期，与马廉祯合作。
② Avery Brundage to the DDR NOC and the BRD NOC, Jan 5. 1960, *Avery Brundage Collection*, Box 129, Pennsylvania State University, University Park, Pennsylvania.

从那时起，对健康理想的追求（Ideals of Health—Gesund）和对竞技运动能力的向往就深深地植入德意志的民族理性中，成为德国自我理念的重要组成部分。虽然，这一理念自诞生之日起，它的发展历程就一直跌宕起伏，甚至有一段时期被希特勒的纳粹主义所盗用而扭曲，但是其内核却伴随着德意志民族经历了两次世界大战，一直延续至今。

民主德国和联邦德国分道扬镳的体育体制

20世纪40年代末期，联邦德国和民主德国相继成立，分属于两个截然相对的政治体系，各自对体育的发展有着截然不同的认识，采用了风格迥异的体育体制。

纳粹第三帝国时期，由于希特勒对众多的德国传统体育进行了军事化改造，单纯地强调军事体育和体育对人的生理作用，将运动技巧与军事机能等价看待，这就使人们对体育的认识在德国发生了巨大的变化，特别使以往流行的强调协作和统一的团体项目受到重创，影响甚至延续至二战以后。故此，联邦德国政府在战后的体育政策上做出调整，以发展体育的娱乐性与参与性为主，强调体育的和谐和身心教育功能。为了实施这一政策，政府在民众中逐渐恢复了对体育的质朴认识和健康价值观，以此满足德国人对健康与生俱来的热情。联邦德国政府保留了德国教育体系中原有的传统体育成分，体育教育仍然是小学和中学的必修课。同时，加大了课外活动的比例，广泛地为孩子们组织以游泳、远足和爬山为主的夏令营等户外运动。这一举措在民众间受到了巨大的欢迎。[①] 在竞技体育方面，联邦德国在国家建立的第二天，即1949年9月24日，就成立了国家奥委会（当时由于缺乏来自苏联占领区的代表，这一新成立的组织一直到1952年才被认可参加奥运会）。1950年又成立了"德国体育协会"（German Sports Association）[②]，作为具体协调德国奥委会工作的辅助机构，所以，联邦德国在战后采取了以大众休闲娱乐为主体，竞技体育自由发展的体育发展策略。

民主德国领导人也深谙自己民族的体育传统，但是，由于受苏联的影响，将体育视为重要的教育和军事训练手段，认为体育是制造技艺高超、吃苦耐劳的工人，和坚忍不拔、勇往直前的军人的最佳手段之一。另一方面，

---

① "Germany," Encyclopedia Britannica Online, accessed June 1, 2005.

② "Return of West Germany, Japan to Olympics Voted by Committee," *The New York Times*, Aug. 30, 1950; "East and West Germans Told to Unite in Olympics," *The New York Times*, May 9, 1951.

体育活动可以吸引更广泛的群众参与到社会主义的公共文化中来，这无疑是国家利益和公民兴趣相互重叠的区域。所以，体育就成为建立新的民主德国民族性，同时服务于教育、政治宣传和军事训练等众多目的手段，带有很强的政治功利性。于是，在民主德国建立早期，服务于上述目的的大规模团体操和会演式体育活动被广泛推行，成为当时大众体育形式的主要内容。在竞技体育方面，苏联竞技体育在国际上所取得的非凡成就更让天资不凡的民主德国人心仪。于是，民主德国在成立之初就迫不及待的启动竞技体育的发展，按照苏联模式对体育进行了全面的改造，其后又逐步建立起系统的专业运动员选拔和训练体制。为此，民主德国于1948年建立了体育部，作为体育的中央管理机构，又于1950年成立德国体育和体操联盟（DTSB），作为国内最大的体育组织。紧接着又在苏联的帮助下，在莱比锡建立了身体文化研究所（DHFK），专门聘请苏联专家前来指导。① 民主德国在1951年也成立了自己的奥委会，但是一直到1965年才得到国际奥委会的正式认可。所以，战后的民主德国体育战略是在苏联模式的基础上建立起的一整套以集中管理、集中训练、国家供养为基础的计划型体育体制，② 也就是我们所说的"国家垄断型体育体制"。

国家垄断型体育体制三部曲

随着两德政治主见的日益相左，统一的奥运代表队已不再是维护双方貌合神离的一块遮羞布，奥运赛场也不再是显示团结的民族意识的舞台，而转变成兄弟阋墙的擂台。对于一心发展经济，试图再列世界强国之林的联邦德国而言，竞技体育方面的野心被遮掩下来；而对于饱受国际孤立，并不被国际广泛认可的民主德国而言，以独立的身份参加奥运会却是一个展示自我、树立国际威望的绝佳机会。1964年民主德国和联邦德国最后一次共同组队参加奥运会之后，民主德国随即在国内展开全面的体育体制改革，调转船头，将取得奥运奖牌，树立民主德国威信摆在体育发展战略的首位。它将自己诠释为一个"集体金牌"国家（medaillen kollekiv/medal collective），希望外人将民主德国高水平竞技体育所取得的成就看作集体主义精神在体育上的

---

① James Riordan, *European Cultures in Sport: Examining the Nations and Regions*. (Bristol: Intellect Books, 2000), p. 81.

② James Riordan, *European Cultures in Sport: Examining the Nations and Regions*. (Bristol: Intellect Books, 2000), p. 81.

至高表现,以此来反映民主德国可预见的强大未来。

1. 斯巴达奇亚德的引入

这一系列改革也是从继续照搬苏联模式开始的。这其中,最为显著的就是 1965 年将苏联发展的"斯巴达奇亚德"(Spartakiad)① 制度引入国内。这是一种基于选拔比赛制度的体育竞赛模式,参与对象仅限于儿童和在校学生,开展项目也仅限于奥运会开展的项目。选拔比赛从最基本的单位开始,一直延续上升到国家级别,比赛的项目和组别每年都有一定的安排。所以,民主德国的斯巴达奇亚德实际上是一个涉及全国范围的运动精英的拉网式普查,是民主德国奥运代表队的选秀大会。这一新兴体制与之前已经开展的"德国体操与体育节"(Gymnastics and Sports Festivals)有很大差别,"德国体操与体育节"是一个以团结各阶级感情,促进游艺为主要目的的运动游艺大会。其所含项目更广泛,不但包含世界上流行的各类现代竞技运动,同时也吸收了很多非奥运项目,以及德国所特有的一些民俗性运动,参与对象更是涉及社会的各个层面,在民主德国民众间受欢迎度很高。然而,国内大众参与体育,享受运动的意愿似乎并不能压制住奥牌所闪耀出来的夺目光芒,自 1965 年以后,国家体育发展的重点就押宝在斯巴达奇亚德上了。②

民主德国早期斯巴达奇亚德的开展,确实为国内的青少年带来了前所未有的体育机会。资料显示,1965 年,民主德国国内总共有 170 万儿童和青少年参加了斯巴达奇亚德的夏季比赛,其中 32.1 万取得资格参加县级的比赛,5 万人取得参加地区性比赛的资格。到 1975 年,有 390 万的儿童和青少年参加了初级的斯巴达奇亚德选拔赛,其中,84.6 万人次进入县级比赛。对于民主德国这个人口只有 1700 万的小国而言,大部分的青少年都有获得一定运动训练的机会,并且都有机会参加至少一次斯巴达奇亚德的比赛,这不能不说是一个巨大的成就③。

---

① Spartakiad 是苏联试图抵制奥林匹克运动而发明的一种国际性质的大型体育赛事,主要由社会主义国家参加(俄语中:"Spartakiada"与"Olimpiada"相对)。这一名字是从古代罗马的奴隶起义首领 Spartacus 而来,象征着国际无产者的大联盟。第一届 Spartakiad 于 1928 年 8 月在莫斯科举行。

② SAPMO-BArch DY 30,IV A2/18 39,"Prasidiumsvorlage Nr. 4/6/65,Betr Nichtaufnahme der Nichtolympischen Spotrverband in das Programme der Spartakiaden."

③ "Gesellschaft zur Förderung des Olympischen Gedankens in der Deutschen Demokratischen Republik in Zusammenarbeit mit der Redaktion 'DDR-Sport'," in *Ein grosses Erlebnis*: *Kinder und Jugendspartakiaden in der DDR*,ed. Zeit im Bild,1975),p. 30.

2. 天才精英选拔制的推行

对奥运成就的过度向往使民主德国体育过早地蜕变为一种盲目的迷恋和为了达到目的而不择手段的追求。随着这一整套制度的不断完善，民主德国体育发展的导向开始出现巨大的偏差。

由于斯巴达奇亚德层层的选拔赛需要耗费很多资金、很长时间，以及经历严格的程序，且运动员年龄参差不齐，为将来的集中训练带来了相当大的麻烦。于是，受民主德国高层的指示，位于莱比锡的德国身体文化学院（German College for Physical Culture）的体育科学家们进行了大量的调查研究，出台了一套关于挑选少儿运动员的具体操作标准。依照此标准在全国范围内对在校学生身心情况所做的调查工作随即铺开，以最快捷的方式选拔适合的运动员尖子。随后的几年中，这一系统在实践中不断完善。直到1973年，随着民主德国教育部与德国体育和体操联盟联合制定的《民主德国体育体操联盟训练中心联合检查与选拔制度》（Einheitliche Sichtung und Auswahl fur die Trainingszentren und Trainingsstutzpunkte des DTSB der DDR，缩写为ESA）（United Inspection and Selection for the Training Centers of the DTSB of the GDR）的出台，整个调查与选拔制度被正式确立为国家政策。按照这个制度，全民主德国境内的所有一年级和三年级在校学生都要接受测试。测试结果优异者，或是已经在低级别的斯巴达奇亚德取得优异比赛成绩者，都会被选入特定的专业体育学校进行全职训练，以备战奥运会，而所需费用全部由国家承担。

身体测试制度的引入和对专业训练的过分强调，大大剥夺了一般百姓，特别是普通少年儿童进行体育运动的权利。特定项目的体育场馆只对专业运动员开放。"如果孩子的手和脚不够大，那么老师为什么还要浪费时间教他们游泳呢？"于是，游泳池空置出来，预留给那些具有游泳天分的孩子。那些手脚不够大的孩子只有和父母在夏日的池塘或是湖水中学习游泳。而那些被确定为具有体育天赋的孩子，则会被编入一个相类似的群体，接受每周6到8小时的训练。成绩突出者随后则会被送去各个地方的儿童少年体校（KJS）接受更高级别的训练。[①]

对部分奥运会项目的重视则导致了很多其他项目，特别是非奥项目的发育不良，而由此严重影响到了民主德国大众体育的开展。民主德国的斯巴达

---

① Riordan (Editor). *European Cultures in Sport: Examining the Nations and Regions*. Bristol, GBR: Intellect Books, 2000, p. 82.

奇亚德在建立之初就仅限于奥运会项目的开展，而1969年民主德国中央委员会出台的《精英体育决议》（下称《决议》）（"Leistungssportbeschluss" Resolution on Elite Sports）更是雪上加霜。这一《决议》强调，国际体育赛事中民主德国所取得的胜利是"我国人民完成一切事业的潜力的表现，是成长中的民主民主德国的潜力的表现"；体育胜利是建设"提升民主德国国际形象和确立民主德国国际声望"的基础。① 所以，《决议》宣布，将现有的所有资源都投入到可以获得奥运奖牌的国际项目中去，而不提倡其他项目的开展。一些个人项目，如游泳、田径等一位运动员可获得多枚奖牌的项目获得民主德国政府的极大支持，② 而一些集体项目，如篮球、曲棍球、网球、水球等，或是不具备良好基础的项目则都被搁置，不再投入，③ 而这其中很多都是民主德国民间广泛开展的群众体育项目。《决议》的出台对那些长时间参与这些运动的人来说，无疑是一个噩耗。由于民主德国体育设施有限，这些项目的场馆大多被改造服务于其他项目，以前建立的训练比赛中心也大部分被解散，使得这些项目在国内的开展丧失了基本的物质条件。

3. 肆无忌惮地为违禁药物张目

当追求政治目的的、急功近利的短期行为扼住国家体育发展的咽喉时，兴奋剂的滥用，就会成为一种顺理成章的必然现象。在"国家垄断型体育体制"中，不仅有使用兴奋剂的密令和计划，而且秘藏着研制、开发、试用的专门机构和专业队伍，他们为对抗国际反兴奋剂的检查制造障碍，为滥用兴奋剂的人员、事件提供庇护，而最终使这种体育体制走到尽头。关于民主德国为获取比赛胜利而系统研制和使用违禁药物的种种丑恶行径，我们在之前的三篇文章中已有详细的叙述，在此不再赘言。

---

① "Grundlinie der Entwicklung des Leistungssports in der DDR bis 1980," in *Die Sportbeschlüsse des Politbüros: Eine Studie zum Verhältnis von SED und Sport mit einem Gesamtverzeichnis und einer Dokumentation ausgewählter Beschlüsse*, ed. Hans Joachim Teichler (Koln: Sport und Buch Strauss, 2002), p. 564.

② "Grundlinie der Entwicklung des Leistungssports in der DDR bis 1980," in *Die Sportbeschlüsse des Politbüros: Eine Studie zum Verhältnis von SED und Sport mit einem Gesamtverzeichnis und einer Dokumentation ausgewählter Beschlüsse*, ed. Hans Joachim Teichler (Koln: Sport und Buch Strauss, 2002), p. 561.

③ "'SED-Hausmitteilung' Hellmann an Honecker zur 'Grundlinie der Entwicklung des Leistungssports in der DDR bis 1980'," in *Schlüsseldokumente zum DDR-Sport: Ein sporthistorischer Überblick in Originalquellen*, ed. Spitzer, Teichler, and Reinartz (Aachen: Meyer und Meyer Verlag, 1998), p. 151.

观念与体制相互依攀的怪圈[1]

——民主德国体育教训之五

研究民主德国体育，我们不可避免地要追问，民主德国体育在价值观念层面究竟出了什么问题？民主德国的体育在体制层面的根本性矛盾是什么？了解和认识这些问题，吸取其教训，对于我国体育的和谐发展与可持续发展无疑是前车之鉴。

体育价值观的基因缺失

自20世纪50年代以来，民主德国逐步建立起了一个金牌至上，体育依附于意识形态、服务于政治的体育价值观，并以这种价值观为指导，构筑了一个竞技体育的国家垄断体制。这个体制组织严密、运作高效。但手段卑劣，甚至不惜泯灭人性。

形成这样一个以人为"末"，以运动成绩为"本"的体育价值观念，并非一日之功，也不是个别领导人的偶然行为造成，而是有其深刻的时代背景和社会文化内涵的。

作为一个高度集权统治的国家，又是一个传统上非常重视体育的国家，民主德国十分强调发展体育的社会功效。通过发展体育，民主德国不但可以建立自己的民族意识和国家意识，加强内部团结，还可以服务于国防，改善人民卫生和健康情况，并且为民主德国树立良好的国际声望和国家形象，改善各种外交关系。这基本上是每一个发展中国家，特别是社会主义民族国家发展体育的共同目的之一。[2]

---

[1] 原载《体育文化导刊》2005年第10期，与马廉祯合作。

[2] Riordan, Jim (Editor). *International Politics of Sport in the 20th Century*. London: Spon Press, 1999, p. 61.

民主德国地理位置和政治位置的特殊性夸大了体育的这方面社会功效。它作为一个与资本主义世界抬眼可见的社会主义国家，在冷战期间，地处东西方两大阵营对垒的第一线，不仅在军事上直接对峙，在政治、经济上展开限制与反限制的斗争，在文化上进行着渗透与反渗透的较量，于是，民主德国将作为社会文化生活重要组成部分的竞技体育，优先、"超前"、十分有力度地发展起来是顺理成章的。因为竞技体育在国际文化的比较中所具有的民族性、功利性和竞赛结果的不确定性，是弱国与强国进行平等文化比较的有利条件。

二战以后，以美国为首的西方世界对刚刚成立的众多社会主义国家普遍采取抵制的政策，在经济、国际政治等各个方面进行打压和制裁，甚至进行国家颠覆，为这些国家的发展无端制造了大量的困难和麻烦，民主德国则首当其冲。刚刚成立的民主德国在各个方面都受到西方社会的孤立，无法在国际上取得应有的政治地位。甚至在国际体育赛事当中都屡遭骚扰，如在1960年的冬季奥运会，美国在无任何声明情况下，拒绝为民主德国的运动员发放前往美国的签证。类似的拒签做法在1957—1967年，竟然被美国和它的盟国先后演绎了37次之多。在其他的场合，也会经常发生由于民主德国运动员取得冠军而无端取消颁奖仪式的闹剧，或者是举办单位拒绝悬挂民主德国国旗和国徽等无理行为。而此时，民主德国运动员在竞技体育上所取得的惊人成就起到了非凡的政治作用。它不但证明了民主德国的存在，还以胜利者的身份显示了它所具有的顽强生命力和积极进取的国家姿态。

民主德国自20世纪60年代开始注重发展竞技体育，民主德国的运动员从此开始频繁地取得各种世界比赛的奖牌，使民主德国的国际声望一时间突飞猛进。这些成就不但带动了本国人民的热情，甚至为整个社会主义阵营带来了出人意料的鼓舞。西方学者甚至指出，实际上是民主德国出色的体育成绩迫使国际奥委会最终不得不选定联邦德国的慕尼黑作为1972年夏季奥运会的举办地，而这一结果所造成的国际影响，间接帮助了民主德国在第二年成功加入联合国。[1] 这无疑是25年连续不断的政治和体育的激烈斗争的结果。也正是从那时开始，竞技体育在民主德国的政治发展中所扮演的角色越来越重要，或者说，那为数不多的几十个奥运会奖牌和世界冠军就成了国际上"民主德国之所以是民主德国"的唯一表现。

---

[1] Riordan, Jim (Editor). *International Politics of Sport in the 20th Century*. London: Spon Press, 1999, p. 60.

金牌体育观，让民主德国在国际舞台上扬眉吐气，而国际体坛上的骄人成就，反过来更强化了金牌体育观，民主德国体育就在这样一个恶性循环中发展成一个怪胎。为了取得更大的竞技体育成就，以换取更大更广泛的国际认知度，民主德国采取了全力发展高水平竞技体育的国家垄断型发展战略。此时，就体育的本质而言，民主德国的竞技体育实际上已经不再是单纯意义上的体育了，它既不能代表位于现代竞技体育核心部位的奥林匹克精神，也不再是强身健体，愉悦身心的身体活动，而彻底转变为民主德国统治阶层手中的政治工具。体育自身所蕴藏的那些超越功利的、人性的东西，渐渐被过度的政治功利性所取代。

平心而论，民主德国在早期的体育建设上，许多方面都有着非常良好的初衷。民主德国领袖昂纳克就这样说过："我们的国家之所以在世界上受到尊重，是因为我们运动员的出色表现，但是也是因为我们为发展体育所付出的巨大努力，我们努力地将体育运动融入每个公民的日常生活中去。"[①] 然而，事物的发展往往是不以人的意志为转移的，当民主德国这台竞技机器飞速运转时，谁也无法对它进行控制，物极必反，最终由"金牌大国"堕落为"兴奋剂大国"，这是必然结果。

一个国家在其发展的不同历史时期，对体育的不同领域有不同的侧重是正常的，甚至在特定的条件下，将体育视为社会发展的一种重要的推进器，给予优势发展地位，也是无可厚非的。但利用体育进行国家建设、社会发展、外交活动，并不意味着把体育只当成政治宣传工具来看待。如果忽视体育自身所拥有的特质，贬低体育作为一种引人向善的、宣扬生命力的、积极主动的，以及人类与生俱来的功能，就必将体育异化，将体育引向邪路。民主德国出于满足意识形态的需求，造就了浅薄而狭隘的体育价值观。在这一失偏的价值观的指引下，促成了其对于高水平竞技体育偏执狂式的发展，最终引火自焚。民主德国在后期发展高水平竞技体育的过程中，陷入一个为金牌而体育、为体育而体育的怪圈。国家花费巨大财力培养运动员和教练员，不是从人本出发，而是将一批高度社会化和体育化的运动员，强行退化为只具有表达运动技术水平的"生物符号"，而教练员则退化为勾描这些符号的"绘图员"。他们作为"人"的其他价值，已经被彻底剔除。在一次又一次的超高强度的、违反生理机能和心理极限的训练中，在兴奋剂的药罐里，人

---

① Honecker E., (1976) *Report of the Central Committee to the Socialist Unity Party of Germany*, Berlin, 133 Kultura i zhizn (Nov. 1, 1949), 11: 5.

性或被戕杀，或被扭曲。而恰恰是一代又一代的优秀青少年，在"奉献"的旗帜下前仆后继地加入。

体育体制的后天失调

　　什么样的体育价值观，必然要匹配什么样的体育体制，这是文化学理论反复强调的一条定律。民主德国的体育发展如果按照自己美好的初衷，依据早期确立的模式，在发展过程中不断地调整自身，并协调、平衡体育与社会发展之间的关系，本可以发展成一种优秀的体育体制。但是，由于民主德国体育价值观念的偏失，对奥运会奖牌光芒的盲目崇尚，这个源于良好愿望的体制逐渐黯淡下来，一个国家垄断色彩十分鲜明的体育管理体制被强化和固化了。从此，体育的发展逐步远离人民，远离社会，最终导致悲剧的发生，踏上了一条从最初就注定要失败的道路。

　　民主德国体育之所以最终以悲剧收场，有其国家政治、经济和社会发展的许多内部原因。然而，当我们审视联邦德国在收拾民主德国体育残局的时候，发现他们全盘放弃了民主德国的体育思想和体育体制，甚至包括众多的体育工作者本身。如果说民主德国的体育体制是优秀的，其竞技体育制造金牌的机器是货真价实的，合并后的德国又何必采取这样决然的态度？联邦德国毕竟也存有在高水平竞技体育上实现辉煌的勃勃野心。

　　民主德国体育的失败表面上看是兴奋剂酿祸，而深层次原因却是：第一，长时间对竞技体育一边倒的发展模式导致了民主德国体育总体发展的巨大不平衡。第二，对体育发展的巨大投入致使民主德国体育的发展脱离了民主德国社会的总体经济发展水平。兴奋剂只不过是导火索，是全盘否定它的最无可辩驳的口实。

　　民主德国的这种"金牌体育"，对"金牌效益"的过分追求打破了民主德国体育和谐发展的天平。民主德国早期对学校体育和大众体育的重视，到后期已经徒有其名。随着内外环境的不断变化，高水平竞技体育所起到的立竿见影的效果，使国家体育的其他领域成为竞技体育的附属品，特别是使需要国家巨大投资而见效缓慢的大众体育相形见绌。人们的体育权利、体育的社会公平无人顾及，这一点在柏林墙倒塌后，从民主德国人对前政权经营的体育所表达的蔑视态度就可以窥见一斑。

　　民主德国体育与社会经济发展的不协调是民主德国体育体制的一个潜在的矛盾。虽然，与其他华约国家相较，民主德国是社会主义阵营中经济实力最好的国家之一，但是，它所拥有的经济实力与其他西方国家相比，特别是与一墙之隔的联邦德国相比，仍然存在着巨大的差距。

20世纪70年代前后是民主德国经济发展势头最为旺盛的阶段，民主德国人民的生活水平在东欧社会主义阵营中也最高。尽管如此，大部分民主德国人的收入甚至还达不到联邦德国普通失业工人所领取的失业救济金。民主德国的市场上所能购得的各种轻工业产品与西方资本主义国家相较也存在巨大差距，大部分日常电子用品都需要借助代用券或配给证来购买。① 这是由于在苏联的"经济分工"控制下，长时间计划经济造成的偏重重工业，严重忽视农业、轻工业、服务业等行业的发展结成的苦果。

在庞大臃肿的官僚管理体系下，吃惯了大锅饭的产业工人生产效率低下，各种产品的质量和价格都完全不占优势。到1988年，东欧解体之前，民主德国的国民生产总值大约为2072亿美元，人均产值达12500美元，年增长率为1.8%。按照西方的人均收入计算的话，民主德国人均收入为15696民主德国马克，约合4486美元，是所有社会主义国家中最高的，可这个数字还不到联邦德国的一半，②③而民主德国工人比起联邦德国，每年要多工作几百个小时。

而当时的联邦德国则享有全世界最高的生产水平和生活水平，是世界上最富庶的国家，1988年的国民生产总值达11200亿美元，人均产值18370美元，经济年增长率为3.6%，超过美国，更远远超过民主德国。④ 这个巨大的经济差距不但在当时就如此明显，甚至到两德合并5年以后，民主德国地区的人均收入还仅仅达到联邦德国地区的44%。⑤

在如此的社会经济状况下，民主德国却取得了联邦德国远不能比拟的体育运动成就。从1968年到1988年的汉城奥运会，短短20年间，民主德国共积累了519枚奖牌，奖牌总数位居世界第三位。如果以平均人口来算，民主德国人均所获得的奖牌数量是苏联的10倍，是美国的13倍。⑥ 仅以这些数量而言，绝对是前无古人、后无来者的奇迹。

---

① "East Germany: It Was Good While It Lasted," *The Economist*, *International Report*, Sep. 20, 1975, p.59.

② "CIA World Factbook 1989," accessed information unknown.

③ Fredinand Protzman, "East Germany Losing Its Edge," *The New York Times*, May 15, 1989.

④ "CIA World Factbook 1989," accessed information unknown.

⑤ Klaus-Dietrich Bedau, "Population Trends, Employment Levels, Economic Performance, and Income Evolution in East and West Germany Since Unification," *Journal of Income Distribution* 8, No. 2 (1998).

⑥ Micheal Janofsky, "East German Perquisites Draw Fire," *The New York Times*, Dec. 11, 1989.

这两组数据的巨大反差，说明民主德国竞技体育的"超前"之路，走得有多么远。当一个国家竞技体育这种非生产性消耗成为沉重负担的时候，有两条路可走：其一是走竞技体育"捷径"之路，即大量使用违禁药物；其二是广开财路，在社会化程度较高的国家市场上找出路，而实行竞技体育垄断体制的国家则要靠加大财政负担。而滥服药物和向国库伸手要钱，终非长久之计。

他人之镜　可正衣冠

虽然民主德国体育的梦魇结束已经有十余年，它的影响却始终没有被人们所完全摆脱。关于民主德国体育的研究和认识，也没有随着时间的流逝而变淡，相反，民主德国体育已成为世界各国体育机构和组织引以为戒的悬梁之发、刺股之锥。世界各国都看到了体育的极端不协调发展给社会带来的巨大灾难和隐患。作为一个发展中的社会主义体育大国，中国的体育事业发展与民主德国曾在很多地方都有相似之处，这就使我们不得不对民主德国体育兴衰产生极大的关注，并对我国现有的体育观念和体制产生诸多联想。我们以为以下问题值得深思。

1. 我们必须完成体育观念的转变

毋庸讳言，我国长期以来形成的体育观念带有军国民体育观、单纯生物观念的色彩，并且中国传统文化的泛伦理化、高度意识形态化的特征也反映到体育中来。改革开放前，由于中国体育长期游离国际社会，也使中国体育价值观的政治化倾向十分严重。20多年来，特别是实行市场经济体制后，中国开始进入国际体育大家庭，受到体育全球化的影响，体育的人文精神得到迅速的发展，但转变体育价值观念的问题依然需要在理论研究和体育实践中加以特别的关注，以人为本的体育价值观还要大力提倡。

2. 我国的体育体制需要不断创新

人类社会从古到今的发展中，制度性因素一直是凌驾于技术性因素之上的决定性因素。社会要发展，就必须不断解决制度设计中的漏洞、缺陷和矛盾。制度建设的滞后则会带来高昂的社会和经济成本。体育的制度也同样如此，必须不断创新。

我国目前所实行的体育体制，是我国计划经济时代遗留下来的产物，虽然在枝微末节上有了一定的改革，但其内核并没有受到根本触动，我国的体育体制改革实际上已经滞后于我国经济、社会改革的总体进程。《中华人民共和国体育法》第三条规定,"国家推进体育管理体制改革。国家鼓励企业事业组织、社会团体和公民兴办和支持体育事业",说明体育体制改革的滞后已经到了法律必须给予关注的程度。

在我国未来体育体制的发展进程中,特别是2008年北京奥运会结束后,我国体育体制改革的步伐必然会加速,这不但是我国体育发展自身的需求,更是我国在新时期协调发展、全面发展的需求。而同时也要看到,由于我国数十年体育文化的积淀,对目前所实行的体育体制所进行的改革并不是一蹴而就的事,这个改革的过程必然是渐进的、长期的,甚至是痛苦的。

我国体育体制的改革与创新必须是并行的,必须符合可持续发展的原则。我们必须创新出一套既不同于计划经济时代的体育体制,也不可能照搬西方发达国家的现行体制。

如今,建设节约型社会,发展循环经济已成为世界各国可持续发展的共同方向,我国发展体育也应遵循同样的道理,这也是我们创新体制时必须考虑的问题。

目前,困扰我国体育可持续发展的因素大致上可以归纳为四个,即体育资源的匮乏、体育的粗放型发展、体育发展的不平衡,以及体育权利的不公正。由于各类体育未能实现协调发展,致使我国体育内部出现严重的发展不平衡,学校体育的长期落后,职工体育、农民体育衰落的现象未能得到根本扭转,近些年我国业余体校的全面下滑,直接导致我国目前面临严峻的体育后备人才不足。除此之外,日益庞大的体育管理机构使经营成本提升,工作效率下降,这让我国体育发展付出了更昂贵的代价,这一切都可能造成我国体育的不可循环发展。

我国现行的体育体制已经成为21世纪前20年中国体育无论如何绕不过去的一道屏障,任何故步自封的说法和做法,只会让我们今后付出更大的代价。

3. 中国体育的发展要杜绝兴奋剂等现代体育顽疾的侵蚀

滥用违禁药物一直是困扰现代体育发展的大敌。在我们步入市场经济的进程而市场道德规范没有完全建立起来的时候,体育遭遇兴奋剂的偷袭是非常可以理解的。但是,我们应该看到,在中国滥用药物也有来自体育价值观和体制上的原因,如有的运动员在某些运动会上滥用药物,在一些地方就受到了个别地方官员的姑息和纵容。服用兴奋剂有向青少年儿童和非正规竞技活动(如高考体育加试)蔓延的趋势。随着我国体育制度的不断完善和我国体育价值观的日趋成熟,中国体育的发展要尽最大可能克服这些阻力。为此，我们已经做出了很多努力，特别是我国成为世界上仅有的几个立法反兴奋剂的国家，种种措施都显示了中国反兴奋剂的决心。德国的教训告诉我们，兴奋剂的问题关系到国家体育的生死存亡，因此，我们在任何时候都不要对它掉以轻心。

我们花了半年多的时间，翻阅了大量原始资料，写了近四万字的五篇文章，揭示了民主德国体育给我们提供的教训。当我们掩卷长思时，心情十分沉重，如同看到一朵盛开的鲜花霎时间枯萎凋谢。然而，我们又十分欣喜，因为我们选择了一条改革与发展的道路，只要坚持不懈地走下去，中国体育一定会绕过暗礁，前途是无限光明的。

中日体育文化比较交流散论[①]

中日两国的体育文化渊源相近，流脉相似，但无论形态还是特质，都差异甚大。汉唐以来，两个民族如隔海对视的兄弟，互为镜鉴，频繁交流，取长补短，相得益彰。而到了近代，双方都转过身来，面对西方体育，终因文化"基因"不同，走上了两条不尽相同的体育道路。今天从文化比较的角度出发，环顾一下中日两国体育文化的不同历史背景、发育条件，以及亲缘的异同，阐释一下中日两国体育文化交流中的选择、变异与冲突，应该是很有意义的。以一个中国人的目光审视对岸兄弟的举措，难免失于偏颇，甚至有说长道短之嫌，然而，繁荣东方体育文化的共同愿望，会使我们有更多的相互理解。

一、中日体育文化比较

中国和日本同属远东文化圈。然而，中国文化是一种本体文化，日本文化是一种边缘文化，古代日本文化是受中国、印度、西伯利亚三个亚洲文明圈强大文化势能辐射的结果。由于基本文化环境的不同及文化发展过程的时间差，给两种体育文化造成了许多不同的特征，现择其要，阐述于下：

（一）礼文化与耻文化反差下的两条体育道路

美国著名学者本尼迪克特在长期居住日本、深刻研究日本文化后，写了一部震撼日本人心的《菊与刀》。该书称欧美文化是一种罪文化（依赖内化的罪恶以达到自觉），称日本文化是一种耻文化（依赖外在强制力以达到善行）。中国学者盛邦和进而也将中国文化比附为一种礼文化。如果我们继续向前延伸，可以说欧美文化是宗教原罪文化，日本文化是义理耻感文化，中

[①] 原载《天津体育学院学报》1992年第1期。

国文化是伦理政治文化。由于以上的差别，在体育文化的价值取向上也出现了差异，特别是在竞技体育的领域里。

竞技体育的本原是一种游戏文化。古代和近代具有世界意义的竞技体育都产生或勃兴于欧洲绝非偶然，这是因为竞技体育产生需要具备两个意识形态方面的条件，一是标榜宗教崇拜，二是提倡个性解放。古希腊文明时期和以后的欧洲宗教改革、文艺复兴时期，都具备了上述条件。

中国历史上自发产生的竞技体育，除了西周时代的"礼射"被纳入礼文化，为"礼治教化"服务而具有异常的生命力外，其他朝代的竞技体育只要不与"教化民心"的政治相结合，大多只能停留在亚文化的水平，以至自生自灭。唐朝的击鞠、步打如此，宋朝的筑球、水嬉如此，明清以后的投壶、冰嬉，无不如此。欧洲近代竞技体育进入中国以后，最大限度地融合于政治之中，成为中国内政外交中最有活力、最具象征意义的一部分。中国竞技体育发展的精神动力来自民族的忧患意识，又反作用于民族的自强意识。政治与竞技体育相互支持，政治为竞技体育提出社会需要，竞技体育为政治忠诚服务，是中国体育文化的一个基本特质。

而孕育了日本耻文化的竞技体育则走上了另外的轨迹。就日本文化本身而言，也不可能产生真正意义的竞技体育。日本文化要求日本人在建构其世界时无时无刻不顾虑到等级制度。在家庭和人际关系中，年龄、世代、性别、阶级支配着相应的行为，要求人人"各守本位"、人与人之间遵守一种"义理"规范，即对待他人之"恩"要给予报偿，而对名分上受辱无论如何要复仇雪耻。由于害怕"蒙羞"，日本人具有极度的自我防卫心理。这种心理使日本人难以接受竞争中的失败，在失败后会情绪用事，或哀叹哭泣，或号啕不止。因此，日本人总是把直接竞争减低到最小的限度，并且一向巧于设计，避免直接竞争。日本的这一耻文化特征在当代竞技体育中表现得淋漓尽致。第二次世界大战后，战败国日本那种内省、明耻、雪耻和复仇自强的社会心理，充分凝聚起来，表现在经济上的迅速振兴，竞技体育上的即刻翻身。1964年东京奥运会上，日本所获得的巨大成功，实际上就是一种广义的雪耻行动。而在以后的岁月里，日本人的雪耻心理转向了与民族生存关系更为密切的深层结构——经济的振兴。这时日本耻文化中的另一侧面，逃避竞争的心理在竞技体育领域抬头，出现了七八十年代竞技体育滑坡衰退，而大众体育兴起的局面。当然，日本体育文化中大起大落的现象，还与一些其他社会原因直接有关，这里就不去讨论了。

(二) 武士文化抵制了儒家文化的文弱之风

在中国传统文化中,儒家文化占有重要的地位。儒家"格物、致知、诚意、正心、修身、齐家、治国、平天下"的"内圣外王"之道,包括以"仁"为中心的道德体系,以"礼"为中心的教化体系,极高明而道中庸的政治、经济、社会实践体系,不仅对中国两千年的历史产生了深远的影响,也对长期接受和吸收中国儒家文化的日本产生了重要的作用。

儒家文化,对形成中国体育文化自身的个性有着重要的制约作用。儒家"天人合一",道德自我教育的原则渗透进中国体育文化,如孔子的养生之道,荀子的运动主张,都对中国先秦体育文化的发展起到了积极作用。然而,充满皇权意识的儒家思想从根本上是束缚体育运动发展的,特别是它的人才观念,压抑了体育教育。除了在宋朝曾出现过短暂的"武学"之外,在漫长的皇权专制社会里,体育始终不能进入学校,体育教育一片空白。这就造成了中国学校体育长期的薄弱与落后,并影响至今。

中国的导引、养生、保健方法,更多地得益于道家、医家和其他各家思想的滋养。"气聚则生,气散则亡"的气血生命学学说,"阴阳和合而万物生"的平衡量养生理论,"一身动则一身强"的形神统一观念,最终形成了一整套"内外俱练""形神兼备""动静结合""刚柔相济"的中国导引养生术。这是中国体育文化的主体部分,也是东方体育文化之精髓。

自日本应神天皇十五年(284),中国的儒家经典就开始传入日本。二百多年后,以五经(《诗》《书》《礼》《易》《春秋》)为中心的儒家学问在日本渐盛。到圣德太子时,则直接用于改革日本政治。而且后来的日本统治者和知识分子,把儒家和道家做了明确的区别,彻底排斥道家思想而尊奉儒家思想。这样同时也把中国渗透了道家思想的导引养生术和太极运动从日本文化中排斥了出去。

日本的体育文化中也长期不包含学校体育教育的概念,这是受儒家文化影响的结果。日本人讲究"修行""练达",却源于印度的瑜伽术。日本的自我催眠、精神集中和五官控制方法,显示出与印度瑜伽术的亲缘关系。所不同的是日本人抛弃了瑜伽术的神秘主义色彩和禁欲主义枷锁,他们把瑜伽术理解为一种追求人性美的自我训练,一种获致人与行为间不存一发之隙的"练达"境界的手段。

与中国的社会结构鲜明不同的是日本武士阶层的存在。在中国的历史发展过程中,武士的地位和作用越来越小。尽管武术、武艺非常发达,但大量的习武者多存在于民间,没有较高的社会地位。而在日本,自镰仓时代起,武士成为日本社会的统治阶层，他们不仅拥有土地，而且成为地方豪强。由此而生的"武士道"，也就成为日本民族文化中的一种特有精神，其基本精神为忠诚、牺牲、信义、廉耻、名誉、尚武、俭朴、情爱等道德信条。镰仓时代后期，武士道与禅结合，使其精神更趋向内面化、深层化，要求更具男性精神，要求异常的意志力。

日本的武士道精神对剑法、刀法、枪法及各种武艺影响至深，认为"刀剑是武士之魂"，又派生出"剑道"等道法。至于日本体育文化中的相扑、柔道、空手道、和气道等对抗搏击性运动十分兴盛，当然与武士道精神的提倡有很深的内在关系。

明治维新后，日本的武士道被统治者导入战争罪恶。然而，就体育文化而言，它却起到了抵制儒教"文弱之风"的作用。当中国被欧美国家诮为"东亚病夫"时，日本却以强悍的身体，参与了对中国的侵略和掠夺。

（三）大陆文化与海岛文化造成的差异

中国有极为广阔的疆土，其内部平原开阔，特别是黄河、长江两流域平原毗连，没有明显的天然屏障可以析划，容易形成统一的连贯的文化。中国大陆东面临海，其他三面陆路交通极不便利，而内部开阔有回旋余地，又容易形成一整套与外部隔绝的状态。中国从来没有向周围世界拓展的野心，而是有着一种独自经营与和平温顺的国民性格。

在这样一种地理环境中酝酿成长的体育文化，基本上是在本土上独自形成的，虽在历史上偶有外来文化传入，但皆能包容消纳，使中国体育文化的发展稳定而富于自信，当然也难免有趋于保守的成分。

以中原文化为主体的中国文化，在历史上常受到北方游牧民族的侵扰，反外族侵略斗争是中华民族历史的一个主题。中国封建社会历史漫长，封建王朝的更迭频繁，农民反封建统治的战争是中华民族历史的又一主题。在这种社会环境里，中国形成了一种世界特有的体育文化形式——武术。展开中国历史的画卷不难看到，凡王朝末年，国家出现内忧外患、社会动乱、民不聊生的状况时，武术文化就会出现一次高潮。武术文化常常作为一面民族斗争的旗帜，凝聚人民的力量，鼓舞民族的斗志，使我们这样一个乐天知命、安分守己、含蓄稳健的民族，展现出其性格刚健有为的另一面。

日本地处亚洲东部边陲，孤悬于太平洋中的几个大岛和许多小岛组成的列岛上，是一种典型的岛国文化。日本列岛自形成统一的国家之后，在一千多年的历史中，从未受到外族的侵入和征服。在长期安定和相对封闭的环境中，日本人一方面养成一种特殊的民族本位意识，常常表现为强烈的集团观念。然而，在另一方面，由于没有受到外族侵略、征服之苦，日本人不大担心外来文化会对自己产生什么危害。因此，日本人能以极强的精神和极快的速度吸收外来先进文化，铸成自己的文明进步。日本对外来文化的依赖性之大，是世界文化史上罕见的特例。日本的体育文化正是在这样一种社会环境中发育成长起来的。属于日本大和民族自身的纯正的体育文化极少，大多数体育文化都烙有外来文化的印记。它早期的弓箭文化源于西伯利亚文化，它体育文化中的禅的思想来自印度文化，而大量的健身运动、棋艺活动、武术格斗的思想和形式，均来自中国的汉唐文化和以后的各种文化。日本人那种吞食外来文化的顽强和消化外来文化的机能实在令我们叹为观止。

二、中日体育文化交流

不同特质的文化体系相接触，或出现相互排斥，或出现相互吸引。无论排斥和吸引，最终总会发生融合。而在融合的过程中，总是文化高的一方（或民族、集团，或思想流派）去影响文化低的一方，而不会倒转过来。中日体育文化的交流融合过程，也充分表现了这种文化现象。

当中国已经进入中原封建文化时，日本还处于生产力相当低下的弥生文化时期和古坟文化时期。当时中国大陆的先进文化源源不断地输入日本列岛，秦汉六朝文化冲击着日本的原始文化，产生了奈良文化；之后六朝初唐文化又与奈良文化融合产生了平安文化；高度发展的唐、宋文化又如一股清风，将平安文化改造为五山文化，之后的宋、明、清文化继续渗入，又创造了江户文化。到了近代，中国文化逐渐让位给西方文化，日本迈入近代新时代。可以说，日本文化自始至终受到中国文化的影响，所以，日本人常称中国是他们的"一千年的老师"。

在中国文化向日本传播交流过程中，体育文化也是其中重要的组成部分。早在秦汉时期，中国汉刀的制作工艺和演练技法就传入日本。到了隋唐时期，中日体育文化交流的内容更是丰富多彩，涉及蹴鞠、马球、步打球、武艺、相扑、柔术、围棋等许多活动。明、清以后传入日本的有太极拳和各种武术。在中日文化交流史上，有过各种体育比赛，如射箭和围棋常在宫廷内外进行。然而，明、清以后，日本浪人和流寇常窜入我国东南沿海一带，恃仗武技，为非作歹。擂台搏击、明争暗斗，使中日体育文化交善变成交恶。

明治维新前后，日本迅速走上了效仿西方文化的道路。在体育文化方面也开始全面接受欧洲近代的体操、学校体育和竞技运动，并创造了一套具有军国主义色彩的近代体育文化。应该承认，欧洲近代体育以及后来发展起来的世界规模的现代体育，是百余年来的世界主体体育文化。日本借助政治与经济的优势，率先在东亚登上了这一主体体育文化的高峰。而当时中国的清政府还对外来文化持迟疑、恐惧的消极排外态度。从洋务运动开始，对西学并不认真，包括办教育、办体育。一场甲午战争，"学生"打败了"一千年的老师"。从此，日本与中国在文化交流方面调换了位置。中国学习外来文化，尤其是西方文化常难以直接吸收，需要一个中介物，或称一个过渡的"文化场"，才能间接吸取。同样，近代欧洲体育文化传入中国也是经过日本这个文化场"咀嚼"，然后才转移到中国来。"体操"是靠日本教官来中国训练的；"体育"一词是日本人用汉字创造出来传回中国的；许多竞技活动也是中国留学生从日本带回的。近代中日体育文化交流竟然是以这种改造、转运西方体育文化的形式延续下来的。

进入现代，中日体育文化交流的形式趋于多样化。运动竞赛、学术交流、民间体育交往、大众传播媒介广泛采用，使这一交流更加频繁活跃，并终于出现了双向平等交流的可喜局面。

今天，中国与日本这两个同属东方文化圈的国家更应携手共进，为重建和繁荣东方体育文化，使之与西方体育文化并立于世，做出各自的贡献。我们两个国家，拥有众多的人口，两个伟大民族的活力、勤奋、勇气、聪明，比世界上任何一个民族都毫不逊色，而且又都创造过灿烂的文明，因此完全可以当此重任。可以确信，中国与日本体育文化共同繁荣之日，必定是东方体育文化重振，世界体育文化开创新局面之时。

中日大众体育"时间差"①

文化势差，是文化交流的前提和动力，也是文化比较的起因和结果。文化势差不一定显示不同文化的优劣，但可表现出各种类型的文化在自身发展的过程中，传统性和时代性所占比重的差异，以及民族性和世界性分割比例的大小。当以一种世界主体文化为参照系时，文化势差则或多或少地可以反映出一种时间上的差别，如迈上工业化、现代化道路的迟早，又如接受世界主体体育文化的先后。

大众体育是体育文化的一种，也具有可比较的性质。尽管大众体育不像竞技体育的较量来得那样直接、迅速和差异鲜明，但它同样可以在比较中得出一些有益的结论。中国和日本在大众体育发展的过程中，曾彼此借鉴，相互交流，共同建设了东方健身文化体系。但由于种种原因，两国大众体育的管理体制、文化形态和发展概貌出现了不少差别。本文仅从"时间"角度探究其中部分差别的缘由。

一、中国是日本建立体育文化的"源"，日本是中国学习近代西方体育的"场"

中国文化是一种本元文化。在日本原初文化的弥生时代开始接受中国大陆文化，新的弥生文化压倒了旧有的绳纹文化而形成日本文化的主流。隋唐以前，日本通过朝鲜半岛间接接受中国文化。在这一历史阶段，日本不仅承袭了中国的政治社会制度、宗教、哲学、语言文字、文学艺术、风俗习惯，也接受来自大陆的体育文化。当时中国的体育文化处于一种较高的势位，源源不断地流向东瀛列岛。隋唐时期，蹴鞠、马球、步打球、武艺、相扑等竞技比赛活动陆续传入扶桑。在大众体育和民间娱乐方面，也从中国传去不少

---

① 发表于1994年亚洲比较体育国际研讨会，后载于《体育文史》1995年第3、4期。

活动项目，如日本的"鸡合"（斗鸡）就是从中国传入的，到平安时代逐步正式化，成为比赛项目。围棋是8世纪前半期由吉备真备传入日本的室内游戏。太极拳则是到明清之后成为日本的一个体育项目的。

日本对中国传统体育的吸收，并没有采取囫囵吞枣的态度，而是改造它，使之适合本国，甚至发展为日本自己的传统文化。日本体育在很多方面超过了自己"一千年的老师"，如围棋、相扑、柔道。中国的"将棋"是由遣唐使带去日本的，经过数百年的改造，至今仍在日本流行，但在中国反而已经衰落，不为人所知了。

1896年日本明治政府提出了以建立资产阶级近代民族国家为总目标，以"富国强兵，殖产兴业，文明开化"为内容，以学赶西方为方法的现代化路线。他们以"和魂洋艺"为口号，以"求知于世界"的开放精神，大规模地学习西欧的体操、学校体育和竞技运动，以及一整套体育管理体制，成为明治维新的一个组成部分。

鸦片战争以来，西洋文化挟雷霆之势而来，驱赶着鹅行鸭步的中国文化。一场以"洋务运动"为标志的中西文化冲突在华夏大地发生，中国的口号则是"中体西用"。由于中国对外来文化的特殊保守态度，中国在学习外来本元文化时，常常需要一个起间接过渡作用的文化区域，称作"文化场"。日本这所"预备学校"（马克思语）就为中国引进西方文化起到了这样一个咀嚼的作用。20世纪初，中国吞咽下了大量西方体育文化，其中有不少是经日本转移过来的。两国大众体育上的"时间差"在这时已经开始出现，并在以后的岁月里时时将这种痕迹表现出来。

在过去的半个世纪中，平等的双向交流已逐步取代了单向的渗透。中国以武术、气功、养生文化为核心的健身活动大量涌入日本，而经日本改造了的西方的"软"竞技体育活动项目流入中国，成为大众体育的热门项目，如长走、软式网球、门球、健美操等。

从一个大的历史文化背景来看，中日双方毕竟同属一种文化类型，有着共同的文化渊源，且地理上一衣带水。在世界文化面前，两个东方民族的文化不过彼此彼此而已，本文所讨论的两国大众体育中的差异也仅仅是漫长历史一瞬间的细枝末节罢了。

二、大和民族强国强种的恒心，"东亚病夫"重塑民族形象的宏愿

日本的岛国文化生就一种忧患意识，正如日本前首相中曾根康弘所说："日本国民今天所怀有的不安感、危机感和焦躁感的对象很多，从身边的家

庭生活到国家的百年大计,举不胜举。"在这举不胜举的对象中,就有大和民族自己的身体。他们之所以对自己的身体如此关切,有"武士精神"的传统,有对被人称为"倭寇"的切肤之痛,有军国主义的作祟,也有对"举着白旗"生活了50年的反思。早在明治维新时代,日本就十分重视体育的价值,懂得野蛮其体魄的必要性。第二次世界大战以后,日本是最早推行《优生法》的国家之一,其大众体育的发展速度和规模更令人惊异。据统计,1990年,坚持参加慢跑、马拉松跑的居民有2440万人,体操活动的有3480万人,游泳的有2370万人,保龄球的有2890万人,棒球运动的有1890万人,居民的参加率和年平均参加次数都在稳定地发展。

日本在20世纪七八十年代基本度过了青少年儿童生长发育的快速增长期,已进入平稳增长的时期。而18岁以上人口的体力和运动能力还在继续改善,特别是壮年人的"体力合计点"有了较快的增长,如50岁以上女性从1967年的38点上升到1993年的54点,说明日本人的体质状况有了全面的改善。

1935年,日本女子的平均寿命为49.63岁,男子仅为46.92岁,而到1990年女子增长到81.77岁,男子75.91岁。[①] 这其中有很多原因,营养的改善是一个主要的因素,1982年日本每人平均可得热量2946卡(同年中国为2386卡,比日本少1/5);日本居民余暇观和消费观的改变是另一个重要因素,近50年来,居民劳动时间的缩短,余暇时间的大幅度延长,居民每年的年休日为9天,周休日85天,其他节日20天,共124天。日本人支配余暇时间的方式也发生了较大的变化,"重视体育娱乐派"由27.1%(1987年)上升到32.7%(1990年),居民用于体育娱乐市场的费用每年以7.9%的速度增长,到1990年达到681240亿日元,占国民总支出的15.9%。

中国在近代也有着强烈的增强民族体质的愿望。与日本不同的是,近代历史上中华民族是一个曾被人蔑称为"东亚病夫"的民族,中国人更注重民族形象的改变。毛泽东"发展体育运动,增强人民体质"的号召,是一个遭受奴役和压迫的民族发自肺腑的呼喊。40多年来,中国的群众体育经历了巨大的变迁,取得了辉煌的成就。1979年、1985年、1991年,中国曾做了三次大规模的学生体质调查,调查结果证明中国的学生的体质状况有了较大幅度的改善(见表1),其增长速度超过了世界的平均速度。中国居民群众对体育的参与程度也有所发展,青少年达到国家体育锻炼标准的人数也

---

① [日] 藤本佑次郎:《与生涯体育相关的统计资料》,1992。

逐年有所增加（见表2）。中国人口的预期平均寿命也有了大幅度的增长。

由于日本抓群众体育比中国要早，且下的功夫要大，所以，在国民体质方面已全面超过了中国，例如，反映身体形态的维尔克尔指数［（体重＋胸围/身高×100）］，中国7～22岁男女学生全部低于日本，这个差距需要较长时间才能弥合（见表3）。当前，中国学生的学业负担过重，青少年儿童的体质状况开始滑坡，从表1可以看出青年（19～22岁）的体质普遍下降，这是令人忧虑的。

表 1　中国城市男女学生身高、体重增长表

项目	性别	年份	7	8	9	10	11	12	13	14	15	16	17	18	19	20	21	22
身高	男生	1979	121.2	125.7	130.6	135.3	139.9	145.2	151.8	158.3	163.8	167.0	168.6	169.3	170.1	170.4	170.7	170.8
		1985	121.4	125.9	130.9	135.5	140.5	145.3	153.7	160.1	164.8	167.7	169.2	169.7	170.0*	170.3*	170.6*	170.7*
		1991	123.8	128.4	133.6	138.6	143.6	149.8	158.2	163.6	167.1	169.3	170.4	170.5	170.3	170.6	170.5*	170.9
	女生	1979	120.4	125.0	130.1	135.6	141.1	147.1	151.1	154.8	156.8	157.8	158.1	158.1	158.7	159.0	159.2	159.4
		1985	120.3	125.1	130.5	136.3	142.5	147.6	153.4	155.7	156.8	157.8	158.2	158.2	158.8	159.0	159.3	159.5
		1991	122.3	127.6	133.1	139.1	145.7	151.2	155.3	157.3	158.0	158.3	159.0	158.6	159.0	159.0	158.9*	159.1*
体重	男生	1979	21.3	23.2	25.5	28.0	30.5	34.0	38.6	44.1	49.0	52.5	54.8	56.5	58.0	58.7	59.1	59.2
		1985	21.5	23.4	25.8	28.2	31.1	34.2	40.2	45.5	49.9	53.2	55.3	56.4*	57.2*	57.5*	57.9*	58.1*
		1991	23.1	25.1	28.0	30.8	34.1	38.3	44.6	48.7	52.4	55.1	56.6	57.7	58.1	58.6*	58.7*	59.1*
	女生	1979	20.6	22.5	24.9	27.8	31.0	35.4	39.7	43.5	46.4	48.3	49.2	50.8	51.5	52.1	51.8	51.9
		1985	20.7	22.6	25.1	28.1	31.9	35.8	41.2	44.4	46.5	48.1*	49.1*	49.6*	50.6*	50.3*	50.1*	49.9*
		1991	21.8	24.2	26.9	30.4	34.5	39.0	43.1	45.7	47.5	48.8	49.4	49.7*	50.2*	50.1*	49.7*	49.6*

年龄（岁）

注：身高单位为厘米，体重单位为千克。*项为低于70年代的数据。
1979年数据据《中国青少年儿童形态、机能与素质的研究》，科学技术文献出版社1982年版。
1985年数据据《中国学生体质与健康研究》，人民教育出版社1988年版。
1991年数据据《中国学生体质与健康监测报告》，北京科学技术出版社1993年版。

表2　中国群众体育活动及国家体育锻炼标准达标情况

年份	各系统举办县以上运动会（次）	当年全国达到国家体育锻炼标准人数（万人）
1978	—	423.0
1979	—	625.3
1980	—	855.7
1981	—	1014.3
1982	—	844.8
1983	—	2529.3
1984	—	3342.3
1985	50906	4362.2
1986	—	5012.9
1987	59678	6038.9
1988	—	6534.5
1989	—	7223.9
1990	70381	7478.4
1991	—	8210.1
1992	74730	10087.0

资料来源：《中国统计摘要》，中国统计出版社1993年版。

表3 中国、日本学生维尔维克指数 [（体重＋胸围/身高×100）比较

性别	国别	年龄（岁）															
		7	8	9	10	11	12	13	14	15	16	17	18	19	20	21	22
男生	中国	65.63	66.05	66.75	67.62	68.60	69.93	72.71	75.31	78.01	80.53	82.04	83.09	83.53	83.88	84.20	84.41
	日本	68.20	69.82	70.34	72.29	73.36	75.40	77.40	80.76	83.18	84.93	85.83	87.27	87.91	88.80	89.39	90.01
	差值	-2.57	-3.77	-3.59	-4.67	-4.76	-5.47	-4.69	-5.45	-5.17	-4.40	-3.79	-4.18	-4.38	-4.92	-5.37	-5.60
女生	中国	63.98	64.43	65.15	66.19	67.90	70.23	74.17	76.63	78.80	80.41	81.36	82.08	82.35	81.97	81.68	81.15
	日本	67.35	68.16	69.44	71.41	74.38	77.61	79.63	82.00	83.97	84.32	85.36	84.20	84.08	83.54	83.95	83.93
	差值	-3.37	-3.73	-4.29	-5.22	-6.48	-7.38	-5.47	-5.37	-5.17	-3.91	-3.99	-2.12	-1.73	-1.57	-2.27	-2.78

资料来源：《中国学生体质与健康研究》，人民教育出版社1988年版。

三、日本从国际竞技体坛隐退的勇气，中国加入世界"体育强国"俱乐部的决心

日本是很想在竞技体育中施展才能的。早在1930年，日本就开始了申办奥运会，这是和法西斯德国遥相呼应的。二战结束后作为对军国主义的惩罚，日本在长达20年的时间里被排除在国际竞技体育大家庭之外。1958年日本再次申办奥运会，1964年成功地举办第18届奥运会，并取得了金牌榜第三，奖牌榜第四的好成绩。然而，好景不长，日本在奥运会上的成绩一届不如一届，到第24届金牌榜已退到第14名，到第25届金牌榜已降到第17名（见表4）。日本在亚运会上的成绩更是一落千丈，亚洲体坛"盟主""霸主"的地位被中国轻而易举地夺了过去（见表5）。

表4　第17—25届夏季奥运会日本成绩统计

届次	年份	举办地点	金牌数	银牌数	铜牌数	非正式团体总分	名次
17	1960	罗马	4	7	7	146.5	8
18	1964	东京	16	5	8	234.5	3
19	1968	墨西哥城	11	7	7	190.0	5
20	1972	慕尼黑	13	8	8	214.0	6
21	1976	蒙特利尔	9	6	10	170.5	7
22	1980	莫斯科	—	—	—	—	—
23	1984	洛杉矶	10	8	14	—	7
24	1988	汉城	4	3	7	—	14
25	1992	巴塞罗那	3	8	11	—	17

表5 第7—11届亚运会中国、日本获得名次对照

届次	年份	国家	第1名	第2名	第3名	第4名	第5名	第6名	总分
7	1974	日本	74	50	51	28	23	12	1
		中国	33	46	26	27	26	22	3
8	1978	日本	70	59	49	30	20	9	1
		中国	51	54	46	26	20	15	2
9	1982	日本	57	52	44	28	16	16	2
		中国	61	51	41	20	17	10	1
10	1986	日本	58	76	77	38	38	23	3
		中国	94	82	46	32	24	19	1
11	1990	日本	38	60	76	54	45	37	3
		中国	183	107	51	36	34	9	1

  日本从国际竞技体坛的节节后退不是体育界的失误，而是社会心理压力下的政府行为。30年来政府始终没有减少对体育的总投入，无论是财力、物力，还是时间、空间的投入，对一个资源贫乏的岛国来说，是竭尽了全力的。然而，他们实实在在地减少了对竞技体育的投入。日本政府对业余体协的补贴逐年减少，1986年政府补贴占体协总预算的比例比1979年减少10.59%。这个逐年减少的过程发生在日本经济的高速发展的情况下，这不能不说是一种"有意"的、政府的导向。第二次世界大战以后，日本的特殊地位使它远离"冷战"的两极，却要周旋于美国与中国之间，两面讨好。因此，发展竞技体育的政治愿望并不强烈。他们需要静悄悄地发展经济，宁要"经济动物"的恶名，不要竞技体育的金碧辉煌。

  中国用自己的体育价值观念，对日本的做法提出了善意的批评，有的文章抨击日本"普及与提高方面出现了倾斜"，"业余体协只重视普及群众体育，对竞技体育支持不够"[①]，有的著作惋惜"日本全社会更热诚于广大群众尤其是青年人的体育，群众体育已被认为是发展全民文化的民族长寿的最

---

① 张祯祥：《日本竞技体育为何今不如昔》，《新体育》1990年第11期（总第495期），第38页。

重要因素。人们不再热衷于通过严格、刻苦的训练去参加激烈的比赛"①。但日本人我行我素,并不理会外界施加的压力。从竞技体坛急流勇退是需要一点勇气的,也许日本人悟出体育的"真谛"(用他们的话说,是从"手段论"阶段进入"目的论"阶段,即把体育不仅仅作为手段,而当作目的),实现了体育的返璞归真;也许日本人在卧薪尝胆,有意无意地在做一个大迂回,他们要建立起一个扎实的学校体育、社会体育基础,然后重返竞技体坛(20世纪90年代后日本开始增加对竞技体育的投入,并试图在第12届广岛亚运会上打一个翻身仗)。不管怎样认识这个体育文化现象,我们都不要盲目地把中国在竞技体育中对日本的胜利,看成"时间差"的消失。

日本竞技体育的冷却过程,恰是中国竞技体育的升温过程,双方形成强烈的反差。中国对"金牌"的情有独钟和狂恋,有着不可动摇的社会背景和无可指责的社会心理要求。在历史上中国受他人欺负的时间太长,在国力尚不强大的时代,人们就总寄希望能在一个"擂台"上把外国人打下去;在刚有能力支配自己命运的时候,当然就更希望以一种最简捷的方式缩短与强国之间的差距,改变别人眼里的中国形象。中国的选择就是摘取金牌,与世界"体育强国"平起平坐。

由于社会和历史背景上的差别,中国不会也不可能跟着日本亦步亦趋,但日本对学校体育和社会体育的真诚态度,以及他们对"生涯体育"(即终身体育)的执着追求,不能不让我们再次想到在"时间"上他们比我们跑快了几步。

如果说20世纪60年代,日本说服了国人,在东京成功地举办了一次闪电式的奥运会,那么,到90年代中国则未能说服世界,痛失了一次在北京举办奥运会的机会。在痛定思痛之余,在中国大地上出现了一个《全民健身计划纲要》的体育热点,这不是一个偶然的事件。而在推出《全民健身计划纲要》的同时,还推出了一个《奥运争光计划》,表达了中国在体育方面鱼和熊掌必须兼得的决心。

四、经济起飞前的日本《体育振兴法》,改革开放中的中国全民健身计划

20世纪50年代中期,日本经过10余年对战争创伤的医治,进入经济起飞阶段,国民的生活水平提高,余暇时间增加。从1955年到1973年18

---

① 参见刘修武《亚洲体育》,人民体育出版社1990年版。

年中，日本一跃成为世界上屈指可数的经济大国。它仅用了15年时间和60亿美元的代价，换取了国外用半个世纪、近2000亿美元所取得的科技成果，迎头赶上了世界先进技术水平。日本在体育界则酝酿着一个很大的动作，即争办奥运会和国民体育普及并重的体育振兴。以《体育振兴法》的出台为标志，成功地组织了日本30多年的体育活动。

90年代，中国经过十余年对"文化大革命"的否定，进入"以经济建设为中心"的改革开放新时期，国家的现代化对体育运动的需求日益强烈，在北京申办2000年奥运会失利之后，迅速组织制定推出了《全民健身计划纲要》。

1876年，日本首次开始使用两个汉字组成"体育"一词，1896年"体育"从日本舶来，第一次出现在中国的书籍里，两者相距20余年，这是接受西方体育文化的"时间差"。1961年日本正式颁布《体育振兴法》，34年后，中国开始实行《全民健身计划纲要》，发生在大众体育的两个事件虽相距30余年，但都出现在各自经济起飞的时刻，这绝非偶然。这两个全国性的活动，由于国情的不同，体育价值取向的差别，从一开始的切入点，到具体的做法上各有特点，可以预料其结果也会不尽相同。

（一）日本立法，中国立项

日本是靠立法的方式来推进群众体育发展的，《体育振兴法》的出台是经历了严格的立法程序完成的。1958年，体育运动振兴审议会提出《关于振兴体育运动的立法措施》和《希望书》，同年年底，文部省保健体育审议会提出《关于制定体育运动振兴法的必要性与立法事项》，1961年，总理府青少年问题协议会提出《敦促早日实现体育运动振兴法的具体意见》。

在立法过程中，社会群众体育组织起了重要的作用。1958年年底成立了体育运动振兴法期望会，1961年，东京尾崎举行了"制定体育振兴法期望大会"，约有120个全国性团体到会，正式向国民议会提出立法要求。1960年该法先后由众参两院通过，得以成立。

在《体育振兴法》的基础上，日本又相继颁布了一系列配套的法规和法令，如《关于振兴体育运动的立法措施》《学校教育法》《学校保健法》《学校体育设施对外开放法令》《城市公园法》《自然公园法》等，保证了《体育振兴法》的落实。30多年来，日本的群众体育确实是在各项法律的监督和保护下进行。最典型的事例是日本的青少年儿童的体力普查和测试，这是一项纳入法制轨道的工作，从昭和元年（1925年）开始，数十年没有间断，并形成了传统，在全世界也绝无仅有。

中国在制定《全民健身计划纲要》之初,就把它基本定位在"工程性"活动的类型里,是参照《燎原计划》《希望工程》《星火计划》的模式框架的,把它作为某一特定历史阶段(至2000年)群众体育的一项活动计划。由于中华人民共和国成立40多年来尚未颁布过体育法,因此单独颁布有关群众体育的法律为时尚早。有关群众体育的场地设施、经费、指导人员的问题一时难以得到法律形式的确认,因此,《全民健身计划纲要》从一开始就只能以一种政府"文件"的形式制定和推行。

在全民健身计划中,将建立健全群众体育的法规、制度作为保障它实施的重要对策,这一点和日本有着明显的先后顺序上的差异。而这种差异多少体现出了两个国家管理群众体育法制观念上时间的差别。

(二) 日本靠社会组织,中国靠政府行为

日本政府对体育振兴的落实,对群众体育的领导,是通过群众体育社团间接实现的。日本体育协会采用三级管理的办法,与政府机关并行地领导着全国群众体育。基层的体育活动都由体育协会或俱乐部负责组织。一般的企事业单位、各级学校均设有业余文化体育社团,体育协会和俱乐部的数量及会员的数量极大。仅分布在社区的棒球俱乐部就有15098个,占体育俱乐部总数的33%。除了以运动项目为名的俱乐部外,还有许多条件优越、设施先进、服务周到的体育中心、康复中心、健身俱乐部等为老年人和一般群众服务的体育机构。与欧美国家不同的是,日本的体育组织大多是自上而下组织起来的,而欧美国家则是自下而上自发组织起来的。中国的群众体育社团大致也得采用日本这种方式。

中国的《全民健身计划纲要》是由政府部门负责制定并实施的,全民健身计划是一个政府行为,目前还没有一个全国性的社会体育团体能承担起落实这项计划的任务。为了增加这项工作的权威性,还要在现有政府职能部门之上再成立一个更高级的政府机构(全民健身计划领导委员会)来领导和协调各方面的工作。

这项工作在基层的推行,也要靠政府的手段来完成。这是因为中国在过去的一段较长的时期,不依靠社会团体来经办群众体育,即使在文化程度和社会组织化较高的北京高等院校,建立群众体育团体的学校仅有61.11%,每校平均仅有群众体育团体1~2个,只能包括学生总数的3.8%"。[①] 社区

[①] 杨东东:《北京市65所高校群众性体育团体现状的调查分析》,北京体育大学1994年硕士学位论文。

体育也基本上是由地方的基层政府（街道办事处）领导和管理。必须看到的是，自改革开放以来，社会团体在发展群众体育中作用越来越为人们所认识，这类组织正在不断增加，但它的发育成熟还需较长的时间，群众体育管理机制向社会化转换则需要更长的时间。

（三）日本重物质保证，中国重观念转变

日本在《体育振兴法》的实施过程中，对群众体育的资金投入和体育场地设施的"充实"都有较明确的、强制性的规定和落实措施。因此，在颁布后的30余年中，日本的体育场地设施得到了很快的发展，全国总数1990年比1969年增加了95%，其中增加最快的是公共体育设施，20年增加了5倍多（见表6），这说明政府的决心和纳税公民的愿望。

表6　日本体育场地设施发展情况　　　　　　（单位：个）

年份	中小学体育设施	大学体育设施	公共体育设施	合计
1969	101672	5720	10193	117585
1975	120098	7198	19835	147131
1980	135170	6624	29566	171360
1985	148995	9124	60777	218896
1990	156548	9726	62786	229060
20年增加数	54876	4006	52593	111574
20年增加率	154%	170%	616%	195%

资料来源：日本文部省体育局《我国体育运动设施》，1993年版。

由于经济发展的原因，中国对体育场地设施的建设一直力不从心。从1953年到1991年的近40年中，全国共完成体育基建投资65.79亿元，按10亿人口计，每人每年的体育场地基建费用仅0.17元。而这其中用到群众体育方面的比例是极小的，如1986—1990年的基建投资数为45.54亿元，占近40年总投资的70.29%，这些钱主要用在了第11届亚运会的体育场地设施的投资上，而这些体育场地设施在亚运会后主要服务于高水平竞技体育。1991年体育基建投资锐减，仅占国民经济各行业基建总投资的0.24%。近10余年来，供群众体育服务的旧有的场地设施很少得到翻修，而被非法占用的问题日趋严重。随着城市人口的急剧增加，群众体育的场地绝对数量

增加不多，相对数量减少很大。

有关部门在制定《全民健身计划纲要》时关注到了这一严重的问题，也提出了相应的指标（全市公共体育用地达到人均 1～2 平方米，中学达到 3.3 平方米，小学达到 2.3 平方米），显而易见，这些指标在没有法律作为保障时，只能作为一个理想的指标，在今后的 5 年内是无法真正落实的。

日本在《体育振兴法》颁布后，国家对体育场地设施"充实补助费"逐年增加，1961 年比 1960 年增加一倍，为 12614 万日元，到 1975 年达到 1009360 万日元，14 年中增长了约 100 倍，到 1983 年又增加 1 倍，达到 2139800 万日元。在这方面，我们与日本的"时间差"正在越来越大。

在中国推出《全民健身计划纲要》时，指导人员、经费和场地设施是三个关键的问题。有专家认为这是实现《全民健身计划纲要》计划的要害，有专家认为是否下决心解决这些问题是衡量各级领导是否确有真心实行《全民健身计划纲要》的一个标志。由于当时国家的经济实力不可能给《全民健身计划纲要》提供更多的资金，也不可能用调整体育事业经费的办法大幅度增加大众体育的投入，靠社会集资捐款的方法来修建群众体育场地是不现实的，因此，这给《全民健身计划纲要》的实现留下了疑问。

在中国《全民健身计划纲要》中用了较多的篇幅和条款来论述群众体育的价值和意义（在 28 条中有 6 条用于"务虚"）。这些论述从哲学、法学、社会学、经济学的角度充分说明了在实现现代化过程中的群众体育的价值，以及在市场经济条件下开展群众体育工作急需解决的理论和观念问题，这对动员全社会参与《全民健身计划》的实现无疑是十分重要的。在我国，由于学校体育未得到足够的重视，《全民健身计划纲要》必须承担起整个社会的体育"再教育"，这种"再教育"不仅是针对一般群众的，也要去说服许多管理者和当权者，将群众体育重视起来。这是中国《全民健身计划纲要》的一个特点，同时也或多或少地表现出了体育发达与落后国家之间的一种认识过程上的差距。

（四）日本的大体育观，中国的小体育观

日本推行《体育振兴法》，是在一种大体育观的指导下工作的，充分动员了各学科力量和各种增进健康的手段。在实施过程中出资最多的是建设省、文部省和厚生省，其余的省厅，如总务厅、经济企划厅、环境厅、社会保险厅、农林水产省、通商产业省等都责无旁贷地积极投入。

中国则将《全民健身计划纲要》明确限定在"身体锻炼"的体育范畴内。这种局限性是由中国特定的管理体制造成的，也与整个社会把握"体育"这个概念的广度和深度有关,这也不能不说是"时间差"在作怪。

日本东京与中国北京之间只相隔一个"时区",两国在大众体育方面的"时间差"也许不过几十年而已。前车之辙,后车之鉴。日本在经济起飞阶段充分认识、积极发展学校体育和社会体育的做法,以及他们对社会体育领导管理体制和开展社区体育、社团体育方面的经验,都是值得我们借鉴的。在历史上,中日两个民族有互尊为师的传统。在大众体育领域,今天的一肩之差,则预示着明天的并驾齐驱。

参考文献

[1] 刘修武. 亚洲体育[M]. 北京:人民体育出版社,1990.
[2] 范作申. 日本传统文化[M]. 北京:生活·读书·新知三联书店,1987.
[3] 谷世权. 中国近代体育史[M]. 北京:北京体育学院出版社. 1989.
[4] 卞崇道. 日本现代化与日本哲学[M]. 文化:中国与世界. 第一辑. 北京:生活·读书·新知三联书店,1987.
[5] 司马云杰. 文化社会学[M]. 济南:山东人民出版社,1987.
[6] 高亚彪,等. 在民族灵魂的深处[M]. 北京:中国文联出版社,1988.
[7] 国家统计局. 中国统计摘要[M]. 北京:中国统计出版社,1993.
[8] 魏常海. 日本文化概论[M]. 北京:中国文化书院,1988.
[9] 全国体育学院教材委员会. 奥林匹克运动[M]. 北京:人民体育出版社,1993.
[10] 陈卫平. 第一页与胚胎:明清之际的中西文化比较[M]. 上海:上海人民出版社,1992.
[11] 中国科学技术情报研究所. 科学技术成果报告:中国青少年儿童身体形态、机能与素质的研究[R]. 北京:科学技术文献出版社,1982.
[12] 中国学生体育与健康研究组. 中国学生体质与健康研究[R]. 北京:人民教育出版社,1988.
[13] 中国学生体质与健康监测报告[R]. 北京:北京科学技术出版社,1993.
[14] [日] 日本体育局. 平成四年体力运动能力调查结果[J]. 体育与健康,1993(11).
[15] 吕树庭. 从美、日、韩国承办奥运会引出的思考[J]. 体育科学,1992(4).
[16] 向荣. 试论民族性格在战后日本经济增长中的作用[J]. 社会科学,1988(7).
[17] 沈其新. 中、日、西近代化模式之比较[J]. 社会科学,1988(11).
[18] 王沛芳. 日本对传统与外来文化的历史经验[J]. 社会科学,1987(4).

采撷东方文明智慧　应答奥林匹克发问[①]
——北京奥运会六大视觉符号的文化解析

今天的世界是文化大碰撞、大交流、大融合的舞台，世界的今天又是各民族文化大比较、大冲突、大展示的时代。衡量一个民族文化的高下有两个标准，一个是对异质文化的选择、认同、接纳、消化，以及变异的能力，凡是对外来文化采取恐惧、怀疑、排斥、抵制，乃至闭关自守态度的民族，必将被世界文化边缘化，更不能实现外来文化的本土化；凡是怀有欢迎、从容、大度，以至积极开放心态的民族，则会走在世界先进文化的行列中。另一个则是向世界推介、传播、扩散本民族文化的能力，凡是对传播本土文化缺乏信心、策略和技巧的民族，往往只能孤芳自赏，甚至任他人曲解自己；凡是对民族文化走向世界充满信心，并讲究战略、战术的民族，一定会受到全世界人民的推崇和热爱，其文化也一定会成为全世界的共同财富。

近20年来，中国与世界的文化交流出现了令人欣喜的变化，一个新的文化双向交流的时代已经到来，其标志是从过去的向中国人讲外国文化，转化为今天的向外国人讲中国文化。世界性的汉语热就是一个佐证，持续升温的中国旅游热也是一个证明，广受欢迎的"中国文化节""中国文化年"活动在不少国家掀起了一波又一波的中国热，而2008年北京奥运会则是一个向全世界展示中国文化的巅峰性节事活动。

在奥林匹克文化中，有一部分是十分坚硬、被高度规范化，而难以撼动的，诸如它的组织机构、竞赛管理、商业运作模式、象征性文化礼仪构架等；但也有一部分是可以由承办国、承办城市自行设计安排的，这就给民族文化在奥林匹克中的多样化留下余地，国际奥委会甚至鼓励承办方拿出最有特色、最富个性的文化样本来展示。这无疑就给承办国创造了一个机会，也

[①] 2007年7月13日北京申奥成功六周年写于北京宣宜家园容笑斋。

留下了一道难题，一些承办国集国内外文化精英，斥亿万巨资，动全国之脑筋，协多方之力量共同打造这些推向世界的文化精品。

本文仅就北京奥运会前几件有代表性的视觉符号，做一文化解析，试图说明中国文化内涵的丰富和品位的高雅，以及其与奥林匹克文化的无缝融合。

灵动的五环　幻化的太极
——北京申奥标志的文化随想

2001 年前，多个申办 2008 年奥运会城市同时推出了各自的申奥标志，其中以北京的"太极人形"最大胆，也最富民族特色。它的大胆表现在两个方面，一是它扯动了五环这个神圣之物，迄今为止还鲜见这种表达方式；二是从严格的西方文化意义讲，太极拳不属于"sports"范畴，它不是竞技项目，更与奥运会的"更快、更高、更强"风马牛不相及，然而，它却是一个大获成功的图案，原因是它从多方面体现了中国文化的特质。

太极拳是中国独有的一个拳种，形成于明、清两代。在中国源远流长的养生健身文化中从来就有两种主张，一派主动，一派主静。主动派强调"刚以动，故壮""天行健，君子以自强不息"；主静派认为通过清静养生、精神修炼可以达到延年益寿的目的。中国传统文化中的"和而不同"思想使得两种流派都得以保留，而中国传统文化中的中庸品格又将这两种思想得以融合，于是便形成了这种似动非动、似静非静的活动方式。动如行云流水，静又连绵不断的低慢节奏更符合中国静态性文化的发展特征。因此无论走到世界什么地方，人们一眼就能辨认出太极拳，认定它是中国文化的一部分。

这一奥运五环变形的过程还渗透进了"中国结"的意念。中国是最早形成结绳记事的国度，在甲骨文字、钟鼎文字问世之前的漫长时代，结绳记事的方法赓延了文明。在农业文明时代，人们更是用绳索作为主要连接工具，发展了它的功能，也形成了以绳索为原料的艺术品，用一根彩绳盘结出各种各样对称性的图案，成为纽袢、头饰，称为"盘缠"，最为典型的就是"中国结"。这是一件充满智慧和技巧的作品。这就使北京申奥标志变得更富有韧性，更强调一以贯之的品格，表达了北京对申奥成功志在必得的决心。

喜迎宾朋　祈福天下
——北京奥运会吉祥物的文化透视

各届奥运会的吉祥物是最求创意，也最求富有情趣的物件。有取动物形态的，如慕尼黑奥运会是只狗（瓦尔迪）、蒙特利尔是只海狸（阿尔米）、汉城是只虎（虎多力），也有用人形的，如巴塞罗那的科比、雅典的雅典娜和费沃斯，当然也有用半人半兽的，有一个的、两个的、三个的，不一而足。

由于中国文化既有历史绵延的长期性，又有地域文化的多样性，使得可做吉祥物选择的东西实在太多，而当今中国要向世界传达的信息量又实在太大，使吉祥物负载的文化内涵过于沉重，因此，吉祥物的设计一度陷入茫然，以致逼近公布方案的最终时限，这就把吉祥物的确认也逼近了中华文化的核心层面。最终5个福娃姗姗来迟，却皆大欢喜。

中国文化中有"福、禄、寿"三星，代表了中国传统文化中的最高价值取向，即幸福、财富和寿命，其中以福字当先。"福"字在当今的中国家庭生活中随处可见，还有故意将其倒贴，为的是讨口彩，取谐音"福到了"。

在一般的辞书里，把福字注解为幸福，而对幸福的注释则为"心情舒畅、生活称心如意"等。在古旧的辞书里，把福字注解为"吉事"；也有注为"富贵寿考等齐备为福"。更老一点的则称"福，盈也"。

在中国的词汇中，用福字组成的有福分、福气、福人、福祉、福地、福田、福星、福利、福音、福将……若把福字后置，则有享福、纳福、受福、求福、修福、祝福、赐福、降福乃至眼福、口福之称。关于福字的成语有福如东海、自求多福等。

中国传统文化不善于进行多级层的抽象思维，却擅长直观性很强的形象思维，同样，在福娃的身上没有更多的抽象演绎，他们一目了然，只是一群装束不同、佩饰各异、性别难辨的幼儿园的稚童而已，他们或欢快，或含蓄，或顽皮，或腼腆。但他们所表达的主题却高度集中，就是祝福，就是中国传统文化的代表作《论语》开篇的那句名言"有朋自远方来，不亦乐乎"。

亦庄亦谐　且柔且刚
——北京奥运会会徽的文化象征

　　会徽对成功举办一届奥运会的意义不言而喻。各承办城市的奥组委都是把会徽设计放在重中之重的位置上，最近出台的 2012 年伦敦奥运会的会徽就是耗资 1200 万英镑的重量级产物。经过长时间的酝酿，北京奥组委推出了"中国印"，这是一个集体创造的结果，是东方智慧的结晶，令人拍案叫绝。

　　在中国古代，皇帝的印称"玺"或"宝"，将军印称"章"，臣民只称"印"。它们既是身份的验证，也是权力的象征，后又多用于书画题识，遂成为我国特有的一种艺术品门类，到明清两代，文人兴起的篆刻艺术光焰夺目。古代多用铜、银、金、玉、琉璃等为印材，后有牙、角、木、水晶等，元代以后盛行石章，著名的印石有寿山石、昌化石、巴林石、青田石等，除了印材外，印泥也大有讲究。

　　北京奥运的会徽受到中国书法、篆刻灵感的驱动，将北京的"京"字演化为舞动的人体，用阴文反射出来，在挥毫间体现"新北京"的理念。"舞动的北京"采用朱红的印泥颜色，这是中国人最崇尚的色彩，象征鲜血、太阳和火焰。在这个会徽中，红色演绎得分外鲜亮，激情张扬得格外奔放，表达了中华民族对吉祥如意的礼赞，对生生不息的生命的膜拜，也是对奥林匹克文化最得体的中国式的诠释。

　　它既是一枚名章，也是一枚闲章。作为北京的徽记，它是中国首都的名章；它似图似字，活泼生动，又可以看作文人雅士的闲章。中国治印讲究边款，甚至认为镌刻边款比印章本身更难。会徽上的"Beijing 2008"可看作这枚印章的边款，用毛笔书写英文和阿拉伯数字，似不经意而为，却别有情趣。

象形的文字　文字的象形
——运动项目图案的文化内涵

　　奥运会的运动项目图案将是奥运会举办期间使用最为广泛的实用性标识，它将出现在体育场馆、街道、手册、门票、纪念章、纪念品、画册和邮票上，因此它必须简单明确，在不使用文字说明的情况下，可以让来自世界各国的运动员、记者和游客一望而知。浏览历届奥运会的运动项目图案，大同小异。而北京奥运会的图案设计以构思独特、形象生动、线条简洁，给人留下了深刻印象，尤其是它用中国书法中的篆字进行演绎，显得格外别致。

中国的文字是中国文化中最具特点的一部分，方块字是中国文化的瑰宝。中国有成百上千种方言土语，但汉字却始终保持统一。文化学者认为中国文化之所以没有出现过断裂，文字的统一功不可没。中国的汉字由象形文字和形声文字组成，世界很多民族都曾使用过象形文字，但大多湮没了。唯有中国汉字历经几千年保存了下来，虽多遭责难，甚至出现危机，但汉字仍然顽强地、神奇地生存下来，有人曾断言汉字难以迈过计算机时代的门槛，但出人意料的是，汉字与计算机竟然契合得那么天衣无缝。中国的文字不仅用来记录历史、传达信息、交流感情，而且还造就了一门独特的艺术形式——书法。

篆字，是秦始皇统一中国后，由著名书法家李斯主持整理出的。篆字保留了最多的象形文字特点：笔道粗细均匀，变化复杂，讲求对称。用篆字的方法来演绎运动的人形是象形文字的一次"逆行"，两千多年前的古代东方文字和现代西方竞技竟有如此多的相通之处，真让人不可思议，这或许就是文化的魅力所在。

中西合璧　金玉满堂
——2008年北京奥运会奖牌的文化解读

奥运会的奖牌是运动员辉煌一刻的标志，运动员要凝视它、热吻它、高举它，成为电视的特写镜头，然而，它是一个创意空间很小的器物，一因其小，二因其只有一面可容操作。然而北京奥运会恰恰在奖牌上做足了功夫，让人惊叹不已。因为这是奥运会有史以来第一次将中国传统文化中最具特色的材质——玉组合在金、银、铜牌上，可以说这是"绝配"，是极富想象力的，也是有象征意义的，不仅是空前的，恐怕也是绝后的。

中国在新石器时代与铜器、铁器时代之间，曾横亘着一个玉器时代。东西方文化最早的基本差异，就是在新石器时代有无发达的玉器文化。中国最早的龙图腾就是用玉石雕琢而成。东方文明的智慧在玉器上闪烁着璀璨的光芒，它是中国传统手工艺中最富魅力的一种。孔子曾说，玉有仁、智、义、礼等十一种德，强调每个有社会地位和身份的人要学习玉的品格，在没有特殊缘由的情况下，要玉不离身。古人因玉的高雅、圆润和圣洁，而尊爱玉、佩戴玉、赏玩玉、珍藏玉，甚至认为玉是一种有生命的物体，即使在人离世的时候仍然要与玉同去。

中华民族这种崇玉、敬玉、爱玉的情操，历久不衰，征服了一代又一代炎黄子孙。无论中国文化经历过何等的起伏跌宕，崇玉与爱玉的民族情怀始终未曾动摇，玉雕艺术也绵延不绝。在中国的语言文字中，"玉"字始终处在褒义的、正面的、崇高的位置上，如守身如玉、金枝玉叶、玉液琼浆、玉石锦衣、亭亭玉立、香消玉殒，以至宁为玉碎、不为瓦全、金银有价、玉石无价，等等，更有不少关于玉的故事、传说和文学作品，如完璧归赵等，激发了人们的爱国热情。中国古典文学巨著《红楼梦》，亦称《石头记》，主人公宝玉、黛玉就是以玉命名的。

北京奥运会设计的奖牌可谓寓意深刻，它象征着东方文化与西方文化的合流。奥林匹克曾经与东方文化有过两次尝试性接触，20世纪60年代初，二战战败国日本主要出于政治复兴的目的举办了东京奥运会，试图重塑国际形象；80年代末，"亚洲四小龙"之一的韩国受到经济发展的鼓噪，举办了汉城奥运会，试图在国际舞台亮相。这两届奥运会也都在一定程度上展现出东方文化色彩，但毕竟是在广义的儒家文化的边缘地带进行，与中国的原文化擦肩而过。而2008年北京奥运会则是在中国传统文化最深厚的核心地区展开，原汁原味的中国文化如同一席盛筵呈现在世界面前。中华民族自然质朴、和平持中、热爱土地、理解感情，尚人伦、尊祖宗、重道德的民族品格和精神，以及由此而形成的中国体育运动的特殊气质，必将对奥林匹克产生深刻的影响。

飞来祥云一抹　播撒和谐几多
——北京奥运火炬的文化追求

奥运会开幕前的火炬传递具有十分重要的意义。它不仅是奥运会前的一次时间跨度最长、空间范围最大的宣传，也是对奥林匹克精神的一次广泛传播。在古代奥运会比赛期间有希腊国王的"神圣休战"诏书的呼号，在现代则用火炬昭告敌对的人们放下武器，和平相处。中华民族历来有热爱和平，反对战争的传统，在奥林匹克火炬上表达和平的愿望对于中国人来讲是最自然不过的事情。

中华民族是最早发现火、采集火、使用火的民族之一，在北京猿人的遗址就已经有了使用火的遗迹。上古时代有燧人氏钻木取火的记载，世世代代薪火相传，延续和发展了灿烂的中华文明。在万里长城上有烽火台用狼烟传达敌情战报，这是世界最古老的"通讯"工具。

当奥运圣火的火炬交到中国人手里的时候，在许多对象中我们自然而然地选择了"祥云"。五彩祥云之说有宗教色彩，在中国佛教中，祥云的出现意味着神的护佑，太平时代的到来。在中国的民间服饰和官袍、雕梁画栋的房屋庙宇、标志性的建筑物，如华表、丹墀等都用祥云装饰。如果说前五件文化符号是平视或俯视的，祥云则让我们抬起头来，仰望天空，遥望未来，祈望和平。北京奥运会的火炬登上世界屋脊——珠穆朗玛峰，恐怕意义就在于此吧。

在国际奥委会第112次全体会议上，奥委会评估委员会主席海因·维尔布鲁根曾断言，"北京奥运会将给中国和世界体育留下独一无二的文化遗产"。以上解析的几件静物，或许就是这笔遗产的一部分。随着2008年奥运会的临近，我们还能看到、听到更多动态的、综合性的，凝聚着东方智慧的文化符号，我们期待着、热盼着。

奥林匹克：中国对一种强者文化的认可

在近现代中外文化交流史上，中国与奥林匹克文化的冲突与融合是极具代表性的。在100余年的历史中，中国与奥林匹克结下不解之缘：在近代，中国曾因奥林匹克而蒙羞，有过疑虑、对峙、隔阂；而到20世纪末，中国与奥林匹克重修于好，实现了相互选择和理解，中国又因奥林匹克而重获殊荣和辉煌。

早在1908年第四届伦敦奥运会前夕，中国北方城市天津一份基督教青年会的刊物《天津青年》发表了一位美国人的署名文章，向苦难深重的中国人提出三个问题：

中国何时才能派一位选手参加奥运会？

中国何时才能派一支队伍参加奥运会？

中国何时才能举办奥运会？

中国人民用了整整100年的时间寻求这三个问题的答案。在这100年中，中国人民以自身的解放为前提，以多少代人的鲜血和生命为代价，以水滴石穿的忍耐和精卫填海的毅力，终于赢得了一个悲壮而圆满的结局，实现了一个世界上人口最多的民族长达一个世纪的期盼与热望。

为什么中国对奥林匹克文化这样热衷呢？为什么中国人如此地不惜代价要得到奥林匹克的承认呢？因为奥林匹克是一种文化，是一种强者的文化，是一种强者向往的文化，更是一种向往成为强者所追求的文化。中国是这个世界上，继以希腊文化为核心的欧美文化走上现代化后，在21世纪最有希望走上现代化道路的国家。中华民族是一个以复兴文化、强国强种为己任的民族。因此，中国选择与奥林匹克文化的结缘是理所当然的。如果中国文化与奥林匹克失之交臂，那将是与中国现代化的逻辑进程不相吻合，也是与世界的和平与发展的两大主题相悖的。可以说，奥林匹克的介入，使中国的传统文化与现代化之间、东西方文化之间形成一种强大的黏结力，是中国改革、开放国策的形象化扩展与延续。

奥林匹克：强者的产物

奥林匹克文化是一种强者文化，这种品格生长在它的基因里。在古代欧洲，以畜牧业经济为基础，以希腊文化为起源，发展成以个人自由、竞争为背景，以科学思想为核心的奥林匹克文化个性。古代奥运会诞生时期，正好是希腊原始氏族社会瓦解、奴隶制社会逐步形成的历史时期。在希腊自由民的核心概念中，有着一种不可动摇的信念，那就是极其重视个人价值。这种政治上的民主，人民的相对独立与自由，再加上与此有直接关系的观念信仰，为希腊体育，尤其古代奥运会的产生奠定坚实的基础，也为近代西方体育的再度崛起和壮大繁荣埋伏了历史条件。从历史演化的角度讲，古代希腊体育发展过程中始终没有遇到东方国家，特别是中国那种君临一切的专制制度，这是希腊体育的幸运。

古奥运会刚开始盛行的比赛项目如单程赛跑、角力、拳击、赛车、赛马竞技等24种活动中，即会发现一个共同特征，那就是清一色的个人的竞争性活动，我们眼前出现的总是一个运动员正在征服自己的对手，使我们联想起的则是一批海上机敏的水手、精明的商人和彪悍的海盗正在同大风大浪的搏斗。

近现代奥林匹克是欧洲各工业帝国为全人类选定的一种游戏方式。19世纪中叶，希腊人企图恢复奥林匹克运动会的努力落空了，因为希腊人已经沦落了，不再是强者。而英国人在英伦三岛创建了许多室外竞技运动的方法，为奥林匹克运动会的复兴奠定了物质基础。这时严谨的德国人不失时机地走出来，对奥林匹克遗址的开发，使近代奥林匹克运动会披上了"文艺复兴"的外衣。浪漫的法国人紧随其后，对奥林匹克精神和原则做出诗人般的诠释，为近现代奥林匹克确定了当时作为强者的新兴资产阶级的思想基础。到20世纪后半叶，美国山姆大叔对奥林匹克的夸张式的投入和商业运作，推动了奥林匹克的高速发展；而美国对国际奥委会的粗暴控制，再一次显示了强权政治的特征。

奥林匹克作为一种强者文化的特征表现在以下方面。

——奥林匹克提倡竞争，提倡"永远争取第一，永远超过别人"。

这个口号既是奥运会文化的重要产物，又是当今奥运会追求的某种精神体验，因之成为促进世界竞技运动的发展动力。这些体育活动强调在追寻胜利和锦标的过程中使用力量、速度、权力来推动人类极限和战胜对手。这类体育在很多传统社会中带有男人的价值观和经历的背景。这种背景往往与军事征服、政治控制、经济扩张有关。

——奥林匹克运动会曾经有排斥有色人种和女性的历史。

在现代奥林匹克恢复之初,女子项目寥寥无几,每增加一个项目都要经历一番激烈的辩论和争吵。在初期的奥林匹克运动会上,种族问题一直困扰着它,有时表现得非常强烈,在奥运会上曾多次发生过歧视黑人运动员的事件。

——奥林匹克宪章和有关制度中包含了强者的某些品质。

诸如,国际奥委会委员的逆向遴选制隐含的强国利益;奥运会的项目设置遵循的是欧洲白人的传统和兴趣;奥运会不得连续两届离开欧洲的不成文的规定也反映出白人在奥林匹克中具有的特权。

奥林匹克:强势的地位

如果说奥林匹克文化是一种强者文化,是在肯定这种文化的主体所具备的性质,那么说奥林匹克文化是一种强势文化则指的是它在与其他体育文化比较时处在高势位的统治地位。100多年以来,国际奥委会之所以能从一群欧洲绅士的午餐会演变成庞大的国际组织,奥林匹克运动会之所以能从以欧洲中心主义为藩篱的区域性体育比赛发展成世界性的文化潮流,奥林匹克主义之所以能为世界多数民族接受,成为一个足以震撼全球的奥林匹克运动,原因就在于它具有巨大的融通性。这种融通性不仅表现为奥林匹克运动已经与政治、经济、国际关系、科技、文化、教育等融为一体,成为一种不可抗拒的文化力量;同时还体现在它对世界各民族文化的充分兼收并蓄上。奥林匹克的魅力就在于它不断地将民族体育文化进行世界化的提升和推广。

奥林匹克文化作为一种世界文化,对各种民族文化具有强大的感召、同化、融合、兼容和统摄的能力。奥林匹克又是体育文化全球化的标志,各个国家与民族都在努力汇入这一世界体育文化的潮流。

奥林匹克以它对世界和平的向往与号召成为强势文化。它承袭了古代奥运会"神圣休战"的传统,加入世界和平潮流,又以它"无私竞争"的精神软化了敌对的情绪。应该说,奥林匹克所提倡的竞争是一种最可爱的竞争,因为它是一种源于游戏的竞争,是一种源于人类童心的天真无邪的竞争,一种发自人类和平理想的文化领域的竞争。它深刻地作用于人类,强烈地干预社会,给人类和社会带来和平、进步和温馨,它将人类的注意力集中在和平、民主、进步、团结、友谊等共同理想之中。

奥林匹克文化还是一种民主文化。公平规范的竞争是要靠伦理和规则来维护的。奥林匹克倡导的"费厄泼赖"（fair play，鲁迅语）精神，就是一种人道礼让的精神。fair 的含义是民主、公平和依法办事。公平竞赛与阴谋竞争是格格不入的。

奥林匹克：强劲的势头

如果说，"奥林匹克文化是强势文化"表达的一种空间关系，那么，它的强劲文化所表达的就是一种时间关系，即奥林匹克文化具有强大的生命力，可以在今后很长的时间里影响全人类的生活。

当代世界的外部环境，特别是第二次世界大战以后的国际政治环境加速了奥林匹克的强化。在两次世界大战期间，一些国家的竞技体育曾受到军国主义的影响，得到恶性的发展。二战之后的世界冷战对峙，奥林匹克曾以意识形态、社会制度为分野，奥运会成为国际政治抗衡的文化舞台。应该承认的是，民族主义是20世纪国际竞技体育的主要潮流和基本背景。很多国家都把发展体育运动与民族的生死存亡联系在一起，都把在奥运会上显示实力作为一种政治目标。一个民族在与其他族群的接触交往中，通过在这些有形、无形方面异同程度的认识，形成不同层次的"认同"或"认异"，萌发出"群体意识"，从"自在"的民族转为"自觉"的民族。奥林匹克在强化民族意识方面的重要作用，必然导致民族凝聚力的强化。认同感形成归属感，归属感造就凝聚力，小到单位集体，大到国家民族，无不如此。强大昌盛的民族需要奥林匹克这支营养剂，弱小的、遭人欺辱、侵略、奴役的民族更需要来自奥林匹克的支持。因此，奥林匹克在民族主义中寻求到了一个坚强的支点。

奥林匹克同时找到了财源滚滚的经济支撑。奥林匹克与经济的关系在20世纪后期发生了根本性的变化。这头从潘多拉魔盒里释放出来的魔怪以它无可比拟的开放性获得了广泛的国际认同，当它的规模过大时，似乎没有一种现实的经济力量能够支撑它的生存。然而情况很快发生了改变，1984年洛杉矶奥运会给了人们一个思路：可以从"为奥运会找财源"转变为"从奥运会中找财源"。奥林匹克不仅是一种消耗性的事业，而且是一种可以成为一些国民经济的增长点，甚至成为支柱行业的产业。这是举办奥运会从相互推诿，后来成了许多城市不惜一切争办的缘由。

奥林匹克的强势还表现在国际奥委会的逐步成熟，使之具有化解危机的能力。20世纪末国际奥委会面临了一场空前的恐慌，一批奥林匹克绅士面对金钱，忘记了检点，一场世界性的腐败引起了世纪末奥林匹克空前的危机。然而国际奥委会以镇静和智慧成功渡过了这场难关，国际奥委会以它的50项改革措施擦去了五环旗上的污点，继续了它仍然具有权威性的运作，让全世界看到了它旺盛的生命力。

奥林匹克：在中国大地的行走

奥林匹克这种强者文化在中国的普及，对创造这种良好的社会文化环境有着重要的价值。中国传统文化是缺乏竞争意识、科学观念，缺乏培养和发展个性的环境和条件的。这些既是发展奥林匹克运动所欠缺的，更是中国进行现代化建设所急需的现代人的心理品质。从这个意义上讲，接受奥林匹克运动是一次全民现代化的基本训练，因此与奥林匹克融合的价值是难以估量的。

奥林匹克在中国的大踏步前进，使一代自立、自强、自信的新型人格成长起来，取代了自我贬抑、自我萎缩的"君子"人格。新一代人不尚空谈，讲究实效；不追求虚名，而注重务实。中国的传统文化由于奥林匹克的渗透变得更有生气，中国的现代化建设因有奥林匹克的介入而充满活力。

任何异质文化发生碰撞，都要产生火花，这两种文化在碰撞后，既有相互排斥的一面，也有相互借鉴的一面，而后一种倾向随着各种联系的加强必然会趋于主导地位，这是因为"文化是人类对愚昧的否定过程"。任何一个勇于克服愚昧、发展自身的民族，终将会学习和接纳先进的外来文化，并将自己的优秀文化传播出去。近现代奥林匹克对中国的传入和普及，经历了一个漫长的过程，中国体育文化曾对它表现出强烈的排斥性。20世纪70年代末中国重新恢复在国际奥委会的合法地位，才真正标志着奥林匹克运动与中国体育文化相结合这一新阶段的开始。而80年代末，中国决心承办奥运会则标志着这一结合进入一个高度自觉的阶段。这是因为中国人民经过长期的思索，终于悟出：在现代历史条件下，任何坚持封闭型模式的民族文化都将无法克服愚昧，摆脱导致自身的灭亡的厄运。因此，13亿现代化建设者大军接受了奥林匹克的挑战，这是历史积郁下来的勇气，也是时代感召出来的精神。

近代中华民族遭受侵略、奴役的历史及其强烈的忧患意识和自强意识，迫使中国体育与奥林匹克靠拢。发生在鸦片战争后的近代中外文化交流，不是以正常的文化交流形态出现的，而是与外来侵略和民族压迫同时出现于中国社会的。中国的体育运动是在充满了屈辱和痛苦的形势下与这一世界潮流汇合的，这就给近现代中国体育将近100年的历史留下了深刻的印记。中国竞技体育的发展动力，来自民族的忧患意识，而反作用于民族的自强意识。中国有在奥林匹克运动会上表达实现现代化决心的政治理想，也有表达民族自尊心、自信心的社会心理愿望。

　　应该看到，今天的中国是在寻求传统文化与现代化对接的运动过程中慨诺承办奥运会的，是在与世界经济全面接轨，综合国力全面提升的发展过程中迎接来自五大洲客人的，一代和平崛起的外柔内刚的新型强者，奉献出来的无疑将是一份既有民族传统特色又具有时代精神的，既有深沉文化内核又有精美文化形式的、独一无二的厚礼。

雪峰对峙：奥林匹克文化与东方健身文化的比肩而立

走出丛林的远古人类，在远离非洲后形成不同人种。由于生活在不同的地理、气候环境之中形成了各自文化群落的起点。发展到近现代出现了东亚、南亚、西亚与欧美的四个个性鲜明的文化地域。

不同种类的文化尽管千差万别，但都不约而同地诞生了体育文化，围绕游戏、运动、竞技、健身、养生、军事操练等，不同类型的体育文化各有所长地形成了自己的体系。

当今世界有两种体育文化特别引人注目，一种是根植于农业文明的以中华文明为核心的东方体育文化，形成了自己以养护健康为目的，以功操拳等为基本手段的鲜明特征。另一种是以游牧文化、渔商文化与城邦文化为起源，而最终脱胎而成的工业文明，形成了欧美以奥林匹克为核心的竞技文化。

这两种体育文化由于地域的辽远、交通的阻断，始终睽隔，成为群星璀璨的世界体育文化天空中的参商二星。在以后的岁月里，东西方不同的经济、政治生态也促成了背向而行的两条体育文化逻辑线。

一、差异：体育文化双峰对立的形成

那么，这两种体育的差异在哪里？

在古希腊自由民的核心概念中，有着一种不可动摇的信念，那就是极其重视个人价值。希腊人发展了他们独特的信念，认为人之可贵绝不在于作为一个万能统治的工具，而在于人本身的潜力，因此，他们不惜任何代价以求完善自己。

政治上的民主，人民的相对独立与自由，再加上与此有直接关系的观念信仰，为古代奥运会的产生奠定了坚实的基础，也为近代西方体育的再度崛起和壮大繁荣埋伏了历史条件。

追随古代奥林匹克运动会而勃兴的近现代奥林匹克运动，仅百余年的时间就牢牢地占据了世界体育文化的统治地位，并有使之走向文化单一化的不良趋势。

与古代奥运会诞生发展的历史时期相对应的是我国的春秋时代。孔子所极为倡导的"礼"与"仁"便是这种宗法等级的翻版和进一步发展。因此，中国的皇权专制主义一直对体育文化发展缺乏有力的支撑，到明清时期更为严重。中国古代体育文化的主流是以"天人合一"为核心价值的、具有神秘色彩的养生导引健身术。到近代欧洲体育重新勃兴的时候，中国体育文化却一片萧条，特别是竞技运动几近于零，成为世界体育文化的弱势部分。

竞技运动的根本特征就是对抗双方必须在法律意义上形式平等，它是等级制度的天敌。因此，在中国由于特殊和复杂的文化机制，难能成长出以普遍的争斗和征服为特征的运动竞技。

东方体育文化的讲究哲学性与西方的认可物理性的区分，东方的满足自我修养与西方的追求个人功利的差别，东方体育文化很容易走上政治教化的道路，而西方反而强调个性张扬的主张。

二者的差异竟如此泾渭分明！

二、交流：体育文化增值及其方式

差异是交流的前提，交流是弥补差异的必然。

文化交流，大多经历这样的程序，即由易到难，由物质、技术层面，再到制度、体制层面，最后进达精神、价值观层面。因为物质、技术层面的文化更接近世界通用、共有，实惠多而障碍少，而后两个层面受传统文化和意识形态的影响与钳制较多，可以用各种借口抵制文化交流，以民族主义、国家主义和特殊国情作为这一借口最为常见。

体育文化的发展更有赖于文化交流，中国唐代的对外体育文化交流为世界体育文化提供了一个生动鲜明的事例。

1300多年前的唐代，政治开明，经济发达，文化繁荣，中国社会进入一个空前辉煌的时期。与前后各朝相比，唐代开放的世风创新而不固守、交融而不自封、活跃而不沉闷，促进了唐代体育文化的繁荣发展。同时，体育活动也极大地丰富了唐文化的内容，是唐代精神文明的重要组成部分。唐人不仅把汉人的体育文化传播到了西方，也通过丝绸之路从西域引进了大量的体育活动项目，如马球、驴鞠、步打球、蹴鞠、胡璇球等球类游戏。在当时的长安城里，足球得到了高度的发展，全城有200多家足球场，有灯光球场、有足球的大门，有女子足球（踢有"内胆"的足球），有运动员、裁判员和观众，其风光程度不亚于当今的足球世界杯。

傲立于世的中国汉唐体育文化一直被世界体育史忽视。唐代体育文化的高度繁荣发展得益于丝绸之路的文化交流，这就再次印证了文化学的这一观点——文化交流与交融是推动人类历史进步的动力。

东西方体育文化交流在过去的一百多年中变得越来越频繁，这一过程充满了冲突、选择、改造、变异、融合等变数，或从善如流，或狭路相逢，或长期对抗，或强权征服，然而高势位文化、先进文化总要起到主导作用。这是因为文化的交流带来文化的扩展与传播，而文化扩展与传播是人类对愚昧的否定过程，是一种必然的选择。

改革开放年代，体育文化成为中国对外交流的排头兵，成为缓和许多外交争端的先行者。2008年北京奥运会的召开，标志着中西体育文化交流进入了一个大开大合——既广阔又深刻、既抽象又具体的时代，从而推助了中国更加迅速地适应经济全球化、政治多极化、文化多元化的国际社会。

三、并存：中国与世界体育文化的双赢结果

体育文化的交流应该是双向、平等、互利地进行的。然而，百余年的世界体育文化交流却一直以西方的强势输出、东方的被动接受作为主要文化流向。经济的全球化带动了文化的全球化，然而，文化全球化的结果是文化的单一化，文化单一化的灾难性后果是强势文化的无边界扩张，使世界各民族的体育文化为之矮化和边缘化，从而扼杀了体育文化的多样性和多元化，进而使体育文化走向枯萎和绝灭。

随着我国综合国力的增强，国际地位的提升，文化在世界影响力的加大，中国承担起复兴东方体育文化的责任已经众望所归。作为一个负责任的大国，中国完全应该在维护和建设世界体育文化的多样性方面做出实质性贡献。

不同质的体育文化共存于同一星球，结局会是怎样的？

112岁的文化学者周有光先生生前阐释了"双文化论"。之前有学者提出以"三十年河西，三十年河东"为口号的世界文化接力理论，周先生对此提出了质疑。他认为人类文化是在人类社会的聚合运动中前进的。"在全球化时代，世界各国都进入国际现代文化与地区传统文化的双文化时代"，不可能再出现"东风压倒西风"或"西风压倒东风"的一面倒的态势。

不妨以中国射箭文化的演进过程为例，探讨一下文化交流带来的双赢结果。

中国的射箭活动具有悠久的历史，早在商周时代就设有礼射，分为大射、燕射、宾射和乡射四种。礼射作为周礼的一部分，是其宗法制度的反映，也赋予了射箭这一体育活动以文化价值。在以后两三千年历史中，弓箭成为冷兵器时代最有杀伤力的武器和武术中最有文化特色的运动器具。因此，在射箭活动里留下了大量的成语、掌故、寓言、传说和哲学宏论等文化成果。

中国民族传统射箭运动在20世纪50年代后式微，于"文革"中绝灭，后来被逐出国家体育管理的视野，基本被国际现代射箭取代。80年代后实行"奥运战略"后，民族传统射箭被打入冷宫，自生自灭。

2017年夏河南嵩山少林寺举办无遮大会，历来只讲拳脚棍棒的少林武功，增加了一项弓箭比试，并定名为"禅弓"。这一比赛基本沿用国际现代射箭比赛的规则，而比赛所用弓箭皆为传统器具，这两件反差巨大的事物融合于一体，使射箭运动蜕变出一种新的形态，这种形态不仅有利于古老射箭运动的当代复兴与民间推广，而且使各个民族的射箭运动在国际交流时有了共享的语言系统。更让人吃惊的是，这次比赛的裁判工作尽由现代国际世界冠军、全国冠军等风云人物承担。他们从国际现代射箭运动的尖端队伍中华丽转身，以极大的热情投入到推广、传播中国民族传统射箭运动之中，民族文化与世界文化的相互融合，传统文化与时代文化的相互渗透，达到了水乳交融的程度，这是很值得研究的文化交流特例。

传统射箭是木、竹、羽、角、皮、革等的手工制品，是农牧社会必不可少的猎具和武器。而现代国际比赛使用的弓箭，是工业社会的产物，具有高科技含量，它的每一细微结构和材质都是严格科学实验的结果，并做到绝对的标准化，以求比赛的公平、公正。因此，它的造价极其昂贵，市场价格是前者的数百倍，于是这项运动就被市场管束了起来，走向贵族化、小众化，使多数人只能成为看客。然而，根植在民间的弓、弦与箭是有生命力的，它已顽强地生存了上万年，当下这种新的比赛形态赋予了它更为博大、更加滋润的发展空间。这两种不同时代、不同地域的文化融合在一起时产生了奇异的效果，短短几年的时间，中国参加射箭活动的人数上升到20余万，一个小众的活动在文化交流中普及成大众文化，这是出乎人们意料的。

四、转型:承担起体育文化双峰并立的历史责任

半个多世纪以来,中国经济与社会一直处于"赶超型"的形态,文化则处于低势位状态。中国对引领东方文化走向世界还缺乏足够的思想准备,也缺乏将东方体育文化发展成与奥林匹克文化并驾齐驱的又一座世界体育文化高峰的战略思想和相应的制度。

这样一个伟大的文化战略任务必须放在文化大发展、大繁荣的历史时期进行全面思考。为此,中国的体育文化要实现转型,要把体育置身于社会大文化,以文化的大视野来看待体育,实现它的转型。

东西两种体育文化双峰并立是历史的选择与安排,东方体育文化完全有能力在不久的将来与奥林匹克比肩而立,从不同角度回答人类提出的身体文化问题。

登上这个山峰的台阶,便是中国对世界体育文化做出的最大贡献。

中国传统文化与现代化对接中的奥林匹克介入[①]

中国人总是要做一些大事情的,中国人也总能做成一些大事情。这是气势恢宏的中国传统文化所决定的。从万里长城、秦兵马俑到都江堰、乐山大佛,都显示出了中华民族做大事情的魄力、勇气、智慧和毅力。

只是到了明清时代,中国人变得纤细了、脆弱了,少了些做大事情的精神素质和身体素质。而且,那种手工作坊式的"大事情"与欧洲工业大生产相比,实在不过是雕虫小技。

孙中山、毛泽东、邓小平都是做大事情的人。孙中山曾勾勒过中国未来的蓝图,他的雄心壮志令人钦佩。人们称他是"孙大炮",然而,他和他的理想被湮没在军阀混战、社会腐败、经济衰落的无可奈何之中。毛泽东领导中国人民推翻了"三座大山",从旧世界走了出来,这是中国历史上的一大创举。邓小平要做"中国现代化"这篇大文章,他的口号是"面向现代化、面向世界、面向未来"。他要在社会主义市场经济的条件下,利用改革和开放两件法宝,实现中国人民千百年来民富国强的愿望,他的一系列举措得到了人民的拥护和支持。

进入20世纪90年代,中国人民以莫大的勇气和决心,参与奥运会,申办奥运会,这不仅是中国和世界体育文化的一件有划时代意义的大事,而且是中国现代化建设全局中的一着妙棋。这是因为奥林匹克的介入,使中国的传统文化与现代化之间、东西方文化之间形成了一种强大的黏接力。

一

古代奥林匹克运动会诞生于公元前776年,持续了1173年,举行了294届。大约与它同时代,远在东方的黄河流域也产生了西周时代的礼射活动,

---

[①] 本文原载谢亚龙主编《奥林匹克研究》,北京体育大学出版社1994年版。

这是堪与古代奥林匹克运动会媲美的一种祭典竞技活动，它的组织周密、秩序严格、开展广泛等特点都不亚于后者。在盛唐时期，中国竞技体育再度出现高潮，形成了古代东西方两座体育文化高峰对峙的局面。但由于这两种体育文化哲学背景的隔阂，地理空间的阻断，历史时间的错位，以及活动方式的差别，始终未能聚首。

古希腊成为奥林匹克竞技体育的发祥地绝非偶然。其主要原因是：①古代希腊商品生产较为繁荣，这在以农业经济为主的人类古代社会是绝无仅有的。商品经济的繁荣，使生产力得到迅速发展，征服自然、改造自然的信念易于形成，社会生活内容也就丰富多彩，奥林匹克竞技活动就是其中的一部分。②商品经济的发展和开放的海洋地理环境，使希腊人产生了外向、好动的性格。他们有独立不羁的人格、开拓的精神和变易的观念。这种充满自由、竞争精神的文化个性，鼓励人们参与各种竞争活动，激发了人们的竞争能力。③古希腊的城邦统治注重军事，更注重军事力量的主体——人的体力的发展。这些机制的综合运行，产生了古代奥林匹克运动，并持续了一千余年，成为人类文明史上的一枝奇葩。

封建文化从本质上讲，是与竞技体育所提倡的价值观念背道而驰的，是压抑竞技体育发展的，这是古代奥林匹克运动会中断的根本原因。无论是中国长达两千年的皇权专制社会，还是欧洲绵延一千年的中世纪黑暗统治，都证明了竞技体育在封建社会难以生存。在前资本主义社会，竞技体育不能成为体育文化的主体，而只能成为民间游戏中的娱乐活动。这是因为在自然经济和产品经济条件下，根本无法产生现代竞技体育所需要的社会价值观念。

真正含义的竞技体育，发源于英国的户外竞技活动，它是欧洲资本主义市场经济的产物。资本主义在雇佣剥削、商品流通的同时，出现了市场经济，也产生了竞争行为和观念。人们的这样一种活动特征和价值观念迁移到业余文化活动中，便刺激了近现代竞技体育的勃发。英国衰落后，这种优势地位转移到美国，也不是偶然的。竞技体育是随着大工业和市场经济体制的产生发展逐渐成熟起来的。只有当国家的人口由分散的乡村集中到城市，社会为人们提供越来越多的物质、能量、信息、闲暇时间的时候，精神文明达到一定程度，社会的价值观念发生了本质的变化，竞技体育才会以较快的步伐进入社会生活，奥林匹克运动也才能勃兴起来。

中国古代体育文化是中国传统文化的重要组成部分。传统文化积淀的厚度是与时间的长度和该文化活动的载体的人口数量成正比的。中国正是凭借着无缺环、不间断的历史和世界众多的人口，形成了巨大的厚度和力度。中华民族的体育文化也具备这种基本特征，它源远流长，千姿百态。长期以来，它"纳细川于流"，集多民族之共同创造，形成一种可闻、可见、可触摸的传统实体，以及与这实体相适应的体育思想意识和哲学背景。中国体育文化的目标是修身、养性，它的典型项目是导引、气功、武术、太极拳等。其运动主张是内外俱练、神形兼顾、动静结合、刚柔相济等平衡统一的原则。在练身方法上以模仿动物动作的功操为主。这些练身的方法行之有效地解决了长期从事农业生产的劳动者的健康问题，但与以奥林匹克为代表的西方体育文化相比，形成了巨大的反差。

无论是东方还是西方的传统文化，都有其生成和发展的特殊规律性。因为，"人是人、文化和历史的产物"（黑格尔语）。所以，处在不同地域、历史和文化背景中的人们，其传统的哲学观念、思维方式的不同，必然带来其对自身，以及自身以外的周围物质世界所认知的模式差异，从而导致不同的社会实践方式和行为的规范。体育现象亦如此。

二

到20世纪初，这两种体育文化终于发生了剧烈的碰撞。如同任何异质文化发生碰撞都要产生火花一样，这两种东西方文化的碰撞后，既有相互排斥的一面，也有相互借鉴的一面，而后一种倾向随着各种联系的加强必然会趋于主导地位，这是因为"文化是人类社会对于愚昧的否定过程"①。任何一个勇于克服愚昧、发展自身的民族，终将会学习和接纳先进的外来文化，并将自己的优秀文化传播出去。近现代奥林匹克向中国的传入和普及，经历了一个漫长的过程，中国体育文化曾对它表现出强烈的排斥性。70年代末中国重新恢复在奥委会的合法地位，才真正标志着奥林匹克运动与中国体育文化相结合这一新阶段的开始。而80年代末，中国决心承办奥运会则标志着这一结合进入一个高度自觉的阶段。这是因为中国人民经过长期的思索，终于悟出：在现代历史条件下，任何坚持封闭型模式的民族文化都将无法克服愚昧，摆脱导致自身的灭亡的厄运。因此，13亿现代化建设者大军接受了奥林匹克的挑战，这是历史积郁下来的勇气，也是时代感召出来的勇气。

中国传统文化与奥林匹克运动并非格格不入，两者之间存在着许多相通之处，中国传统文化对吸收奥林匹克和接纳奥林匹克运动有着不少天然的有利条件。

---

① 刘家和：《略说文化》，《中国文化研究集刊》第二辑，复旦大学出版社1985年版。

（1）中华民族对世界文化做贡献的强烈愿望，是中国传统文化的一种"天性"，推动了与奥林匹克的结合。在历史上，中国曾为世界文化的大融合出过大力，包括恢复古代奥林匹克运动会在内的欧洲"文艺复兴"就是在吸取了大量的中国文化的基础上完成的。中国辽阔的疆域、众多的人口、悠久的文化、壮大的实力，决定了我们中国必须对世界文化做出更多的贡献。在体育运动领域，我们不仅要参与奥运会，而且要承担更多的国际义务。

（2）中国传统文化对外来文化具有良好的消化吸收能力，我们从来不恐惧外来异质文化的介入，而具有较小的排他性。以奥林匹克运动为代表的西方竞技运动是当今世界的主体体育文化，对奥林匹克的接受就是对世界文化的接受。由于中国自身体育文化的强大，从来不必担心"持续的、全球性的"奥林匹克运动的冲击。而从中国传统文化良好的兼容性的特质来看，我们对奥林匹克是持欢迎态度的。奥林匹克是全世界共有的价值体系，中国对奥林匹克的态度，是中国改革开放政策的必然延续，是中国进入国际大家庭的标志。

（3）中国传统文化中的民本思想及和平思想是与奥林匹克主义一脉相承的。"民为邦本"是中国文化的基本思想之一，它在整个中国文化中有一个一以贯之的传统，突出了中国传统文化的人本主义特色。中国文化的另一个基本精神就是贵和持中，看重和谐，坚持中道，是渗透中华民族肌体每一个毛孔的精神。中国文化不仅在人与人的关系上，而且在国与国的关系上，都表现出那种雍容、和平、温良、宽柔的品格。这些特征与《奥林匹克宪章》所提倡的"奥林匹克的宗旨是使体育运动为人的和谐发展服务，以促进建立一个维护人的尊严和平的社会""通过没有任何歧视，具有奥林匹克精神——以友谊、团结和公平精神互相了解"是完全契合的。

（4）近代中华民族遭受侵略、奴役的历史及其强烈的忧患意识和自强意识，迫使中国体育向奥林匹克靠拢。发生在鸦片战争后的近代中外文化交流，不是以正常的文化交流形态出现的，而是与外来侵略和民族压迫同时出现于中国社会的。中国的体育运动是在充满了屈辱和痛苦的形势下与世界潮流汇合的，这就给近现代中国体育将近100年的历史留下了深刻的印记。中国竞技体育的发展动力，来自民族的忧患意识，而反作用于民族的自强意识。中国有在奥林匹克运动会上表达社会制度优越性的政治愿望，也有表达民族自尊心、自信心的社会心理愿望。

当然，中国传统文化对接受奥林匹克也存在着一些不利条件，如中国传统文化中缺乏竞争意识、科学观念，缺乏培养和发展个性的环境和条件等。这些既是发展奥林匹克运动所欠缺的，更是中国进行现代化建设所急需的现代人的心理品质。从这个意义上讲，接受奥林匹克运动是一次全民现代化的基本训练，它的价值就更难以估量。

三

中国的现代化变革，不同于资本主义原生地西欧国家那种主要是内发的文化变革。资本主义文化运动在欧洲是开创性的，是在封建社会的母腹中逐渐孕育出来的，并逐步在欧洲各国蔓延开来的。因此，这一过程延续的时间最长，它包括从中国传统的旧文化向现代的新文化的转化，和人类历史地形的最大异质文化系统——东方文化与西方文化的大汇合而发生的冲突、交融两个方面的内容。这样两个互相关联并合而为一的宏大工程，其规模之浩大，斗争之激烈，各因素之错综复杂，牵动的时间与空间的广度与深度，以及改革的反复曲折，是东、西方其他国家所不可比拟的。因此，其后果和影响，也已经开始显示出，并会更有力地证明其将是空前的。只有经过几代人的努力，不断积累正反两方面的大量经验教训和多方面的成果，伴随着经济、政治改革高潮的到来，它才能进入一个新的境界、新的高峰期。

这个高峰期正在到来。其主要标志是在中国的大地上一种新的经济体制——社会主义市场经济的发育成熟。

建立市场经济体制，必然要求整个社会的政治、经济和文化关系相应地发生变化，从而为市场经济的发展创造良好的社会环境。而奥林匹克在中国的普及，对创造这种良好的社会文化环境有着重要的价值。

（一） 奥林匹克运动有助于社会价值观念的调整

价值观念是文化观念的核心，也是文化精神的集中体现，它是指人们对社会经济活动的价值判断或价值取向。任何国家的政治体制和经济体制的变革，不仅要受到当时的生产方式所制约，而且也要受到人们价值观念的影响。中国有着优秀的文化传统，也有着可贵的价值观念。但从总体上看，中国传统的价值观是根植在自然经济、商品经济基础上的。

竞争是奥林匹克精神的核心之一。奥林匹克精神是一种理想，一种永远不会实现却不断寻求或重新发现的理想。它总是表现出人类战胜自我的海格里斯精神，这一胜利不会完全取得，因而总需要不断努力。于是奥林匹克精神为人类之间的相互竞争提供了道德基础和伦理准则。奥林匹克的这一精神远远超出了体育场的范畴，在科学、艺术、军事，特别是在经济领域有着重要的推演价值。这对我们中国这样一个缺乏竞争传统的民族尤为重要。奥林匹克在中国的大踏步前进，使一代自立、自强、自信的新型人格成长起来，取代了自我贬抑、自我萎缩的"君子"人格。新一代人不尚空谈，讲究实效，不追求虚名，而注重务实。

(二) 奥林匹克运动有利于建立平等的观念

所谓平等观，是指人们彼此之间承认其权力和地位平等的一种理想化表现。在市场经济条件下，平等观集中反映了市场交换的本质和交换当事人的基本关系。它要求每个人都享有平等生存、享受、发展的权利和机会。这种机会面前的平等，不承认任何种族、性别、年龄的差别，更不承认那种由血统、门第、宗法关系所决定的封建等级差别和特权。这种平等观，不是以分配均等为目标，而是以机会均等为条件，即在促进效率提高的前提下体现社会平等，它要求每个人都应站在同一起跑线上参与市场竞争，并且排斥一切特殊权利，反对一切权利依附。市场与民主有着天然的联系，近代文明史表明，民主政治的进程是与市场经济的发展相一致的。市场是天生的平等派，它不承认任何劳动的特殊性，也不承认任何社会特权。

上述的平等观念与《奥林匹克宪章》规定的"努力使运动中普遍贯彻公平竞赛的精神，消除暴力行为"，以及一切竞技体育比赛中所施行的规则、裁判、仲裁、竞赛、选拔和奖励等，与市场经济的行事方式如出一辙。奥林匹克的宣扬与普及对整个社会接受市场经济的各种基本原则，无疑是有益的。

(三) 奥林匹克运动有益于市场道德观念的建设

随着市场经济的发展，社会的大多数成员还不可能越过自己的基本利益去追求道德的崇高，因而社会保护个人合法追求利益的正当性。在市场经济条件下，人们的道德实践活动范围被拓宽了，道德观念更新了。然而也必须看到市场经济对人们的道德观念产生了一些消极的影响，如拜金主义的泛滥，唯利是图思想的作祟。而奥林匹克关于"重要的是参与，而不是取胜"精神的提倡，奥林匹克强调对青少年所起的教育作用，以及奥林匹克对尔虞我诈欺骗行为的坚决抵制，都可以为社会树立良好的道德规范，为市场经济的健康发展提供一个良好的道德环境。

总而言之，中国的传统文化由于奥林匹克的渗透而变得更有生气，中国的现代化建设因有奥林匹克的介入而充满活力。

让我们张开双臂，拥抱奥林匹克。

参考文献

［1］国际奥委会. 奥林匹克宪章（中译本）［M］. 北京：1991.
［2］赵石宝. 市场经济的环境建设［J］. 中国社会科学，1993（5）.
［3］刘奉先. 中国传统文化向何处去［J］. 社会科学（上海），1987（3）.
［4］陈文卿. 从认知模式的差异，到养生传统的差异［J］. 体育与科学，1990（1）.
［5］李力研. 希腊的文明突起与奥林匹克运动［J］. 天津体育学院学报，1993（1）.
［6］卢元镇. 中国传统文化与现代化冲突中的体育运动［J］. 贵州体育科技，1987，(2、3).
［7］莫利斯·德律昂. 竞争的价值及其对欧洲文化的贡献［J］. 体育文史，1989（6）.

健身·休闲

全民健身文化建设刍议

2015年是《全民健身计划纲要》颁布20周年。在过去的20年中，全民健身活动进入它的黄金期，也进入它的瓶颈期。说它进入黄金期，是因为全民健身获得了强有力的法律保障、政治保障和经济保障，全民健身的组织形态和公共服务体系得到社会的广泛认可；说它进入瓶颈期，是因为"体育人口"的数量没有得到明显增长，体育人口"马鞍型"的结构没有得到根本改善，各种与运动缺乏有关的非传染性疾病蔓延的势头没有得到抑制，也就是说，全民健身的社会效果还未充分展现出来。

为什么会出现这样的反差呢？让我们来研究一下全民健身的动力机制。全民健身作为一种社会文化活动，已经不是一种纯自发的个人活动，背后必须有社会强有力的持续推动，才能避免只做表面文章的昙花一现和缺乏后续力的虎头蛇尾。

那么，全民健身靠什么力量来推动呢？

首先，当然是来自体育自身的力量。18世纪，法国哲学家伏尔泰提出的"生命在于运动"（Life lies in sport）这一著名哲学论断，为体育运动与人的生物属性之间找到了一种因果关系，这六个字连接了人类的运动观和生命观。

毛泽东的"发展体育运动，增强人民体质"是"生命在于运动"的推衍，表达的仍然是上述的因果关系，但"发展"二字说明了体育运动是需要由社会来推动，"人民"二字则是强调了体育的政治属性。

而全民健身（sport for all）中"全民"二字，则进一步扩大了公民体育权利的范围。

与体育最邻近的是医疗卫生，它提出了"生命质量"的概念，已不再满足于生命存在。它给全民健身的推动力来自两个方面，一方面它将体育健身纳入疾病的一级预防系统，达到"治病与未病"；另一方面它对人体的各种生物学解释，转达了生老病死对体育运动寄予的期望，确实，对很多疾病的治疗需要体育作为辅助和康复手段。

全民健身是非生产性的，必须依托经济。经济对它的推动力是举足轻重的，全民健身计划发起之初也就是因为想甩开竞技体育，在经费上另辟蹊径。在过去的20年中，通过体育彩票的支持、直接纳入各级政府预算等办法基本达到了这一目的。最近又提出发展"全民健身产业"的产业政策，这是一部分社会成员健身活动走向高级化、娱乐化、贵族化的必然结果。

当国家意识到全民健身与国防建设、劳动力质量、民族体质前景、人口素质提升和民生需求的重要关系时，一定会介入政治的力量来推动它，推行《全民健身计划纲要》就是一种强有力的政治表达，最近将全民健身提升到国家战略的认识高度，彰显了"以人为本"观念在体育领域的渗透，也再次提升了全民健身的社会地位和价值。

以上讲的都是全民健身硬性的推动力，来自管理部门的正面推动力，或产生于生老病死和各种社会问题的负面推动力，还必须辅之以软性的推动力，就是文化的力量。这种力量，可以让社会成员产生参与全民健身的内驱力和自觉性。

今天，来自文化的软推动力不足已经成为制约全民健身进一步发展的重要因素。

一、什么是全民健身文化

（一）文化与体育文化

世界上对文化的定义有千百种，而社会学则注重文化与社会的关系，将其定义为，一个社会的成员或其群体的生活方式，如他们的生活习惯、工作模式、宗教仪式以及休闲方式等。它是将作为个体的人连接在一起的具有内在相互关系的系统，它可以凭借国家、民族、地域特征、种族、语言、口音，或者任何显著特征作为标准，形成某一个或某一组文化所构成的社会，而其成员则在由文化所构建的具体社会关系中被组织起来的。

有人称文化为"无用之用"。它关乎人心，是一个共同体安身立命的根脉。在美国哈佛大学的校园中，矗立着一块中国式的石碑，碑文的第一句话就是"文化乃国家之命脉也"。轻视文化、践踏文化，必然要招致文化的惩罚。

文化由物质（技术、方法等）、精神（思维方式、价值观等）和物质与精神结合（制度、组织、社会关系）三个层面组成。它们之间是相互适应、

相互联系的，由里层向外层表现出更为强烈的制约作用。

体育文化是关于人类体育运动的物质、制度、精神文化的总和。大体包括体育认识、体育情感、体育价值、体育理想、体育道德、体育制度和体育的物质条件等。体育的技术方法属于体育认识的范畴，它是人类认识过程的一种特殊形式。

全民健身文化是体育文化的重要组成部分，由三个层面组成。在全民健身计划推行之初，我们比较注重最外层面的建设，通过全民健身路径、雪炭工程、新农村建设等方法着力解决全民健身的场地设施；之后又进入了制度建设过程，如《社会体育指导员技术等级制度》《全民健身条例》等，极大地推动了全民健身的发展。今天到了关心核心层面问题的时候了。

（二）全民健身文化的核心是休闲

20世纪最后20年中，体育文化开始越来越凸显"休闲"的色彩。休闲大踏步地进入体育运动的各个领域。在竞技运动方面，奥林匹克运动会中的不少运动项目在向娱乐、观赏方向改造，以更加适应电视转播的镜头；职业体育则为越来越多的人提供了高水准的体育欣赏节目；而很多传统的竞技项目被简化、软化、娱乐化，去适应普通人作为休闲活动的参与需要。

大众体育方面，体育运动正在进入人们的生活方式，满足人们的休闲需要。参加网球、保龄球、高尔夫球、台球、骑马等过去认为是奢侈性娱乐活动的人大为增加；迪卡侬之类的运动超市生意红火，中国人运动装备、运动装束的水平大大高于运动水平。

大妈们的广场舞显然比广播体操更有吸引力，群众冒着重度雾霾污染参加北京马拉松比赛显然不仅仅是为了健身，一些运动员身着孙悟空、超人的服装，情人伴侣牵着手跑在赛道上，全民健身的性质已经不那么单纯、那么唯生物性。

体育运动与休闲的高度融合，将是21世纪国际体育发展的潮流。我们再不能忽视休闲在未来体育中的这一价值，也再不能忽视休闲作为全民健身文化推动力的核心所起的作用。

（三）休闲对社会的贡献

休闲是一个非常难以定义的概念。在哲学、美学、经济学、文化学等多个领域受到关注，并给予定义，而社会学将休闲看成一种社会构建以及人的生活方式和生活态度。休闲由三个要素组成，即：一种态度和自由的感觉；一种社会活动；一个特定的时间片断。

1. 休闲是人类实现全面发展、自由发展的必要条件

人类社会的发展应该是人的自我实现和自我完善的过程。这个过程就是通过改造人的主、客观世界使人日益成其为人，使人日臻完善，充分发挥人的主体作用。在现代社会，劳动与休闲的分离和对立，不仅是社会发展的重要条件，也是人类最终实现全面发展和自由发展的必要条件。

2. 休闲是未来理想社会的基本内容

在未来的理想社会中，休闲的地位越来越高，并且成为社会生活的基本内容。社会的观念逐渐从"休闲为了更好地工作"转变为"工作为了得到更好的休闲"。因此，在未来的理想社会中，休闲的理念会得到提倡，休闲的权利会得到尊重，休闲的方法会得到进一步的开发。

3. 休闲是一种全新的生活方式

休闲作为一种生活方式，其实质是生活态度、生活信仰、生活行为的改变。人们在休闲时刻，没有政治斗争的纷杂，没有经济活动的功利，没有学术交流的争辩，没有社交场合的敷衍，呈现高度自由的状态。于是，休闲娱乐出现了普遍化、社会化和终身化的发展趋势，标志着一个以追求休闲为目的的时代的到来。

4. 休闲产业与休闲服务创造着巨大的经济价值

在现代社会，休闲已经发展为一个庞大的产业，创造巨大的财富，可以获得丰厚的回报。在美国，有1/3的土地用于休闲，有1/3的收入付给休闲，有1/3的时间投入休闲。有很多休闲活动都可以产生经济价值，美国的"四球一车"（篮球、网球、橄榄球、棒球和赛车）等体育产业年创产值在1500亿至2500亿美元之间。1998年美国仅竞技运动商业比赛上缴的年税就高达177亿美元。美国学者预言，在新的世纪，人们的生活方式，特别是休闲生活将会有重大改变。

二、为什么要加强以休闲为核心的全民健身文化建设

（一）社会进步对休闲提出的需求

（1）工业革命以来，生产方式与生活方式发生着巨大的变化，使曾交错存在的工作时间与余暇时间之间的界限日渐分明，工作活动与余暇活动的目的和内容截然相反，工作与生活的场所、环境向不同的两极发展，人们在工作与余暇两个时段的心理和行为也判若两人。这种向两极化发展的趋势，

反映了时代的特征,两极对比越鲜明,社会的现代化程度越高。

(2) 在信息化、知识化、科技化高度发展的现代社会,高效率、快节奏、激烈竞争成为社会运动的基本方式。

(3) 精细的分工,大强度、高密度的劳作,知识、信息的迅速更新和传播,最终导致时空的压缩,使人们陷入极度紧张之中。

(4) 高密度拥挤的城市生活又让人们时常要和各种危险擦肩而过,人们缺乏安全感。人类创造了现代生活,而现代生活异化了"人"自身。

(5) "紧张"成为现代各种流行病的潜在因素,"焦虑"成为心理疾患的主要杀手。于是,人们需要一种平衡紧张的心态,需要一种消除焦虑的心绪,需要一种逃避危险的心境。这就是闲适——宁静、舒适、休闲、安康、松弛。

我们强调"以人为本",从某种意义上说,就是要在生活层面上满足人追求闲适的心理要求。休闲,可以使劳动者释放工作压力,从机器的强制下解放出来;可以让老年人找回童真,慰藉失落的心情;可以使人们卸去社会的面具,返璞归真,回到人性的本原。

(二) 休闲具有解决现代人身心全面发展的作用

1. 具有积极有效的健身性

人们最积极的休闲方式是使工作时得不到活动的身体得到锻炼。以体育运动的形式进入生产活动之外的休闲,倡导一种文明、健康、科学的新生活方式。经济越发达,个人面临的压力越大,休闲时间却越多,更需要把参与体育活动作为疏导压力和享受快乐的良好渠道。人们将从被动消极的空闲,转而追求高质量的娱乐休闲。

2. 可满足人们回归自然的娱乐性

在人类回归自然的过程中,体育休闲活动多倾向于在野外大自然中进行。当人们诚心回到大自然的怀抱,与河流山川、动物植物生活在一起的时候,欢快、喜悦、闲适的心态油然而生,身体的活力增强,自然而然地进入一种休闲状态。

3. 休闲活动的丰富多彩,具有广泛的适应性

运动休闲是一种选择性较强的活动,无论是活动的时间、空间,还是人群组合、消费水平、活动方式都可以自我选择,因此,它可以适合不同年龄、不同职业、不同兴趣爱好的人群。人们在休闲的过程中,可以充分体现自我价值,展示自己的才能和技艺。

4. 休闲可以使人们建立稳定可靠的社交功能

在大城市里，人们感到孤立、孤独、烦躁，人与人之间的交流和沟通显得极为重要，运动休闲可为人们增加社会交往的机会；维持人们的心理健康；不同种族、宗教信仰、阶级背景的人通过共同的运动休闲改善他们之间的关系。运动中与朋友、同事等进行的社会交往是令人愉快的，它具有促进社会心理健康的作用。

5. 可以提供社会控制功能，减少青少年犯罪

运动休闲可帮助青少年发泄过剩的能量，避免暴力，使他们远离街头、赌博场所。

6. 休闲可以回归人类本原的游戏性

当人类学家对人类的发展进行越来越深入的研究时，不仅发现了劳动工具，而且还发现了各种各样的玩具，人类的祖先就是足智多谋的玩家和玩具制造者。席勒说："而每个人都会由此联想到童年时代无拘无束的玩闹是多么的悦性怡情。只有在这种审美之游戏，人才能由'断片'变成完整的人，由分裂走向统一的人，完整而统一的人就是自由的人。"①

人类的休闲活动有千万种，但最基本的三大休闲活动是阅读、旅游、运动。运动休闲的本质是游戏，它带有强烈的娱乐性质，作为维护健康、挑战自我、娱乐身心、发展社交的最积极、最有趣、最有益、最廉价的休闲方式，必然成为人们休闲活动的重要选择。

三、如何进行以休闲为核心的全民健身文化建设

（一）建立正确的休闲观念

20世纪末闯进中国人精神家园的"休闲"，是一件"舶来品"。它来势凶猛，恰恰契合了中国的社会转型和经济的高速增长，迎合了从劳动生产型经济向休闲生活型经济的转化势头，引起了人们对传统文化中休闲缺失的反思，也激发了人们对未来社会休闲生活的憧憬。

休闲作为一种社会文化概念出现在中国人的面前，我们刚刚从生疏、怀疑走向理解、认同，并从容地接受；而作为一种社会文化的理论体系确立于中国人的精神世界，还有一个漫长的过程。

---

① 席勒：《审美教育书简》。

必须指出的是，中国的体育界始终不想与休闲搭界。这是因为中国的体育背负着来自国家和民族的沉重负担，难以卸载，于是既可以用为国争光的金牌光芒来黯淡休闲，也可以用强身健体来冲销休闲。因此就出现了"竞技耻谈休闲""健身无需休闲""教育不准休闲"等种种奇谈怪论。

在中国长达两千年的封建社会，休闲始终没有形成独立的文化体系，占据一定的社会地位，更没有形成具有现代社会与后现代社会意义的"休闲"，甚至连具有社会学、文化学价值的"休闲"的概念都没有修炼成功。

在中国社会转型的过程中，一种休闲生活型的经济方式正在取代劳动生产型的经济方式。在这一过程中，新型的休闲生活方式正在逐步确立起来，并首先在社区生活中体现出来。随着余暇时间的延长和相对集中，人们在休闲生活方式上正在出现几个重要的倾向性的变化，这些变化凸显了"以人为本"的特征。

（二） 建立具有本土色彩的体育休闲活动项目体系

在我国有一个休闲体育项目的文化宝库有待我们进行开发。中国具有辽阔的版图和多民族的文化结构，形成了中国丰富多彩的体育文化世界，中国的体育文化不仅有汉族的，还有少数民族的，不仅有宫廷的，还有民间的，不仅有军事的，还有娱乐的，不仅有养生健身的，还有竞技休闲的，这一体育文化的大千世界是任何一个国家都无法比拟的。这其中有很多活动都可以经发掘整理成为具有民族特色的、当代的体育休闲活动项目。

西方体育以追求功利作为发展动力，在形成巨大的社会文化运动的同时，要动用、消耗越来越多的社会资源。中国体育文化更具有业余的性质，对不同性别、年龄、职业的人具有更强的适应性，在讲究健康和休闲的今天，它的体育价值更是不言而喻的。

儿童要玩耍游戏健身，青少年要运动竞技健身，成年人要防病强体健身，老年人要增寿养生健身，女性要美体纤体健身，每一个群体都有自己的健身需求，每一种健身需求都可以渗透进休闲的要素。健身如同我们生命中所需要的各种维生素，但我们都是在水果、蔬菜、肉食中汲取，而不愿天天服用维生素药片来替代。"休闲"的价值恰恰在于此。

休闲体育必须得到充分的发展，其活动内容必须不断丰富，其活动项目必须随时创新。休闲体育项目创新的意义在于，使体育休闲活动可以适应更多的社会人群。那么，能构成"休闲"的体育项目必须具备以下要素。

（1）获得日常生活中难以获得的身体状态。这类活动通过获得日常生活中难以得到的时空感觉，以得到身体活动和乐趣。这类活动可以强烈刺激人的前庭分析器和中枢神经系统，以获得凌驾危险的刺激性乐趣。

（2）活动性游戏中的实现人性解放，回归童真。德国著名诗人席勒说过一句名言：当人游戏的时候才能成为人，而当人成为人的时候才会游戏。

（3）回归自然，与动植物亲和。在大自然面前，人类是最伟大的，也是最渺小的。人们只有以最虔敬、最放松的心态才能接受自然的恩惠。

（4）命中目标、赢得高比分以满足成功欲。这类活动需要精确的算度和控制能力，是思维和体力相结合的体现，当命中目标时，会引起参与者瞬时的兴奋和欢悦。

（5）高速运动的快感刺激。快乐、快活、愉快、欢快、凉快、痛快、轻快、乘龙快婿中的"快"字，都表现出速度与人们心情的关系。

（6）满足人类建设欲与破坏欲的本能。当人们的建设欲的满足出现在休闲活动中时十分可贵，但人们的破坏欲发泄在休闲活动中也并不可怕。

（7）强烈的音乐、节奏刺激。这类活动的节奏感强，音乐伴奏富有韵律，其娱乐性和健身性极强。

（8）攀爬、下坠、飞翔、探险获得超强刺激。人们与困难做斗争，似乎不是"休闲"，但它是人类为实现自身价值、表现自我的一种超凡行为，其结果是更高境界上的一种休闲。

（9）格斗搏击中获得征服感和胜利感。这类活动的对象不是自然物，而是人。克"敌"制胜可以满足人性中的侵略欲、领导欲和统治欲等潜意识。

结　语

在改革开放时代，"休闲"这个怪物在中国大地上不期而至，人们曾对它产生过种种不理解和不认可。在中国传统文化中，休闲历来没有多高的地位，在注意力高度集中在经济活动的今天，也没给休闲留下足够的发展空间。

但是，休闲毕竟来到了中国人的现实生活中，这是现代化给中国人民的意外馈赠。没有中国的现代化，就谈不上中国人的休闲，这个命题大多数人认为是成立的；而没有中国式的休闲，中国的现代化就变得缺少朝气、缺少血性和活力，这个命题还需要我们去证明，去赢得更多人的赞同。

我们必须把休闲"嫁接"进全民健身之中，让它成为推动全民健身发展的一种文化动力。只有当全民健身插上文化的翅膀时，它才能在更加广阔的田野上翱翔。只有当全民健身的文化翅膀佩上美丽的休闲羽毛，它的飞翔才能久远，才能多姿多彩。

体育改革与全民健身的回顾与展望[①]

未来中国体育将发生什么变化？人们都在关注，因为体育是社会的缩影。

人们一直在预测中国体育在未来国际体坛上的位置，预测它将给中国经济带来多少 GDP 的增长，以及它对中国社会发展将产生怎样的影响，所有这一切取决于中国体育自身体制与机制的改变，即体育的改革与发展，也取决于未来社会给它提供怎样的发展条件。我们选择当前中国体育中最引人瞩目的两件事——体育改革与全民健身来分别展开讨论，因为前者持续时间久长，后者涉及人口众多。

一、体育改革的四十年进程与未来十年

中国近代体育是从西方传入的，当代体育则是从计划经济体制中脱胎的。改革，其实质是体育社会化，因为社会化是解放体育权能的本质需求。这场改革的目标是创建一个小政府、大社会的，能够实现共建、共享、共治的社会组织治理格局的国家体育体制。在这个体制下，人民尽享参与体育的权利，真正成为体育的主人，体育能最大限度地运用国家经济与社会发展的成果，与经济体制和社会体制改革同步进行。这场改革的路线是，在顶层设计指导下，自上而下逐步推进，分阶段完成。这场改革的操作性概念是，实现中华全国体育总会、中国奥委会，以及各全国性单项运动协会的实体化，引导地方各级体育机构做出相应变革。撬动这场改革的杠杆是国家队体制的改革，因为这将从根本上动摇"举国体制"的垄断性。

在体育改革过程中要重新梳理体育的观念，定义体育的概念，确认体育的价值与功能，为这一改革奠定坚实的理论基础。

[①] 本文原载《上海体育学院学报》2019 年第 1 期，与于永慧合作。

中国的体育改革已经进行了近四十年，但表现出严重的滞后性，即滞后于社会整体的改革步伐，更不能适应未来体育的发展，几个重要的关键问题还在犹疑之中。在今后十年中，改革仍是体育绕不过去的话题。

1978年，改革开放之初，中国竞技体育最远端、最薄弱的部分——业余训练的突然萎缩，敲响了改革的警钟。然而，40年的事实证明，将业余训练提升为半专业训练与专业训练的做法，未能解决竞技体育后备力量薄弱与青少年体质下降的基础性体育问题，因为这一动作恰恰与体育改革大方向背道而驰。

1988年，对汉城奥运会失利的反思，本应成为体育改革的良机。但是习惯性的思维将汉城（今首尔）的失利归结为固有体制的实施不力，反而强化了政府为主导的体制，拖延了改革的步伐。

1998年，新一届政府旨在推行"小政府，大社会"的行政机构改革，体育行政机构本应在这场全国性改革中顺势推行体育改革，然而，体育改革在一场"体委保卫战"中受挫，再次错失了改革的良机。而此时县级体育机构大多被并转，造成了体育资源的严重流失。

2008年成功举办北京奥运会，为体育改革提供了极佳的时机与良好的社会心理准备，人们期待北京奥运会可以成为中国体育改革的里程碑，然而体育改革依然处于休克状态。

2018年体育改革进入深水期，然而，这一轮改革再次与东京奥运会和北京冬奥会狭路相逢。四年一度的奥运会多次成为体育改革延缓迟滞的借口，由于特殊的政治原因，东京奥运会上的金牌压力与北京冬奥会的成功举办确实是使当前的社团化改革举棋不定的现实问题。第二个棘手的问题是当前的社会维稳对体育社团的不信任，无人愿意承担报备责任。此外，体育社团的经费来源、与原有系统的脱钩、社团的工作方法、社团的人员素养等一系列问题，以及能否正确处理体育改革和与中国密切相关的奥运备战事宜，做到以备战促改革，以改革强备战，都在考验着这一轮改革者的决心与诚意，智慧与能力。

体育改革的长期滞后带来的问题是严重的，不能再持续下去了。施行近40年的竞技体育管理体制是一种具有高度行政垄断性质的，与计划经济体制完全契合的体育体制，是专制主义文化在体育中的残存物。这种体制已经暴露出越来越多的、无法克服的弊端，因为这种体制的垄断性压抑了它的创新精神，这一体制正在承受着巨大的制度性成本和代价，包括人文成本、经济成本和政治成本，从而使竞技体育无法得到从容的发展。这一体制将体育资源高密度地集中在高水平竞技体育的高端（亦称"顶层修补"），其运行结果是将短期目标长期化，揠苗助长经常化，竭泽而渔普遍化，造成了我国竞技体育捉襟见肘的窘境，使得教育部门与体育部门各自为政，业余体育与专业体育断裂，专业体育与职业体育难以衔接。

在未来十年，随着体育社会化程度增高，体育资源与体育活动等要素增长加快，使体育与社会其他部门行业的体制、机制之间的冲突点也越来越多：体育空间发展与规划、土地、水利、环保、绿化等部门之间，赛事活动与公安之间，社团建设与民政之间，业余训练与教育之间，体育产业与财政、税务、工商之间都可能出现种种冲突。这些现象的出现是社会进步的表现，必须由体育行政部门着手协调解决。每解决一组矛盾就意味着体育社团获得一次解放，一次认可。

在体育改革中，保护已有体育资源必须得到关注。特别是在体育行政部门的机构改革过程中，如何将政府手中的体育资源化解到体育社团中去，已经成为这一时期必须着重解决的问题。

二、全民健身的艰难起步与黄金未来

在中国近现代历史上，全民健身是一项伟大的文化运动，无论它的规模、持续时间，还是社会吸引力、影响力，都是其他任何一项文化活动无可比拟的。在中国改革开放的进程中，它是唯一一项未受到社会诟病的，而意在让群众收获安全感、归属感、满足感、获得感、成就感和荣誉感的活动。这项活动在国际上也获得了多方好评，在世界卫生组织最近所做的一份大规模的调查研究中，中国被评为最活跃、最勤奋、最经常锻炼的国家之一。2018年在中国苏州举行的世界大众体育协会的一场研讨会上，将评选亚洲"活力城市"标准的制定工作交给中国来完成，证明中国的全民健身活动已得到了国际的信任与认可。

以1995年《全民健身计划纲要》（下称《纲要》）出台为起点至今，全民健身运动大致可以分为两个阶段。

（一）萌发启动阶段

全民健身的萌发启动阶段（1995—2009年），为期约15年。这个阶段要从制定《纲要》的初衷说起。长期以来，由于中国群众体育始终处在弱势地位，在体育内部，群众体育的长期社会效益重要性抵不过竞技体育金牌的短期政治效益。于是，就萌动了为群众体育争地位、争资源、争说法的管理冲动，希望在国家最高层面上对群众体育给予关注，于是萌生了"全民健身"的主张。

在这个阶段做了大量的实际铺垫工作，比如遍布城乡的全民健身路径建设，资助贫困地区的"雪炭工程"，以及配合新农村建设的农民健身工程，为全民健身的名义争取到了体育彩票公益金的资助。

此外，全国群众体育现状调查与国民体质监测，走向了正规化；为全民健身积累了大量数据；建立了两个社会体育指导员培训制度，培养了数以百万计的社会体育指导员。

在这一阶段，全民健身的理念悄然发生了变化，而这些变化都是20世纪90年代初，中国由计划经济向市场经济转变，由以社会为本向以人为本转变而引发的。这些变化标志着全民健身从"要我练"转为"我要练"，从"忘我论"转为"存我论"，从"生产论"进入"生活论"，从"手段论"进入"目的论"，说明全民健身的宗旨更贴近了民众的现实生活。

以今天的眼光来看，《纲要》的象征意义远远高于实际意义。在这一阶段，全民健身被越来越多的人所接受，全民健身成为社会普及的概念，初步完成了全民健身的社会动员和量的积累。

（二）内涵发展阶段

全民健身的第二阶段，即全民健身的内涵发展期（2010—2019年），前15年量的积累顺理成章地促成了质的变化。如果说第一阶段收获的主要是物化的成果，那么，第二阶段更多凝聚在精神成果方面。2009年《全民健身条例》（下称《条例》）的出台，是一个标志性的事件。

这份《条例》是我国首次在体育的法律文本中出现了与保障公民体育权利相关的条款，这是中国体育的一次巨大进步。出现这一条款的本质原因在于国家将全民健身服务归于公共产品，于是向城乡居民提供全民健身的公共服务就成为政府的责任，建立起全民健身的公共服务体系就成了政府责无旁贷的义务。

《条例》的颁布也标志着全民健身在法治化道路上迈出了重要的第一步。《条例》中有关"三纳入"等条款，政府部门的联席会制度，为《纲要》做了实质性、可操作的补充。

在这一阶段，全民健身被确立为"国家战略"事项。全民健身的重要性再次得到彰显。

在这一阶段，全民健身进入"健康中国"的视野，2016年颁布的《2030健康中国规划纲要》对医疗、体育高度融合，全民健身、全面小康紧密结合的强调都为全民健身运动提供了新的思路，为创造新的体育价值奠定

了思想基础。

在这一阶段，全民健身在以下两个观念上也有了重大的突破：

1. 休闲地位的提升

休闲观念在中国社会上的普遍承认与确立不仅具有民族文化突破性的意义，为全民健身注入了文化灵魂，也冲破了全民健身的单纯生物学观点。人们参加体育健身活动的动机不同，面对生老病死，追求身体健康的压力而不得不进入体育的，是消极的、被动的；而出于休闲娱乐的动机，则是积极的、主动的，是可以吸引容纳更多社会成员的。这使得全民健身变得更加富有生机、生动活泼，也更容易与体育产业结合。

长期以来，中国的体育界始终不涉足休闲，这是因为中国的体育背负着来自国家和民族的沉重负担，难以卸载，于是既可以用为国争光的金牌光芒来遮蔽休闲，也可以用强身健体的增强体质来冲销休闲。因此就出现了"竞技耻谈休闲""健身无需休闲""教育不准休闲"等种种奇谈怪论。只准健身，不谈休闲，是束缚全民健身的一大思想禁区。必须认识到休闲是全民健身文化的核心，并把休闲"嫁接"进全民健身之中，让它成为推动全民健身发展的一种文化动力。

2. 运动重返生活

排斥运动是中国体育的怪现象，学校体育曾将抵制运动作为课程标准"改革"的主攻方向，全民健身也回避运动，只要健身。运动突然现身于全民健身领域，一方面，源于全民健身参与者年龄结构发生了重大变化，全民健身为历史上未经历完整体育教育的民众补课的任务即将完成，大量"90后""00后"的年轻人加入了全民健身队伍；另一方面，说明固有的健身方法已经不能满足人们的体育需要，人们需要在参与有氧运动、球类运动、极限运动、水上运动、冰雪运动、户外活动等运动项目中得到更有效的锻炼与更多方面的心理满足。

运动不同于一般定位的、功操拳为主的健身活动，它必须有大肌肉群、大关节参与，它必须要有足够的运动负荷，能对人体的身心产生剧烈的刺激；并且它已经具有人们公认的文化形态，有自己项目的训练与竞赛方法，并有自己起源与发展的历史记载。运动的理论与实践在全民健身中的迅速扩张，不仅具有体育方法的意义，更具有文化进步的价值。

近年来，全民健身不断出现一些让人惊喜的场面，如马拉松的井喷，广场舞的狂热，公路自行车的暴增，跑酷跑吧、长走俱乐部等草根体育组织的

兴起，户外野外活动人群的暴涨，中国式摔跤、射箭的复兴，都象征着全民健身自发自觉的热潮已经形成。这一不同于以往的景象证明，全民健身正在发生深层次的变化，意味着一个新的历史时期即将到来。

（三）迎接全民健身的黄金时代

可以预料的是，未来十年将是中国全民健身的一个黄金时代。从最近接触到的先走一步的浙江衢州市、重庆万盛经济技术开发区、青岛城阳区等地，我们预感到了这一时代的序幕已经拉开。经历了25年的量的积累，质的提升，全民健身的本土精神与大众体育的国际潮流将得到充分融合，这一以创新、协调、绿色、开放、共享发展理念为基调，以亿万民众平等参与为追求，以城市规模为基本单位，以体育改革为前提，以智能化、大数据为支撑的新时代体育，必将造福于千家万户，必将在世界文化之林占据一席之地。

在未来十年，全民健身将以全面提升民族的体育素养为基本任务。体育素养将与文明素养、教育素养、科学素养一样成为衡量人们体育品质的尺度。其观念层面，指的是人们乐于接受良好的生命观、健康观、运动观、休闲观、社团观，将其纳入人生观；其体育参与层面，指的是人们将以积极主动的体育参与作为获取健康的一种手段，并作为社会参与的一种形式，为承担起社会责任做好准备；其知识技能层面，指的是人们努力掌握多种运动知识和技能，将其看作是传承下来的体育文化知识与促进自身发展的必备技能；其道德规范层面，指的是人们自觉接受游戏规则、体育规则、体育道德的约束，将其作为进入公平社会的一种准则。人们将十分珍视给自己带来的健康、休闲与快乐的体育运动，悉心保护并不断扩大这种公民权利。

当全民族的体育素养得以全面提升后，全民健身运动的功能将会发生转变，社会动员组织的职责将会减弱，社会评价服务的作用将会增强。当全民健身成为生活的必需品时，体育设施装备的友好程度、智慧程度会越来越被看重。当全民健身被视为一种人生享受时，个人与家庭对体育参与的自觉与热情将会转入体育消费之中。

三、体育改革与全民健身的未来发展必须观照的社会事实

（一）社会经济环境将为未来中国体育改革与发展提供良好的基础性条件

1. 国家将完成经济的加速转型，为体育提供坚实基础

在未来十年，国家的经济总量会得到进一步提升，与此同时，国家经济

结构转型将会完成。第一次转型发生在 20 世纪 60 年代出现的国际劳动分工变革，它源于世界跨国公司扩大再生产和产品交易变革，它的本质是经济生产的全球化。在这次转型中，中国体育制造开始发声，但鲜有权威数据发布。第二次转型源于技术和制度变革。由于资本积累、技术进步和产业转型升级，催生了一大批新兴产业，进而导致原有的制度体系开始了艰难的转型——产业结构的转型升级。① 在这一转型阶段，体育产业出现了生机，表现在以下方面：①互联网平台的发展催生了体育休闲娱乐和健身 App、体育电商以及相关的健身餐饮的出现；②体育中介和培训市场也出现了平台化趋势，越来越多的体育电子穿戴产品的出现；③体育和旅游紧密结合；④"互联网+体育"被提出，大量的体育创业项目进入寻常生活，中国资本到海外并购俱乐部。这些都说明中国体育产业的结构化发展将改变人们传统的体育消费价值观。这一变化将使全民健身产业与全民健身消费成为庞大的市场事实。

2. 城市化的加速发展将给体育带来良好机遇

社会经济环境的发展变化最终落实到城市发展上，中国的经济增长绕不开的是中国的城镇化，庞大的城市人口与市场支撑着中国的经济发展。

20 年后，中国的城镇化率将增至 60%，达到世界发达国家水平，在这 20 年中每年将有 1200 万农村人口转移至城镇地区。这将向未来中国城市体育提出巨大挑战。城市全民健身的蓬勃发展，最初得益于公共服务体系的完善，未来则会受到全民健身产业与全民健身消费的推动。全民健身产业与消费正是社会经济发展到一定阶段之后的体育需求带动的。

3. 城市化的发展助推了中产阶层的形成与壮大

2000 年全国中产阶层只占城市家庭总数的 25%，到 2012 年急升至 68%，到 2022 年中产阶层总人数将达到 6.3 亿，占总人口的 45%。这一变化不仅说明全社会的富裕程度在迅速提升，也说明人们的工作方式、生活方式都在发生巨大的变化。中产阶层受教育程度较高，对体育改革的认同度也较高，对体育参与和体育消费的认同度也高于其他人群，他们不仅是未来全民健身的主力人群，也是体育产业发展的主要关注人群。

在国际上已经意识到大众体育对提升城市活力的价值，有关国际组织开

---

① 葛天任：《国外学者对全球城市理论的研究述评》，《国外社会科学》2018 年第 5 期，第 36~44 页。

始利用"活力城市"的评审推动体育与城市之间的互动,欧洲不少城市首先响应,亚洲、非洲也在跟进。

全球城市的迅速发展必将为城市体育的发展开启加速器。例如,时至今日,全国井喷式出现的马拉松赛事虽然在当前还不能完全走向商业化,但不可否认的是,它已经成为许多城市营销自己的重要手段,赛事负载的基础设施大项目建设更是地方政府获取中央政府支持的砝码。

城市经济、社会与文化的高度统一可以造成新业态的全民健身。经济发展必须兼顾社会公平,提高社会福利水平是全世界发达国家经历的政策过程,也是社会科学研究领域内经济学与社会学相结合的理论关注点,如提高社会资本、减少社会阻隔。而国外体育社会学的大量研究成果表明,体育活动是减少社会阻隔、提高社会资本、促进社会融入的最佳手段之一。与此同时,体育文化正逐步融入城市的消费文化,越来越多的体育参与者将以观赏性体育(如对各类体育赛事的观赏)和体验性体育(如对新型健身、新运动项目的体验)来改变传统体育消费文化的观念与行为。

(二) 社会结构的变化将给未来中国体育增加新的不确定性

中国未来人口变化的总趋势是先增后降,人口数量的顶点出现在2030年到2035年之间。然而,这期间人口的结构将发生很大变化。在这一结构变化中,人口老龄化让人触目惊心,全国65岁以上老人2000年占人口总数6.96%,到2040年将增长到20%,80岁以上高龄老人每年以5%的速度增长,由于性别与死亡率的差异,女性老年人成为老年的绝大多数。老龄化还带动了一系列的其他变化,如老年人口的抚养比随之大幅度增长,以及老年人的医疗费用、养老费用的大幅度增长。

这些使整个社会变老的趋势,一方面会使社会更加强烈地依赖于体育,求助于体育,试图用体育接替昂贵的老年医疗费用;而另一方面它降低了社会的活力,放慢了生活的节奏,提高了生活成本,包括体育成本。

与社会老龄化同时进入我们视野的是流行病学提供的中国慢性病爆发性蔓延的各种数据。慢性病是一类起病隐匿、病程长,且重复就诊率高的疾病。2008年,我国慢性病患病率就已达20%,死亡数已占总死亡数的83%,2017年上升到86.6%,到2030年将增至90%。我国近年来已确诊的慢性病患者近3亿人,其中心脑血管疾病患者已超过2.7亿人,中国是糖尿病患者最多的国家,成人糖尿病患者比例已达11.6%。老年人除了患有心脑血管疾病外,骨质疏松症已成为常见病、多发病,60岁以上的人群患病率为56%,女性更高,骨折发生率接近1/3,每年医疗费用约需150亿元。

中国老年痴呆患者约占全世界病例总数的 1/4，平均每年增加 30 万的新发病例。

慢性病向中青年与知识分子人群的蔓延必须引起高度警惕。近年来，亚健康状态在中青年群体中不断扩展，慢性病发病率 10 年里增长 10 倍。目前我国主流城市的白领亚健康比例高达 76%，处于过劳状态的白领接近六成，真正意义上的健康人比例不足 3%。与 2013 年数据相比，2017 年一线城市白领中高血压患者平均年龄下降了约 0.8 岁。如果中国知识分子不注意调整上述亚健康状态，不久的将来他们之中 2/3 的人会死于心脑血管疾病。

慢性病不仅是对人体健康的危害，而且对社会和经济也有很大的危害。据有关数据分析，2015 年中国卫生总费用中，用于这类疾病的卫生费用将占到一半左右，超过 20 亿元，占同期 GDP 比重的 3% 左右，到 2020 年这类费用有可能再翻一倍。

（三）健康生活方式的形成将成为改革发展的终极目标

20 世纪 80 年代，改革开放之初，人们开始从贫困生活中走出来，开始了第一轮的生活方式的改变。体育也相应做出了应答，开展了体育与生活方式关系的讨论，提出了"体育生活化"的命题，有的城市还将体育生活化作为全民健身活动的组成部分。

今天我们看到，科学技术的变革正在主宰人们生活方式的再次转型。全球经济高速发展得益于科技革命，如互联网的普及、平台经济的发展、人工智能、机器人的广泛运用，改变了人们原有的生活方式。由于日常消费行为诉诸互联网，人们再也不用上街去超市或菜市场，人与人之间的隔阂也随之增大。过度技术导向使得人们在生产与生活中提供肌肉能量的机会越来越少，于是"流行病""运动不足""灰色健康""手机控"等日益成为社会问题。

国家要在战略层面上解决这一问题，提出"科学发展观""幸福中国"和"健康中国"的观念，用"全民健身计划""健康中国规划纲要""健康中国人行动指南"等国家行动来动员民众，实现医疗、体育高度融合，形成健康的生活方式。随着经济社会的持续发展，社会综合治理能力的提升，未来体育发展必将与生活方式改造、青少年社会化、老年人再社会化等紧密相关。

（四）体育认同理论有助于全民健身参与和功能的解释

近年来，国际体育社会学界对体育认同与体育政策的研究日益兴盛。体育认同的研究，在语言系统上，已超越了早期心理学和精神分析的自我概念，强调体育认同的社会意义；在学科上，日渐融合社会学和文化心理学，注入英国主流的文化心理学认同学派；其研究主题，从阶层、种族和宗教认同拓展到体育参与的女性主义、男性气概、体育的国家认同和体育参与的阶层认同；其研究的方法论上，强调体育认同的过程性与主观性体验。

体育认同具有鲜明的倾向性。比如，运动项目的更迭和单项体育赛事文化的盛行都离不开社会阶层的认同。中国的全民健身也可以从这一理论中得到借鉴。比如，中国新兴的中产阶层的体育消费习惯还未形成特定的体育认同倾向，但中产阶层的体育消费和体育认同势必成为未来经济社会发展的主流。中产阶层体育参与意识觉醒，体育社团和体育社工将以前所未有的社会力量释放出来，越来越多的民间草根体育社团的繁荣足以表明这种发展趋势。再比如，在城市化过程中，大量农民转为城市居民，如果只是身份转变而没有生活方式的转变，阶层阻隔的持续存在不利于社会和谐，甚或成为冲突的源泉。但完全可以通过体育参与塑造市民认同，这将是体育政策今后必须关注的方向。只有体育认同的确立，体育道德、规则、关系等才能帮助人们形成体育素养。

（五）奥林匹克运动会的新动向

2018 年 12 月 3 日，联合国大会通过了一项题为"体育促进可持续发展"的决议，该决议鼓励会员国和相关利益攸关方强调并推动将体育作为促进可持续发展的工具，承认体育和奥林匹克运动发挥的作用。这份决议充分肯定了体育在促进容忍和尊重以及增强妇女和青年、个人和社区权能方面的贡献，重申了体育的普遍性及其促进和平、教育、两性平等和整体可持续发展的团结力量。体育的全球影响力及其对社区，特别是对年轻人的影响，可以带来包容，增强全世界人民的权能。

同年 10 月，在阿根廷布宜诺斯艾利斯举办的第三届夏季青奥会恰恰体现了国际奥委会面向青少年，面向大众，回归文化教育的改革精神。这届青奥会取得了非凡的成功，不仅有超过百万的观众和游客享受到了本质上属于青年的比赛，而且在这届青奥会开幕之前的三四年里，出现了一种大规模的青年参与方式。有数百万儿童直接参与了"体育启动和诊所""与冠军聊天""戏剧体现奥林匹克价值""国旗之旅""火炬之旅"、夏令营等活动。因为在青奥会的组织上采取了一种新的双重方法，不仅将精力集中在青奥会本身，还负责了体育、健康、营养、社会包容、公民权利等方面的事务。这届青奥会也成功地在参赛体验和赛前青年活动之间找到了平衡，使他们均匀分布，也为青年和体育遗产的持续利用铺平了道路。本届青奥会的主火炬由一男一女两位曾经的奥运会奖牌获得者共同点燃，这台奥运史上首次在体育场馆外进行的、持续了近两小时的开幕式，被打造成了一场有 20 万人参与的青春聚会。

此外，在 4 个体育公园设置了 44 个"学习和分享小屋"，为所有孩子和家庭都提供了各类引人入胜的体育宣传教育活动。共有 175000 名学校儿童通过"学校儿童上学项目"参加了青奥会。这保证了在所有的公园和体育场地都拥有一种美妙而年轻活力的氛围。阿根廷各地数百万儿童都受益于奥林匹克教育项目，全市在 2018 年开展了大规模的公众参与活动。在筹办与举办的 5 年中，全国青年人所做的艰苦努力都取得了良好成效，青奥会期间的所有活动场地都取得了巨大成功。

结　语

我们即将迎来奥林匹克东亚时代的高潮，我们非常不情愿看到因中国竞技体育体制改革的不完整、不彻底而在东京奥运会与北京冬奥会上留下阴影。我们寄希望于未来 10 年中国的竞技体育能在高度社会化的背景下成长，成为促进亿万青少年儿童健全成长的乐土。

我们满怀信心地期待全民健身的华丽转身。未来的社会转型将为她释放更多的机遇与资源，她将一如既往地参与人们生活方式的转变，生活质量的提升。在"健康中国"的各种要素中，全民健身将成为最积极、最生动、最有效，也最受民众欢迎的一个。

参考文献

［1］刘国永，杨桦. 中国群众体育发展报告（2014）［M］. 北京：社会科学文献出版社，2014：6 - 7.

［2］李强. 中国社会分层结构的新变化［A］//2002 年：中国社会形势分析与预测. 北京：社会科学文献出版社，2004.

［3］国家体育总局. 2001—2010 年体育改革与发展纲要［J］. 体育科学，2001，21（3）：1 - 6.

［4］裴立新，李宗浩，董新光. 未来 10 年我国群众体育发展战略研究［J］. 中国体育科技，2002（9）：5 - 9.

［5］卢元镇. 全民健身文化建设刍议［J］. 体育文化导刊，2015（3）：35 - 40.

［6］贾洪洲，陈琦. 论改革开放以来我国学校体育指导思想［J］. 体育学刊，2013，20（5）：3 - 7.

[7] 谢正阳,等. 公民体育权利实现的困境与条件 [J]. 体育科研,2014,35 (5):74-78.
[8] 李强. 改革开放 30 年来中国社会分层结构的变迁 [J]. 北京社会科学,2008 (5):47-60.
[9] 葛天任. 国外学者对全球城市理论的研究述评 [J]. 国外社会科学,2018 (5):36-44.
[10] 韩淑梅,刘同舫. 鲍德里亚消费异化批判的视角及其理论局限 [J]. 社会科学研究,2018 (5):135-140.

全民健身：健康中国的有力支撑[①]

近段时间来，国民对里约奥运会的关注与国民对自身健康的持续关切成为社会两大热点。实际上，近年来中国体育事业一直在健康百姓和金牌效益的权衡中"纠结"。体育究竟应该起到何种社会作用是一个国际性话题，值得深入研究。虽然我国很早就强调"发展体育运动，增强人民体质"，而近几十年来我们对奥运金牌的政治效益看得很重，直至近些年才出现了比较大的转变。民众对竞技体育的价值观发生了变化，奥运金牌热逐渐褪去，体育的健康价值被提到越来越高的水准之上。这种情况的出现与我国经济与社会的高速发展关系十分密切。当我们在很多社会问题没有得到有效解决时，甚至在温饱问题尚没有得到完全解决时，很希望奥运金牌给我们国家"提提神"。当前，一些困扰我们的问题已经初步缓解，人们已经能够以平静的心态看待奥运金牌的得失。

今天，中国在高速发展过程中也遇到了工业发达国家在20世纪六七十年代遇到的普遍性的健康问题。因此，美国、欧洲、日本等都相继推行过类似于"健康中国"的健康战略规划。值得注意的是，它们同时也花费了巨大的精力开展了一个称为"sport for all"的大众体育运动与之配合，在中国则称之为"全民健身"。这两个现象的耦合并不是偶然的，因为当今健康所具有的社会性，要求医疗卫生和体育紧密合作、通力配合。

这两个领域的合作也表明解决健康问题并不是单个部门的事情，而是需要全社会多个部门参与，甚至还需要全社会整合协调各方面的力量齐抓共管的。以教育部门为例，健康教育应该作为"健康中国"的前提，但是我国学校教育中的健康教育非常薄弱，在应试教育的挤压下，健康教育过去仅有的生理卫生课，现在不少学校也已经取消，使得孩子们对自己的身体毫无了

[①] 原载国家计生委宣传司《健康中国2030热点问题专家谈》，中国人口出版社2016年版。

解，缺乏科学正确的健康观和生命观。再如，我们生活中的空气、水和土壤，我们使用的食品和药品都不同程度存在着危害健康的因素，需要环境保护等部门下大力气去解决。

凡此种种，最应该得到重视的领域就是体育运动。体育运动在维系人类健康方面起到的作用至关重要，与医疗卫生相比有以下几个特点：第一，作为一种非医疗的健康干预，体育运动采取的是主动促进健康的方式，而医疗卫生往往是在人们罹患伤病后不得已而为之的被动应对；第二，体育运动是群体性的身体活动，是多数人参与、共享的，带有很强的社会属性，相对成本较低；而医疗健康干预一般是针对具体的特定个人的医学活动，社会成本呈逐步升高的趋势；第三，体育运动给人们带来的心理感受往往是愉悦的，是在快乐的心境下解决人的健康问题，不同于得病后在巨大心理的痛苦压力下去解决健康问题。

将体育运动纳入《健康中国2030规划》中，是中国社会的巨大进步。过去强调医疗卫生改革，围绕如何改善医疗条件，改革医疗卫生的体制机制，降低药品耗材等下了很大的功夫，大多数社会成员只能被动等待而不能参与其间。将体育运动纳入"健康中国"规划后，情况就大不相同。

许多专家都提出要将获取健康的被动化为主动，消极化为积极，强制化为自觉。主动健康是指"治病于未病"，主要手段是靠体育运动与健康教育。主动健康的实施应该是多层次的，有国家的、社会的、家庭的和个人的。不管在哪一层次，体育运动都是主动健康的核心。而主动健康的本质就是一个体育运动前置的问题。为此笔者提出如下"四个前置"。

（1）在国家经济与社会发展的整体活动中体育地位的前置。中国历史上就轻视体育，在古代传统文化中没有体育的地位。到了近代，体育是舶来品，可有可无，自生自灭。到了当代，体育在行政、学术、经费等排序时总居末位。例如，2016年《社会蓝皮书》，全书几十万字竟没有关于体育的论述，就好像体育不存在于中国社会一样。

（2）在医疗健康干预与非医疗健康干预排序过程中体育地位的前置。医疗卫生关系到人们生老病死的切身利益，是社会最敏感的神经。医疗卫生的重要性是不言而喻的，医疗卫生经费问题常常可以成为国家社会矛盾的焦点，甚至上升到政治层面，在国外甚至成为选举成败的关键问题。在人口的寿命普遍延长的现代社会，国家与家庭医疗经费的突增已经成为不可遏制的趋势。但是在中国，国家投入的医疗经费与体育经费呈畸形的比例关系，全国医疗经费每年约为4万多亿，体育经费仅千亿，连医疗卫生的零头都不够，比例完全不相称。

（3）在教育中的体育地位的前置。我国的教育方针是德智体美全面发展，而且特别强调"健康第一"，而实际上无论是健康教育，还是体育教育都没有排到应有的地位。三十多年来，学生的体质状况下降的趋势始终未能得到根本改善。我们正在源源不断地把一批批缺乏健康知识、体育知识技能的、没有体育兴趣习惯的、健康状况欠佳的青少年推进社会，再推进日益昂贵的医疗系统中去。因此，我们必须在学校教育阶段把学生的生命观、健康观、运动观、休闲观建立起来。

（4）在体育内部要做到全民健身地位的前置。改革开放初期，我国优先发展竞技体育的体制所形成的巨大惯性，经过多年的体育改革，虽有所变化，但体育功能结构中全民健身与高水平竞技畸轻畸重的问题还要在供给侧结构性改革中做进一步调整，以适应"健康中国"的大格局。

2016年国务院颁布的《全民健身计划（2016—2020年）》提出，要将全民健身"作为健康中国的有力支撑，作为小康社会的国家名片"。国家已将全民健身作为一项国家战略放在重点发展的位置上，从这个意义上而言，重新定位健康中国中全民健身的价值，是《健康中国2030规划》的一个不容忽视的特点。

论消遣和娱乐①

长期以来，我们已习惯把"体育运动"概念的范畴划作学校体育、运动训练和竞赛、身体锻炼这样三个比较严肃的部分。然而，在现实生活中还存在大量的社会现象：人们怀着轻松愉快的心情自愿参加各种体育活动和娱乐，他们既不受限于体育教学的种种严格规定，也不追求高水平的运动成绩，甚至有的也并不把体育的强身祛病作用放在首位，而是把体育运动作为一种有意义的活动形式度过自己的余暇时间，使个人在精神和身体上得到休息、放松和享受。我们通常称这类活动为游戏（play）、体育娱乐（physical recreation），国外则把这类活动归为消遣（leisure）。

消遣和娱乐的概念与性质

消遣、娱乐是与工作相对而言的。迄今为止的所有社会，人们都必须首先被迫去完成某些为了生存而进行的任务，以解决赖以生存的基本生活资料——衣、食、住、行等。当这些任务完成之后，人们要寻求心理和生理上的放松，形成生活之外的一种特殊的社会活动方式。恩格斯曾把人类的生活分作生存、发展和享受三个部分，认为一个人的生活目的绝不只是为了生存。他说："人类的生产在一定的阶段上会达到这样的高度：能够不仅生产生活必需品，而且生产奢侈品，即使最初只是为少数人生产。这样，生存斗争——假定我们暂时认为这个范畴在这里仍然有效——就变成为享受而斗争，不再是单纯为生存资料斗争，而是也为发展资料，为社会的生产发展资料而斗争……"② 与人类的生产活动相比，消遣活动只不过是一种"奢侈

---

① 原载《体育科学》1983年第1期，曾获国家体委1984年优秀体育社会科学论文奖。当时中国尚未启用"休闲"一词，以"消遣"一词代之。

② 《马克思恩格斯全集》第二版，第144卷，人民出版社2005年版，第272页。

品",是供人"享受"的精神"奢侈品",但同时它也是推动人类物质文明和精神文明发展的重要催化剂。

1967年,在日内瓦,16个有关游戏、娱乐、消遣的国际组织举行了一次座谈会,讨论《消遣宪章》,1970年6月在欧洲娱乐委员会通过。这份宪章是以《联合国儿童权利宣言》《世界人权宣言》等文件为基础而草拟的,译成了5种文字,对消遣、娱乐的定义和社会作用做了说明,它的前言写道:"消遣时间是指个人完成工作和满足生活要求之后,完全由他本人自己支配的一段时间。这段时间的使用是极其重要的,消遣和娱乐为补偿当代生活方式中人们的许多要求创造了条件,更重要的是它通过身体放松,竞技,欣赏艺术、科学和大自然,为丰富生活提供了可能性。无论在城市还是农村,消遣都是重要的,消遣为人们提供了激发基本才能的变化条件(意志、知识、责任感和创造力的自由发展),消遣时间是一种自由的时间,但在这个时间里,人们能掌握作为人和作为社会的有意义的成员的价值。""消遣和娱乐活动是建立在世界各国和人民之间良好关系的重要部分。"

马克思主义承认人类娱乐和消遣时间是客观存在的,认为娱乐和消遣时间中人的活动是人们生活方式中很重要的一个方面,是同社会经济文化水平直接联系的一个部分。社会经济文化水平的提高可以带来两方面的积极的结果,一个是社会产品的增加,另一个是消遣娱乐时间的增加。无产阶级早期曾为争取合理的工作时间和延长消遣休息时间进行过卓有成效的斗争,社会主义制度的胜利和发展,也必将为劳动人民提供越来越丰富的物质财富和越来越充裕的消遣娱乐时间。马克思曾高度评价消遣娱乐时间的利用,他认为:"从整个社会来说,创造可以自由支配的时间,也是创造生产科学、艺术等的时间。"其中,就包括人类塑造了自己协调完美的身体所需要的时间。

人类的消遣娱乐活动受到经济基础的制约,也受到社会制度的制约。消遣娱乐活动是一种社会活动,而不是一种纯生物活动。马克思主义主张消遣娱乐活动应该发展为一种高尚的活动,成为精神文明活动的一个组成部分。在阶级社会,不同阶级在掌握消遣娱乐的权利方面差异很大。在社会主义制度下,人民是消遣娱乐活动的主人。党和政府提倡对人民身心健康有益的消遣娱乐活动,把提高人民的消遣娱乐活动能力——即提高人们鉴赏、享受、创造能力,作为发展社会精神文明不可缺少的一部分。

教育与消遣

教育与消遣，是目的、性质、内容、组织形式都不同的社会现象，但二者有紧密联系。英文中"学校"（school）一词原是从希腊文"消遣"（skole）派生出来的，反映了教育与消遣原本没有严格的界限。教育和消遣后来逐渐分离，教育成为凌驾于消遣之上的高级社会活动，既受到法律的保护，也受到法律的强制，成为人类社会上层建筑中不可缺少的重要组成部分。而作为一种享受的消遣娱乐，却从教育的庄严庙堂中被驱逐出来，甚至被认为是"玩物丧志""有伤风化""堕落的""反宗教教义的"，而多次遭到查禁，最终形成了人们对消遣娱乐的社会偏见。

然而，随着人类社会物质文明和精神文明的发展，消遣娱乐和教育的隔阂问题又被重新提了出来。英国教育家 John Nisbet 认为，今天的社会中教育应该增加消遣，"因为消遣已经成为人们生活的重要组成部分"。美国学者 J. E. Nixon 认为"在未来的社会里，教育作为就业的准备只是一半的教育"。"不对学生进行消遣教育，学生一走出学校就会迅速老化"（Hendry）。

事实上，在一些发达的资本主义国家，消遣已经进入教育阵地。如美国，体育、卫生、健康、娱乐是密切联系的，有几百所大学设有"体育、健康、娱乐学院"，下设体育系、健康系和娱乐系（专门培养文化娱乐机构的业务指导）。在联邦德国出现了"消遣教育学"。许多大学和学院将消遣问题列入研究课题，受到政府的积极支持。在美国也有"消遣服务准备学"等课程，参加学习的人数很多，可见，其是一门热门课程。

那种认为消遣"是一种消极的无意义的个人活动，是一种消磨时间的过程"的观点已经陈腐。特别是由于"终身教育"观点的提出，学校教育和消遣之间的裂痕更应得到弥合，学校教育和社会教育都应担负起对消遣教育的任务。再把消遣排除在教育之外，将会贻害社会。

J. E. Nixon 在其所著《体育教育导论》中提出，教育应该在消遣娱乐方面承担以下责任：①获得良好的健康状况和身体能力；②培养终身消遣兴趣；③传授各种消遣的技术；④保护学生发挥才能的创造力；⑤培养良好的体育道德风尚；⑥鼓励正当的消遣娱乐观点；⑦传播各国人民的消遣活动方式。

前述的《消遣宪章》把学校和消遣应负的责任做了以下条款的概括："第六条：每一个人都有权获得机会去学习如何按照最满意的方式支配消遣时间，在学校、班级和教学课程中儿童、青少年都应有机会去发展消遣方面的技能、观点和必需的知识。"

历史的逻辑就是这样告诉我们的，上一代少数人奉为精神奢侈品的某些东西，到下一代就可能变成多数人的必需品，它们将不可避免地进入人类的教育和文化生活。我们应该充分地意识到这个问题，为儿童和青少年的健康成长提供越来越广阔的天地。

体育运动与消遣娱乐

体育运动与消遣娱乐既有区别又互相渗透。人类的许多体育运动项目产生于劳动、军事和生活，也有相当一部分是从娱乐活动中演化出来的。近代由于体力劳动减少，娱乐活动内容丰富的趋势更为明显。如乒乓球是从用酒瓶子打软木塞开始的，篮球是从向有底的竹筐里装球脱胎的，排球是从嬉戏篮球发展起来的，雪橇、冲浪划水、盛装舞步、骑术等活动都可以看到游戏舞蹈的原型。至于各国的民间体育活动、民族形式的体育活动，更可以看到大量的娱乐因素。

游戏是竞技和娱乐的一种中介形式。一些心理学家认为，具有一种渴望竞争、挑战、获胜争取荣誉的本能和需要，就使本来较为平和的娱乐和游戏转化为最初的竞赛，竞赛的结果导致各种规则形成，又逐渐形成了竞赛领域内的法律规范和道德规范。最初的竞赛是不允许从事专门训练的，而后来才有些人从事专门训练。

娱乐之所以能演化为竞技，另一重要原因是受教育的影响。首先，教育把娱乐中的游戏和其他活动正规化、系统化，进行传授，发展成为体育教学的内容。现代奥运会最先是由教育家倡导起来的，又得到了各国教育界的赞助，后来才离开教育，独立出来。现在许多国家的专家认为竞技运动是娱乐和教育结合的产物，有人认为学校体育和娱乐体育是竞技体育的基础，也有人认为娱乐体育在体育活动中占有很大比重。过去我国把国外的"体育娱乐"（physical recreation）译为"身体锻炼""大众体育""群众体育"是不恰当的，因为这样未能反映出体育运动的完整范畴。

各国将体育运动作为消遣时间的活动的人越来越多。据民意测验调查，联邦德国有67%的人参加以体育活动为主要内容的消遣活动。据笔者对我国59万厂矿职工的调查，有57%的人喜爱篮球、乒乓球、羽毛球和"看比赛"这样一些娱乐性较强的体育活动。这说明很多职工既把这些项目作为健身活动，也把它们作为娱乐活动。在对大、中学校学生所做的类似调查中，也有相近的倾向。

一位保加利亚学者曾把体育的发展归结为三个阶段，即游戏、比赛、"体育节"，是很有道理的。第七届国际大众体育会议的材料表明，当前国外大众体育发展的新动向，就是从以长跑为主、内容和形式比较单调的活动中转移出来，向内容丰富多彩，既有体育又有游戏的"体育节"方向发展。他们认为"这类活动寓体育锻炼于游戏之中，同时还能增强人与人之间的接触，有更大的吸引力"。

总之，为开拓体育运动领域，促进体育运动的繁荣发展，体育运动和消遣娱乐结合，是一条可行的道路。

消遣、娱乐的分类

在国外，消遣的活动包罗万象，按活动的性质大致可分为以下14类活动，分别是：①手工工艺；②收藏、搜集、鉴赏；③舞蹈；④戏剧；⑤教育活动；⑥艺术活动；⑦游戏、竞技运动、健身活动；⑧语言活动；⑨音乐活动；⑩郊游、野营、旅行、户外活动、狩猎；⑪宗教活动；⑫服务于他人的活动；⑬社会活动；⑭水上、冰雪活动。每一活动当然又可划分为许多具体的活动内容。

按照人体参加消遣活动时的生理、心理状态，又大致可分为智力消遣和体力消遣。

人类的消遣活动确有高级与低级之分：高级消遣是有益于人们的身心健康，给个人和社会带来益处的活动；低级消遣是那些有损本人和他人身心健康的活动，这些活动可能给社会带来严重恶果，如无聊的恶作剧、赌博、诲淫诲盗、吸毒、迷信等。必须看到，高级消遣必定是一定教育和引导的结果，能推动社会文明的发展；而低级消遣是社会的一种潜流，具有很大的危害性。在高级消遣真空或稀薄的地带，低级消遣必然泛滥。

对发展我国消遣、娱乐的几点刍议

（1）我国是社会主义国家，发展社会主义生产的目的在于"保证最大限度地满足整个社会经常增长的物质和文化需求"。社会主义的目的是人的幸福。我们应建立社会主义的消遣娱乐观，对那些对人的身心健康有益的消遣、娱乐，应该保护、提倡和发展。在建设社会主义精神文明时，应该注意对人们消遣时间活动的建设。

（2）我国竞技文化的发展可以逐渐为消遣、娱乐提供越来越丰富的物质条件和越来越充足的余暇时间。据调查，由于家庭生活设施的普及，仅家庭劳动一项，职工每天就可以省出余暇时间1.15小时。对于这种发展趋势我们应该有所估计。

（3）党、政府和有关群众团体应该积极引导人民消遣、娱乐的发展方向。教育部门应该把学生空余时间的消遣活动管起来，不仅教会他们合理支配课外活动时间，也要培养他们进行正当消遣活动的习惯和方法。

（4）应该加强娱乐市场的建设。在我国人民的消费模式中，娱乐是一项逐渐在发展而潜力很大的消费内容，是回收社会游资的一个好办法，也是解决就业问题的一个途径。目前，我国人民群众对开辟兴办消遣娱乐场所要求强烈，近几年各地兴办旱冰场的经验已充分证明这一点。这个市场成本不大，见效极快，于社会、于个人极有好处，应适当投资，鼓励发展。

（5）一个国家、一个民族的消遣方式，既有较稳固的传统性，又有较敏锐的模仿性。从我国国情出发，发展消遣、娱乐的原则应是健康、愉快、充实，不消耗过多自然资源的。要大力挖掘整理我国各民族形成的和民间的消遣娱乐方式，它们大多是花钱较少、占用场地较小、消耗能源较少的。对国外娱乐项目的介绍，要谨慎，不要猎奇，不要让年轻人产生自惭形秽的心理。一些适于在中国开展的娱乐项目，可组织专人研究指导，不要一哄而上，一哄而散。

（6）消遣娱乐的形式应当百花齐放。根据目前我国青少年体质情况，建议以竞技运动为主。要加强竞技运动普及及形成的研究，组织退役运动员经过学习从事娱乐体育的服务工作，组织一些由一般群众参加的专项俱乐部，试办一些提供竞技活动的场所和技术服务企业。

总之，在建设社会主义精神文明中，一方面要重视思想道德品质方面的建设，让人们树立严肃的法制和道德观念；另一方面也要活跃人们的文化生活，开阔人们的视野，提高群众在精神享受方面的能力。要在共产主义思想的指导下，健康地开展消遣娱乐活动，推动我国社会主义精神文明的建设，使我们社会主义事业永葆革命的青春和活力。

当代中国休闲的特点以及休闲理论的本土化[①]

20世纪末闯进中国人精神家园的"休闲",是一件"舶来品"。它来势凶猛,恰恰契合了中国社会转型和经济高速增长的需要,迎合了从劳动生产型经济向休闲生活型经济的转化势头,引起了人们对传统文化中休闲缺失的反思,也激发了人们对未来社会休闲的憧憬。

作为一种社会文化活动,休闲存在于中国人的生活之中由来已久。然而休闲作为一种社会文化概念出现在中国人的面前,我们刚刚从生疏、怀疑走向理解、认同,并从容地接受。而休闲作为一种社会文化的理论体系确立于中国人的精神世界,还需要一个漫长的过程,其中包括对外来休闲哲学理念的消化吸收,对中国传统文化中固有"休闲"观念的修正,以及对新型休闲理论的学术建设和大众普及。这一漫长过程归结为一句话,就是休闲及其理论的本土化。

一、对当代中国所承继的休闲遗产的评估

(一)中国传统休闲观念的不成熟性

在中国长达两千年的封建社会,休闲始终没有形成独立的文化体系,占据一定的社会地位,更没有形成具有现代社会与后现代社会意义的"休闲",甚至连具有社会学、文化学价值的"休闲"概念都没有修炼成功。无论是儒家主张的"入世"、道家指点的"忘世"、释家强调的"出世",都缺少对休闲的观照。尤其与占主导地位的儒家文化的过度传播,儒家人生目标的宗教化提倡,儒家人生态度的过分包装有极大关系。儒家文化作为社会文化的主流思想、统治思想,却讳言休闲、抵制休闲、贬斥休闲,休闲便失

[①] 原载《广州体育学院学报》2008年第2期,与陈惠娜合作。

去了话语权,失去了它在社会结构中应有的地位。

(二) 中国传统文化对休闲的抵制

由于长时间愚昧落后的小农经济和封建专权统治,中国既没有"公共"的概念,也没有对"个人"的宽容。因此,在历史上,休闲在社会生活的各个领域遭到排斥和抵制——教育视休闲为异类,生活视休闲为奢侈;旅游成为僧人、诗人的专利,竞技成为宫廷、官宦的特权;休闲产业被推向边缘,休闲理论成异端邪说;各种雅文化走不出文人墨客的书斋,各种俗文化却在街头巷尾流弊甚广,将嫖娼当娱乐,赌博竟形成行业。虽然民间游戏蕴涵丰富,民族娱乐特点鲜明,民俗休闲历久不衰,但始终未能珠串成独立的休闲文化体系,散落于世俗社会。

二、当代中国几种休闲方式点评

(一) 旅游——中国休闲的排头兵

中国休闲时代的到来,旅游业的兴旺是一个重要的标志。旅游作为一种生活方式被家庭普遍接受,旅游作为一种国民教育达到了非常好的效果,旅游作为一种休闲方式做到了劳逸适度,身心并完,旅游作为一种产业获得了丰厚的利润。20 世纪 80 年代后中国旅游休闲的空前繁荣,有其历史和现实的原因。

——在文化专制时代,人们长期被剥夺"迁徙权",一旦人性得以解放就迸发出了极大的外向型热情,在"开放"口号的鼓励下,人们便迈开双腿走遍全国,走向世界。

——近 20 年城乡居民平均收入的急速增长,表明我国城乡居民的生活水平已经从温饱型向小康型发展,中国人的消费结构已经从生存型开始向发展型、享受型转变。一个中等收入偏下的家庭一年的积蓄进行一次并不奢侈的旅游是绰绰有余的。

——中国地大物博,地理气候条件多样,自然遗产、非物质文化遗产不可尽数,旅游资源极其丰富,具有极大的社会容量。在一些工业化落后的地方幸存了大量人文景观,旅游者可以问祖寻根,回顾历史;一些现代化进程较快的地方,出现了许多高科技的场景,旅游者可以享受现代文明,瞭望未来生活。

——不断开通的高速公路,不断提速的铁路交通,不断开辟航线的航空运输为旅游业发展提供了前提条件。

——中国的旅游业是最早形成产业链的第三产业,它超前的休闲理念、成熟的管理和日益规范的经营在休闲产业中赢得了一方天地。

(二) 麻将——中国休闲的一统天下

麻将,生于宋,长于明,成于清,历经千年,是中国的"第五大发明"。这种游戏有较高运筹的数学基础,被数学家誉为"世上最聪明人的发明";这种游戏的文化品质是"应变",对于沉闷少变的中国传统文化,它满足了人们力求多变的心理,在一些国家成为培养管理者应变能力的教具;这种游戏又以它精密的必然性和偶然性排布和比例,使之适合任何人群,因而具有天然的普及性;这种游戏还以牌局突发性的结束方式,给人以强烈的期待与落寞、喜悦与懊悔、冲动与刺激等心理变化;这种游戏更以其无可休止的循环往复,成为消磨时间的最佳方式。这种游戏的最大贡献就是占据了极多的空闲时间,成为古往今来中国国民花费社会总时间最多的一种活动。它可能减少犯罪——当它被视为娱乐,也可能酿成犯罪——将它作为赌具。因此,麻将成为中国最有争议的一种游戏。

中国人对麻将情有独钟,麻将延续历史之长,影响范围之广,参加人数之众,令人瞠目结舌,成为一道"永远推不倒的长城"。

在历史上蒋介石热衷,胡适精于此道,张学良终身与之为伴。当今中国每天有数百万桌麻将开局,有两三亿"麻民"乐此不疲。有识之士在20世纪90年代曾力主将其改造为"竞技麻将""健康麻将",并形成竞赛制度,但终因个别高层人士对麻将的偏见和干预而流产,于是,亿万麻民仍然在混沌中自娱自乐。

中国休闲的发展,必须回答麻将提出的问题。这里有麻将在休闲中的定性和落位的问题,甚至还是一道关乎民生、民权的难题。

(三) 体育——被中国休闲遗忘的角落

在世界各国倡导休闲的过程中,体育运动是最主要的活动方式之一,这是因为体育休闲不仅强健人们的身体,也改善人的心理,其理论依据是:

——运动可诱发积极的思维和情感,这些积极的思维和情感对抑郁、焦虑和困惑等消极心境具有抵抗作用,从而促进心理健康。此为认知行为说。

——运动中与朋友、同事等进行的社会交往是令人愉快的,它具有促进社会心理健康的作用。此为社会交往说。

——运动给人们提供了一个机会,使他们能够分散或转移对自己的忧虑和挫折的注意力,从而使焦虑、抑郁等消极情绪出现短时间的下降。此为注

意力分散说。

——心境状态的改善与心血管健康状况的改善相关。运动可增强心血管系统的功能，增加心血管的收缩性和渗透性。健康的血液循环可使体温恒定，有助于保持神经纤维的正常传导性，从而有利于心理健康。此为心血管健康说。

——运动中神经递质类化学物质分泌量的增加同心理健康状况的改善有关。此为胺假说。

——运动促进大脑分泌一种具有类吗啡作用（消痛并出现欣快感）的化学物质。内啡肽引起的这种欣快感可降低抑郁、焦虑、困惑以及其他消极情绪的程度。此为内啡肽假说。

——运动时的"尖峰时刻"包括最佳表现、流畅体验、高峰体验等良好的情绪体验，它们是奖励性的、难忘的和强有力的个人体验，这种体验可以提高人们的生活质量，提高人的健康幸福感，这与休闲的目的是完全一致的。此为尖峰时刻说。

然而，中国的体育界始终不想与休闲搭界。既不想将休闲的因素纳入体育，成为休闲体育，更不想把体育项目纳入休闲，成为体育休闲。这是因为中国的体育背负着来自国家和民族的沉重负担，难以卸载，于是，既可以用为国争光的金牌光芒来黯淡休闲，也可以用强身健体的增强体质来冲销休闲。因此，就出现了"竞技耻谈休闲""健身无须休闲""教育不准休闲"的种种奇谈怪论。

（四）博彩——休闲中的原始资本积累梦想

当人们认识到博彩可以丰富社会娱乐，培植慈善事业，充实政府财政，"让一部分人先富起来"的时候，博彩业逐渐浮出水面，走向合法化。于是，由政府坐庄的彩票称为"合法的博彩"，而由个人或集团经营的博彩叫"地下的赌博"，泾渭分明。中国"合法的博彩"是体育彩票和福利彩票，每年大约有近千亿的销售额；而非法的博彩，是私彩，每年大约有数倍于前者的销售额。

博彩的本质是娱乐休闲，但是中国当今的博彩却成了一些彩民试图利用其进行原始资本积累的手段。他们误把自己当作投资者，梦想着一夜暴富，但往往一枕黄粱，最终搞得倾家荡产；更有甚者还杀人越货、偷盗金库、抢劫银行；还有一些高官跑到境外，用赌博的方式洗钱也屡有发生。

中国博彩的理论不成熟，博彩的法规不出台，博彩的行为不规范，经营管理博彩的人才素质低，这些将会严重制约中国博彩业的健康发展。向香港马会、澳门赌场不耻下问倒不失为一条捷径。

（五）宠物——空巢家庭的休闲陪伴

随着中国社会结构与家庭结构的变化，出现了越来越多的空巢家庭，于是一种新的家庭休闲方式开始出现，就是豢养宠物。在一些实现了人口零增长或负增长的城区，宠物的数量急剧增长。现在每个城市都有宠物交易市场，每条街都有宠物医院、宠物商店，宠物行业成为暴利行业。一些社区猫狗成患，每天早晨家家户户的老人出来遛狗，浩浩荡荡，几成一景。休闲了市民，休闲了猫狗，忙坏了清洁工人。将来人们一定会记住中国空巢家庭时代这段历史，也一定会记住在这个时代，宠物竟是另一类的"小皇帝"。它们在动物保护主义理想的呵护下，陪伴着主人过着悠然自得的生活。

三、中国休闲理论本土化

文化本土化，是一个通过中外文化交流，创造新文化的过程。休闲理论的本土化也要完成这一过程。

（一）为何要实现休闲理论的本土化

西方对休闲的研究已经有100多年历史了，而我国的休闲研究也就是近二三十年的事。因此，我国的休闲研究相对滞后，主动去学习、吸收国外先进的休闲理论是完全必要的。

然而，由于经济和社会发展的驱动，休闲也将从内到外接受现代化的洗涤，面对着当前以及未来人民群众的休闲娱乐需求，休闲理论研究者必须要做出回应：建构符合我国国情的，能满足人民文化需求，对人民的文化行为作出指导的休闲理论体系。

应该看到，休闲理论本身具有时代性和民族性的双重属性，促进休闲文化发展的动力也总是来自两个维度，一个是在时间维度上历史与现在之争，一个是在空间维度上民族与国际之争。正是这种冲突使文化保持了相对的稳定性，也使文化不断地推陈出新，得以发展。休闲理论的本土化过程，很大程度是通过对中西休闲理论进行比较研究才能完成的，只有这样，才能知己知彼，取长补短。

根据文化传播的规律，高势位的文化常常更容易流向低势位的文化。处于弱势的东方休闲文化在强势的西方主体休闲文化面前，变得很苍白，它们之间形成一种"弱肉强食"的文化关系。然而，抵制单向的文化扩张，加强各民族间的文化沟通，保持世界休闲文化的多元性，是大多数国家利益之

所在，也是人类休闲文化长远发展的重要基础。

以中国文化为代表的东方文化的复兴，对消除西方文化占主体文化，对世界各民族休闲文化的倾轧，以及欧美价值观念的独占鳌头所造成的世界休闲文化格局的单一性、局限性而产生的种种负面影响，应该是一剂良药。

（二）休闲理论可以本土化吗

中国古代思想文化源远流长、博大精深，在我国传统思想宝库中形成了独具特色的"休闲"观。中国人的休闲哲学其实就是中国人的一种生存智慧，或者说是中国古代哲人教给人们在有限的条件下追求精神的自由，尽情享受生活乐趣的一种快乐的哲学。这无疑是我国休闲理论本土化的一个文化源泉。

东西方休闲方式和休闲理论存在很大的差异，这为中西休闲文化的互补和融合提供了条件，也为中国休闲理论由内到外的本土化提供了"对话"的可能性和"创生"新理论的巨大空间。

经过了近百年的思想解放运动，中国人对接受外来文化已经逐渐习以为常，对中西文化的融合也已经见怪不怪。当今一个新的文化双向交流时代已经到来，其标志是由"向中国人讲西方文化"，转为"向西方人讲中国文化"。因此，休闲的本土化已经水到渠成。

（三）中国休闲理论本土化的目标是什么

我国休闲理论的本土化，最终目标是要创建出自己的休闲理论体系，这可以分三步走。

第一步，要形成适用于认识和解释中国休闲文化的概念体系。

第二步，要对丰富当前人民群众社会文化生活，建设社会主义精神文明做出积极的应答，在实践中进行检验，并逐步修正自身的理论体系。

第三步，其最高目标，是为世界休闲理论做出自己的贡献。

休闲理论本土化的最高境界就是要"创新"，即"创生"出在别的文化境域中不能生成的既有中国特色、又包容当代先进休闲理念的理论，要在世界休闲理论研究的论坛上，发出中国人的声音。

本土化的中国休闲理论注定是多元的，是古今中外对话的结果，更是现代文明创新的集大成。它将成为保障中国公民休闲权利的武器，成为休闲立法的依据。这一理论建设应该是一个长期的过程，它必须宽容、审慎，允许迂回、曲折；与任何理论建设一样，它需要胆略，尤其需要忍耐力，因为我们毕竟还是一个发展中的农业大国。

(四) 如何实现休闲理论的本土化

任何一种休闲理论,都深受它赖以存在和发展的民族文化传统的制约,从价值到目的,从内容到方法,从主题到范畴,从风格到理论演化,都打上了深深的民族文化的烙印。因此,在引进国外休闲理论时,必须对其理论背景进行全面、系统而深入的考察和探讨,只有这样才可能实现传统与现实相结合,本土与外域相结合,扬弃和创新相结合。

中国是个文明古国,地域广阔,民族众多,汉族文化自身也有地域上的变异性,其中既有自然环境的因素,又有历史、政治、经济等文化因素。汉族文化还不同程度地渗入少数民族文化中,成为少数民族文化的一部分;各民族之间的文化,也有互相借用的情况。中国的传统文化,是休闲理论本土化的源泉,是可供提炼理论概念的巨大宝库,从中找出我国休闲娱乐文化发展的规律,也可以为休闲理论的本土化提供宝贵的研究思路。

休闲理论归根到底是生活之学,是探寻生活之本色,表达的是对休闲生活的价值关涉,是一种引导休闲生活走向的学问。休闲理论研究不能脱离人们的休闲生活,相反,必须深深扎根于其中。如果没有休闲的"生活世界"作为背景,休闲就是无根的理论,是没有鲜活生命力的理论。

学术的观察应该是一种有目的的观察,它不仅描述行为,而且还对行为背后埋藏的意义进行透视,因此要进入休闲学术研究的意义世界。因为没有理论框架的任何第一手观察材料都是无效的,没有任何意义的。休闲理论本土化是理论的应用和理论的构成对立统一的过程,它们不是割裂的,是缺一不可的。

休闲理论的本土化,还包含研究方法的本土化。目前休闲理论的研究需要多学科方法的支持,这些方法可能是实证科学的方法、哲学思辨的方法、艺术审美的方法、宗教体悟的方法,等等,甚至还要运用伦理学、价值学、心理学、社会学的方法,以及人学整合的方法,等等。

结　语

古代希腊神话中有一个关于潘多拉魔盒的传说,这个魔盒一旦打开,各种祸患就飞向人间,留在盒子里的只剩下希望。仔细想来,休闲就是千百年来人类保存在潘多拉魔盒里的一种希望,人类翘首以盼,等待着将它释放出来。

休闲是中国现代化进程的一部分,它渗透进现代化的过程,也表达了现代化的目的。追求文明、健康、科学的休闲,有助于实现社会公平,有助于医治愚昧和浮躁，有助于对人的存在和价值做出全新的解释。没有中国的现代化，就谈不上中国人的休闲，这个命题大多数人认为是成立的；而没有中国式的休闲，中国的现代化就变得缺少血性，这个命题还需要我们去证明，赢得更多人的赞同。

任何一种新的思想问世总会遭遇各种阻力，当一种新的思想出现在中国这片古老土地上的时候，遭遇到的顽抗可想而知，更何况这是一种游离于"正统"思想的"游戏"思想。然而，休闲毕竟是一种不可抗拒的社会力量，它不仅是中国朝气蓬勃机体的组成部分，也是发自我们每个人内心深处的强烈欲求。为了中国历史上空前的人性解放，为了在人性解放基础上中国文化的伟大复兴，让我们张开双臂，拥抱休闲时代。

球，人类共同的宠物[①]

世界上的许多发明都是不约而同的。据说当今一个发明家每悟出一件新鲜玩意儿，必须连夜坐飞机，赶火车，奔进国家专利局去申报专利，否则就会"大权旁落"。球是人类的一大发明，球用在体育运动、休闲娱乐之中，更是一大发明。可惜那时还没有申请专利，否则第一个发明球类游戏的部落，将会成为世界上最富有的群体。因为今天这个地球上几乎每一个角落时时刻刻都有大大小小、五颜六色的球在空中飞来飞去，在地上滚来滚去。

仔细想来，球是很富有哲理的。它的深奥之处就在于它总是圆的：无论是亿万富翁打的象牙制的台球，还是非洲密林中黑人孩子们推滚的石球；无论是牙牙学语的婴幼儿捧着的吹塑球，还是百岁老人手里把玩的钢制健身球；无论是人们骑在象背上用力驱动的最大的印度象球，还是用指尖拨动的最小的滚珠球；无论是比重最大的铅球，还是比重最小的乒乓球。无论是几千年前埃及金字塔里壁画上画的，还是当今在美国职业选手手中摆弄的，以至一万年后奥运会的赛场上仍会出现的，都会有球。人已非，物仍是。球是永恒的，它不倦地滚动着，向全人类发出会心的、慈祥的微笑。

中国古代的球字，写成"毬"。说明当时是用毛发填充的实心球。唐代以后用动物的膀胱充气当作球胆，有了气球。当今世界上用作游戏的球种类可谓多。有用布团裹成的绣球，抛绣球的比赛十分壮观，至今还让痴情男女神魂颠倒。有用藤条编制的空心藤球，在东南亚各国十分流行，像踢毽子一样在网上穿梭，很是纤巧。还有一种球更为奇特，叫鱼球。在埃及沿海的渔村盛行这种游戏，就是踢用鱼制成的球。那里的海上有一种鱼，一旦生起气来就把身体鼓得又硬又圆，孩子拣来在沙滩上踢，这恐怕是一种最廉价的球了。至于进入奥运会比赛项目的球——篮球、排球、足球、手球、水球，都

[①] 原载《体育博览》1995年第8期。

是用皮革或特殊塑胶制成的。足球运动员的一记重射发力常在 500 公斤（千克）以上，足球在被触击的瞬间变形非常厉害，因此，这些球的缝制或胶合工艺极其复杂。现在一只国际比赛决赛时用的网球或足球，往往要上千美元。至于上面有优秀运动员签名的比赛用球更是价值不菲。

也有一些球的变种，如长了长尾巴的链球，在半球形软木托上插上 14 到 16 根白色精制毛的羽毛球，有被拉长的橄榄球，和只能在冰面上滑行的黑色胶木块制成的冰球……尽管有了种种变化，但毕竟还可以看到球的原型。

在体育运动中为什么人们唯独钟情于圆形的"球"，而拒其他几何形体于门外呢？

球，是一种最好的自我保护形式。立体几何的知识告诉我们，同体积的物质，以球形的表面积为最小。空气中的水汽会凝结成圆形的水滴，泼洒在地上的水银会滚动成晶莹的圆球，天体中的许多星云尘埃也会经亿万年的旋转成为球体。不少动物，如刺猬和瓢形虫，在遇到天敌的时候就会缩成球状，以保护自己的要害部位。不少昆虫在干旱的条件下生活时，也把自己蜷成球形，以减少水分蒸发。人类则把关于球的知识用来修建球形、拱形的建筑，如桥梁、涵洞和各种薄壳型结构的屋顶。在体育运动中，人们也会发现球形的器具使用寿命最长。球是一种最省力的活动器具。人类生成之初，并不懂得圆形的物体会给人带来益处。人们长期从事克服滑动摩擦的各种劳动。人们起初的主要动作是生拖硬拉、死磨硬刮，直到学会了使用轮状物。将滑轮摩擦变滚动摩擦，是人类文明的一大进步。在滚动摩擦中镶进了球——滚珠，就有了轴承，这是文明的一大进步。仅在一百年前，人们使用的能源 96% 还是来自肌肉，一天劳动之余，精疲力竭，寻找一件既不费力又能随意驱动的游戏器具，自然要青睐于球。球具有不稳定的结构，稍一碰动，就会发生位移；球又是一种非常容易稳定下来的物体，可以在任何位置上变动态为静态，变静态为动态。所以，它是最听从指挥的，把它作为游泳的器具，可谓得天独厚。

而更重要的是，球象征着公平。球没有角，没有刺，没有刃，没有沟，没有棱，没有边，没有特殊的面。当球面对着任何一个参加者时，它是一视同仁的。无论是防守的一方，还是进攻的一方，无论是体强的，还是力弱的，都不会因自己所处的位置而感到球给予的不公平。在进行球类比赛时，比赛双方经常要交换场地，因为长方形的场地可能会由于光线、风向等原因造成不公平；而比赛用球是不必来回更换的，因为球的公平是无可挑剔的。

球还象征着和平与亲善。运动员的动作可能是蛮拙的、强劲的,运动员对球或拍或抢,或踢或投,或击或打,而球总是温和、恭谦以报,它从不急躁,从不烦怨。人用任何部位去接触它,它总是平和相待,绝不会对人造成伤害。因此,传递人与人之间的美好感情,球是一种再好不过的媒介。

当人类还不知道自己赖以生存的空间是一个球体的表面时,他们已经从太阳和月亮那里得到启发,创造了球体,并把它用来丰富自己的余暇生活。当人们终于知道亿万同类都只不过是生活在一个蕞尔小球上的"地球村"的村民时,就更加珍爱球和以球为项目的体育文化。当人们在说用"小球转动大球"的时候,那就是说人类领悟到一种生活哲理——选择了一种最好的方式去解决彼此之间的争端,也就是在说人类终于用一种极聪明的方法去和睦平等相处。

球象征着崇高的爱、永恒的爱,能不让人如痴如狂,魂牵梦绕吗?

棋牌异趣[1]

人们常把棋牌同归一类,俗话说"下棋打牌",好像是一回事,其实二者既有相同的地方,也有不少文化品质的区别。在中国传统文化中,似乎棋比牌要高出一等,有琴棋书画一说,牌则从不入流。因此,研究一下棋牌的异同,是很有趣的。

棋和牌都是桌上游戏,这是它们的相同处之一。无论是正襟危坐,还是有要没紧的闲坐,无论是在高堂大厦,还是在车厢路旁,棋牌游戏者总要围坐在一起,对坐文枰。因为坐姿是人们清醒状态时最放松、最文雅的姿势。例外的是越南象棋,以人为棋子,于是下棋者、"棋子"和观棋者就都得站着。还有一个特例,就是当一个象棋高手与数十位棋手对弈的时候,他只好在桌群里紧张地来回走动,可谓心力交瘁。

棋牌都要博弈,这是它们的相同处之二。棋牌游戏以斗智为博弈手段,定性的博弈是将对方"杀死",定量的博弈可用点数、分数、顿数、目数、张数、步数等计量。以博弈锻炼智力,以博弈消磨时间,以博弈追求刺激,甚至以博弈攫获财富,这是棋牌的共同功能,只不过有文野之分罢了。

棋牌都是无声运动,大多不需要语言介入,这是它们的相同处之三。下棋不语,观棋不语,被看成一种美德。打牌时偶有短语,如叫牌、出牌和取牌时的"唱收唱付"。然而,实际的棋牌娱乐过程是非常热闹的,人们互相戏谑,时不时爆发出哄堂大笑,这是因为棋牌活动是一种重要的社交活动,人们说的话大多是与棋局牌局运行无关的"废话"。高级的棋牌比赛限制人们说话,连桥牌的叫牌也用上了电脑,以防语言的暗示、作弊。因此,常常可以用声音的分贝来衡量棋牌活动的正规程度,分贝越高,正规程度越低。

棋牌所使用的器具不同。棋类必须在棋盘上进行,牌类则大多无这要

---

[1] 1996年2月16日于北京容笑斋。原载《体育博览》1996年第2期。

求。牌可以是纸质的,而纸牌是不可能在桌上特立独行的,因此,牌在游戏过程中或被捏在手里,或被摊在桌上。棋子分两类,一类是无等级、无区别的,如围棋和跳棋;一类是等级森严的,如帝王将相,军师旅团营连排,而斗兽棋中的飞禽走兽则以凶猛程度排序。这一类棋子又有两种制作方法,一种是模拟形象的,如国际象棋和正在研制的中国新式象棋,一种是以文字为标识。牌的特征是有阴阳两面,阳面或图或文,各司其职,阴面的图案颜色则要求完全一样。因此,下棋搞的是"阳谋",打牌搞的是"阴谋",军棋是一个例外,可以阴谋阳谋一起来。

除了使用的器具不同外,棋牌在游戏的规则上也有些区别。

棋牌游戏的初始状态不同,这是棋牌区别之一。下棋在开局时是人人平等的,中国象棋、国际象棋开始时双方都严阵以待,但必须按规则将每个棋子放在规定的位置上。为了取得实力的平等,其实是为了让游戏得以博弈,高手可以让子,但必须经双方认可。围棋是种非常特殊的棋类,它的初始状态是"0"位,双方均从空白开始。打牌则以一种未知的初始状态为发端,每一局必须经过"洗""搓",将牌打乱,因此,打牌的胜负具有一定程度的偶然性,即运气。而下棋则完全靠技术,即棋艺。也正因为如此,打牌比下棋更容易作弊。桥牌是将偶然性降到最低程度的一种玩法,它通过叫牌和点值的补偿使双方基本平等,这是它之所以能发展成一项国际体育项目的缘由。麻将牌是一种张数极多的骨牌,这使它的偶然性大大下降,又由于麻将的"和"法极多,也在某种意义上减少了偶然性。任何一种牌戏,偶然和技术的取胜成分都要各占一定比例。偶然性使游戏变幻无穷,生动有趣,使新手可以随时介入;技术成分使比赛有了竞争性,提高了游戏的品位。麻将是一种偶然机遇和技术技巧相当匹配的活动,它不必做专门的技术训练而老少咸宜,又总可以挑逗人们继续博弈下去的兴趣而让时间毫无感觉地飘逸而去,这就使它最终发展成为一种"国技"。

棋牌游戏过程的运行方式不同。牌的基本动作是出牌,所以叫"打",棋的基本动作是走子,所以叫"下",这是棋牌区别之二。选择出哪张牌是考验打牌者的智力;而走哪个子,向哪里走子,则显示下棋人的智慧。围棋是一种极其特殊的棋,围棋子落下后,除了被提掉的是不能运动的。然而围棋是静中有动,它在包围和反包围中,实现一种更大规模的运动。围棋的黑白棋子每枚都是等价的,既无将相士的权贵之分,也无车马炮的实力之别,与其说围棋是一种军事地盘之争,不如说它是一种有与无、是与非的哲学思辨之争。麻将的运行也有一点特殊,它重视吃牌,出牌的好坏仅仅在于不让对手如意地吃牌。要将十几张无序的牌整理成一手有规则、有形式美效果的系列，这是一种心理满足。麻将另一个引人入胜的地方在于它要求游戏者不断地适应牌局的变化，做出应变的决策，去尽快地形成新的牌型组合，从而满足了人们对新异心理刺激的追求。

棋与牌在局与局之间的连续性上也是不同的，这是棋牌区别之三。棋的每一局都是独立的，可以有三局两胜、五局三胜等计分方法，也可以举行擂台赛之类的连续比赛。但由于棋类比赛一般耗时较长，对局与局之间的关系不甚看重。而打牌的每一局时间较短，不断发牌换牌。每一种牌戏都有一种将各局联系、累积起来的计分方法，这种方法一方面减少了胜负的偶然性，另一方面也使打牌比下棋更具有起伏跌宕的戏剧效果。

此外，下棋一般为二人对弈，而打牌常常要形成四人牌局。从形成游戏而言，下棋易于打牌；从社会容量而言，打牌大于下棋。

棋与牌，都是体育娱乐用具，棋戏和牌戏，都是在社会生成有闲阶级之后出现的一种文明活动，每一种棋牌都经历了各自不同的发展轨迹而形成现在的型制。今天，许多棋牌都装入电脑软件，成了个人的电子游戏，这恐怕是那些创造棋牌的先人们始料未及的，也是写棋牌演变史的人最难措辞的一笔。